綱鑑易知錄

第七册
南宋紀 元紀

卷七十八至
卷九十二

南宋高宗建炎二年（公元一一二八年）起
元順帝至正二十七年（公元一三六七年）止

中華書局

綱鑑易知錄卷七八

南宋紀

高宗皇帝

名構，徽宗第九子。初封康王，及二帝北狩，遂即位於南京，遷都臨安，號南宋。在位三十六年而內禪，又二十五年而崩，壽八十一歲。帝雖云中興，然無撥亂之才，初惑汪、黃之佞，繼阨苗、劉之亂，終成秦檜之姦，雖相有李綱、趙鼎，將有張、韓、劉、岳，信任不堅，黜戮相踵。偷安一隅，忍辱鮮恥，由畏懦有餘而剛果不足故也。或曰「徽宗生帝時夢吳越王錢鏐入宮」，斯言信歟？

金陷京西州郡

金將兀朮犯東京

綱　戊申，高宗皇帝建炎二年，（一一二八）金天會六年。春正月，金人陷鄧州，（治穰縣，在今河南鄧縣東南。）范致虛出奔，安撫使劉汲死之，京西州郡皆陷。

綱　金將兀朮犯東京，（即汴京開封府。）宗澤敗之。

目　金兀朮自鄭抵白沙，（鄭州治管城縣，即今河南鄭州市。白沙，即今河南中牟縣白沙鎮。）去汴京密邇，都人震恐。僚屬入問計，宗澤乃對客圍棋，笑曰：「何事張皇！劉衍等在外，必能禦敵。」乃選精銳數千，使繞出敵後，伏其歸路。金人方與衍戰，伏兵起，前後夾擊之，金人果敗。粘沒喝據西京，（洛陽。）與澤相持。澤遣部將閻中立、郭俊民、李景良等帥兵趨鄭，遇敵大戰，兵敗，中立死之，俊民降，景良遁去。澤捕景良，斬之。既而俊民與金將史姓者持書來招澤，澤皆斬之。劉衍還，金人復入滑，（在今河南滑縣東。）澤部將張撝往救之。撝音揮。撝至滑，衆寡不敵，或請少避之，撝曰：「避而偷生，何面目見宗公！」力戰而死。澤聞撝急，遣王宣往援，已不及，因與金人大戰，破走之。澤以宣知滑州，金自是不復犯東京。

澤得金將遼臣王策於河上，解其縛，問金之虛實，得其詳，遂決大舉之計。召諸將謂曰：「汝等有忠義心，當協謀勦敵，期還二聖，以立大功。」言訖泣下，諸將皆聽命。金人屢戰不利，悉引去。宗澤復上疏請帝還京，曰：「臣爲陛下保護京城，自去年秋至今春，又三月矣。陛下不早回，則天下之民何依戴？」不報。澤威聲日著，敵聞其名，常尊憚之。對南人言，必曰「宗爺爺」。

宗爺爺

金破長安

綱　金人破永興軍，（治長安城，在今陝西西安市境。）經略使唐重死之。

綱　竄內侍邵成章于南雄州。（治保昌縣，即今廣東南雄縣。）

目　時所在盜起，汪伯彥、黄潛善匿不以聞。成章上疏言二人必誤國；帝怒，除名，編管南雄州。

劉豫知濟南

綱　以劉豫知濟南府。（即齊州，治歷城縣，即今山東濟南市。）

目　豫，景州人，（劉豫景州阜城人，在今河北交河縣西南。）爲河北提刑。（河北路治大名，即今河北大名縣。）金人南侵，豫棄官避地眞州，（治揚子縣，即今江蘇儀徵縣。）張慤薦之，起知濟南。時盜起山東，豫不願行，請易東南一郡，執政不許，豫忿而去。

金陷淮寧府

綱 二月，金人陷淮寧，（即陳州，治宛丘縣，即今河南淮陽縣。）知府向子韶死之。

目 金人晝夜攻城，子韶率軍民固守，遣人詣宗澤乞援，未至，城陷。金人欲降之，子韶罵不屈，遂爲所殺，闔門皆遇害。事聞，賜謚忠毅。淮寧初陷時，楊時聞之，曰：「子韶必死矣！」蓋知其素守云。

金軍焚西京

綱 金粘沒喝焚西京而去。三月，翟進復之，詔以進爲京西北路安撫使。

綱 夏四月，金兀朮復入西京，翟進擊走之。

推楊時爲程氏正宗

綱 工部侍郎兼侍講楊時罷。

目 帝初即位，除時工部侍郎，陛對，言「古聖賢之君，未有不以興學爲務」，除兼侍講。以老求去，遂提舉洞霄宮。（在杭州。）時在東（郡）（都），所交皆天下士，先達陳瓘、鄒浩，皆以師禮事時。暨渡江，東南學者推時爲程氏正宗。

宗澤請還東京疏

綱 以信王榛爲河外兵馬都元帥。五月，下詔還京師，不果。

目 時宗澤招撫羣盜聚城下，（河北盜楊進、丁進、王再興、李貴、王大郎等，河東巨寇王善，悉招降之。）又募兵儲糧，召諸將約日渡河，諸將皆掩泣聽命。澤乃上疏，大略言：「祖宗基業可惜，陛下父母兄弟蒙塵沙漠，（北方流沙曰漠。）日望救兵。西京陵寢爲賊所占，今年寒食節未有祭享之地，而兩河、二京、陝右、淮甸，百萬生靈，陷於塗炭。乃欲南幸河外，蓋姦邪之臣一爲賊虜方便之計，二爲姦邪親屬皆已津置在南故也。今京城已增固，兵械已足備，人氣已勇銳，望

定詩賦經義試士法

詔韓宗禦金

陛下毋沮萬民敵愾之氣，（愾，恨怒也。左傳文公四年：「諸侯敵王所愾而獻其功。」）而循東晉既覆之轍。」奏至，或言信王榛有渡河入汴之謀，帝乃降詔擇日還京。

綱　許景衡罷。

目　時朝廷有大政事，景衡必請間極諫，黃潛善、汪伯彥以爲異己，因共以渡江南幸之議爲景衡罪，罷之。景衡行至瓜洲，（即今江蘇揚州市南長江北岸瓜洲鎮。）得暍疾卒，（暍音煙，入聲，傷暑也。）謚忠簡。景衡得程頤之學，志慮忠純，議論不與時俯仰。既卒，帝思之曰：「朕自卽位以來，執政忠直，遇事敢言，惟許景衡爾。」

綱　定詩賦、經義試士法。

目　元祐中科舉以經義、詩賦兼取，（元祐，哲宗年號。）紹聖以來罷試詩賦，（紹聖亦哲宗年號。）至是命參酌元祐科舉條制，定試士法。中書省請習詩賦，舉人不兼經義，習經義人止習一經解試、省試並計數各取，通定高下，殿試仍對策三道。故事，廷試上十名，內侍先以卷奏定高下。帝曰：「取士當務至公，豈容以己意升降！自今勿先進卷。」

綱　以朱勝非爲尚書右丞。以宇文虛中充金國祈請使。虛中降金。

綱　詔御營統制韓世忠會宗澤以禦金，王彥引兵屯滑州。（治白馬縣，在今河南滑縣東。）

目　時得報虜分道渡河，詔世忠與澤率所部迎敵。澤聞王彥聚兵太行山，（在今河南沁陽縣西北。）欲大舉趨太原，澤卽以彥爲忠州防禦使，（忠州卽忠武軍，後廢，故治在今河南淮陽縣東南。）制置河北軍事。恐彥孤軍不可獨進，召彥計事。彥悉召諸寨指授方略，以俟會合，乃以萬餘人先發，金人以重兵躡其後，而不敢擊。既至汴，澤令宿兵近甸，以衞根本，彥遂屯滑州之沙店。

宗澤請還京師疏

澤上疏曰：「臣欲乘此暑月，遣彥等自滑州渡河，取懷、衞、濬、相等州，（懷州治河內縣，即今河南沁陽縣。衞州治汲縣，即今河南汲縣。濬州治三山縣，在今河南濬縣東南。相州治安陽縣，即今河南安陽市。）王再興等自鄭州直護西京陵寢，馬擴等自大名取洺、相、眞定，（洺州治永年縣，在今河北永年縣東南。眞定府治眞定縣，即今河北正定縣。）楊進、王善、丁進等各以所領兵分路並進。既渡河，則山寨忠義之民相應者不啻百萬。願陛下早還京師，臣當躬冒矢石，爲諸將先。中興之業，必可立致。」疏入，黃潛善等忌澤成功，從中沮之。

宗澤卒

綱　秋七月，東京留守宗澤卒，以杜充代之。

目　澤前後請帝還京，二十餘奏，每爲黃潛善、汪伯彥所抑。潛善、伯彥又疑澤爲變，以郭仲荀爲副留守以察之。澤憂憤成疾，疽發於背，諸將入問疾，澤矍然曰：「吾以二帝蒙塵，憤憤至此，汝等能殲敵，（殲，盡殺也。）則我死無恨。」衆皆流涕曰：「敢不盡力！」諸將出，澤歎曰：「出師未捷身先死，長使英雄淚滿襟！」（唐杜甫蜀相詩。）無一語及家事，但連呼「過河」者三而卒。年七十。都人號慟。訃聞，贈觀文殿學士，謚忠簡。

澤子穎居戎幕，素得士心，都人請以穎繼父任；時已命杜充代澤，不許。充酷而無謀，至汴，悉反澤所爲，於是豪傑離心，降盜聚城下者復去剽掠矣。（剽音票，截也。）

綱　八月，貶殿中侍御史馬伸監濮州酒稅，（濮州治鄄城縣，在今山東鄄城縣東。）卒于道。

馬伸劾汪黄不法十七事

目　伸自湖南還，（湖南路治潭州城，即今湖南長沙市。）上疏言黄潛善、汪伯彦不法十七事，乞速罷二人政柄，别選賢者，共圖大事。疏入，留中。明日，改授衞尉少卿，伸辭不拜，錄其疏申御史臺，且言：「臣論可采，即乞施行；非是，合坐誣罔之罪。」因移疾待命。移文稱疾。詔：「伸言事不實，送吏部。」責監濮州酒稅，趣使上道。伸怡然襆被而行，竟死道中，聞者寃之。伸學於程頤，勇於爲義，每曰：「吾志在行道。以富貴爲心則爲富貴所累，以妻子爲念則爲妻子所奪，道不可行也。」

綱　以趙子砥知台州。（治臨海縣，即今浙江臨海縣。）

趙子砥畏虎之喻

目　子砥自燕山遁歸，（燕山府，遼舊都，故治在今北京市境內。）命輔臣問北事甚悉，子砥大略言：「金人講和以用兵，我國斂兵以待和。吾國與金，勢不兩立。昔契丹主和議，女眞主用兵，十餘年閒竟滅契丹。今復蹈其轍，譬人畏虎，以肉餧之，餧音委，飼也。食盡，終於噬人。若設陷穽以待之，然後可以制虎矣。」遂命知台州。

綱　金主吳乞買廢上皇爲昏德公，靖康帝爲重昏侯，徙之韓州。（遼置，即今遼寧昌圖縣。）

遷二帝於韓州惟秦檜不與徙

目　金主命二帝赴上京，（金上京即會寧府，即今黑龍江哈爾濱市阿城縣西南白城。）以素服見金太祖廟，遂見金主於乾元殿。金封太上皇帝爲昏德公，淵聖皇帝爲重昏侯。未幾，徙之韓州。命晉康郡王孝騫等九百餘人至韓州同處，惟秦檜不與徙，依撻懶以居，撻懶亦厚待之。

金陷濮州

楊粹中破金軍

劉豫降金

金陷北京

黃潛善、汪伯彦相

綱 九月，郭三益卒。

綱 金將訛里朶襲破信王榛于五馬山砦，（五馬山，在今河北元氏縣南。）遂會粘沒喝入寇。

綱 冬十月，隆祐太后如杭州。（治錢塘縣，即今浙江杭州市。）

目 侍御史張浚請先定六宮所居地，詔孟忠厚奉太后及六宮皇子如杭州，以苗傅、劉正彦爲扈從都副統制。

綱 知濮州楊粹中襲破金粘沒喝軍。十一月，金人陷濮州，粹中死之。

目 粘沒喝、訛里朶合兵圍濮州，以濮州小，易之。至城下，知州楊粹中固守，命將姚端夜擣其營，粘沒喝跣足走，（跣，赤足。）僅以身免。遂攻城益急，凡三十三日而陷，粹中被執，竟不屈而死。

綱 金人寇晉寧軍，知軍事徐徽言拒却之。知府州折可求叛降金。（府州治府谷縣，在今陝西神木縣東北。）

綱 十二月，劉豫叛降金。

目 撻懶圍濟南，劉豫遣子麟禦却之。撻懶遣人啗豫以利，（啗音淡，餌之也。）豫懲前忿，遂殺濟南驍將關勝，率百姓降金。百姓不從，豫縋城納款。（縋同墜。）

綱 金訛里朶陷北京，提刑郭永死之。

綱 以黃潛善、汪伯彦爲尚書左、右僕射兼門下、中書侍郎，顏岐、朱勝非爲門下、中書侍郎，盧益同知樞密院事。

綱　金粘沒喝陷襲慶府。（即兗州，治瑕丘縣，在今山東磁縣西。）

目　軍士有欲發孔子墓者，粘沒喝問其通事高慶裔曰：「孔子何人？」曰：「古之大聖人。」粘沒喝曰：「大聖人墓安可發！」遂殺軍士。

張浚參贊軍事

綱　以禮部侍郎張浚參贊御營軍事。

目　浚極言金人必來，請豫爲備，黃潛善、汪伯彥以爲過計而笑之，命浚參贊軍事，與呂頤浩教習河北兵民。

綱　己酉，三年，（一一二九）金天會七年。春正月，河北制置使王彥致仕。

目　彥以所部兵馬付東京留守司而率親兵趨行在，（天子乘輿所至曰行在。）見黃潛善、汪伯彥，力陳兩河忠義延頸以望王師，願因人心大舉北伐。言辭憤激。二人大怒，遂請降旨免對，彥遂稱疾致仕。

金陷徐州

綱　金粘沒喝陷徐州，（治彭城縣，即今江蘇徐州市。）知州事王復死之。

目　金人圍城，復與子倚率軍民力戰，外援不至，城陷。復謂粘沒喝曰：「死守者我也，願殺我而舍僚吏、百姓。」粘沒喝欲降之，復嫚罵求死，闔門百口皆被殺。

綱　韓世忠會兵救濮州，至沭陽，（即今江蘇沭陽縣。）兵潰。金粘沒喝遂入淮、泗。（淮州治比陽縣，即今河南泌陽縣。泗州治臨淮縣，在今安徽泗縣東北。）

帝奔鎮江

汪黃方聽浮屠說法

軍士誤斬黃鍔

綱 二月，詔劉光世將兵阻淮以拒金。光世兵潰，走還，金粘沒喝遂陷天長軍。（卽今安徽炳輝縣。）帝奔鎮江。（鎮江府治丹徒縣，卽今江蘇鎮江市。）

目 粘沒喝至楚州，（治山陽縣，卽今江蘇淮安縣。）守臣朱琳降，遂乘勝而南，陷天長軍。內侍鄺詢報金兵至，帝卽被甲乘騎，馳至瓜州鎮，得小舟渡江，惟護聖軍卒數人及王淵、張俊、內侍康履等從行。日暮至鎮江。時汪伯彥、黃潛善方率同列聽浮屠克勤說法罷，（浮圖，僧也。）會食，堂吏大呼曰：「駕已行矣！」二人相顧倉皇，乃戎服策馬南馳，居民爭門而出，死者相枕藉，無不怨憤。司農卿黃鍔至江上，軍士以爲黃潛善，罵之曰：「誤國誤民，皆汝之罪！」鍔方辨其非是，而首已斷矣。是日，金將馬五帥五百騎先馳至揚州城下，聞帝已南行，乃追至揚子橋。（在今江蘇揚州市南揚子津上。）時事起倉卒，朝廷儀物皆委棄，太常少卿季陵亟取九廟神主以行，出城未數里，回望城中煙焰燭天。陵爲金人所追，亡太祖神主於道。

帝如杭州

綱 帝如杭州，以呂頤浩簽書樞密院事，守鎮江。

目 帝至鎮江，宿於府治，翌日，召從臣問去留。吏部尙書呂頤浩乞留蹕以爲江北聲援，羣臣皆以爲然。王淵獨言：「鎮江止可捍一面，若金人自通州渡江，（通州治靜海縣，卽今江蘇南通市。）以據姑蘇，（卽蘇州平江府，治吳縣，卽今江蘇蘇州市。）將若之何？不如錢塘有重江之險。」（錢塘，杭州治。）帝意遂決。以頤浩爲江、淮制置使，與行在五軍制置使劉光世駐鎮江，又以楊惟忠節制江東軍馬，駐江寧。（在今江蘇南京市境。）是夕發鎮江，越四日次平江，命朱勝非節制平江、秀州軍馬，（秀州治嘉興縣，即今浙江嘉興市。）張浚副之，留王淵守平江。又二日次崇德。（在今浙江桐鄉縣西南。）時呂頤浩從行，即拜同簽書樞密院事，江、淮、兩浙制置使，以兵二千還屯京口。（在今江蘇鎭江市東南。）又命張俊以兵八千守吳江。（即今江蘇吳江縣。）

金陷晉寧軍

綱　金婁室陷晉寧軍，徐徽言死之。

目　婁室破晉寧軍，徽言據子城拒戰，因潰圍走，被擒，使之拜，不拜，臨之以兵，不動，命折可求諭使降；徽言大罵，婁室殺之。統制孫昻及士卒皆不屈被害。事聞，贈徽言晉州觀察使，謚忠壯。

帝駐杭州

綱　帝至杭州，赦。

罪李綱以謝金人馬擴應詔上書

目　帝駐蹕杭州，即州治爲行宮。下詔罪己，求直言，赦死罪以下，放還士大夫被竄斥者。惟李綱不赦，更不放還，蓋用黃潛善計，罪綱以謝金也。

和州防禦使馬擴應詔上書言：「前日之事，其誤有四，其失有六。今願陛下西幸巴、蜀，用陝右之兵，留重臣使鎭江南，撫淮甸，破金賊之計，回天下之心，是爲上策。都守武昌，（即今湖北武漢市武昌城。）襟帶荆、湖，控引川、廣，招集義兵，屯布上流，扼據形勢，密約河南諸路豪傑，許以得地世守，是爲中策。駐蹕金陵，備禦江口，通達漕運，精習水軍，厚激將士，以幸一勝，觀敵事勢，預備遷徙，是爲下策。若倚長江爲可恃，幸金賊之不來，猶豫遷延，候至秋冬，金賊再舉，驅虜舟檝，（檝同楫。）江、淮千里，數道並進，方當此時，然後又悔，是爲無策。」攟累數千言，皆切事機。

金人焚揚州

綱　金人焚揚州而去。

免黃汪

綱　黃潛善、汪伯彥以罪免。

目　潛善、伯彥自知不爲衆所容，聯疏求退。中丞張澂論：澂音澄。「二人大罪二十，致陛下蒙塵，天下怨懟，乞加罪斥。」乃罷潛善知江寧府，伯彥知洪州。（治南昌縣，即今江西南昌市。）

綱　以葉夢得、張澂爲尙書左、右丞。

朱勝非相

綱　三月，以朱勝非爲尙書右僕射兼中書侍郎。命張浚駐平江。

綱　葉夢得罷，以王淵同簽書樞密院事。

綱　以呂頤浩爲江東安撫制置使。

苗劉之亂

綱　扈從統制苗傅、劉正彥作亂，殺王淵及內侍康履等，劫帝傳位于魏國公旉，請隆祐太后臨朝。

目　苗傅自負世將，以王淵驟遷顯職，心不平之，而劉正彥亦以招降劇盜，功大賞薄怨上，二人因相結。時內侍康履等恃恩用事，妄作威福，淩忽諸將，諸將嫉之。中大夫王世脩亦嫉內侍恣橫，言於正彥。正彥曰：「會當共除之。」及王淵入樞府，傅等疑其由內侍以進，遂與世脩謀先斬淵然後殺宦者。

議既定，時以劉光世爲殿前都指揮使，百官入聽宣制，傅、正彥令世脩伏兵城北橋下，俟淵退朝，即捽下馬，誣以結宦者謀反，正彥手斬淵，即與傅擁兵至行宮，執康履等斬之。帝諭傅等歸營，傅等逼帝傳位皇太子，請隆祐太后同聽政。太后出，見傅等諭之曰：「今強敵在前，吾以一婦人抱三歲兒決事，何以令天下？敵國聞之，豈不轉加輕侮！」傅等不從。后顧朱勝非曰：「今日政須大臣果決，相公可無一言？」勝非白帝曰：「傅等腹心有王鈞甫者，適語臣云：『二將忠有餘而學不足。』此語可爲後圖之緒。」帝乃即坐上作詔，禪位於皇子，而請太后同聽政。宣詔畢，傅等麾其軍退，於是皇子旉即位，太后垂簾決事。尊帝爲睿聖仁孝皇帝，以顯寧寺爲睿聖宮，是夕徙帝居之。大赦，改元明受。

高宗傳位太子

綱　張浚、呂頤浩會兵討賊。

張呂討苗傅

目　改元赦書至平江，張浚命守臣湯東野祕不宣。既而得苗傅等所傳檄，浚慟哭，召東野及提刑趙哲謀起兵討之。

時傅令張俊以三百人赴秦鳳，（治秦州成紀縣，即今甘肅天水市。）而以餘兵屬他將。俊知其僞，拒不受。即引所部八千人至平江，浚見俊語故，相持而泣，且諭俊以將起兵問罪。赦至江寧，呂頤浩曰：「是必有兵變。」其子抗曰：「主上春秋鼎盛，鼎，方也。二帝蒙塵沙漠，且望拯救，其肯遽遜位於幼沖乎！灼知兵變，無疑也。」即遣人寓書於浚。浚以頤浩有威望，能斷大事，乃答書約共起兵，且告劉光世於鎮江，令以兵來會。頤浩得浚書，上疏請復辟，辟，君也。猶言復位。遂以兵發江寧。

韓世忠與張俊會

會韓世忠自鹽城由海道將赴行在，（鹽城縣，即今江蘇鹽城縣。）至常熟，（即今江蘇常熟縣。）張俊聞之曰：「世忠來，事濟矣。」因白浚，以書招之。世忠得書，以酒酹地曰：（酹音類。）「誓不與此賊共戴天！」至平江，見浚慟哭，曰：「今日之事，世忠願與張俊任之，公無憂也。」浚因大犒俊、世忠將士，衆皆感憤。

張浚戒韓世忠

於是令世忠帥兵赴闕，戒之曰：「投鼠忌器，事不可急，急則恐有他變。宜趨秀州，據糧道，以俟大軍之至。」

世忠發平江，至秀州，稱病不行，而大脩戰具。傅等聞之始懼，乃遣苗瑀、馬柔吉將重兵扼臨平。（地名，爲浙西要隘，在今浙江杭州市東北。）頤浩將至平江，浚乘輕舟迓之，既而劉光世兵亦至。浚、頤浩等發平江，上疏乞建炎皇帝還卽尊位。傅等聞之，憂恐不知所爲。朱勝非謂之曰：「勤王之師未進者，使是閒自反正耳；不然，下詔率百官六軍請帝還宮，公等置身何地乎！」傅等遂帥百官朝於睿聖宮，帝慰勞之。

綱 金以劉豫知東平府。以豫子麟知濟南府。（東平府治須昌縣，即今山東東平縣。）

高宗復位

綱 夏四月，帝復位，召張浚知樞密院事。

綱 呂頤浩、張浚敗賊將苗翊于臨平，苗傅、劉正彥夜遁，頤浩、浚入杭州。

目 呂頤浩、張浚軍次秀州，頤浩諭諸將曰：「今雖反正，而賊猶握兵居內。事若不濟，必反以惡名加我，翟義、徐敬業可監也。」（翟義事見卷十九漢孺子嬰二年，徐敬業事見卷四十六唐中宗嗣聖元年。）進次臨平。苗翊、馬柔吉負山阻水爲陣，中流植鹿角以梗行舟。韓世忠舍舟力戰，張

韓世忠斬吳湛王世脩

呂頤浩相

重正三省官名

張浚宣撫川陝

俊、劉光世繼之，翊衆少却。世忠復舍馬操戈而前，翊遂敗走，勤王兵入北關，傅、正彥擁精兵二千夜開湧金門以走，將南趨閩中。（謂今福建）頤浩、浚入城，世忠手執王世脩以屬吏。頤浩、浚入見，伏地涕泣待罪。帝問勞再三，握世忠手慟哭曰：「中軍統制吳湛佐逆爲最，尙留朕肘腋，能先誅乎？」世忠卽謁湛，握手與語，折其中指，與王世脩俱斬於市；逆黨皆貶。

綱　朱勝非、顏岐、王孝迪、張澂、路允迪、盧益免。

綱　以呂頤浩爲尙書右僕射兼中書侍郎，李邴爲尙書右丞，鄭瑴簽書樞密院事。瑴音覺。以劉光世爲御營副使，韓世忠、張俊爲御前左右軍都統制。

綱　重正三省官名。

目　從呂頤浩之言，詔左、右僕射並同中書、門下平章事，改中書、門下侍郎爲參知政事，省尙書左、右丞，三省始合爲一。

綱　以李邴參知政事。

綱　帝如江寧。既至，改江寧爲建康府。

綱　册魏國公旉爲皇太子。

綱　五月，以張浚爲川、陝、京、湖宣撫處置使，便宜黜陟。

目　浚謂「中興當自關、陝始，關中、陝西也。慮金人或先入陝、蜀，陝西與四川。則東南不可保。」因慷慨請行，詔以浚爲宣撫處置使，聽便宜黜陟，置幕府於秦州。初，浚宣撫川、陝之

天下常山蛇勢

洪皓使金

洪皓不肯仕劉豫

韓世忠擒苗劉

趙鼎諫王安石配享神宗

議未決，監登聞檢院江若海曰：「天下者，常山蛇勢也，秦、蜀爲首，東南爲尾，中原爲脊。今以東南爲首，安能起天下之脊哉！將圖恢復，必在川、陝。」浚大悅。

綱 以滕康同簽書樞密院事。

綱 遣徽猷閣待制洪皓使金，金人拘之。

目 粘沒喝還雲中，（即今山西大同市。）訛里朵還燕山。帝遣皓如金，遺粘沒喝書，願去尊號，用金正朔，比於藩臣。皓至雲中，粘沒喝迫皓使仕劉豫，皓曰：「萬里銜命，不得奉兩宮南歸，恨力不能磔逆豫，磔音窄，裂尸也。忍事之邪！留亦死，不即豫亦死，即，就也。不願偷生狗鼠閒，願就鼎鑊無悔！」粘沒喝怒，將殺之，旁一校曰：「此眞忠臣也。」目止劍士，爲皓跪請，得流遞冷山。

綱 韓世忠獲苗傅、劉正彥，送行在誅之。帝手書「忠勇」二字，揭旗以賜世忠。

綱 六月，大霖雨，詔郎官以上言闕政。罷王安石配享神宗廟庭。

目 時久雨恆陰，呂頤浩、張浚皆謝罪求去。詔郎官以上言闕政，司勳員外郎趙鼎上疏曰：「自熙寧閒王安石用事，熙寧，神宗年號。變祖宗之法而民始病，假闢國之謀造生邊患，興理財之政窮困民力，設虛無之學敗壞人材。至崇寧初，蔡京託紹述之名，崇寧，徽宗年號。盡祖安石之政。凡今日之患，始於安石，成於蔡京。今安石猶配享神宗，而京之黨未除，時政之缺，莫大於此。」帝從之，遂罷安石配享。

下詔以四失罪己
張守勸思二帝母后
金兀朮入寇
張浚與劉子羽謀誅范瓊

尋下詔以四失罪己：一曰昧經邦之大略，二曰昧戡難之遠圖，三曰無綏人之德，四曰失馭臣之柄；「仍榜朝堂，使知朕悔過之意。」中丞張守上疏曰：「陛下處宮室之安，則思二帝、母后穹廬毳幕之居；穹廬，旃帳也，其形穹隆，故曰穹廬。毳，細羊毛。幕，帷也。享膳羞之奉，則思二帝、母后羶肉酪漿之味；羶音扇，羊臭也。酪音洛。漿，乳漿也。服細煖之衣，則思二帝、母后窮邊絕塞之寒苦；操予奪之柄，則思二帝、母后語言動作受制於人；享嬪御之適，則思二帝、母后誰爲之使？令對臣下之朝，則思二帝、母后誰爲之尊禮？思之又思，兢兢栗栗，聖心不倦，而天不爲之順助者，萬無是理也。今罪己之詔數下，而天未悔禍，實有所未至耳。」

【綱】金兀朮大舉入寇。

【目】帝以金人復來，乃遣工部尚書崔縱使金，幷通問二帝。縱至金，首以大義責金人，請還二帝。金人怒，徙之窮荒，縱不少屈，竟死焉。

【綱】秋七月，太子旉卒。謚元懿。

【綱】鄭瑴卒。以王綯參知政事，周望同簽書樞密院事。

【綱】御營司提舉范瓊有罪，伏誅。張浚發建康。（時改江寧府爲建康府。）

【目】初，汴京破，二帝及宗室北遷，多瓊之謀，又乘時剽掠，左右張邦昌，爲之從衞。至是，自洪州入朝，悖慢無禮，且乞貸苗、劉等死。帝畏其威，以爲御營司提舉一行事務。張浚將赴川、陝，與樞密檢詳文字劉子羽密謀誅之。一日令張俊以千兵渡江，若備他盜者，使

升杭州爲臨安府

林勳上本政書

皆甲而來，因招瓊、俊及劉光世赴都堂議事，爲設食。食已，諸公相顧未發，子羽坐廡下，恐瓊覺，取黃紙趨前，舉以麾瓊曰：「下！有敕，將軍可詣大理寺置對。」瓊愕不知所爲，子羽顧左右擁置輿中，衞以俊兵送獄。光世出撫其衆，數瓊在圍城中附金迫二帝北狩之罪，且曰：「誅止瓊爾，汝等固天子自將之軍也。」衆皆投刃曰「諾」，有旨，分隸御營五軍。瓊下獄，具伏，賜死，子弟皆流嶺南。瓊既誅，張浚乃發建康。

綱 升杭州爲臨安府。將定都焉。

綱 詔李邴、滕康權知三省、樞密院事。奉隆祐太后如洪州。

綱 以杜充同知樞密院事。充留守東京，以糧絕歸行在，遂有是命。充將發汴，岳飛諫曰：「中原地尺寸不可棄。今一舉足，此地非我有，他日取之，非數十萬衆不可。」不聽。

綱 廣州教授林勳上本政書。（廣州治南海縣，即今廣東廣州市。）

目 勳上本政書十三篇，言「國朝兵農之政，大抵因唐末。今農貧而多失職，兵驕而不可用，地利多遺，財用不足，皆本政不脩之故。宜倣古井田之制，使民一夫占田五十畝，其有羨田之家，羨，餘也。毋得市田；其無田與游惰末作者，皆驅之使爲隸農，以耕田之羨者，而雜組錢穀以爲什一之稅。每十六夫爲一井，每井賦二兵、馬一匹，蠶婦之貢絹三尺、綿一兩，非蠶鄉則布六尺、麻二兩。」其說甚備，書奏，詔以爲桂州節度掌書記。（桂州治臨桂縣，即今廣西桂林市。）其後朱熹甚愛其書，熹音希。陳亮亦曰：「此書考古驗今，思慮周密，世之爲井田之學者無以加矣。」

綱　八月，李邴罷，以劉玨權知三省、樞密院事。

致書于金請和

綱　遣使致書于金，金人不答。

目　時聞金人南侵，而洪皓、崔縱未得前，帝求可使綏師者，乃遣京東轉運判官杜時亮及脩武郎宋汝爲使金師以請和，致書於粘沒喝曰：「古之有國家而迫於危亡者，不過守與奔而已。今以守則無人，以奔則無地，此所以諰諰然，（諰音徙。諰諰，畏懼貌。）惟冀閤下之見哀而赦已。故前者連奉書，願削去舊號，是天地之間皆大金之國，而尊無二上，（禮坊記：「天無二日，土無二王，家無二主，尊無二上。」）亦何必勞師遠涉而後爲快哉！」

呂頤浩杜充相

綱　閏月，以呂頤浩、杜充爲尚書左、右僕射，並同平章事。

胡寅上疏

綱　罷起居郎胡寅。

目　寅上疏曰：「陛下以親王介弟，受淵聖皇帝之命，（淵聖即欽宗。）出師河北，二帝既遷，則當糾合義師，北向迎請，而乃亟居尊位，建立太子，不復歸覲宮闕，展省陵寢，偷安歲月，略無扞禦。及虜騎乘虛，匹馬南渡，一向畏縮，惟務遠逃。軍民怨咨，恐非自全之計也。」因進七策：

胡寅七策

一，罷和議而脩戰略；二，置行臺以區別緩急之務；三，務實效，去虛文；四，大起天下之兵以自強；五，都荊、襄以定根本；（荊州治江陵縣，即今湖北江陵縣。襄州治襄陽縣，即今湖北襄樊市。）六，選宗室之賢才，封建任使之；七，存紀綱以立國體。書凡數千言。呂頤浩惡其切直，罷之於外。

綱 詔杜充、韓世忠、劉光世分屯江東以備金。以杜充兼江、淮宣撫使，守建康，王𤫊隸之。韓世忠爲浙西制置使守鎮江；劉光世爲江東宣撫使守太平、池州，皆受充節制。

綱 帝如臨安。

金陷南京

綱 九月，金人陷南京。知府凌唐佐死之。（南京即宋州應天府，在今河南商丘市南。）

綱 詔周望守平江。

綱 以張守同簽書樞密院事。

綱 命劉光世移屯江州。朝議以隆祐太后在豫章，恐有震驚，乃命光世移屯江州以屏蔽之。（江州治潯陽縣，即今江西九江市。）

遣張邵使金

綱 遣直龍圖閣張邵使金，金人囚之。

目 邵至濰州見撻懶，（濰州治北海縣，即今山東濰坊市。）命邵拜，邵曰：「監軍與邵爲南北朝，從臣無拜禮。」且具書言：「兵不在強弱，在曲直。天未厭宋，而金乃裂地以封劉豫，復窮兵不已，曲有在矣。」撻懶怒，取國書去，送邵密州，（治諸城縣，即今山東諸城縣。）囚於祚山砦。

金禁民漢服

綱 金禁民漢服。殺故知眞定府李邈。

目 金下令禁民漢服，又令髡髮，髡音坤，剃髮也。不如式者殺之。邈故爲眞定帥，被執三年，金人欲使知滄州，（治清池縣，在今河北滄縣東南。）邈笑不答。及髡髮令下，邈憤詆之，虜摑擊

張浚治兵興元以圖中原

趙開理財

其口，撾音打，亦擊也。猶吮血噀之，吮，口嗽也。噀音巽，噴也。遂遇害。邈將死，顏色不變，南向拜訖就死，燕人爲之流涕。後事聞，謚曰忠壯。

綱 冬十月，帝至臨安，留七日，復如越州。（越州治會稽縣，即今浙江紹興市。）

綱 張浚治兵于興元以圖中原。（興元府即梁州，治南鄭縣，即今陝西漢中市。）

目 浚至興元上疏言：「漢中實形勝之地，前控六路之師，（陝西分永興、鄜延、秦鳳、涇原、環慶、熙河六路。）後據兩川之粟，（兩川謂東川、西川。）左通荊、襄之財，（荊、襄謂今湖北。）右出秦、隴之馬，（秦、隴謂今甘肅。）號令中原，必基於此。宜謹積粟理財，以待巡幸。」於是辟劉子羽參議軍事，辟，舉也。承制以趙開爲隨軍轉運使，專總四川財賦。開見浚曰：「蜀之民力盡矣，錙銖不可加。錙音支，六銖也。銖音殊，二十四分兩之一。獨榷貨尚存贏餘，而貪猾認爲己有，共相隱匿；惟不恤怨詈，斷而敢行，庶可救一時之急。」浚銳意興復，委任不疑。時浚荷重寄，旬犒月賞，期得士死力，費用不貲，貲音咨，量也。悉取辦於開。開悉智慮於食貨，算無遺策，雖支費不可計，而貲財常有餘。貲，亦財也。

初，陝西都統制曲端欲斬節制使王庶，去年十一月，金婁室陷延安，王庶使曲端將兵救之，端次于襄樂不進。庶自將百騎馳赴襄樂勞軍，端彌不平，見庶問延安失守狀，謀殺之，不果，乃奪其節制使印；會庶自劾，得詔罷守京兆，乃去。朝廷疑其叛，浚以百口保之，且以其與敵屢角，欲仗其威聲，承制築壇拜端武威大將軍、宣撫司都統制，軍士懽聲如雷。子羽又薦涇原都監吳玠及弟璘之才勇，（涇原路治涇州城，在今甘肅涇川縣北。）浚以玠爲統制，璘掌帳前親兵。

金陷江西

綱　金人趨江西，劉光世引兵遁。十一月，隆祐太后如虔州。（治贛縣，即今江西贛州市。）江西州、軍多陷。

趙立淮陰之捷

綱　知徐州趙立將兵勤王，敗金人于淮陰。（在今江蘇淮陰市東南。）

箭貫兩頰

目　立聞詔諸路以兵勤王，乃將兵三萬趨行在，杜充承制以立知楚州。金人聞立棄徐州將赴楚州，乃以兵邀於淮陰。立麾下勸立不如還保徐州，立奮怒，嚼其齒曰：「回顧者斬！」於是率衆徑進，與金人遇，轉戰四十里，至楚州城下。立中箭貫兩頰，口不能言，以手指揮諸軍前，欲定方拔出之。議者謂自燕山之役，南北戰爭，未有如此之鏖戰者。（盡死殺人曰鏖。）

趙鼎上言經營大業

綱　以范宗尹參知政事，趙鼎爲御史中丞。

目　二人皆嘗建議避狄，故遂用之。鼎上言：「經營中原，當自關中始。（關中指今陝西。）經營關中，當自蜀始。（蜀謂四川。）欲幸蜀，當自荆、襄始。吳、越介在一隅，（吳、越謂今江蘇、浙江。）非進取中原之地。荆、襄左顧川、陝，右控湖、湘，（湖、湘謂今湖北、湖南。）而下瞰京、洛，（瞰，俯視也。京，汴京。洛，洛陽。）三國所必爭，宜以公安爲行闕，（公安縣，在今湖北公安縣西北。）而屯重兵於襄陽，運江、浙之粟，以資川、陝之兵，經營大業，計無出此。」

金兵入建康

綱　金兀朮渡江入建康，杜充叛降金，通判楊邦乂死之。

目　時江、浙倚重於充，而充日事誅殺，且無制敵之方。及兀朮與李成合兵攻烏江，(在今安徽和縣西南。)充閉門不出。統制岳飛泣諫請視師，充不從。兀朮遂乘充無備，進兵取和州、無爲軍，(和州治歷陽縣，即今安徽和縣。無爲軍，即今安徽無爲縣。)王善迎降，遂由馬家渡渡江陷太平州，(馬家渡，在今安徽和縣南大江西岸，過江即當塗，即太平州。)充始遣都統制陳淬及飛帥師迎戰，王璆以軍先遁，淬敗死，諸將皆潰，充兵亦散。兀朮至建康，守臣陳邦光、戶部尚書李梲迎降。梲音拙。

杜充降金
楊邦乂死

充渡江保眞州，兀朮遣人說之曰：「若降，當封以中原，如張邦昌故事。」(靖康二年金入汴京，封張邦昌爲楚帝。)充遂還建康，與梲、邦光率官屬迓金師，拜兀朮於馬首。通判楊邦乂獨不肯屈膝，以血大書衣裾曰：(裾音居，衣後裾。)「寧作趙氏鬼，不爲他邦臣！」兀朮使人誘以官，終不屈，大罵求死，遂殺之。充至金，粘沒喝薄其爲人，久之乃得仕。

綱　帝奔明州。(即慶元府，治鄞縣，在今浙江寧波市境。)

呂頤浩進航海策

目　帝聞杜充敗，謂呂頤浩曰：「事迫矣，若何！」頤浩遂進航海之策，其言曰：「敵兵多騎，必不能乘舟襲我，江、浙地熱，必不能久留，俟其退去，復還二浙。(二浙，浙江東路及浙江西路。)彼出我入，彼入我出，此兵家之奇也。」帝然之，遂如明州。

金陷臨安

綱　韓世忠自鎭江退守江陰。(即今江蘇江陰縣。)十二月，金兀朮陷臨安，遣兵渡浙追帝，(浙即今錢塘江，在今浙江杭州市南。)帝航于海。

岳飛廣德之捷

楊沂中高橋之捷

金陷陝州

綱　江、淮統制岳飛敗金人于廣德。（即今安徽廣德縣。）

目　飛率所部自建康躡金人於廣德境中，六戰皆捷，擒金將王權；俘首領四十餘，軍所虜囚曰俘。察其可用者結以恩義，遣還，令夜斫營縱火，斫，斬也。飛乘亂縱擊，大破之。駐軍鍾村，軍無見糧，見同現。將士忍飢，秋毫無犯。金所籍兵相謂曰：「此岳爺爺軍也。」爭降附之。

綱　金人陷越州，金人，金將阿里蒲盧渾。遂寇明州；張俊使統制楊沂中迎戰于高橋，（在今浙江寧波市境。）敗之。

綱　庚戌，四年，（一一三〇）金天會八年。春正月，金人陷明州，屠其民；遂襲帝于海，帝走溫州。（治永嘉縣，即今浙江溫州市。）

目　是月朔，西風大作，金師乘之，復攻明州。張俊、劉洪道坐城樓遣兵掩擊，殺傷大半；金人奔北，死於江者無數，夜拔砦退屯餘姚，（即今浙江餘姚縣。）而遣人請濟師於兀朮。兀朮遣兵與阿里蒲盧渾復攻明州。張俊懼，帥師趨台州，劉洪道亦遁，金師入城，屠其民。帝聞明州陷，遂移次台州章安鎮。（在今浙江臨海縣東南靈江北岸。）金人聞帝在章安，以舟師追三百餘里，弗及，提領海舟張公裕引大舶擊却之，舶音白，海中大船。金人引還。帝發章安，如溫州，泊於港口。

綱　金婁室陷陝州，知府李彥仙死之。

目　彥仙在陝，（陝州治陝縣，即今河南陝縣。）益爲戰守備，遣統領邵興復虢州。（治宏農縣，在今

金兵北還

金入東京

河南靈寶縣南。）金將烏魯來攻，彥仙敗之。婁室聞之，自蒲、解率兵大至，（蒲卽河中府，治河東縣，在今山西芮城縣西北。解州治解縣，在今山西運城縣西南。）彥仙又大敗之，婁室僅以身免。彥仙度金人必併力來攻，自遣人求兵於張浚，已而婁室果率折可求等衆十萬來，分其軍爲十，以正月旦爲始，日輪一軍攻城，期以三旬必拔。彥仙意氣如常，數出兵與戰。既而食盡，告急於浚；浚檄曲端以涇原兵援之。檄，徵兵之書。端素嫉彥仙，不奉命。浚曰：「金若下陝，則全據大河，且窺蜀矣。」乃出師至長安，道阻不得進。彥仙日與金戰，婁室奇其才，誘啗百端，彥仙悉斬其使。力盡城陷，彥仙投河死；其屬官居民無一人降者，婁室怒，盡屠之。

綱　滕康、劉珏免。二月，以盧益、李回權知三省樞密院事。

綱　金兀朮引兵北還。兀朮還臨安，縱火焚掠，以輜重不可遵陸，取道秀州而北。

綱　金人入東京。汴京。

綱　周望棄軍走太湖，（在今江蘇蘇州市西。）金人大掠平江。

綱　三月，遣使迎隆祐太后于虔州。

目　帝謂輔臣曰：「太后愛朕，不啻己出，今在數千里外，兵馬驚擾，當亟奉迎，以慰朕朝夕慕念之意。」遂遣盧益等奉迎於虔州。

綱　夏四月，張浚引兵入衞，聞金軍退，乃還。

綱　帝還越州。

韓世忠破金兀朮

韓世忠妻梁氏

目 帝發溫州，至越州，下詔親征，巡幸浙西。（即浙江西路，治杭州城。）尋升越州爲紹興府。

綱 韓世忠邀擊金兀朮于江中，大敗之，走建康。復引兵襲世忠，世忠敗績，兀朮遂趨江北。

目 初，韓世忠以前軍駐青龍鎮，中軍駐江灣，後軍駐海口，欲俟兀朮師還擊之。及兀朮由秀趨平江，（秀即秀州，見上。）世忠事不就，遂移師鎮江以待之。金師至江上，世忠先以八千人屯焦山寺，（在今江蘇鎮江市北大江中，與金山對峙。）兀朮欲濟江，乃遣使通問，且約戰期，世忠許之，因謂諸將曰：「是閒形勢無如金山龍王廟者，敵必登之以覘我虛實。」覘，窺視也。乃遣蘇德將百人伏廟中，百人伏廟下岸側，戒之曰：「聞江中鼓聲則岸兵先入，廟兵繼出，以合擊之。」及敵至，果有五騎趨廟，廟兵先鼓而出，獲兩騎，其三騎則振策以馳。馳者一人紅袍玉帶，既墜，復跳而免，詰諸獲者則兀朮也。既而接戰江中，凡數十合，世忠妻梁氏親執桴鼓，桴音浮，擊鼓杖也。敵終不得濟。俘獲甚衆，虜兀朮之壻龍虎大王。

兀朮懼，請盡歸所掠以假道，世忠不許。復益以名馬，又不許。遂自鎮江泝流西上，泝音素。泝流，逆流而上也。兀朮循南岸，世忠循北岸，且戰且行。世忠艨艟大艦出金師前後數里，艨音蒙，艟音同。艨艟，戰船。大艦，大戰船也。擊柝之聲達旦。將至黃天蕩，（在今江蘇南京市東北。）兀朮窘甚，或曰：「老鸛河故道今雖湮塞，湮音因，亦塞也。（老鸛河亦名老鸛嘴，在今江蘇南京市東北黃天蕩南。）

閩人獻焚舟之策

金人自是不敢復渡江

呂頤浩免

若鑿之可通秦淮。」（秦淮河，在今南京市東。）兀朮從之，一夕渠成，凡三十里，遂趨建康。岳飛以騎三百，步兵三千，邀擊於新城，（在今江蘇淮安縣西。）大破之，兀朮乃復自龍灣出江中，趨淮西。

會撻懶自濰州遣孛堇太一引兵來援，堇音僅。女真部長曰孛堇。兀朮乃復引還，欲北渡，世忠與之相持於黃天蕩。太一軍江北，兀朮軍江南。世忠以海艦進泊金山下，豫以鐵綆貫大鉤授健者。明旦，敵舟譟而前，世忠分海舟為兩道出其背，每縋一綆則曳一舟沉之，曳，拖也。兀朮窮蹙，求會語，祈請甚哀。世忠曰：「還我兩宮，復我疆土，則可以相全。」兀朮語塞。又數日，求再會，而言不遜，世忠引弓欲射之，兀朮亟馳去。見海舟乘風使篷，往來如飛，謂其下曰：「南軍使船如使馬，奈何！」乃募人獻破海舟之策，於是閩人王姓者教其舟中載土，以平板鋪之，穴船板以櫂槳，櫂，楫也。縱曰櫓，橫曰槳。俟風息則出，海舟無風不可動也，且以火箭射其篛篷，則不攻自破矣。兀朮然之。及天霽風止，霽音際，雨止也。兀朮以小舟出江，世忠絕流擊之；直渡曰絕。海舟無風不能動，兀朮令善射者乘輕舟以火箭射之，煙燄蔽天，師遂大潰，焚溺死者不可勝數，世忠僅以身免，奔還鎮江。兀朮遂濟江，屯於六合縣。（即今江蘇六合縣。）

世忠以八千人拒兀朮十萬之衆，凡四十八日而敗，然金人自是亦不敢復渡江矣。

【綱】遷趙鼎為翰林學士，鼎辭不拜。呂頤浩免。

目 初，御營使本以行幸總齊軍政，而宰相兼領之，遂專兵柄，樞府幾無所預。頤浩在位尤顓恣，中丞趙鼎嘗疏論之。及聞韓世忠敗金人，頤浩請帝幸浙西，下詔親征。帝將從之，趙鼎以爲不可輕舉，頤浩惡鼎異己，改鼎翰林學士，鼎不拜，改吏部尚書，又不拜，乃上疏論頤浩過失，凡千餘言。頤浩因求去，詔以頤浩倡義勤王，宜從優禮，乃罷爲鎮南軍節度使、醴泉觀使，（鎮南軍治洪州城，即今江西南昌市。）而復命鼎爲中丞，諭之曰：「朕每聞前朝忠諫之臣，恨不之識，今於卿見之。」

范宗尹相

綱 五月，以范宗尹爲尚書右僕射同平章事，張守參知政事，趙鼎簽書樞密院事。

綱 岳飛襲金人于靜安，敗之。

目 兀朮既濟江，金人在建康者大肆焚掠。執李梲、陳邦光等，自靜安渡宣化而去，梲道死，邦光歸於劉豫。岳飛邀擊金人於靜安鎮，大敗之。

綱 六月，張浚罷其都統制曲端。浚雖重用端，然以人言浸潤，不能無疑，乃使張彬詣渭州察之，遂以彭原之敗罷端兵柄，再貶海州團練副使，萬安軍安置。是年四月，金婁室入潼關，曲端使吳玠拒於彭原，敗績，端走還涇原。

二帝徙五國城

綱 秋七月，金徙二帝于五國城。（在今黑龍江寧安縣東北。）

目 金將立劉豫，乃徙二帝於五國城，去上京東北千里。徙此踰月，太上皇后鄭氏崩。洪皓自雲中密遣人奏書，以桃、梨、粟、麪等獻二帝，始知帝即位之實。

綱　八月，以謝克家參知政事。隆祐太后至越州。

綱　金人圍楚州。（金人，金將撻懶。）

金立劉豫爲齊帝

綱　九月，金立劉豫爲齊帝。

目　金遣高慶裔及知制誥韓昉備璽綬寶册，立劉豫爲大齊皇帝，世脩子禮，奉金正朔，置丞相以下官。九月，豫即位，都大名府，（即今河北大名縣。）改明年爲阜昌元年。

綱　詔劉光世督諸軍救楚州；光世不進，鎮撫使趙立死之，楚州陷。

張浚富平之敗

綱　張浚使都統制劉錫帥五路之兵與金婁室大戰于富平，（在今陝西銅川市東南。）敗績，浚退軍秦州。

目　兀朮引兵趨陝西，浚聞其將至，檄召熙河劉錫、秦鳳孫偓、涇原劉錡、環慶趙哲四經略及吳玠之兵，（熙河路治熙州，即今甘肅臨洮縣。秦鳳路治秦州，涇原路治涇州，均見上。環慶路治環州，即今甘肅環縣。）合四十萬人，馬七萬匹，以錫爲統帥，迎敵決戰。王彥諫曰：「陝西五路兵將，上下之情未通；若不利，則五路俱失，不若屯利、閬、興、洋，（利州治綿谷縣，即今四川廣元縣。閬州治閬中縣，即今四川閬中縣。興州治順治縣，即今陝西略陽縣。洋州治西鄉縣，即今陝西西鄉縣。）以固根本。敵入境，則檄五路之兵來援，萬一不捷，未大失也。」浚不從。劉子羽亦力言未可，浚曰：「吾寧不知此，顧東南事方急，不得不爲是耳。」吳玠、郭浩皆曰：「敵鋒方銳，宜各守要害，須其弊而乘之。」亦不從。遂行，次於富平縣。劉錫會諸將議戰，玠曰：「兵以利動，今地勢不利，未見其可，宜擇高阜據之，使不可勝。」諸軍皆曰：「我衆彼寡，又前阻葦澤，敵有騎不得施，何用他徙。」已而婁室引兵驟至，輿柴囊土，藉淖平行，淖音鬧，泥也。進薄諸營。薄，逼也。錫等與之力戰，劉錡身率將士薄敵陳，殺獲頗多，勝負未分，而敵鐵騎直擊趙哲軍，他將不及援，哲因離所部，其將校望見塵起，遂驚遁，諸將皆潰。敵乘勝而進，關陝大震。浚時駐邠州督戰，（邠州治興平縣，即今陝西邠縣。）既敗，退保秦州，召趙哲斬之，而安置劉錫於合州，（治石鏡縣，即今四川合川縣。）令諸將各還本路，上書待罪，帝手詔慰勉之。自是關陝不可復，論者咎浚之輕師失律焉。

金人縱秦檜還

綱 冬十月，金人縱秦檜還。

范李力薦秦檜之忠

目 檜從二帝至燕，金主以檜賜撻懶，爲其任用。撻懶信之。及南侵，以爲參謀軍事，又以爲隨軍轉運使。撻懶攻楚州，檜與妻王氏自軍中趨漣水軍，自言殺金人監己者奪舟而來，欲赴行在，遂航海至越州。帝命先見宰執，檜首言：「如欲天下無事，須是南自南，北自北。」朝士多疑其與何㮚、孫傅等同被拘執，㮚音栗。而檜獨還，又自燕至楚二千八百里，踰河越海，豈無譏訶之者，譏，察也。訶同呵，問也。安得殺監而南？就令從軍撻懶，金人縱之，必質妻屬，安得與王氏偕？惟范宗尹及李回二人素與檜善，盡破羣疑，力薦其忠。檜入對，首奏所草與撻懶求和書，帝謂輔臣曰：「檜朴忠過人，朕得之喜而不寐。既聞二帝、母后消息，又得一佳士也。」遂拜禮部尚書。先是，朝廷雖數遣使於金，但且守且和，而專意與敵解仇息兵，則自檜始。蓋檜首倡和議，故撻懶陰縱之使還也。

【綱】以李回同知樞密院事。

罷趙鼎

【綱】十一月，趙鼎罷。

【目】上欲以副都統辛企宗爲節度使，鼎言企宗非軍功，持不下；帝不樂，遂罷鼎提舉洞霄宮。

【綱】以富直柔簽書樞密院事。

【綱】金人復陷涇原諸州、軍。

【綱】日南至，冬至節。帝率百官遙拜二帝。自渡江至是始有此禮，其後正旦亦然。

【綱】張浚軍興州，遣吳玠守和尙原以拒金。（和尙原，在今陝西寶雞市西南。）

金寇熙河

【綱】十二月，金人寇熙河，副總管劉惟輔死之。金婁室卒。

【目】金人掠熙河，惟輔擊敗之，殺五千餘人；已而復至，惟輔顧熙河尙有積粟，恐金人因之以守，急出焚之。爲金人所執，捽以去，捽音卒，持頭髮也。惟輔曰：「死犬！斬卽斬，吾頭豈汝捽也！」顧坐上客曰：「國家不負汝，一旦遽降敵邪！」卽閉口不言而死，所部亦多不屈被殺。

定差役法

【綱】定差役法。

【目】帝在河朔親見閭閻之苦，河朔，河北也。嘗歎知縣不得其人，一充役法，卽至破家。及卽位，深加講議，乃定差役法。以二十五家爲一保，十大保爲一都，內選才力高富者二人充都保，主一都盜賊煙火之事，其次有保長。若品官，則一品限田五十頃，至九品五頃。免差子孫，蔭盡則同編戶。太學生及得解經省試者，許募人充役。軍丁女戶及孤弱悉免。

以張俊岳飛招討江淮

張榮擊走撻懶

綱鑑易知錄卷七九

南宋紀

高宗皇帝

綱　辛亥，紹興元年，（一一三一）金天會九年。春正月，以張俊爲江、淮招討使，岳飛副之。

目　時孔彥舟據武陵，（即今湖南常德市。）張用據襄、漢。（襄、漢謂據有今湖北化光、襄陽、宜城等地。）李成據江、淮、湖、湘十餘郡，（江、淮、湖、湘，謂今江蘇、安徽、湖北、湖南。）尤悍强，連兵數萬，有席卷東南之意，久圍江州。（治潯陽縣，即今江西九江市。）朝廷患之，以俊爲招討使。俊請岳飛同討，許之。

綱　李成陷江州。

目　未幾，復陷筠州。（治高安縣，即今江西高安縣。）

綱　謝克家罷。二月，以秦檜參知政事。

綱　三月，張俊、岳飛大敗李成于樓子莊，羣盜皆遁。復筠、江州。

綱　武功大夫張榮擊敗金兵于興化，（即今江蘇興化縣。）撻懶北遁。

目　榮本梁山濼漁人，濼音薄，陂澤也。（梁山濼，在今山東壽張縣東南梁山下，久湮。）聚舟數百，以刧

岳飛平定江淮

掠金人。杜充時嘗借補武功大夫，金人南侵，攻之不克。及金兵退，榮襲據通州，（治靜海縣，即今江蘇南通市。）聯舟入興化縮頭湖，作水寨以守。金撻懶在泰州，（治海陵縣，即今江蘇泰州市。）謀再渡江，欲先破營寨，榮率舟師與之遇，見金戰艦不多，餘皆小舟，時水退隔泥淖不能前，淖音鬧。乃舍舟登岸，大呼而擊之。金人不得騁，舟中自亂，溺水及陷泥淖者不可勝計，俘馘五千餘人。馘音國。軍所虜獲者，係其人曰俘，截左耳曰馘。撻懶收餘衆奔還楚州，（治山陽縣，即今江蘇淮安縣。）退屯宿遷，（即今江蘇宿遷縣。）尋北去。榮告捷於朝，遂以榮知泰州。

綱 張浚軍閬州，（治閬中縣，即今四川閬中縣。）分諸將守川、陝。

綱 夏四月，隆祐皇太后孟氏崩。年五十九，謚曰昭慈獻烈。

綱 劉光世復楚州。

綱 五月，作「大宋中興」玉寶。

綱 張俊追敗李成于黃梅，（屬蘄州，即今湖北黃梅縣。）成奔劉豫。岳飛招張用，降之。

目 俊引兵渡江，追成至蘄州黃梅縣，大敗之，其衆數萬皆潰，成北走，降劉豫。用復寇江西。岳飛與用俱相人，（岳飛與張用俱相州湯陰人，即今河南湯陰縣。）以書諭之曰：「吾與汝同里，欲戰則出，不戰則降。」用得書，遂帥衆降，江、淮悉平。張俊奏飛功第一，詔進飛右軍都統制，屯洪州，（治南昌縣，即今江西南昌市。）彈壓盜賊。

綱 六月，張浚以吳玠爲陝西諸路都統制，時關、隴六路盡陷於金，止餘階、成、岷、鳳、洮五州及鳳

封太祖後

張浚殺曲端

吳玠王庶陷曲端

翔之和尙原、隴州之方山原而已。

綱 秋七月，封太祖後令話爲安定郡王。

目 先是下詔曰：「太祖創業垂統，德被萬世。神宗初封子孫一人爲安定郡王，今其封久不舉，有司具上應襲封者。」至是，以德昭玄孫令話爲安定郡王，德昭，太祖長子。自後襲封不絕。

綱 范宗尹免。

綱 八月，張浚殺前威武大將軍曲端。

目 浚既敗於富平，（富平之敗，見上卷建炎四年九月。）乃思端言，初端謂金人難與爭鋒，宜訓兵秣馬保疆而已，萬一輕舉，後憂方大。浚疑端，遂以彭原之敗罷端兵柄，萬安軍安置。召之還，稍復其官，徙閬州，將復用之。吳玠憾端，因言：「端再起，必不利於公。」王庶又從而間之，玠復書「曲端謀反」四字於手以示浚，庶又言端嘗作詩題柱曰：「不向關中興事業，却來江上泛漁舟。」謂其指斥乘輿。浚乃送端於恭州獄。（恭州卽渝州，治巴縣，在今四川重慶市境。）有武臣康隨者，嘗以事忤端，端鞭其背，隨深憾之。及浚以隨提點夔路刑獄，（夔州路治夔州城，卽今四川奉節縣。）端聞之曰：「吾其死矣。」隨至，命獄吏縶維端，以紙糊其口，熁之以火。熁音脅，火迫也。端乾渴求飮，乾音干。與之酒，九竅流血而死。陝西士大夫莫不痛惜之，軍士悵恨，有叛去者。

綱 以李回參知政事，富直柔同知樞密院事。

相秦檜

綱　以秦檜爲尚書右僕射同平章事，兼知樞密院事。

目　范宗尹既去，檜欲得其位，因揚言曰：「我有二策，可聳動天下。」或問：「何不言？」檜曰：「今無相，不可行也。」帝聞，乃有是命。

贈程頤制略

綱　詔贈程頤直龍圖閣。制詞略曰：「周衰，聖人之道不得其傳，世之學者，其欲聞仁義道德之說，孰從而求之？亦孰從而聽之？爾頤潛心大業，高明自得之學，可信不疑。而浮僞之徒，自知學問文采不足表見於世，乃竊借名以自售，外示恬默，中實奔競，使天下之士，聞其名而疾之，是重不幸焉。朕所以振耀褒顯之者，以明上之所與在此，而不在彼也。」

呂頤浩相

綱　以呂頤浩爲尚書左僕射同平章事，兼知樞密院事。

汪藻請脩日曆

綱　復脩日曆。

目　翰林學士汪藻言：「本朝宰相皆兼史館，故書榻前議論之詞則有時政記，（錄）柱下見聞之實則有起居注，謂之日曆，所以備言，垂一世之典。苟曠三十年之久，漫無一字，何以示來世？」帝從之，即以命藻。

綱　長星見，詔求直言。

綱　冬十一月，李回罷。

綱　王德殲邵青之衆于崇明沙，（即今上海市崇明縣，宋時江中湧出之沙洲，遂成田廬。）獲青送行在。

王德破火牛

吳玠兄弟和尚原之捷

目 青寇宣州，（治宣城縣，卽今安徽宣城縣。）進圍太平，（卽今安徽當塗縣。）劉光世招降之，尋復叛去，聚其黨於崇明沙，將犯江陰。（卽今江蘇江陰縣。）光世令都統制王德討之。德執旗麾兵，拔栅以入，青衆大潰，翌日餘黨復索戰，諜言賊將用火牛，（諜，探者。）德笑曰：「此古法也，可一不可再。」命合軍持滿，陣始交，萬矢齊發，牛皆返奔，賊衆殲焉。殲，盡殺也。青自縛請命，德獻諸行在，餘黨悉平。

綱 以孟庾參知政事。

綱 金兀朮寇和尚原，（在今陝西寶雞市西南。）吳玠及其弟璘大敗之，兀朮遁。

目 玠自富平之敗，收散卒保和尚原，積粟繕兵，列栅爲死守計。或謂玠宜退屯漢中，（卽今陝西漢中市。）扼蜀口以安人心。玠曰：「我保此，敵決不敢越我而進，是所以保蜀也。」玠在原上，鳳翔民感其遺惠，相與夜輸芻粟助之，玠償以銀帛，民益喜，輸者益多。金人怒，伏兵渭河邀殺之，（在今陝西寶雞市南。）且令保伍連坐，民冒禁如故。

金將沒立自鳳翔，烏魯折合自階、成出散關，（階州治福津縣，在今甘肅武都縣東南。成州治上祿縣，在今甘肅徽成縣西北。散關，在今陝西寶雞市西南。）約日會和尚原。烏魯折合先期至，陣北山，索戰，玠命諸將堅陣待之，更戰迭休，金人大敗遁去。沒立方攻箭筈關，（箭筈關卽箭括關，在今陝西乾縣西北，爲金與宋相持之地。）玠復遣將擊破之。兩軍終不得合。金人自起海角，狃於常勝，狃音鈕，習也。及與玠戰輒敗，憤甚，謀必取玠。於是，兀朮會諸帥兵十餘萬，造浮梁跨渭，浮梁，浮橋也。

自寶雞結連珠營，壘石爲城，夾澗與官軍相拒，進薄和尚原。薄，逼也。玠與弟璘選勁弩，命諸將分番迭射，號「駐隊矢」，連發不絕，繁如雨注；敵稍却，則以奇兵旁擊，絕其糧道，度其困且走，設伏於神坌以待之。坌音憤。敵至伏發，遂大亂。玠因縱兵夜擊，大敗之。兀朮中二流矢，僅以身免，亟鬀其鬚髯而遁。鬀即剃字。在頤曰鬚，在頰曰髯。

駐隊矢

兀朮剃鬚髯遁

初，金人之至也，玠與璘以散卒數千駐原上，朝問隔絕，人無固志。有謀劫玠之兄弟北降者，玠知之，召諸將歃血盟，勉以忠義，皆感泣，願盡死力，故能成功。

初置見錢關子

綱　初置見錢關子。見同現。關子，鈔也。

目　時命張浚屯婺州，婺音務。（婺州治金華縣，即今浙江金華市。）有司請樁辦合用錢，而路不通舟，錢重難致，乃造關子付婺州，召商人入中以給軍食。商人執關子於榷貨務請錢，願得茶、鹽、香貨、鈔引者聽。於是州縣以關子充糴本，未免抑配，而榷貨務又止以日輸三分之一償之，人皆嗟怨。

綱　以孟庾爲福建、江西、荆湖宣撫使，韓世忠副之。

目　初建人范汝爲作亂，（建即建州建安縣，即今福建建甌縣。）破建陽。（即今福建建陽縣。）命辛企宗討之，不克，其勢益熾。乃命庾爲宣撫使，世忠副之，發大軍由溫台路入閩。（溫台路治溫州，見上。閩即福州，今福建福州市。）汝爲聞大軍將至，亟入據建州。

綱　富直柔罷。

韓世忠平建州

李綱馳見韓世忠

【綱】十二月，金以陝西地畀劉豫。於是中原盡屬於豫。

【綱】壬子，二年，（一一三二）金天會十年。春正月，復賢良方正直言極諫科。

【綱】韓世忠拔建州，范汝爲自焚死。

【目】世忠聞汝爲入建州，曰：「建居閩嶺上流，賊沿流而下，七郡皆血肉矣。」亟率步卒三萬，水陸並進，直抵鳳凰山，五日破之，汝爲自焚死。世忠初欲盡誅建民，李綱自福州馳見世忠曰：「建民多無辜。」世忠乃令軍士駐城上，聽民自相別，農給牛穀，商賈弛征禁，脅從者汰遣，沙汰其罪而遣之也。獨取附賊者誅之。民感更生，家爲立祠。捷聞，帝曰：「雖古名將何以加！」世忠因進討江西、湖、廣諸盜。

【綱】帝如臨安。從呂頤浩之請也。

【綱】二月，以李綱爲湖、廣宣撫使。

【綱】帝初御講殿。自巡幸以來，經筵久輟，至是復之。

【綱】三月，河南鎮撫使翟興爲其下所殺，詔以其子琮代之。

【目】劉豫將遷汴，（宋汴京，即今河南開封市。）以興屯伊陽山，（在今河南林縣北。）憚之，遣蔣頤持書誘興以王爵；興斬頤而焚其書。豫復陰啗興裨將楊偉以利，啗音淡，餌之也。裨將，偏將也。偉遂殺興，攜其首奔豫。興在河南累年，軍少乏食，而能激以忠義，士莫不自奮，金人畏之，諸陵得不侵犯。詔以其子琮嗣職。

綱 夏四月，以翟汝文參知政事。初汝文知密州，秦檜爲州文學，汝文薦其才，故檜引以輔政。

呂頤浩開府鎭江

綱 詔呂頤浩都統江、淮、荆、浙諸軍事，開府鎭江。（治丹徒縣，即今江蘇鎭江市。）

目 頤浩屢請出師，身自督軍北向，乃命頤浩開府鎭江。頤浩辟文武士七十餘人，辟，舉也。以神武後軍及御前忠銳崔增、趙延壽二軍從行，時分降盜崔增、邵青、趙延壽、徐文等所部兵爲七將，名御前忠銳軍，隸步軍司，非樞密奉旨不許調遣。韓世忠、張俊、劉光世、岳飛、王𤫊、楊沂中等皆隸焉。

劉豫徙居汴

綱 劉豫徙居汴。

目 豫至汴，尊其祖考爲帝，置於宋太廟。是日暴風捲旍，屋瓦皆振，士民大懼。時河、淮、山東、陜西皆屯金軍，劉麟籍鄉兵十餘萬，爲皇太子府軍，分置河南、汴京淘沙官，兩京冢墓發掘殆盡，賦斂煩苛，民不聊生。

綱 岳飛追曹成，大敗之，成走邵州。（治邵陽縣，在今湖南邵陽市境。）

岳家軍來矣

目 盜曹成初陷道州，（治營道縣，即今湖南道縣。）復陷賀州，（治臨賀縣，即今廣西賀縣。）擁衆十餘萬，由江西歷湖、湘，據道、賀二州，命岳飛權荆湖東路安撫都總管，付金字牌、黃旗招成。成聞飛至，驚曰：「岳家軍來矣。」即遁。飛追至賀州，力戰，大破之，成乃自桂嶺置砦至北藏嶺，（桂嶺即臨賀嶺，在廣西賀縣東北。）連控隘道，以衆十餘萬守蓬頭嶺。飛部纔八千人，一鼓登嶺，破其衆，成奔連州。（治陽山縣，即今廣東連縣。）

岳飛戒部將

飛謂部將張憲、徐慶、王貴曰：「成黨散去，追

孝宗賜名瑗

婁寅亮上書

而殺之，則脅從者可憫；縱之，則復聚爲盜。今遣若等誅其首而撫其衆，若，汝也。愼勿妄殺，累上保民之仁。」於是憲自賀、連，慶自邵、道，貴自郴、桂，（郴州治郴縣，即今湖南郴縣。桂州治臨桂縣，即今廣西桂林市。）招降者二萬，與飛會連州；進討，成走入邵州。

綱　五月，以權邦彥簽書樞密院事。邦彥獻圖中興十議，故有是命。

綱　育太祖後子偁之子伯琮于宮中，賜名瑗。瑗音院。

目　元懿太子卒，帝未有後，范宗尹嘗造膝請建太子，帝曰：「太祖以神武定天下，子孫不得享之，遭時多艱，零落可憫。朕若不法仁宗，爲天下計，何以慰在天之靈？」於是詔知內外宗正事，令廣選太祖後，將育宮中。會上虞縣丞婁寅亮上書曰：（上虞縣，在今浙江上虞縣東南。）「先正有言：謂范鎭也。『太祖舍其子而立弟，此天下之大公。周王薨，章聖取宗室育之宮中，章聖，眞宗也。此天下之大慮。』仁宗感悟其說，召英宗入繼大統，文子文孫，周書立政篇：「今文子文孫，孺子王矣。」宜君宜王，詩大雅假樂篇：「穆穆皇皇，宜君宜王。」注：「穆穆，敬也。皇皇，美也。君，諸侯也。王，天子也。庶爲諸侯，嫡爲天子。」遭罹變故，罹音離。不斷如帶。今有天下者，獨陛下一人而已，屬者椒寢未繁，（屬，近也。椒寢，謂后妃。）前星不耀，晉書天文志：「心三星，中曰明堂，天子位，前星爲太子，後星爲庶子。」孤立無助，有識寒心，天其或者深戒陛下，追念祖宗公心、長慮之所及乎！崇寧以來，崇寧，徽宗年號。諛臣進說，獨推濮王子孫，濮王，濮安懿王，英宗生親也。以爲近屬，餘皆謂之同姓，遂使昌陵之後寂寥無聞，昌陵，太祖陵也。僅同民庶，藝祖在上，藝祖謂太祖。莫肯顧歆，此金人所以未悔禍也。望陛下於伯字行內，選太祖諸孫有賢德者，視秩親王，俾牧九州，以待皇嗣之生，退處藩服，庶幾上慰在天之靈，下繫人心之望。」書奏，帝讀之大感歎，至是，選秦王德芳後朝奉大夫子偁之子伯琮入宮，（德芳，太祖次子。）命張婕妤鞠之，（鞠，養也。）生六年矣。其後吳才人亦請於帝，乃復取秉義郎子彥之子伯玖，命才人鞠之。皆太祖後也。尋以伯琮爲和州防禦使，（和州治歷陽縣，即今安徽和縣。）賜名瑗。

綱 呂頤浩前軍將趙延壽叛，頤浩次于常州，（治晉陵縣，即今江蘇常州市。）王德追延壽至建平，（即今安徽郎溪縣。）誅之。

綱 張浚以劉子羽知興元府。（即梁州，治南鄭縣，即今陝西漢中市。）

韓世忠降曹成

綱 韓世忠招曹成，降之。

目 世忠既平范汝爲，旋師永嘉，（永嘉，溫州治，即今浙江溫州市。）若將休息者，忽由處、信徑至豫章，（處州治括蒼縣，在今浙江麗水縣東南。信州治上饒縣，在今江西上饒縣西北。豫章即洪州，今江西南昌市。）連營江濱數十里。羣賊不虞其至，大驚，世忠因使董收招成，成方爲岳飛所追，乃率衆降。得戰士八萬，遣詣行在。

綱 六月，以李橫爲襄、郢鎮撫使。（郢州治長壽縣，即今湖北鍾祥縣。）

頒戒石銘于州縣

綱 頒戒石銘于州縣。

目 以黃庭堅所書戒石銘頒於州縣，令刻石。文曰：「爾俸爾祿，民膏民脂。下民易虐，上天難欺。」

綱　翟汝文罷。

目　汝文雖爲檜所薦，然性剛，不爲檜屈，至對案相詬，目檜爲金人姦細，故不得久居位。

綱　秋八月，召朱勝非兼侍讀，罷給事中胡安國及程瑀等二十人。

目　帝初卽位，召安國爲給事中，黄潛善惡之，遂罷。潛善去，復召爲中書舍人，兼侍講。安國因上時政論二十一篇，其言以爲：「保國必先定計，定計必先建都，建都擇地必先設險，易坎卦彖傳：「王公設險以守其國。」分土必先制國，制國以守必先恤民。夫國之有民，猶人之有元氣，不可不恤也。除亂賊，選縣令，輕賦斂，更弊法，省官吏，皆恤民事也。而行此有道，必先立政；立政有經，必先覈實，而後賞罰當；賞罰當，而後號令行，人心順從，惟上所命，以守則固，以戰則勝，以攻則服，天下定矣。然欲致此，顧人主志尚如何耳。尚志，所以立本也；正心，所以決事也；養氣，所以制敵也；宏度，所以用人也；寬隱，所以明德也：具此五者，帝王之能事畢矣。」論入，改給事中。入對，以疾力求去，力，甚也。帝曰：「聞卿深於春秋，方欲講論。」遂以左氏傳付安國點句、正音。安國言：「春秋經世大典，見諸行事，非空言比。方今思濟艱難，左氏繁碎，不宜虛費光陰，耽翫文采，莫若潛心聖經。」帝善之，命兼侍讀，專講春秋。

胡安國時政論

胡安國以游酢言稱秦檜

胡安國論朱勝非

先是秦檜欲傾呂頤浩而專政，乃多引知名士布列清要以自助。安國嘗聞游酢論檜人材可方荀文若，（荀彧字文若，事見卷二十五漢獻帝初平三年。何顒稱彧有王佐之才。）故力言檜賢於張浚諸人。及頤浩自常州還，憾檜欲去之，問計於席益，益曰：「目爲黨可也。今黨魁胡安國在瑣闥，禁門曰闥，刻爲連瑣文，故稱。宜先去之。」會頤浩薦知紹興府朱勝非代己都督，帝從之。命下，安國奏：「勝非與黃潛善、汪伯彥同在政府，緘默附會，馴致渡江，尊用張邦昌，結好金虜，淪滅三綱，天下憤鬱；及正位冢司，勝非爲相。苗、劉肆逆，苗傅、劉正彥之亂。貪生苟容，辱逮君父。今彊敵憑陵，叛臣不忌，用人得失，繫國安危，深恐勝非上誤大計。」帝爲罷都督之命，改兼侍讀，安國復持錄黃不下，錄黃，詔敕也。頤浩特命檢正黃龜年書行。安國言：「有官守者不得其職則去。臣今待罪無補，既失其職，當去甚明。況勝非既臣論列之人，今朝廷乃稱勝非處苗、劉之變，能調護聖躬。謂諷帝禪位皇子及致復位。昔公羊氏言祭仲廢君爲行權，春秋桓公十一年：「九月，宋人執鄭祭仲。」公羊傳：「祭仲者何？鄭相也。何以不名？賢也。何賢乎祭仲？以爲知權也。其爲知權奈何？祭仲出於宋，宋人執之，謂之曰：『爲我出忽而立突。』祭仲不從其言，則君必死，國必亡；從其言，則君可以生易死，國可以存易亡，少遼緩之，則突可故出而忽可故反。古人之有權者，祭仲之權是也。」按左傳，鄭祭仲爲莊公娶鄧曼，生昭公忽，宋大夫雍氏女妻於莊公，生厲公突。莊公卒，祭仲立昭公，宋人誘祭仲而執之，曰：「不立突，將死。」祭仲與宋人盟，以厲公歸而立之，昭公奔衞。先儒力排其說，據安國春秋傳：「祭仲，鄭相也，見執於宋，使出其君而立不正，罪較然矣。」蓋權宜廢置，非所施於君父，春秋大法，尤謹於此。建炎之失節者，建炎，高宗年號。

今雖特釋而不問，又加進擢，習俗既成，大非君父之利。臣以春秋入侍，而與勝非爲列，有違經訓。」遂臥家不出。頤浩勸帝降旨，落職提舉仙都觀。秦檜三上章留之，不報。侍御史江躋、左司諫吳表臣論勝非不可用，安國不當責，於是與張燾、程瑀、胡世將、劉一止、林待聘、樓炤等二十餘人皆坐檜黨，並落職罷官，臺省爲之一空。

綱　以孟庾同都督江、淮、荆、浙諸軍事。

秦檜免

綱　秦檜免，榜其罪于朝堂。

王居正疾秦檜之詭

目　先是起居郎王居正與秦檜善，及檜執政，與居正論天下事甚銳，既相，所言皆不酬。居正疾其詭，言於帝曰：「秦檜嘗語臣：『中國之人，唯當著衣啗飯，共圖中興。』臣時心服其言。檜又自謂：『爲相數月，必聳動天下。』今爲相設施止是。願陛下以臣所言，問檜所行。」檜聞而憾之，出居正知婺州。及胡安國罷，檜留之，不報，遂求去。呂頤浩諷侍御史黃龜年劾檜「專主和議，沮止國家恢復遠圖，且植黨專權，漸不可長。」乃罷檜相，仍榜朝堂，示不復用。初檜所陳二策，欲以河北人還金，中原人還劉豫。帝曰：「檜言南人歸南，北人歸北。朕北人，將安歸？」檜語乃塞，至是帝召直學士院綦崈禮語以是事，綦音其，崈同崇。及居正所言。崈禮卽以帝意載於制辭，播告中外，人始知檜之姦。

綱　彗星見，赦，求直言。

韓世忠大敗劉忠

綱　九月，韓世忠大敗劉忠于蘄陽，蘄音其。（蘄陽，蘄水之陽。水出今湖北蘄春縣東北，西南至縣西蘄口入江。）忠走降劉豫。

目 世忠自豫章移師長沙，（潭州治，即今湖南長沙市。）劉忠有衆數萬，據白面山，營柵相望，世忠至，與賊對壘，奕棊張飲，堅壁不動，衆莫能測。一夕與蘇格聯騎穿賊營，候者訶問，世忠先得賊軍號，隨聲應之，周覽以出。喜曰：「此天賜也。」夜伏精兵二千於山下，與諸將拔營而進。賊方迎戰，伏兵已馳入中軍，奪望樓，植旗蓋，傳呼如雷，賊回顧驚潰，世忠麾將士夾擊，大破之；忠走降豫。

綱 王倫還自金。

目 倫旣被留，久困懷歸，乃倡爲和議，粘沒喝縱之歸報。倫至，入對，言金人情僞甚悉，帝優奬之。時方議討劉豫，和議中格，格音閣，止也。久之乃以潘致堯爲通問使，復如金。

相朱勝非

綱 以朱勝非爲尙書右僕射同平章事，兼知樞密院事。

張浚治關陝

綱 以王似爲川、陝宣撫處置副使。

目 張浚在關陝三年，訓新集之兵，當方張之敵，以劉子羽爲上賓，任趙開爲轉運，擢吳玠爲大將。子羽慷慨有才略，開善理財，而玠每戰輒勝，西北遺民歸附者衆，故關陝雖失，而全蜀安堵，言安然如堵，不驚動也。且以形勢牽制東南，江、淮亦賴以安。朝廷疑浚殺趙哲、曲端爲無辜，（張浚斬趙哲見卷七十八建炎四年，殺曲端見上紹興元年。）任子羽、開、玠爲非是，乃以似爲副使；浚始不安。

罷李綱

【綱】冬十一月，李綱至潭州，湖南羣盜平。

【綱】十二月。罷湖、廣宣撫使李綱。

【目】綱上言：「荆、湖自昔用武之地，今朝廷保有東南，制馭西北，當於鼎、澧、荆、鄂皆宿重兵，（鼎州治武陵縣，即今湖南常德市。澧州治澧陽縣，即今湖南澧陽縣。荆州治江陵縣，即今湖北江陵縣。鄂州治江夏縣，即今湖北武漢市武昌城。）使與四川、襄、漢相接，乃有恢復中原之漸。」會呂頤浩言綱縱暴無善狀，而諫官徐俯、劉斐亦劾綱，遂罷提舉崇福宮。

【綱】召張浚知樞密院事。呂頤浩不悅浚，朱勝非又以宿憾日短浚，故召之，而以盧法原爲川、陝宣撫副使，與王似同治司事。

李橫伐金

【綱】癸丑，三年，（一一三三）金天會十一年。春正月。李橫舉兵伐金，復潁昌府。（即許州，治潁川縣，即今河南許昌市。）

【目】橫屢敗劉豫及金兵，詔以橫爲襄陽府、鄧、隨、郢州宣撫使。（襄陽府治襄陽縣，即今湖北襄樊市。鄧州治穰縣，在今河南鄧縣東南。隨州治隨縣，即今湖北隨縣。）

【綱】金人陷金州，（治西城縣，即今陝西安康縣。）王彥走石泉。（即今陝西石泉縣。）

【目】王彥守金州，金撒离喝攻之，彥以三千人迎敵而敗，退保石泉，撒离喝遂乘勝而進。

【綱】三月，劉子羽、吳玠兵潰于饒風關。（今陝西石泉縣西漢水岸有饒風嶺，嶺上有饒風關。）金人

吳玠黃柑遺敵

楊政諫吳玠

據胡牀坐壘口

入興元；子羽、玠還擊，破之。

目 金人長驅趨洋、漢。（洋州治西鄉縣，在今陝西西鄉縣南。漢卽漢中，見上興元府。）劉子羽聞王彥敗，亟命田晟守饒風關，而遣人召吳玠入援。玠自河池日夜馳三百里至饒風，（河池卽鳳州，治梁泉縣，在今陝西鳳縣東北。）以黃柑遺敵，柑音甘，橘屬。曰：「大軍遠來，聊用止渴。」撒离喝大驚，以杖擊地曰：「爾來何速邪！」遂悉力仰攻，一人先登，二人擁後，先者既死，後者代攻；玠軍弓弩亂發，大石摧壓，如是者六晝夜，死者山積。敵乃更募死士，由閒道自祖溪關入，繞出玠後，乘高以闞饒風，闞，俯視也。諸軍不支，遂潰。敵入洋州，玠邀子羽去，子羽不可，而留玠同守定軍山。玠難之，遂退保興元之西縣；（在今陝西沔縣西。）子羽亦焚興元，退保大安之三泉縣。（卽今陝西寧強縣。）撒离喝遂入興元，至金牛鎭。（在今陝西寧強縣東北。）四川大震。

子羽從兵不滿三百，與士卒取草芽木甲食之，遺玠書訣別。玠得書未有行意，其愛將楊政大呼軍門曰：「節使不可負劉待制！不然，政輩亦舍節使去矣！」玠乃閒道會子羽，子羽留玠共守三泉。玠曰：「關外，蜀之門戶，不可輕棄。」復往守仙人關，（在今陝西鳳縣南，接略陽縣界。）子羽以潭毒山形斗拔，（潭毒山，在今四川廣元縣北。）其上寬平有水，乃築壁壘，方成而金人已至，距營十數里。子羽據胡牀坐壘口，諸將泣告曰：「此非待制坐處。」子羽曰：「子羽今日死於此！」敵尋亦引去。時張浚亦移守潼川，（卽梓州，治郪縣，卽今四川三台縣。）子羽遺書言已在此，金人必不南，浚乃止。金兵由斜谷北去。（斜谷，在今陝西盩厔縣西。）

撒离喝既至鳳翔，（治雍縣，在今陝西鳳翔縣南。）遣十人持書招子羽，子羽皆斬之，而縱其一還，曰：「爲我語賊，欲來卽來，吾有死爾，何可招也。」

預徙梁洋之積

初，子羽聞有金兵，預徙梁、洋之積，及金人深入，餽餉不繼，殺馬及兩河所僉軍士以食，而子羽、玠復腹背要擊之，死傷十五六，疫癘且作，乃引衆還。子羽、玠因出師掩其後，金人墮溪澗死者不可勝計，盡棄輜重而走，餘兵不能自拔者悉降。子羽遂還興元。金人始謀，本謂玠在西邊，故涉險東來，不虞玠馳至，雖入三州，而得不償失。

【綱】權邦彥卒。以席益參知政事，徐俯簽書樞密院事。

李橫傳檄收復東京

【綱】三月，李橫傳檄收復東京，汴京。劉豫以金人來戰于牟駝岡，橫師敗績，潁昌復陷。

【綱】夏四月，楊太僭號大聖天王，詔統制王𤫉會兵討之。太又名幺，蓋楚人謂年少者爲幺云。幺音邀。

【綱】以韓肖胄簽書樞密院事，遣使金。潘致堯還，言金欲再遣重臣以取信，遂寢出師之議，而遣肖胄及胡松年往金議和。

【綱】王彥復金州。

【綱】詔李橫等班師還鎭，班，還也。（李橫時爲襄、郢鎭撫使。）禁邊兵侵齊。以與金議和也。齊謂劉豫。

岳飛平羣盜

【綱】六月，岳飛討江、廣羣盜，悉平之。

【目】時虔、吉盜連兵寇掠江、廣諸州，（虔州治贛縣，卽今江西贛州市。吉州治廬陵縣，卽今江西吉安縣。江指今江西，廣指今廣東。）帝專命飛平之。飛至虔，固石洞賊彭友悉衆至雩都迎戰，雩音于。（雩都，即今江西雩都縣。）躍馬馳突；飛麾兵即馬上擒之，餘黨皆破降之。初，帝以隆祐太后震驚之故，密令飛屠虔城。飛請誅首惡而赦脅從，帝許焉，虔人感其德，繪像祠之。及入見，帝手書「精忠岳飛」字，製旗以賜之。

綱　秋九月，呂頤浩免。以劉光世、韓世忠爲江東、兩淮宣撫使，王𤫉、岳飛爲荊、湖、江西制置使，分屯沿江諸州。

綱　冬十月，李成寇襄、鄧，李橫奔荊南，（荊湖南路治潭州城，即今湖南長沙市。）成遂陷京西六郡。（京西謂京西南路，治襄州城，即今湖北襄樊市。）

綱　十一月，復元祐十科取士法。（十科舉士法，見卷七十二哲宗元祐元年。哲宗紹聖元年罷，今復。）

綱　金兀朮陷和尚原。

綱　甲寅，四年，（一一三四）金天會十二年。春二月，席益罷。

綱　三月，吳玠、吳璘與金兀朮戰于仙人關，大敗之。

目　先是璘守和尚原，饋餉不繼，玠慮金人必復深入，且其地去蜀遠，乃命璘別營壘於仙人關右之地，名曰殺金平，移兵守之。至是，兀朮、撒离喝、劉夔帥步騎十萬破和尚原，進攻仙人關，自鐵山鑿崖開道，循嶺東下。玠以萬人守殺金平，以當其衝；璘自武階路入援，（武階路治階州，見上。）冒圍轉戰七晝夜，始得與玠會於仙人關。

撞竿碎雲梯

張浚罷之福州

敵首攻玠營，玠擊走之。又以雲梯攻壘壁，楊政以撞竿碎其梯，以長矛刺之。金軍分爲二，兀朮陣於東，韓常陣於西，璘率鋭卒介其閒，左繞右縈，隨急而後戰。數日，玠大出兵，統領王善、王武率鋭士分紫、白旗入金營，金陣亂，奮擊，射韓常中左目，金人始宵遁。玠遣統制官張彥劫橫山砦，王俊伏河池，扼其歸路，又敗之。是役也，兀朮以下皆攜妻孥來。劉夔乃劉豫腹心，本謂蜀可圖，既不得逞，度玠終不可犯，乃還據鳳翔，授甲士田，爲久留計，自是不妄動矣。

綱　以趙鼎參知政事。

綱　張浚至臨安，罷爲資政殿大學士，居之福州。

目　浚雖被召，以劉子羽等軍敗，祕其事未行。已而詔王似、盧法原赴鎮，浚及子羽、王庶、劉錫等俱赴行在。浚至臨安，中丞辛炳以宿憾率殿中侍御史常同等劾浚喪師失地，跋扈不臣，遂落職奉祠福州居住，安置劉子羽於白州。（治博白縣，即今廣西博白縣。）浚即日行。詔以王似爲川、陝宣撫使，盧法原、吳玠副之。法原尋卒。

綱　夏四月，徐俯罷。與趙鼎議不合故也。

綱　五月，以岳飛兼荆南制置使。

目　時楊太與劉豫通，欲順流而下。李成既據襄陽，又欲自江西陸行趨浙，與太會。帝命飛爲之備。朱勝非言：「襄陽，國之上流，不可不急取。」飛亦奏：「襄陽等六郡爲恢復中原基本，今當先取六郡，以除心膂之病，李成遠遁，然後加兵湖、湘，以殄羣盜。」帝以語趙鼎，鼎曰：「知上流利害，無如飛者。」除飛兼荆南制置使。飛渡江，中流顧幕屬曰：幕屬，幕府僚屬。「飛不擒賊不涉此江！」

岳飛渡江誓擒賊

綱 秋七月，以胡松年簽書樞密院事。朱勝非薦之也。

綱 岳飛復襄陽等六郡。襄、漢悉平，飛移屯德安，軍聲大振。捷聞，帝喜曰：「朕素聞飛行軍有紀律，未知其能破敵如此。」

趙鼎上疏

綱 八月，以趙鼎知樞密院事，都督川、陝、荆、襄諸軍事。

目 鼎爲朱勝非所忌，除鼎樞密都督，鼎條奏便宜，復爲勝非所抑，乃上疏言：「頃者陛下遣張浚出使川、陝，國勢百倍於今。浚有補天、浴日之功，列子：「女媧氏練五色石以補天闕。」淮南子：「日出暘谷，浴於咸池。」陛下有礪山、帶河之誓，（漢高帝封功臣，封爵之誓曰：「使黃河如帶，泰山若礪，國以永存，爰及苗裔。」）君臣相信，古今無二，而終致物議，以被竄逐。夫喪師失地，浚則有之，然未必如言者之甚也。大抵專黜陟之典，受不御之權，則小人不安其分，謂爵賞可以苟求，一不如意，便生觖望，觖音厥。觖望，怨望也。是時蜀士至於醵金募人，醵，斂也。詣闕訟之，以無爲有，何以自明！故有志之士，欲爲國立事者，每以浚爲戒。今臣無浚之功，當此重責，去朝廷遠，恐好惡是非，行復紛紛於聰明之下矣。望閔臣孤忠，使得展布四體，少寬陛下西顧之憂。」

綱 遣吏部員外郎魏良臣使金。奉表通問。時金人已定議出兵，而帝未之知也。

綱　楊太敗官軍于鼎江，（在今湖南常德市北。）詔岳飛移兵討之。

目　王𤫊遣忠銳統制崔增等討太於鼎江，師敗皆沒。太乘大水出兵，攻破鼎州社木寨，守將許筌戰沒，（筌音詮。）官軍死者甚衆。於是授飛清遠軍節度使，代王𤫊討太。飛時年三十二，中興諸將建節未有如飛之年少者。

綱　九月，朱勝非罷。

綱　劉豫使其子麟以金兵入寇。

趙鼎相

綱　以趙鼎爲尚書右僕射同平章事，兼知樞密院事。

目　時邊報驟至，舉朝震恐。鼎將赴川、陝，陛辭，帝曰：「卿豈可遠去，當遂相朕。」制下，朝士相慶。

綱　以沈與求參知政事。

綱　冬十月，詔韓世忠進屯揚州。（治江都縣，即今江蘇揚州市。）

召張浚

綱　召張浚于福州。

目　初，浚至福州，慮金、齊必併力窺東南，（齊，劉豫。）而朝廷已議講解，因上疏極言其狀。至是帝思其言，會趙鼎勸帝親征，帝從之。喻樗謂鼎曰：（樗音樞。）「六龍臨江，（六龍謂天子也。易乾卦彖傳：「時乘六龍以御天。」）兵氣百倍，然公自度此舉果出萬全乎？或姑試一擲也？」鼎曰：「中國累年退避不振，敵情益驕，義不可更屈，故贊上行耳。若事之濟否，則非鼎所可知也。」樗

韓世忠大儀之捷

韓世忠紿魏良臣

曰：「然則當思歸路耳。張德遠有重望，張浚字德遠。若使宣撫江、淮、荊、浙、福建，俾以諸道兵赴闕，則其來路卽朝廷歸路也。」鼎然之，入言於帝，遂召浚，以資政殿學士提舉萬壽觀，兼侍讀。

綱 韓世忠大敗金人于大儀，（大儀鎭，在今江蘇揚州市西北，接安徽炳輝縣界。）追至淮而還。

目 世忠至揚州，使統制解元守承州，解音蟹。（承州治高郵縣，卽今江蘇高郵縣。）候金步卒，親提騎兵駐大儀，以當敵騎，伐木爲柵，自斷歸路。會魏良臣使金過之，世忠撤炊爨，紿良臣有詔移屯平江，紿，欺也。（平江府卽蘇州，治吳縣，卽今江蘇蘇州市。）良臣疾馳去，世忠度良臣已出境，卽上馬令軍中曰：「眡吾鞭所嚮。」眡同視。於是移軍向大儀，勒五陣，設伏二十餘所，約聞鼓卽起擊。良臣至金軍中，金前將軍聶兒孛堇問官軍動息，具以所見對。孛堇大喜，卽引兵至江口，距大儀五里，別將撻不野擁鐵騎過五陣東，世忠傳小麾鳴鼓，伏兵四起，旗色與金人旗雜出，金軍亂，官軍迭進。世忠令背嵬軍各持長斧，上揕人胸，揕音震，擊也。下斫馬足。敵被甲陷泥淖，淖音閙。世忠麾勁騎四面蹂躪，躪音吝。人馬俱斃，遂擒撻不野等二百餘人，而世忠所遣董旼亦擊敗金人於天長之鴉口橋。旼音民。（天長縣，卽今安徽炳輝縣。）解元至承州北門遇敵，設水軍夾河陣，一日十三戰，相拒未決。世忠遣成閔將騎士往援，復大戰，俘獲甚多。世忠復親追至淮，（此淮卽今安徽鳳陽縣北之淮水。）金人驚潰，相蹈藉溺死者甚衆。捷聞，羣臣入賀。帝曰：「世忠忠勇，朕知其必能成功。」沈與求曰：「自建炎以來，建炎，高宗年號。將士未嘗與金人迎敵一戰。今世忠連捷，厥功不細。」論者以此舉爲中興武功第一。

綱　帝自將禦金，次于平江。

目　金、齊之兵日迫，羣臣勸帝他幸，散百司以避之。張浚曰：「避將安之？惟進禦乃可耳。」趙鼎曰：「戰而不捷，去未晚也。」帝因曰：「朕爲二聖在遠，屈己請和，而彼復肆侵陵。朕當親總六師，臨江決戰。」沈與求復力贊之，鼎喜曰：「累年退怯，敵志益驕。今聖斷親征，將士必奮，成功可必。臣願效區區以圖報國。」於是以孟庾爲行宮留守，命百司不預軍旅之務者從便避兵。以張俊爲浙西、江東宣撫使，王𤫉爲江西沿江制置使，胡松年詣江上會諸將議進兵，劉光世詣軍建康，（在今江蘇南京市境。）後宮自溫州泛海如泉州。（治晉江縣，即今福建泉州市。）光世遣人諷鼎曰：「相公自入蜀，何事爲他人任患！」韓世忠亦曰：「趙丞相眞敢爲者。」鼎聞之，恐上意中變，乘閒言：（閒音閑。乘閒，乘空閒處。）「陛下養兵十年，用之正在今日。若少加退沮，卽人心渙散，長江之險不可復恃矣。」帝遂發臨安，劉錫、楊存中以禁兵扈從。

韓世忠捷奏至，帝次平江，欲自渡江決戰。鼎曰：「敵之遠來，利在速戰，遽與爭鋒，非策也。且逆豫猶遣其子，豈可煩至尊邪！」帝乃止。及胡松年自江上還，云「北兵大集」，然後知鼎之有先見也。

綱　十一月，詔暴劉豫罪逆于六師。暴音僕。自豫僭逆，朝廷以金故，至名爲大齊，至是始聲其罪以厲六師。

張浚視師江上

綱　以張浚知樞密院事，視師江上。

目　浚至，見趙鼎，執其手曰：「此行舉事，皆合人心。」鼎笑曰：「喻子才之功也。」喻樗字子才。復命浚知樞密院事，以其盡忠竭節詔諭中外。浚既受命，即日起江上視師。時撻懶、兀朮擁兵十萬，約日渡江決戰。浚長驅臨江，召劉光世、韓世忠、張俊議事，將士見浚，勇氣十倍。浚既部分諸將，身留鎮江以節度之。

綱　十二月，金人圍廬州，（治合肥縣，在今安徽合肥市北。）岳飛使牛皋救之；金兵敗走。

綱　魏良臣還自金。粘沒喝言「當割建州以南，王爾家爲小國」，索銀絹千萬犒軍，仍約良臣等再使。侍御史魏矼請罷「講和」二字，以「攻守」代之，飭厲諸將，力圖攘狄，遂不復遣。（矼音羌。）

綱　金兵自淮引還。

目　撻懶屯泗州，（治臨淮縣，在今安徽泗縣東北。）兀朮屯竹墩鎮，（在今安徽泗縣東南，古爲通盱眙、天長要道。）爲韓世忠所扼，以書幣約戰。世忠遣麾下王愈及兩伶人以橘茗報之，且言：「張樞密已在鎮江。」兀朮曰：「張樞密貶嶺南，何得乃在此？」愈出浚所下文書示之，兀朮色變，遂有歸意。會雨雪，餽道不通，野無所掠，殺馬而食，蕃、漢軍皆怨，又聞金主晟病篤，乃夜引還。兀朮等既去，劉麟、劉猊不能獨留，亦棄輜重遁。輜重，載衣物車。

帝謂趙鼎曰：「近將士致勇爭先，諸路守臣亦翕然自効，乃朕用卿之力也。」鼎謝曰：「皆出聖斷，臣何力之有。」或問鼎曰：「金人傾國來攻，衆皆洶懼，公獨言不足畏，何也？」鼎曰

趙鼎眞宰相

「敵衆雖盛，然以劉豫邀而來，非其本心，戰必不力，是以知其不足畏也。」帝語張浚曰：「趙鼎眞宰相，天使佐朕中興，可謂宗社之幸。」

李綱上疏

鼎奏：「金人遁歸，尤當博采羣言，爲善後之計。」於是詔前宰執議攻戰備禦措置綏懷之方。提舉臨安府洞霄宮李綱上疏曰：「議者或以敵馬既退，當遂用兵，爲大舉之計。臣竊以生理未固，而欲浪戰以僥倖，非制勝之術也。今朝廷以東南爲根本，苟不大脩守備，先爲自固之計，何以能萬全而制敵！議者又謂敵人既退，當且保據一隅，以苟目前之安。臣謂祖宗境土，豈可坐視淪陷，不務恢復！若今歲不征，明年不戰，使敵勢益張，而吾之所糾合精銳士馬，日以耗損，何以圖敵！唯宜於防守既固，軍政既脩之後，卽議攻討，乃爲得計。

守備之宜

其守備之宜，則料理淮甸、荆、襄以爲東南屏蔽，當以淮之東西及荆、襄置三大帥，屯衆兵以臨之，分遣偏師進守支郡，加以戰艦水軍，艦，戰船。上連下接，自爲防守，則藩籬之勢成。守備之宜，莫大於是。

攻戰之利

然後可議攻戰之利，分責諸路大帥，因利乘便，收復京畿，以及故都，斷以必爲之志，而勿失機會，則以弱爲強，取威定亂，逆臣可誅，強敵可滅。攻戰之利，莫大於是。

措置所當先

若夫萬乘所居，必擇形勝以爲駐蹕之所。東南形勢，無如建康。舊都未復，莫若權於建康駐蹕，治城池，脩宮闕，立官府，固營壁，使粗成規模，以待巡幸。此措置之所當先也。

至於西北之民，皆陛下赤子，荷祖宗涵養之深，其心未嘗忘宋，特制於強敵，不能自歸。

綏懷所當先

天威震驚，必有願爲內應者，宜優加撫循，使陷溺之民，知所依怙，益堅戴宋之心。此綏懷之所當先也。」

羣臣之誤

又曰：「臣竊觀陛下臨御九年，國不闢而日蹙，事不立而日壞，將驕而難御，卒惰而未練，國用匱而無贏餘之蓄，民力困而無休息之期，使陛下憂勤雖至，而中興之効邈乎無聞，則羣臣誤陛下之故也。陛下觀近年以來所用之臣，慨然敢以天下之重自任者幾人？平居無事，小廉曲謹，似可無過；忽有擾攘，則錯愕無所措手足，不過奉身以退，天下憂危之重委之陛下而已。有臣如此，何補於國，而陛下亦安取此！

諫退避

大概近年閒暇，則以和議爲得計，而以治兵爲失策。倉卒，則以退避爲愛君，而以進禦爲誤國。國勢益弱，職此之由。今天啓宸衷，悟前日和議退避之失，親臨大敵，天威所加，使北軍數十萬之衆震怖不敢南渡，潛師宵奔，則和議之與治兵，退避之與進禦，其効概可見矣！然敵兵雖退，未大懲創，安知其秋高馬肥不再來擾我疆埸，使疲於奔命哉。且退避之策，可暫而不可常，可一而不可再。退一步則失一步，退一尺則失一尺。往時自南都退至維揚，（南都即南京應天府，在今河南商丘市南。維揚即揚州。）則河北、河東、關陝失矣；（河北路統鎮、貝、博等二十四州，平戎、靜戎等十四軍，今河北霸縣以南及山東、河南黃河以北之地。河東路統并、代、忻等十七州，今山西長城以南，聞喜以北全境。關陝，即秦嶺以南等地。）自維揚退至江、浙，則京東、西失矣。（京東、西，謂京東路及京西路。）萬一敵騎南牧，將復退避，不知何所適而可乎！航海之策，萬乘冒風濤之險，此又不可之尤者。惟當於國家閒暇之時，明政刑，治軍旅，選將帥，脩車馬，備器械，峙糗糧，峙音雉，儲備也。積金帛，敵來則禦，俟時而奮，以光復祖宗之大業，此最上策也。臣願陛下，自今以往，勿復爲退避之計！

夫古者敵國善鄰則有和親，仇讎之邦鮮復遣使。今金人造釁之深，知我必報，其措意爲何如，而我方且卑辭厚幣屈體以求之，其不推誠以見信決矣。器幣禮物，所費不貲，貲音咨，量也。使軺往來，軺音姚，小車。坐索士氣，而又邀我以必不可從之事，制我以必不敢爲之謀，是和卒不成，而徒爲此擾擾也，況於吾自治自強之計，動輒相妨。臣願自今以往，勿復遣和議之使。二者既定，擇所當爲者，一切以至誠爲之。俟吾之政事脩，倉廩實，府庫充，器用備，士氣振，力可有爲，乃議大舉，則兵雖未交，而勝負之勢決矣。惟陛下正心以正朝廷百官，使君子小人各得其分，則是非明，賞罰當，自然藩方協力，將士用命，雖強敵不足畏，逆臣不足憂，此特在陛下方寸閒耳。」疏奏，帝賜詔褒諭。

諫和議

綱鑑易知錄卷八十

南宋紀

高宗皇帝

綱　乙卯，五年，（一一三五）金熙宗亶仍稱天會十三年。春正月朔，日食。

綱　召張浚還。

目　命韓世忠屯鎮江，（治丹徒縣，即今江蘇鎮江市。）劉光世屯太平，（即今安徽當塗縣。）張俊屯建康。（在今江蘇南京市境。）俊嘗以其軍從上行，至是始軍於外。

綱　金主吳乞買卒，兄之孫亶立。亶，太祖之孫合剌也。

綱　二月，帝如臨安。（即杭州，今浙江杭州市。）

綱　以趙鼎、張浚爲尙書左、右僕射並同平章事，兼知樞密院事，都督諸路軍馬。

目　鼎、浚相得甚驩，人知其將並相，史館校勘喻樗獨曰：「二人宜且同在樞府，他日趙退則張繼之。立事任人，未甚相遠則氣脈長；若同處相位，萬一不合而去，則必更張，（漢董仲舒賢良策云：「譬之琴瑟不調，甚者必解而更張之。」）是賢者自將背戾矣。」尋命浚如江上議邊防。

綱　作太廟于臨安。

目　侍御史張致遠言：「創建太廟，甚失興復大計。」殿中侍御史張絢亦言：「去年建明堂，今年立太廟，是將以臨安爲久居之地，不復有意中原。」不報。

綱　閏月，胡松年罷。

綱　三月，張浚視師潭州。（治長沙縣，即今湖南長沙市。）

目　浚以建康東南都會，而洞庭據上流，（洞庭湖在今湖南岳陽、常德間。楊太據鼎州，爲建康上流，故云。）恐楊太滋蔓爲害，（滋長而蔓延。左傳隱公元年：「無使滋蔓。」）請乘其急討之。至醴陵，（即今湖南醴陵縣。）釋邑囚數百，皆太諜者，（諜，偵探。）給以文榜，俾招諭諸砦，皆讙呼而去，於是相率來降。

綱　夏四月，封周後柴叔夏爲崇義公。

綱　上皇卒于金。卒於五國城。

徽宗卒于金

目　年五十四。遺言欲歸葬內地，金主亶不許。時兵部侍郎司馬朴與奉使朱弁在燕山，（在今北京市境內。）聞之，共議制服。弁欲先請，朴曰：「爲臣子聞君父之喪，當致其哀，尙何請！設請而不許，奈何？」遂服斬衰，朝夕哭，金人義之而不責。洪皓在冷山聞之，（冷山即冷硎山，在黃龍府北。黃龍府，見卷七十五「金取遼黃龍府」注。）北向泣血，操文以祭。其詞激烈，聞者揮涕。

綱　龍圖閣直學士致仕楊時卒。

楊時卒

目　時奉祠致仕，優游林泉，以著書講學爲事。東南學者推時爲程氏正宗，胡宏、羅從

羅從彥

幾虛過一生

豫章先生

李侗

延平先生

胡寅諫何蘚使金

彥皆其弟子。卒年八十三，謚文靖。

從彥，南劍人，（南劍州治劍浦縣，即今福建南平縣。）初爲博羅主簿，（博羅，即今廣東博羅縣。）聞時得程氏之學，慨然慕之。及時爲蕭山令，（蕭山，即今浙江蕭山縣。）從彥徒步往學，見時三日，即驚汗浹背曰：「不至是，幾虛過一生矣！」既卒業歸，築室山中，絕意仕進，學者稱爲豫章先生。朱熹謂「龜山倡道東南，（龜山，楊時號。）士之遊其門者甚衆，然潛思力行，任重詣極者，豫章一人而已。」

延平李侗，侗音通。（延平即南劍。）初從從彥學，從彥令於靜中看喜、怒、哀、樂未發前氣象，而求所謂中者。久之，於天下之理，該攝洞貫，以次融釋，各有條序。退居山中，謝絕世故，凡四十年。其接後學，答問不倦，常曰：「學之道不在多言，但默坐澄心體認，天理自見。」學者稱爲延平先生。朱熹嘗從侗受學，每稱侗資稟勁特，氣節豪邁，而充養完粹，無復圭角，自然之中若有成法。平居恂恂，無甚可否，及酬酢事變，斷以義理，則有截然不可犯者。

綱 五月，遣忠訓郎何蘚使金，罷中書舍人胡寅。

目 寅上疏言：「女眞驚動陵寢，（女眞，金本號。）戕毀宗廟，劫質二帝，塗炭生民，乃陛下之大讎也。自建炎丁未至紹興甲寅，（建炎、紹興俱高宗年號。）卑辭厚禮，以問安、迎請爲名，而遣使者不知幾人矣。知二帝所在，見二帝之面，得女眞之要領，因講和而能息兵者，誰歟？但見通和之使歸未息肩，而黃河、長淮、大江相繼失險矣。夫女眞知中國所重在二帝，所恨在刦質，所畏在用兵，則常示欲和之端，增吾所重，平吾所恨，匿吾所畏；而中國坐受此餌，旣久而不悟也，天下其謂自是改圖矣，何爲復出此謬計邪！苟曰『以二帝之故，不得不然』，則前效可考矣。適覩何薛之事，恐和說復行，國論傾危，士氣沮喪，所繫不細。」疏入，詔褒諭之。會張浚奏言：「使事兵家機權，後將闢地復土，終歸於和，未可遽絕。」乃遣薛行。寅因乞外，知邵州。（治邵陽縣，即今湖南邵陽市。）

綱　以孟庾知樞密院事。

封瑗建國公

綱　封瑗爲建國公，（瑗，秦王德芳後，初，帝命張婕妤養之宮中。）就學資善堂。

目　趙鼎請以行宮新作書院爲資善堂，命建國公聽讀，且薦徽猷閣待制范沖兼翊善，起居郎朱震兼贊讀，朝論二人極天下之選。帝命瑗見之，皆設拜。後岳飛詣資善堂見瑗，退而喜曰：「社稷得人矣，中興基業其在是乎！」尋以伯玖爲和州防禦使，（和州治歷陽縣，即今安徽和縣。）賜名璩。（璩，太祖後子彥之子，初，帝命吳才人養之宮中。）

岳飛洞庭之捷

綱　六月，岳飛大破楊太于洞庭；太死，湖、湘平。（湖謂湖北，湘謂湖南。）

目　飛奉命討太，而所部皆西北人，不習水戰。飛曰：「兵何常？顧用之何如耳。」乃先遣使招諭之。其黨黃佐曰：「岳節使號令如山，若與戰，萬無生理，不如往降。節使誠信，必善遇我。」遂降。飛表授佐武義大夫，單騎按其部，拊佐背曰：「子知逆順者，果能立功，封侯豈足道！欲復遣子歸湖中，（湖謂洞庭湖。）視其可乘者擒之，可勸者招之，如何？」佐感泣，誓以死報。時張浚至潭州，席益疑飛玩寇，欲以聞。浚曰：「岳侯，忠孝人也。兵有深機，胡可易言！」益慚而止。黃佐襲周倫砦，殺之；飛上其功，遷武功大夫。

岳飛小圖定畫

會朝旨召張浚還防秋，飛袖小圖示浚，浚欲俟來年議之。飛曰：「已有定畫，都督能少留八日可破賊。」浚曰：「何言之易！」飛曰：「因敵將，用敵兵，奪其手足之助，離其腹心之託，使孤立而以王師乘之，八日之內，當俘諸酋。」浚許之。飛遂如鼎州。（治武陵縣，即今湖南常德市。）黃佐招楊欽來降，飛喜曰：「楊欽驍悍，既降，敵腹心潰矣。」表授欽武義大夫，禮遇甚厚，乃復遣歸湖中。兩日欽說全琮、劉詵來降，飛詭罵欽曰：「賊不盡降，何來也！」杖之，復遣去。是夜掩賊營，乘其不備而覆之曰掩。降其衆數萬。

楊太死

太負固不服，方浮舟湖中，以輪激水，其行如飛，傍置撞竿，官舟迎之輒碎。飛伐君山木爲巨筏，（君山在洞庭湖中。）塞諸港汊，港，水分派也。汊，水歧流也。又以腐木亂草浮上流而下，擇水淺處遣善罵者挑之，且行且罵，賊怒來追，則草木壅積，舟輪礙，不行。飛急擊之，賊奔港中，爲筏所拒，官軍乘筏，張牛革以蔽矢石，舉巨木撞其舟盡壞。太技窮，赴水死。飛入賊壘，餘酋驚曰：「何神也！」俱請降，衆凡二十餘萬。果八日，而捷書至潭。浚歎曰：「岳侯，神算也！」黃誠斬楊太首，挾鍾子儀、周倫詣浚降，湖、湘悉平。

除是飛來

初，太恃其險，官軍自陸襲則入湖，水攻之則登岸，因曰：「欲犯我者，除是飛來！」至是，人以其言爲讖云。

綱　秋七月，孟庚罷。

綱　冬十月，張浚還自潭州。

目　湖、湘平，浚奏遣岳飛屯荆、襄以圖中原，（荆，荆州，治江陵縣，即今湖北江陵縣。襄，襄州，治襄陽縣，即今湖北襄樊市。）乃自鄂、岳轉淮東，（鄂，鄂州，治江夏縣，即今湖北武漢市武昌城。岳，岳州，治巴陵縣，即今湖南岳陽縣。淮東路治揚州，即今江蘇揚州市。）會諸將議防秋之宜。帝賜詔趣歸，趣同促。及至，勞問曰：「卿暑行甚勞，羣寇就招撫，成朕不殺之仁，卿之功也。」召對便殿，浚進中興備覽四十一篇，帝嘉歎，置之座隅。

張浚中興備覽

綱　十一月，徵和靖處士尹焞于涪州。（治涪陵縣，即今四川涪陵縣。）

目　初，金人陷洛，（洛即洛陽，今河南洛陽市。）焞闔門被害，焞死復甦，甦同蘇。門人舁至山谷中而免。舁音預，對舉也。劉豫聘之，不從；以兵恐之，焞自商州奔蜀。（商州治上洛縣，即今陝西商縣。蜀即今四川。）至閬，（即閬州，治閬中縣，即今四川閬中縣。）得程頤易傳，拜受之，因止於涪，闢三畏齋以居，州人不識其面。至是，范沖舉以自代。

程頤易傳

范沖舉尹焞

綱　以李綱爲江西安撫制置大使。（江南西路治洪州城，即今江西南昌市。）

目　張浚薦其忠也。

張浚薦李綱

綱　金伐蒙古。

目　蒙古在女眞之北，唐爲蒙兀部，亦號蒙骨斯。其人勁悍善戰，夜中能視，以鮫魚皮

蒙古

爲甲，鮫魚出南海，其形似鼈，無脚，有尾，今謂之沙魚。可捍流矢。金主命萬戶胡沙虎將兵擊之。

綱　丙辰，六年，（一一三六）金天會十四年。春二月，以折彥質簽書樞密院事。

綱　韓世忠圍淮陽，（卽淮寧府，治宛丘縣，在今河南淮陽縣東南。）金兀朮救之，世忠還。

目　世忠聞劉豫聚兵淮陽，卽引軍渡淮，旁符離而北，（符離縣，宿州治，卽今安徽宿縣。）至其城下，爲賊所圍，奮戈潰圍而出，不遺一鏃。呼延通與金將牙合孛堇搏戰，扼其吭而擒之，吭音岡，咽喉也。乘銳掩擊。金人敗去，遂進兵圍淮陽。兀朮與劉猊皆引兵至，猊音倪。世忠求援於張俊，俊以世忠有見吞意，不從。世忠勒陣向敵，遣人語之曰：「錦衣驄馬立陣前者，驄音聰，馬青白色。韓相公也。」或危之，世忠曰：「不如是不足以致敵。」敵果至，殺其導戰二人，遂引去。世忠復還楚州，（治淮安縣，卽山陽縣更名，今江蘇淮安縣。）淮陽之民從而歸者以萬計。

綱　沈與求罷。

綱　張浚會諸將于鎭江，遣張俊屯盱眙，（卽今江蘇盱眙縣。）韓世忠屯楚州。

目　張浚每稱二人可倚大事，故並命之。世忠至楚，披草萊，立軍府，與士卒同力役。夫人梁氏，親織箔爲屋。將士有怯戰者，世忠遺以巾幗，設樂大宴，俾婦人妝以恥之，故人人奮勵。撫集流散，通商惠工，山陽遂爲重鎭。（山陽卽淮安舊稱，楚州治。）

綱　夏四月，起復岳飛爲京湖宣撫副使。

目　飛以母喪扶櫬還廬山，櫬音襯，棺也。累表乞終制，不許。

此君素志

陳公輔斥王安石疏

綱　六月，張浚撫師淮上，（淮水之上。）遣劉光世屯廬州，（治合肥縣，在今安徽合肥市北。）岳飛屯襄陽，楊沂中屯泗州。（治臨淮縣，在今安徽泗縣東南。）

目　浚命光世屯合肥以招北軍；沂中領精騎以佐張俊；飛屯襄陽，以圖中原。且謂飛曰：「此君素志也。」

綱　秋七月，以陳公輔爲左司諫。

目　公輔召還，爲吏部員外郎，言：「今日之禍，實由公卿大夫無氣節忠義，不能維持天下國家。平時既無忠言直道，緩急詎肯仗節死義，豈非王安石學術壞之邪！安石政事壞人才，學術壞人心，三經、字說詆誣聖人，破碎大道，非一端也。春秋正名分，定褒貶，俾亂臣賊子懼，安石使學者不治春秋。史、漢載成敗安危，（史、漢，史記、漢書。）存亡理亂，爲世龜鑑，安石使學者不讀史、漢。揚雄不死王莽之篡，而著劇秦美新之文，安石乃曰：『合於孔子「無可無不可」之義。』馮道事四姓八君，安石乃曰：『善避難以存身。』使公卿皆師安石之言，宜其無氣節忠義也。」疏入，帝大喜，授左司諫，賜三品服。

綱　八月，以秦檜爲行營留守，孟庾副之，並參決尚書省、樞密院事。

目　張浚奏：「東南形勢莫重於建康，實爲中興根本，且使人主居此，北望中原，常懷憤惕，不敢暇逸。而臨安僻在一隅，内則易生安肆，外則不足以號召遠近，繫中原之心。請臨建康，撫三軍以圖恢復。」會諜報劉豫將南寇，趙鼎議幸平江，（治吳縣，即今江蘇蘇州市。）帝從之。

張浚薦秦檜
岳飛復蔡州
金蒲盧虎諫援劉豫

遂命檜、庾留守，並參決尙書省、樞密院事。檜自被斥，會與金議和，稍復其官，知溫州、紹興府。又以張浚薦，授醴泉觀使，兼侍讀，至是漸用事。

綱 岳飛復蔡州。（蔡州治汝陽縣，即今河南汝南縣。）

目 飛累戰皆捷，遣牛皐復鎭汝軍，楊再興復河南長水縣。（即今河南洛寧縣西南長水鎭。）張浚曰：「飛措畫甚大，今已至伊、洛，（伊水在今河南洛陽、偃師之間，洛水在洛陽市南。）則太行一帶山砦必有響應者。」（太行山，在今河南沁陽縣西北。）已而忠義杜漎興等果歸之。飛復及僞齊李成、孔彥舟連戰，（僞齊，劉豫。）至蔡州，克其城。

綱 九月，帝如平江。

綱 岳飛遣兵敗劉豫之衆于唐州。（治比陽縣，即今河南泌陽縣。）上疏請進軍恢復中原，帝不許，飛乃還鄂。

綱 冬十月，劉豫使劉麟、劉猊分道寇淮西，（淮西，淮水以西，宋置淮西路，治廬州，見上。）楊沂中等大敗猊于藕塘，（在今安徽定遠縣東。）追麟至南壽春而還。（南壽春即壽州，五代時壽州自壽春移治下蔡，因以舊州治爲南壽春，即今安徽壽縣。）

目 劉豫聞張浚會諸將於江上，榜其罪逆，將進兵討之；告急於金，請先出師南侵，而乞師救援。金主亶召諸將、相議之，蒲盧虎曰：「先帝所以立豫者，欲其開疆保境，我得安民息兵也。今豫進不能取，又不能守，兵連禍結，愈無休期。從其請則豫收其利，敗則我受其

張浚諫諸將渡江

弊，況前年因豫出師，嘗不利於江上矣，奈何許之！」金主遂不許豫，而遣兀朮提兵黎陽以觀釁。（黎陽即濬州，今河南濬縣。）於是豫僉鄉兵三十萬，分三道入寇：麟率中路兵，由壽春以犯合肥；猊率東路兵，由紫荊山出渦口以犯定遠；（紫荊山，即紫金山，在今安徽鳳臺縣東南。渦口，渦水入淮之口，在今安徽定遠縣東北，淮水北岸。定遠即今安徽定遠縣。）孔彥舟率西路兵，由光州以犯六安。（光州治定城縣，即今河南璜川縣。六安，即今安徽六安縣。）時張浚、楊沂中、韓世忠、岳飛、劉光世分屯諸州，而沿江上下無兵，趙鼎深以爲憂，移書張浚，欲令俊與沂中同保合肥。浚以爲然，乃遣沂中、張宗顏等分道禦之，且令沂中趨濠州以與張俊合。（濠州治鍾離縣，即今安徽鳳陽縣。）

及劉麟進逼合肥，趙鼎曰：「今賊渡淮，當急遣張俊合光世之軍盡掃淮南之寇，（淮南，淮水之南至長江諸地。宋置淮南路，後分爲淮東、淮西兩路。）然後議去留。」帝善之，然慮俊、光世不足任，因命岳飛盡以兵東下，而手札付浚，令浚、光世、沂中等還保江。浚上言：「若諸將渡江則無淮南，而長江之險與賊共，有淮南之地，正所以屏蔽大江。使賊得淮南，因糧就運以爲家計，江南其可保乎！今正當合兵掩擊，可保必勝；若一有退意，則大事去矣。且岳飛一動，襄、漢有警，（襄、漢謂襄水、漢水，指今湖北襄樊市以南地。）何所恃乎！願朝廷勿專制於中，使諸將有所觀望也。」帝手書報浚曰：「非卿識高慮遠，何以及此。」由是異議乃息。

沂中兵至濠，光世已舍廬州，將趨采石，（采石即采石磯，又名牛渚，在今安徽當塗縣西北，馬鞍山市西。）淮西大震。浚聞之，令呂祉馳往光世軍，諭之曰：「有一人渡江，即斬以徇！」行示曰徇。

光世不得已，復還廬州，與沂中、俊等相應。

劉猊軍至淮東，爲韓世忠所沮，乃引趨定遠。劉麟從淮西繫三浮橋而渡，次於濠、壽之間，張俊以兵拒之。猊率衆犯定遠，欲趨宣化以寇建康。（宣化，在今安徽滁縣西北。）沂中以兵二千進禦，與猊前鋒遇於越家坊，敗之。猊恐孤軍深入爲王師所襲，乃欲趨合肥與麟合而後進。

楊沂中藕塘之捷

至藕塘，沂中復遇之。猊據山列陣，矢下如雨。沂中急擊之，使統制吳錫率勁卒五千突入其軍；猊衆潰亂，沂中縱大軍乘之，而自以精騎衝其脇，大呼曰：「賊破矣！」賊衆錯愕駭視。張宗顏自泗來，（泗州治臨淮縣，在今安徽泗縣東南。）乘背擊之，張俊人軍復與戰於李家灣，

髯將軍

賊衆大敗，橫屍滿野。猊以首抵謀主李愕曰：「適見髯將軍，銳不可當，果楊殿前也。」即與數騎遁去。麟在順昌，聞猊敗，亦拔砦去。沂中及王德乘勢追麟，至南壽春而還。孔彥舟亦解光州圍而去，北方大恐。金人聞豫敗，來詰其狀，始有廢豫之意。

綱 十二月，張浚還自鎮江。

綱 韓世忠敗金人于淮陽。（即陳州，在今河南淮陽縣東南。）

趙鼎罷

綱 趙鼎罷。

目 初，張浚在江上，遣參議軍事呂祉入奏事，所言誇大，鼎每抑之。帝謂鼎曰：「他日浚與卿不和，必呂祉也。」既而浚因論事，語意微侵鼎。鼎言：「臣初與浚如兄弟，因呂祉離間，遂爾暌異。今浚成功，當使展盡底蘊。浚當留，臣當去。」帝曰：「俟浚還議之。」及浚還，

小元祐

陳公輔乞禁程氏之學

鼎與折彥質請帝回蹕臨安。浚奏：「天下之事，不倡則不起。三歲之閒，陛下一再臨江，士氣百倍，乞乘勝攻河南，謂劉豫。而車駕幸建康。」又言：「劉光世驕惰不戰，請罷其軍政。」鼎言：「得河南固易爾，能保金人不內侵乎！且光世累世爲將，將卒多出其門，無故而罷之，恐人心不安。」浚滋不悅，而帝多從浚議。鼎求退益力，遂罷知紹興府。

鼎與浚爲相，政事先後及人才所當召用者，條而置之座右，次第奏行之，故列要津者多一時之望，人號爲「小元祐」。元祐，哲宗初年年號。帝嘗親書「忠正德文」四字及尙書賜之，曰：「書載君臣相戒飭之言，所以賜卿，欲共由斯道也。」鼎頓首謝。

綱　折彥質罷，以張守參知政事。

綱　陳公輔乞禁程氏學，詔從之。

目　公輔上疏言：「今世取程頤之說，謂之伊川之學，相率從之，倡爲大言，謂堯、舜、文、武之道傳之仲尼，仲尼傳之孟軻，孟軻傳之頤，頤死，遂無傳焉。狂言怪語，淫說鄙論，曰『此伊川之文也』。幅巾大袖，高視闊步，曰『此伊川之行也』。師伊川之文，行伊川之行，則爲賢士大夫；捨此，皆非也。乞禁止之。」遂詔士大夫之學，宜以孔、孟爲師，庶幾言行相稱，可濟時用。時方召尹焞，焞，頤門人也，公輔之意，蓋有所指云。

綱　丁巳，七年，（一一三七）金天會十五年。春正月，以陳與義參知政事，沈與求同知樞密院事。

綱 以張浚兼樞密使。自元豐改官制，樞密院不置使，至是復置焉。

綱 何蘚還自金，始聞上皇及太后之喪，帝成服。

目 何蘚還，始知道君皇帝、寧德皇后鄭氏相繼崩，帝成服。百官七上表，請遵以日易月之制。知嚴州胡寅上疏：「請服喪三年，衣墨臨戎，左傳僖公三十三年：「子墨衰絰。」注：「晉文公未葬，故襄公稱子。以凶服從戎，故墨染其衰而加絰。」以化天下。」帝欲遂終服，張浚言：「天子之孝不與士庶同，必思所以奉宗廟、社稷。今梓宮未返，天子棺以梓木爲之，故稱。天下塗炭，願陛下揮淚而起，斂髮而趨，一怒以安天下之民。」帝乃命浚草詔，告諭羣臣，外朝勉從所請，宮中仍行三年之喪。

綱 以秦檜爲樞密使。

綱 三月，遣王倫如金。

目 詔以倫爲奉迎梓宮使。陛辭，帝命謂撻懶曰：「河南之地，上國既不有，與其付劉豫，曷若見歸。」

綱 三月，帝如建康。以呂祉參謀都督府軍事，張宗元爲參議官；以沈與求知樞密院事。遙尊宣和皇后韋氏爲皇太后。

綱 劉光世免，張浚命呂祉節制其軍。

綱 夏四月，岳飛乞終喪，遂還廬山。張浚以張宗元監其軍。

岳飛論恢復疏

目　飛自鄂入見，拜太尉，繼除宣撫使，以王德、酈瓊兵隸之。帝詔德、瓊曰：「聽飛號令，如朕親行。」飛見帝，數論恢復之略，疏言：「金人所以立劉豫，蓋欲荼毒中原，以中國攻中國，彼得以休息觀釁耳。臣願陛下假臣日月，提兵趨京、洛，京謂汴京，洛謂洛陽。據河陽、陝府、潼關以號召五路叛將。（河陽府治河陽城，在今河南孟縣西。陝府治陝縣，即今河南陝縣。潼關在今陝西渭南縣東。）叛將既還，遣王師前進，豫必棄汴而走，河北、京畿、陝右可以盡復，（河北謂河北路，今河北霸縣以南河北地，及河南、山東黃河以北地。陝右指陝西。京畿謂汴京。）然後分兵濬、滑，（濬即濬州，見上黎陽。滑州治白馬縣，在今河南滑縣東。）經略兩河，河北、河東。如此則逆豫成擒，金人可滅，社稷長久之計，實在此舉。」帝曰：「有臣如此，朕復何憂！」復召至寢閤，命之曰：「中興之事，一以委卿。」

秦檜忌飛

張浚岳飛相忤

飛方圖大舉，會秦檜主和議，忌之，遂不以德、瓊兵隸飛，而請詔飛詣張浚議事。浚謂飛曰：「王德，淮西軍所服，浚欲以爲都統，而命呂祉以督府參謀領之，如何？」飛曰：「德與酈瓊素不相下，一旦揠之在上則必爭。揠，拔也。呂尚書不習軍旅，謂呂祉。恐不足服衆。」浚曰：「張俊、楊沂中如何？」飛曰：「張宣撫，張俊。飛之舊帥也，其人暴而寡謀；沂中視德等耳，亦豈能御此軍哉！」浚艴然曰：艴音孛。艴然，怒貌。「固知非太尉不可。」飛曰：「都督以正問飛，飛不敢不盡其愚，豈以得軍爲念哉！」飛既與浚忤，即日上章乞終喪服，以張憲攝軍事，步歸廬山，廬母墓側。浚怒，遂以張宗元權宣撫判官，監其軍。

胡安國諫禁程氏之學

綱　五月，召胡安國提舉萬壽觀，兼侍讀；未至而罷。

目　張浚薦安國，帝召之，將行，聞陳公輔乞禁程頤之學，乃上疏曰：「孔、孟之道，不傳久矣，自頤兄弟始發明之，然後知其可學。而至今使學者師孔、孟而禁從頤學，是入室而不由戶也。自嘉祐以來，（嘉祐，仁宗年號。）頤與兄顥及邵雍、張載皆以道德名世，著書立言，公卿大夫所欽慕而師尊之；及王安石、蔡京等曲加排抑，故其道不行。望下禮官，討論故事，加之封爵，載在祀典，仍照館閣裒其遺書，（裒音掊，聚也。）羽翼六經，使邪說者不得作，而道術定矣。」疏入，公輔與中丞周祕、侍御史石公揆交章論安國學術頗僻，除知永州；（治零陵縣，即今湖南零陵縣。）安國辭，遂復與祠。

綱　六月，沈與求卒。

綱　岳飛奉詔入朝，遂遣還鎮。

目　累詔趣飛還職，（趣同促。）飛不得已，趨朝待罪，帝慰遣之。及張宗元還，言「將和士悅，人懷忠孝，皆飛訓養所致。」帝大悅。飛至鎮，奏言：「比者寢閣之命，（謂帝召飛至寢閣，以中興之事，一以委之。）咸謂聖斷已堅，何至今尚未決？臣願提兵進討，順天道，因人心，以曲直爲老壯，（左傳僖公二十八年：「師直爲壯，曲爲老。」）以逆順爲強弱，萬全之效可必。錢塘僻在海隅，（錢塘，臨安府治，今浙江杭州市。）非用武地，願建都上游，用漢光武故事，親率六軍，往來督戰，庶將士知聖意所向，人人用命。」

武穆先見

綱　秋八月，以張浚爲淮西宣撫使。

綱　召淮西副統制酈瓊赴行在。瓊以衆叛降劉豫，執呂祉殺之。時以王德爲淮西都統制，酈瓊副之。瓊與德素不相下，及呂祉還朝，德、瓊列狀交訴於都督府及御史臺。乃召德還建康，而命楊沂中爲淮西制置使，劉錡副之，往屯廬州。祉復至廬州，瓊又訟德。祉密奏乞罷瓊兵權，書吏漏語於瓊，瓊遂謀叛，渡淮降劉豫，執祉殺之。時有得祉括髮之帛歸吳中者，祉妻呂氏持帛自縊以徇葬，聞者哀之。

張浚免

綱　九月，張浚免，罷都督府。

張浚薦趙鼎

目　浚總中外之政，幾事叢委，以一身任之。每奏對，必言讎恥之大，帝未嘗不改容涕洟，洟音剃。自目曰涕，自鼻曰洟。事無巨細，必以咨浚。及酈瓊叛，呂祉死，浚因引咎力求去，帝問誰可代者，且曰：「秦檜何如？」浚曰：「近與共事，方知其闇。」帝曰：「然則用趙鼎爾。」浚曰：「得之矣。」檜由是憾浚。浚遂奉祠，而都督亦罷。

趙鼎相

綱　以趙鼎爲尚書左僕射同平章事，兼樞密使。

綱　冬十月，安置張浚于永州。

趙鼎救張浚

目　浚既去位，言者論之不已，欲遠竄之。會趙鼎乞降詔安撫淮西，帝曰：「俟行遣張浚，朕當下罪己之詔。」鼎言浚已落職，帝曰：「浚罪當遠竄。」鼎曰：「浚母老，且有勤王功。」帝曰：「功過自不相掩。」已而內批出浚謫嶺南，（謂今廣東。）鼎留不下，詰旦約同列救解。詰旦，明旦也。帝怒未釋，鼎力懇曰：「浚罪不過失策爾。凡人計慮，豈不欲萬全，倘因一失，便置之死地，後有奇謀祕計，誰復敢言者！此事自關朝廷，非獨私浚也。」張守亦以爲言，帝意解，遂以祕書少監分司西京，洛陽。永州居住。李綱聞之，馳奏曰：「浚措置失當，誠爲有罪，然其區區徇國之心，有可矜者。願少寬假，以責來效。」不報。

綱 閏月，以尹焞爲崇政殿說書。

目 初，焞被召，以疾辭。范沖奏：「給五百金爲行資，命漕臣至涪親遣。」焞始就道。會陳公輔攻程氏之學，焞至九江，（即潯陽，江州治，今江西九江市。）遂留不進。張浚言：「焞拒劉豫之節，且其所學所養有大過人者，乞令江州守臣疾速津送。」焞至建康，復以疾辭。帝曰：「焞可謂恬退矣。」趣召入見，命爲祕書郎，兼說書。

綱 張俊棄盱眙還建康。

綱 金人襲汴，執劉豫，廢爲蜀王，立行臺尚書省于汴。韓世忠、岳飛請伐金，收復中原。不報。

綱 十二月，王倫還自金，尋復遣之。

目 倫還入對，言：「金人許還梓宮及太后，且許歸河南地。」帝喜曰：「若金人能從朕所求，其餘一切非所較也。」逾五日，復遣倫奉迎梓宮於金。

綱 戊午，八年，（一一三八）金天眷元年。春正月，張守罷。

目 帝議還臨安，張守言：「建康自六朝爲帝王都，六朝，孫吳、東晉、宋、齊、梁、陳。氣象雄偉，且據都會以經理中原，依險阻以捍禦强敵。陛下席未及暖，今又巡幸，百司六軍有勤動之苦，民力邦用有煩費之憂。願少安於此，以繫中原民心。」趙鼎不可，守遂求去，出知婺州。（治金華縣，即今浙江金華市。）

胡安國進春秋傳

綱　二月，胡安國進春秋傳，詔加安國寶文閣直學士。

目　自王安石廢春秋，不列於學宮，安國謂：「先聖手所筆削之書，天下事物無不備於此，乃傳心之要典也。而人主不得聞講說，學士不得相傳習，亂倫滅理，用夷變夏，殆由乎此。」因潛心二十餘年，著春秋傳以成其志。至是，上之，帝謂：「深得聖人之旨。」詔進一官，命未下而卒，賜謚文定。

松柏挺秀

安國彊學力行，以聖人爲標的，志於康濟斯民。見中原淪沒，遺黎塗炭，常若痛切其身。雖數以罪去，愛君憂國，遠而彌篤。風度凝遠，視天下萬物無一足嬰其心。嬰，繫也。自渡江以來，儒者進退合義，以安國、尹焞爲稱首。謝良佐嘗語人曰：「胡康侯如大冬嚴雪百草萎死而松柏挺然獨秀者也。」安國字康侯。

定都臨安

綱　帝定都臨安。

目　帝自建康至臨安，自是始定都矣。

綱　三月，以劉大中參知政事，王庶爲樞密副使。

秦檜相

綱　以秦檜爲尚書僕射同平章事，兼樞密使。

趙鼎爲秦檜所賣晏敦復先見

金頒行官制

目　初，張浚嘗與趙鼎論人才，浚極稱檜善，鼎曰：「此人得志，吾輩無所措足矣！」及鼎再相，檜在樞密，一惟鼎言是從。鼎由是深信之，言檜可大任於帝，而不知爲檜所賣也。檜既相，制下，朝士相賀，獨吏部侍郎晏敦復有憂色，曰：「姦人相矣！」聞者皆以其言爲過。

綱　陳與義罷。

綱　夏四月，詔王庶視師江、淮。

目　庶至淮上，遂移張俊下張宗顏軍淮西，巨師古屯太平州，分韓世忠二軍屯天長、泗州，（天長，縣名，即今安徽炳輝縣。）緩急爲聲援；以劉錡軍駐鎮江，以固根本。

綱　五月，王倫偕金使來。

綱　倫至會寧，（即金上京，即今黑龍江阿城縣南白城。）見金主，首謝廢劉豫，次致使指。會撻懶自河南還，言於金主，請以廢齊舊地與宋。劉豫已廢，故稱廢齊。金主命羣臣議，蒲盧虎議以河南、陝西地與宋，遂遣倫及其太原少尹烏陵思謀、太常少卿石慶來議事。

綱　六月，賜衍聖公孔玠衢州田。凡五頃，以奉先聖祠事。時玠僑於衢也。（衢州，即今浙江衢縣。）

綱　秋七月，彗星見。

綱　王倫復如金。秦檜復請遣倫如金定和議也。

綱　八月，金始頒行官制。置三師、三公、三省、六曹、臺、院、寺、監等官。

綱　金以會寧爲上京，臨潢府爲北京。（臨潢府，即今內蒙古昭烏達盟林西縣。）

目　會寧卽海古地，金之舊土，初稱內地，至是升爲上京會寧府。改遼上京臨潢府爲北京，而東京遼陽、西京大同、南京大興、中京大定府則仍舊云。（遼陽府，卽今遼寧遼陽市。大同府，卽今山西大同市。大興府，卽遼燕山府，見上。大定府卽大寧府，在今河北平泉縣西北。）

綱　冬十月，罷參知政事劉大中。

秦檜薦蕭振

目　大中與趙鼎不主和議，秦檜忌之，薦蕭振爲侍御。振入臺，卽劾大中，罷之。鼎曰：「振意不在大中也。」振亦謂人曰：「趙丞相不待論，當自爲去就矣。」

趙鼎罷

綱　趙鼎罷。

目　初，中書舍人潘良貴，以戶部侍郎向子諲奏事久，（諲音因。）叱之退。帝欲抵良貴罪，中丞常同爲之辨，帝欲併逐同。鼎奏子諲雖無罪，而同與良貴不宜逐，帝不從。命下，給事中張致遠謂：「不應以一子諲，出二佳士。」不書黃。（不草制也。）帝怒，顧鼎曰：「固知致遠必繳駁。」鼎問：「何也？」帝曰：「與諸人善。」蓋已有先入之言，由是不樂鼎。

秦檜留身奏事

秦檜繼留身奏事，及出，鼎問：「帝何言？」檜曰：「上無他，恐丞相不樂耳。」鼎乃引疾求罷，且言：「臣議論出處與劉大中同，大中去，臣何可留！」乃出知紹興府。入辭，言於帝曰：「臣去後，必有以孝悌之說脅制陛下者。」將行，檜率執政餞之，鼎不爲禮，一揖而去，檜益憾之。

今日如人患羸

鼎自再相，無所施爲。或以爲言，鼎曰：「今日之事，如人患羸，（羸音雷，瘦病也。）當靜以養之，若復攻砭，（攻，灸也。砭，以石鍼刺病。）必損元氣矣。」後王庶入對，帝曰：「趙鼎兩爲相，於國有大功；再贊親征，皆能决勝。又鎭撫建康，回鑾無虞，他人所不及。」

綱　以句龍如淵爲御史中丞。句龍，複姓。

目　先是宰執入見，秦檜獨留身，言：「臣僚畏首尾，左傳文公十七年：「畏首畏尾，身其餘幾。」多持兩端，此不足以論大事。若陛下决欲講和，乞專與臣議，勿許羣臣預。」帝曰：「朕獨委卿。」檜曰：「臣恐不便，望陛下更思三日。」檜復留身奏事，帝意欲和甚堅，檜猶以爲未也，復進前說。又三日，檜復留身奏事如初，知帝意不移，乃始出文字乞决和議。然猶以羣臣爲患，中書舍人句龍如淵爲檜謀曰：「相公爲天下大計，而邪說横起，盍不擇人爲臺諫，使盡擊去，則事定矣。」檜大喜，卽擢如淵爲中丞，劾異議者，卒成其志。

綱　金以張通古爲河南詔諭使，來言歸河南、陝西之地。與王倫偕來。

目　先是王倫使金，從趙鼎受使指，鼎言：「問禮數，則答以君臣之分已定；問地界，則答以大河爲界。二事，使者之大指，或不從，則已。」倫受命而行。至是倫還，有「詔諭江南」之名，帝歎息謂王庶曰：「使五日前得此報，趙鼎豈可去邪！」

初，秦檜主和議，命韓世忠移屯鎭江，世忠言：「金人詭詐，恐以計緩我師，乞留此軍蔽遮江、淮。」因力論和議之非，且請單騎詣闕面奏。帝不許。及張通古來，以詔諭爲名，世忠四上疏，言：「不可從，願舉兵决戰。兵勢最重處，臣請當之。」且言：「金人欲以劉豫相待，舉國士大夫盡爲陪臣，恐人心離散，士氣凋沮。」不報。

秦檜留身奏事者三

句龍如淵爲秦檜謀

韓世忠四上疏

【綱】十一月，以孫近參知政事。

【綱】罷直學士院曾開。詔羣臣議和金得失，貶樞密院編脩官胡銓監廣州都鹽倉。（廣州治南海縣，即今廣東廣州市。）

曾開不草國書

【目】禮部侍郎兼直學士院曾開當草國書，辨視體制非是，論之，不聽，遂請罷，改兼侍講。秦檜以溫言慰之曰：「主上虛執政以待。」開曰：「儒者所爭在義，苟爲非義，高爵厚祿弗顧也。願聞所以事敵之禮。」檜曰：「若高麗之於本朝耳。」高麗奉宋正朔，稱臣納貢。開曰：「主上以盛德登大位，公當強兵富國，尊主庇民，奈何自卑辱至此，非開所聞也！」復引古誼折之。檜大怒曰：「侍郎知故事，檜獨不知也。」開又詣都堂問：「計果安出？」檜曰：「聖意已定，尚何言。公自取大名而去，如檜，但欲濟國事耳。」

張燾等極言不可和

然猶慮羣言，乃詔：「金國遣使入境，欲朕屈己受和。在朝侍從、臺諫，其詳思條奏和好得失。」於是開與從官張燾、晏敦復、魏矼、李彌遜、尹焞、梁汝嘉、樓炤、蘇符、薛徽言、御史方廷實、館職胡珵、朱松、張擴、淩景夏、常明、范如圭、馮時中、許忻、趙雍皆極言不可和。矼音光。珵音澄。

李綱諫和議疏

提舉洞霄宮李綱亦上疏言：「朝廷使王倫使金國奉迎梓宮，往還屢矣。今倫之歸，與虜使偕，乃以『詔諭江南』爲名。不著國號而曰『江南』，不云通問而曰『詔諭』，此何禮也？臣在遠方，不知其曲折，然以愚意料之，虜爲此名以遣使，其要求有五：要音邀。必降詔書，欲

胡銓抗疏諫和議

陛下屈體降禮以聽受，一也；必有赦文，欲朝廷宣布頒示郡縣，二也；必立約束，欲陛下奉藩稱臣，稟其號令，三也；必求我賂，廣其數目，使我自困，四也；必求割地，以江南爲界，五也。此五者，朝廷從其一，則大事去矣。金人變詐不測，貪惏無厭，惏同婪，亦貪也。左傳僖公二十四年：「狄人固貪惏，主又啓之。」縱使聽其詔令，奉藩稱臣，其志猶未已，必繼有號召，或使親迎梓宮，或使單騎入覲，或使移易宰相，或使改革政事，或竭取賦稅，或朘削土宇。前漢書董仲舒傳：「民日朘月削。」從之則無有紀極，一不從則前功盡廢，反爲兵端。以爲權時之宜，聽其邀求，可無後悔者，非愚則誣也。」疏入，不省。

胡銓抗疏言曰：「臣謹按：王倫本一狎邪小人，市井無賴，頃緣宰臣無識，舉以使虜，專務詐誕，欺罔天聽，驟得美官，天下之人，切齒唾罵。今者無故誘致虜使，以『詔諭江南』爲名，是欲臣妾我也，是欲劉豫我也。陛下奈何以祖宗之天下爲金虜之天下，以祖宗之位爲金藩臣之位！陛下一屈膝，則祖宗、廟社之靈盡汚夷狄，祖宗數百年之赤子盡爲左衽，朝廷宰執盡爲陪臣，天下士大夫皆當裂冠毀冕，變爲胡服。異時豺狼無厭之求，安知不加我以無禮，如劉豫也哉！今倫之議曰：『我一屈膝則梓宮可還，太后可復，淵聖可歸，淵聖即欽宗。中原可得。』嗚呼！自變故以來，主和議者誰不以此說啗陛下哉！啗音淡，餌之也。然而卒無一驗，則虜之情僞已可知矣，而陛下尚不覺悟，竭民膏血而不恤，忘國大讎而不報，含垢忍恥，舉天下而臣之甘心焉。就令虜決可和，盡如倫議，天下後世謂陛下何如主？況虜變詐百出，而倫又以奸邪濟之，梓宮決不可還，太后決不可復，淵聖決不可歸，中原決不可得，而此膝一屈不可復伸，國勢陵夷不可復振，可爲痛哭流涕長太息矣！臣竊謂不斬王倫，國之存亡未可知也。雖然，倫不足道也，秦檜以腹心大臣，而亦爲之。陛下有堯、舜之資，檜不能致君如唐、虞，而欲導陛下如石晉。（五代晉石敬塘臣事契丹。）孫近傅會檜議，遂得參政，伴食中書，漫不敢可否事，檜曰『可和』，近亦曰『可和』，檜曰『天子當拜』，近亦曰『當拜』。嗚呼！參贊大事，徒取充位如此，有如虜騎長驅，尚能折衝禦侮邪！（武臣折衝曰禦侮。）臣竊謂檜、近亦可斬也。臣備員樞屬，義不與檜等共戴天，區區之心，願斷三人頭，竿之藁街，（藁街在漢長安城中，蠻夷邸所在。漢書陳湯傳：「斬郅支首及名王以下，宜懸首藁街蠻夷邸間。」此用其說，以威金使。）然後羈留虜使，責以無禮，徐興問罪之師，則三軍之士不戰而氣自倍。不然，臣有赴東海而死，（謂不爲金臣也。戰國齊魯仲連不欲秦稱帝，云：「彼卽肆然爲帝於天下，則連有蹈東海而死耳。」）寧能處小朝廷求活邪！」書上，檜以銓狂妄凶悖，鼓衆劫持，詔除名編管昭州。（治平樂縣，在今廣西平樂縣西南。）給、舍、臺諫及朝臣多救之，（給、舍，給事中及中書舍人。）檜迫於公論，翌日改銓監廣州都鹽倉。

吳師古鋟胡銓書

宜興進士吳師古，（宜興，卽今江蘇宜興縣。）鋟其書於木，（鋟，刻也。）金人募之千金。朝士陳剛中以啓事賀銓之謫，師古坐流袁州，（治宜春縣，卽今江西宜春縣。）剛中謫知虔州安遠縣，皆死焉。（安遠縣，卽今江西安遠縣。）晏敦復謂人曰：「頃言檜姦，諸君不以爲然。今方專國，便敢爾，他日何所不至邪！」

綱　王庶罷。庶言虜不可和，上疏者七，秦檜絀其說，遂罷爲資政殿學士，知潭州。

綱　十二月，以李光參知政事。秦檜既定和議，將揭榜，以吏部尚書李光有人望，欲藉之同押榜以息浮議，乃請於帝而用之。

綱　以韓肖胄簽書樞密院事。

綱　己未，九年，（一一三九）金天眷二年。春正月，大赦。

目　以金國通和，大赦江南新復州軍。直學士院樓炤草赦文，略曰：「乃上穹開悔禍之期，穹，天也，天形穹隆，故稱。悔禍，悔前日之禍宋而轉而佑之。左傳隱公十一年：「天其以禮悔禍於許。」而大金報許和之約，割河南之境土歸我輿圖，戢宇內之干戈用全民命。」張浚在永州，上疏言：「燕、雲之舉，（事見卷七十六欽宗靖康元年「金斡离不圍京師」目。）其鑒不遠。虜自宣和以來，宣和，徽宗年號。挾詐反覆，傾我國家，蓋非可結以恩信者。借令虜中有故，上下紛雜，天屬盡歸，河南遂復，我必德其厚賜，謹守信誓，數年之後，人情益解，解同懈。士氣漸消；彼或內變既平，指瑕造釁，肆無厭之欲，發難從之請，其將何辭以對！顧尋理可憂，又有甚於此者。陛下積意兵政，將士漸孚，一旦北面事虜，聽其號令，小大將帥，孰不解體！蓋自堯、舜以來，人主奄有天下，奄，忽也，又盡也。非兵無以立國，未聞委質可以削平禍難者也。」前後凡五上疏，皆不報。

岳飛在鄂州，聞金將歸河南地，上言：「金人不可信，和好不可恃。相臣謀國不臧，恐貽後世譏。」秦檜銜之。銜音鹹，恨也。及赦至鄂，飛又上疏力陳和議之非，至有「願定謀於全勝，期收地於兩河。河北、河東。唾手燕、雲，終欲復讎而報國；誓心天地，尙令稽首以稱藩」之語。疏入，檜益怒，遂成讎隙。

和議成，例加爵賞，飛加開府儀同三司，力辭，言「今日之事，可危而不可安，可憂而不可賀；可訓兵飭士謹備不虞，而不可論功行賞取笑敵人。」三詔不受，帝溫言獎譽之，飛乃受命。

吳璘在熙州，（治狄道縣，即今甘肅臨洮縣。）其幕客擬爲賀表，幕客，幕府之客。璘愀然曰：愀音悄。愀然，悚動之貌。「在朝廷休兵息民，誠天下慶。璘等叨竊，不能宣國威靈，亦可愧矣，但當待罪，稱謝何也！」

范如圭責秦檜

綱　二月，遣判大宗正事士㒟、兵部侍郎張燾詣河南脩奉陵寢。㒟音鳥。

目　初，史館校勘范如圭以書責秦檜，力詆和議忘讎辱國之罪，且曰：「公不喪心病狂，奈何爲此，必遺臭萬世矣！」及金人歸河南地，檜方自以爲功，如圭入對言：「兩京之版圖既入，則九廟八陵瞻望咫尺，今朝陵之使未還，何以慰神靈萃民志乎！」帝泫然曰：「非卿不聞此言！」卽日遣士㒟等往。檜以如圭不先白己，益怒，如圭遂謁告去。

趙鼎薦尹焞

綱　以尹焞提舉萬壽觀兼侍講；辭不拜。

目　先是資善堂翊善朱震疾亟，薦焞自代。帝慘然曰：「楊時物故，胡安國與震又亡，朕痛惜之！」趙鼎曰：「尹焞學問淵源可以繼震。」乃除焞太常少卿，兼崇政殿說書，至是改命。焞以和議爲非，固辭不拜。

綱 以王倫爲東京留守。東京即汴京。命倫交割地界。

綱 以吳玠爲四川宣撫使。

目 玠與金人對壘且十年，常苦遠餉勞民，屢汰冗員，節浮費，益治屯田。和議之成，帝以玠功高，授開府儀同三司、四川宣撫使，陝西階、成等州皆聽節制，（階州治福津縣，在今甘肅武都縣東南。成州治上祿縣，在今甘肅徽成縣西北。）遣內侍奉手札以賜。至則玠病甚，扶掖受命。

綱 三月，王倫至汴，金人歸河南、陝西之地。兀朮遂自祁州渡河而去，移行臺於大名府。

綱 以樓炤簽書樞密院事。夏四月，命炤宣諭陝西。

目 炤至鳳翔，（治雍縣，在今陝西鳳翔縣南。）承制以楊政爲熙河經略使，（熙河治熙州，見上。）吳璘爲秦鳳經略使，（秦鳳治秦州城，即今甘肅天水市。）屯內地以保蜀；郭浩爲鄜延經略使，（鄜延治鄜州城，在今陝西洛川縣西北。）屯延安以守陝。（延安府治膚施縣，即今陝西延安縣。）炤倚秦檜勢，妄自尊大，且好貨，失將士心。

綱 罷權吏部尚書晏敦復。

目 和議之初，敦復力詆屈己之非，秦檜使人誂之曰：誂音恤，誘也。「公若曲從，兩府旦夕可至。」兩府，中書、樞密。敦復曰：「吾終不以身計而誤國家，況吾薑桂之性，到老愈辣，請勿復言。」檜卒不能屈，權吏部甫踰月，罷知衢州。

李世輔自夏歸

綱 五月，李世輔自夏來歸，賜名顯忠。　世輔，綏德青澗人，自唐以來世襲蘇尾九族都巡檢使。世輔年十七，隨父永奇出入行陣。金人陷延安，授永奇父子官，永奇聚泣曰：「我宋臣也，世襲國恩，乃爲彼用邪！」會劉豫令世輔帥馬軍赴東京，乃密遣其客雷燦以蠟書赴行在。及豫廢，兀朮授世輔知同州，以計執金撒离喝，欲歸朝，金兵追之急，乃縱之。世輔攜老幼長驅而北，至鄜城縣急遣人告永奇，永奇卽挈家出城，至馬翅谷爲金人所及，家屬三百口皆遇害。世輔奔夏，夏人問其故，世輔具言父、母、妻、子之亡，切齒疾首，願得二十萬人生擒撒离喝，取陝西五路歸於夏。夏主以世輔爲延安招撫使。世輔至延安，揭榜招兵。行至鄜州，吳玠遣詣樓炤於長安，炤送之朝，世輔乃率部下三千南來。帝撫勞再三，賜名顯忠。

夏主仁孝嗣立

綱 夏主乾順卒，子仁孝立。　仁孝改元大慶，號乾順曰崇宗。

吳玠卒

綱 開府儀同三司、四川宣撫使吳玠卒。

吳玠將略

目 玠善讀史，凡往事可師者，錄置座右，積久牆牖皆格言也。用兵本孫、吳，務遠略，不求近小利，故能保必勝。御下嚴而有恩，虛心請受，雖身爲大將，卒伍最下者得以情達，故士樂爲之死。選用將佐，視勞能爲高下先後，不以親故權貴撓之。卒年四十七，贈少師，謚武安。

吳玠身當蜀衝

自富平之敗，（事見卷七十八建炎四年九月。）金人專意圖蜀，微玠身當其衝，無蜀久矣，故西人思之，立祠以祀。

綱 士㒟、張燾還自河南，出燾知成都府。（治成都縣，卽今四川成都市。）

張燾直言

目 張燾奏疏曰：「金人之禍，上及山陵，太祖永昌陵而下皆遇發掘，而哲宗永泰陵至暴露。雖殄滅之，未足以雪此恥復此讎也！必不可恃和盟而忘復讎之大事！」帝問：「諸陵寢何如？」鬳不對，唯言「萬世不可忘此賊！」帝黯然。深慘貌。秦檜患之，出鬳知成都府。

胡世將宣撫四川

綱 秋七月，以胡世將爲四川宣撫副使。

目 世將精神明悟，閑習吏治。初除宣撫，諸將皆賀，世將語之曰：「世將不習騎射，不知虜情，朝廷所以遣來者，襲國家故事，以文臣爲制將爾。軍事一無改吳宣撫之規，吳宣撫，吳玠。各推誠心，共濟國事可也。」諸將皆拜謝。

不改吳玠之規

綱 金宋王蒲盧虎等謀反，伏誅。金蒲盧虎自以太宗長子，跋扈尤甚，兗王訛魯觀爲左丞相，復附之；撻懶方持兵柄，遂相與謀。及事覺，蒲盧虎、訛魯觀皆伏誅，以撻懶屬尊，釋不問。

金人執王倫

綱 王倫如金，金人執之。

目 兀朮言於金主曰：「撻懶、蒲盧虎主割河南與宋，必有陰謀。今宋使在汴，勿令踰境。」倫聞之，卽遣介具言於朝。介，副使也。會孟庾至汴，時秦檜以孟庾兼東京留守。倫卽解留鑰，解留守之職。將使指赴金國議事。行至中山，（卽眞定縣，卽今河北定縣。）會撻懶等反，金人執之，乃遣副使藍公佐還，議歲貢、正朔、誓命等事，及索河東、北士民之在南者，而徙倫拘於河閒以待報命之至。（河閒，卽今河北河閒縣。）時皇后邢氏崩於五國城，（在今黑龍江寧安縣東北。）金人祕之。

綱 金以撻懶、杜充爲行臺左、右丞相。八月，撻懶以謀反誅。

綱　冬十二月，李光罷。

目　光初謂可因和爲自治之計，故署榜不辭。及秦檜議撤淮南守備，奪諸將兵權，光始極言「和不可恃，備不可撤」，檜惡之。光復折檜於帝前曰：「檜懷姦誤國，不可不察。」檜大怒，光遂求去。

綱　蒙古襲敗金人於海嶺。金胡沙虎將兵攻蒙古，糧盡而還，蒙古追襲之，大敗其衆於海嶺。

綱鑑易知錄卷八一

南宋紀

高宗皇帝

【綱】庚申，十年，（一一四〇）金天眷三年。春正月，遣工部侍郎莫將等使金。初將爲司農丞，附秦檜，力贊和議。至是以將爲工部侍郎，充迎護梓宮、奉迎兩宮使。

【綱】觀文殿大學士、隴西公李綱卒。（隴西，即今甘肅臨洮縣。）

【目】綱卒於福州，（治閩縣，即今福建福州市。）年五十八，贈少師，謚忠定。綱負天下之望，以一身用舍爲社稷生民安危，雖身或不用，用且不久，而其忠誠義氣，凜然動乎遠邇。每使者至金，金人必問：「李綱、趙鼎安否？」其爲遠人所畏服如此。

【綱】夏四月，韓肖胄罷。

【綱】五月，金兀朮、撒离喝分道入寇，兀朮自黎陽趨河南，撒离喝出河中趨陝西。復陷河南、陝西州郡。

【目】秦檜以其言不讎，讎，答也。詩大雅抑：「無言不讎。」甚懼，謂給事中馮檝曰：檝音楫。「金人背盟，我之去就未可卜。前此大臣皆不足慮，獨君鄉浚，鄉同向。獨慮君意向張浚。未測上意，然

高宗誓不用張浚

上意不可測。君其爲我探之！」檝入見曰：「金人長驅犯順，勢必興師，如張浚者且須以戎機付之。」帝正色曰：「寧至覆國，不用此人。」檜聞之喜。

【綱】詔吳玠同節制陝西諸軍。六月，玠敗金人于扶風，（在今陝西興平縣西北。）復其城，撒离喝走鳳翔。（由是金人不敢度隴，分屯之軍得全師而還。）（鳳翔府治雍縣，在今陝西鳳翔縣南。）

劉錡順昌之捷

【綱】東京副留守劉錡大敗金人于順昌，（東京，汴京。）（順昌府即舊潁州，治汝陰縣，即今安徽阜陽縣。）兀朮走汴。

【目】初，錡赴東京，至渦口，（渦水入淮之口，在今安徽定遠縣東北，淮水北岸。）方食，忽暴風拔坐帳，錡曰：「此賊兆也，主暴兵。」卽下令兼程而進。聞金人敗盟南下，錡與將佐舍舟陸行，至順昌城下，諜報東京已陷，（諜，探者。）因與知府陳規議斂兵入城爲守禦計。乃寘家寺中，（寘同置。）積薪於門，戒守者曰：「脫有不利，卽焚吾家，毋辱敵手也。」於是軍士皆奮。時守備一無可恃，錡於城上躬自督勵，取劉豫時所造癡車，以輪轅埋城上，又撤民戶扉周匝蔽之。凡六日，粗畢，而金兵遂圍城。錡募壯士五百，夜斫其營，（斫，斬也。）是夕天欲雨，電光四起，見辮髮者輒殲之；（殲，盡殺也。）敵衆大亂，終夜自戰，積尸盈野，退兵老婆灣。

浮橋濟敵

兀朮在汴聞之，卽索鞾上馬，（鞾卽靴字。）帥十萬衆來援。錡遣耿訓約戰，兀朮怒曰：「以吾力破汝城，直用鞾尖趯倒耳。」（趯同踢。）訓曰：「太尉非但請戰，且謂太子必不敢濟河，願獻浮橋五所，濟而大戰。」遲明，（猶黎明也。）錡果爲五浮橋於潁河上，（潁河自河南項城縣東南流，經安徽臨泉縣城北，又東南經阜陽縣城北，東南流入淮水。劉錡爲浮橋於阜陽城北潁河上。）且毒潁上流及草中，戒軍士雖渴死，毋飲於河。時大暑，敵遠來疲弊，人馬飢渴，食水草者輒病。錡士氣閑暇，軍皆番休。更番休息。方晨氣淸涼，按兵不動；敵力疲氣索，乃出接戰，敵大敗，兀朮拔營去，車旗器甲積如山阜。兀朮平日所恃以爲強者，十損七八，遂還汴。

洪皓自金密奏

旣而洪皓自金密奏：「順昌之捷，金人震恐喪魄，燕之重寶珍器悉徙而北，（燕指金都燕山府。）意欲捐燕以南棄之。」故議者謂：「是時諸將協心，分路追討，則兀朮可擒，汴京可復；而王師亟還，自失機會，良可惜也。」

岳飛將敗金于京西

綱 岳飛遣兵敗金人于京西。

目 帝賜飛札曰：「設施之方，一以委卿，朕不遙度。」飛乃遣王貴、牛皐、楊再興、李寶等分布經略西京諸郡，又命梁興渡河糾合忠義社取河東、北州縣，又遣兵東援劉錡，西援郭浩，自以其軍長驅以闞中原。闞，闚也。將發，密奏言：「先正國本以安人心，然後不常厥居，以示無忘復讎之意。」飛將李寶、牛皐，相繼敗金人於京西。

綱 樓炤罷。

使諭岳飛班師

綱 遣使諭岳飛班師。時秦檜力主和議，奏遣司農少師李若虛詣飛營，諭指班師。

綱 閏月，金人寇涇州，（治安定縣，在今甘肅涇川縣北。）經略使田晟破走之。

岳飛收復河南

綱 岳飛收復河南州郡。

韓世宗收復海州

王德復宿州

綱　韓世忠遣兵復海州。（治東海縣，在今江蘇東海縣東北。）

目　世忠使王勝等復海州，父老裒金帛以犒軍，（裒音掊，聚也。）勝不受。世忠每出軍，必戒以秋毫無犯，軍之所過，耕夫皆荷鋤而觀。

綱　張俊使王德復宿州。（治符離縣，即今安徽宿縣。）金人棄亳而遁，（亳州治譙縣，即今安徽亳縣。）俊入亳，遽還壽春。（壽州治，即今安徽壽縣。）

目　俊遣統制王德復宿州，金守將馬秦降，宿州平。德乘勝趨亳州，與俊會於城父。（在今安徽亳縣東南。）時酈瓊與葛王烏祿在亳，聞德至，曰：「夜叉未易當也。」即遁去。德入亳州，請於俊曰：「今兵威已振，請乘勝進取。」俊不從而還壽春。初，德以十六騎徑入隆德府，（隆德府治上黨縣，即今山西長治市。）縛金守臣姚太師獻於朝，欽宗問狀，姚對曰：「臣就縛時，止見夜叉耳。」由是人呼爲「王夜叉」。

綱　安置趙鼎于潮州。（治海陽縣，即今廣東潮州市。）

目　秦檜惡鼎居越偪己，（紹興八年十月，趙鼎罷，出知紹興府。紹興府即越州，今浙江紹興市。）徙知泉州，（治晉江縣，即今福建泉州市。）又諷司諫謝祖信等論鼎嘗受張邦昌僞命，遂奪節提舉洞霄宮。鼎自泉還，復上書言時政。檜忌其復用，又諷中丞王次翁論其乾沒都督府錢十七萬緡，（緡音民，錢貫也。）謫官居興化軍。（治莆田縣，即今福建莆田縣。）次翁及右諫議大夫何鑄論之不已，乃貶清遠軍節度副使，（清遠軍，在今寧夏靈武縣東南。）潮州安置。

岳飛郾城之捷

岳飛破拐子馬

綱 秋七月，以王次翁參知政事。

目 秦檜薦次翁爲中丞，故凡可以爲檜地者無不力爲之。及金人敗盟，帝下詔罪狀兀朮，次翁懼檜得罪，因奏曰：「前日國是，初無主議，事有小變，更用他相，後來者未必賢，而排黜異黨，紛紛累月不能定。願陛下以爲至戒！」帝深然之。檜德其言，遂引同列，由是益安據其位，公論不能撼搖矣。

綱 岳飛擊走金兀朮于郾城，（卽今河南郾城縣。）追至朱仙鎭，（卽今河南開封市西南朱仙鎭。）大破之。遣使脩治諸陵。

目 飛留大軍於潁昌，（治潁川縣，卽今河南許昌市。）命諸將分道出戰，自以輕騎駐郾城，兵勢甚銳。兀朮大懼，合龍虎大王、蓋天大王及韓常之兵逼郾城。飛遣子雲領騎兵直貫其陣，戒之曰：「不勝先斬汝！」雲與金人戰數十合，金尸布野。兀朮以拐子馬萬五千來，飛戒步卒以麻札刀入陣，勿仰視，第斫馬足。拐子馬相連，一馬仆，二馬不能行，飛軍奮擊，遂大破之。兀朮大慟曰：「自海上起兵，皆以此勝，今已矣！」因復益兵而前，飛自以四十騎突戰敗之。兀朮夜遁，追奔十五里。中原大震。

飛謂子雲曰：「賊屢敗，必還攻潁昌，汝宜速援王貴。」既而兀朮果至，貴將游奕，雲將背嵬戰於城西，（游奕、背嵬皆軍號。）雲以騎兵八百，挺前決戰，步卒張左右翼繼之，殺兀朮壻夏金吾。飛又使梁興會太行忠義、兩河豪傑，（太行山，在今河南沁陽縣西北。兩河謂河北、河東。）敗金人於

岳飛復懷衛

垣曲，(卽今山西垣曲縣。)又敗之於沁水，(在今河南沁陽縣西。)遂復懷、衛州，(懷州治河内縣，卽今河南沁陽縣。衛州治汲縣，卽今河南汲縣。)斷金人山東、河北之道。金人大恐。

飛進軍朱仙鎭，距汴京四十五里，與兀朮對壘而陣，遣背嵬騎五百奮擊，大破之，兀朮還汴。飛檄陵臺令行視諸陵，檄，移文也。行視，巡視也。葺治之。

綱　以楊沂中爲淮北宣撫副使。劉錡爲判官。

岳飛奉詔班師

綱　岳飛奉詔班師還鄂，河南州郡復陷于金。

目　兩河豪傑李通等帥衆歸飛，由是金人動息，山川險要，飛皆得其實。中原盡磁、相、澤、潞、晉、絳、汾、隰之境，(磁州治滏陽縣，卽今河北磁縣。相州治安陽縣，卽今河南安陽市。澤州治晉城縣，在今山西晉城縣東。潞州治上黨縣，卽隆慶府，見上。晉州治臨汾縣，卽今山西臨汾縣。絳州治正平縣，在今山西侯馬市西北。汾州治西河縣，卽今山西汾陽縣。隰州治濕川縣，卽今山西呂梁縣。)皆期日興兵與官軍會。其所

揭旗以岳爲號

揭旗，以岳爲號，父老百姓爭挽車牽牛，載糗糧以饋義軍，頂盆焚香迎候者充滿道路。自燕以南，金人號令不行。兀朮欲僉軍以抗飛，河北無一人應者，乃歎曰：「自我起北方以來，未有如今日之挫衄。」衄音肉，刃傷。金將烏陵思謀，素驍勇桀黠，黠，狡也。亦不能制其下，但諭之

待岳家軍來卽降

曰：「毋輕動，待岳家軍來卽降。」金將王鎭、崔慶、李覬、崔虎、華旺等皆率所部降飛。龍虎大王之將忔查等亦密受飛旗榜，自其國來降。韓常亦欲以衆五萬内附。飛大喜，語其下

直抵黃龍府痛飲

曰：「直抵黃龍府，(見卷七十五政和五年「金取遼黃龍府」注。)與諸君痛飲耳！」

一日奉十二金字牌

書生說兀朮

河南復爲金有

貶言和議之非者

方指日渡河，而秦檜欲畫淮以北與金和，（淮北，淮水以北。）諷臺臣請班師。飛奏：「金人銳氣沮喪，盡棄輜重，（載衣物車。）疾走渡河，而我豪傑向風，士卒用命。時不再來，機難輕失！」檜知飛志銳不可回，乃先請張俊、楊沂中等歸，而後上言：「飛孤軍不可久留，乞連詔還。」飛一日奉十二金字牌，乃憤惋泣下，東面再拜曰：「十年之力，廢於一旦！」乃自郾城引兵還。民遮馬痛哭，訴曰：「我等迎官軍，金人皆知之，相公去，我輩無噍類矣！」（噍，齧也。類，種也。言無復有活而噍食之種也。）飛亦悲泣，取詔示之曰：「我不得擅留！」哭聲振野。飛留五日以待民徙。從而南者如市，飛亟奏以漢上六郡閒田處之。（漢上，漢水之上。）

初，兀朮敗於朱仙，欲棄汴而去，有書生叩馬曰：（叩同扣。）「太子毋走，岳少保且退。」兀朮曰：「岳少保以五百騎破吾十萬，京城日夜望其來，（京城謂汴京城。）何謂可守？」生曰：「自古未有權臣在內，而大將能立功於外者。岳少保且不免，況欲成功乎！」兀朮悟，遂留不去。及飛還，兀朮遣兵追之，不及，而河南新復府、州皆復爲金有。飛至鄂，（治江夏縣，即今湖北武漢市武昌城。）力請解兵柄，不許。已而入覲，帝問之，飛拜謝而已。

綱　八月，貶祕閣脩撰張九成等官。

目　九成等皆言和議非計，秦檜惡之，乃貶九成知邵州，（治邵陽縣，在今湖南邵陽市境。）喻樗知懷寧縣，（即安慶府治，今安徽潛山縣。）陳剛中知安遠縣，（即今江西安遠縣。）淩景夏知辰州，（治沅陵縣，即今湖南沅陵縣。）樊光遠閬州學教授，（閬州治閬中縣，即今四川閬中縣。）毛叔度嘉州司戶參軍。（嘉

張九成從龜山學　張九成不可苟安

州治龍游縣，即今四川樂山縣。）

九成從楊時學，紹興初舉進士，對策直言無隱。及爲刑部侍郎，會金人議和，九成言於趙鼎曰：「金實厭兵，而張虛聲以撼中國耳。」因陳十事，云彼誠能從吾所言則與之和，使權在朝廷。鼎罷相，檜誘之曰：「且成檜此事。」九成曰：「九成胡爲異議，特不可苟安耳！」檜曰：「立朝須優游委曲。」九成曰：「未有枉己而能直人者。」帝問以和議，九成對曰：「敵情多詐，不可不察。」檜尤惡之。

綱　楊沂中軍潰于宿州，走還泗，（泗州治臨淮縣，在今安徽泗縣東南。）金人屠宿州。

使諭韓世忠罷兵

綱　九月，遣使諭韓世忠罷兵還鎮。時諸大帥皆還鎮。

金陷慶陽

綱　冬十月，金撒离喝陷慶陽，（治安化縣，即今甘肅慶陽縣。）河東經略使王忠植死之。

目　忠植本河東步佛山忠義人，（河東治并州城，在今山西太原市東北。）以復石、代等十一州功，（石州治離石縣，即今山西離石縣。代州治雁門縣，在今山西原平縣東北，並屬河東路。）授河東經略安撫使。及撒离喝犯慶陽，知府宋萬年拒守，胡世將檄忠植以所部救慶陽。行次延安，（治膚施縣，即今陝西延安縣。）叛將趙惟清執忠植詣撒离喝，撒离喝使甲士引至慶陽城下諭降，忠植大呼曰：「我太行忠義也，爲虜所執，使來招降。願將士勿負朝廷，堅守城壁！」撒离喝怒詰之，忠植披襟曰：「當速殺我！」遂遇害。萬年以城降。後贈忠植奉國軍節度使，謚義節。

綱　臨安火。

金封孔璠爲衍聖公

金屯田中原

王德和州之捷

綱　十一月，金封孔子後璠爲衍聖公。時金主興禮樂，立孔子廟於上京，求孔子後，得四十九代孫承奉郎璠，遂封之。璠音煩。

綱　十二月，金始置屯田軍于中原。

目　金既取河南，猶慮中原士民懷貳，始創屯田軍。凡女眞、奚、契丹之人，（女眞，金本號。奚、契丹，東胡種名。）皆自本部徙居中州，與百姓雜處，計其戶口，授以官田，使自播種，春秋量給其衣；若遇出師，始給錢米。凡屯田之所，自燕南至淮、隴之北俱有之，（自燕京之南及淮水、隴山之北。）皆築壘於村落閒。

綱　辛酉，十一年，（一一四一）金皇統元年。春正月，金兀朮陷壽春，入廬州，詔張俊等將兵救之。二月，王德復和州。

目　兀朮自敗後，留屯京、亳以謀再舉。（京即汴京。）及聞秦檜召諸軍還，乃攻陷壽春，遂渡淮入廬州。（治合肥縣，在今安徽合肥市北。）詔張俊、楊沂中帥兵赴淮西，岳飛進兵江州。（治潯陽縣，卽今江西九江市。）尋詔韓世忠引兵往援。時兀朮自合肥趨歷陽，（歷陽，和州治。）遊騎至江，張俊議分軍守南岸，王德請急擊之，卽渡采石，（采石磯，在今安徽當塗縣西北，馬鞍山市西。）俊督軍繼之，宿江中。德曰：「明日當會食歷陽。」已而夜拔和州，晨迎俊入，兀朮退保昭關。（卽昭關山，在今安徽含山縣北，一名小峴山，爲廬、濮往來要道。）既而德又敗韓常於含山縣東，又敗兀朮於昭關，復含山及昭關。

楊劉柘皋之捷

綱　楊沂中、劉錡敗金兀朮于柘皋，（在今安徽巢縣西北。）遂復廬州。

目　劉錡自太平渡江，（太平州，即今安徽當塗縣。）與張俊、楊沂中會，而廬州已陷，錡乃與關師古據東關之險以遏敵，（東關即濡須口，在今安徽巢縣東南。）引兵出清溪，（即清溪水，在今安徽含山縣西。）兩戰皆捷。兀朮以柘皋地坦平，利於用騎，因駐師。錡進兵，與兀朮夾石梁河而陣。（石梁河，即今安徽巢縣濡須水。）河通巢湖，（在今安徽巢縣西。）廣二丈，錡命曳薪壘橋，曳，拖也。須臾而成，遣甲士數隊，踰橋臥槍而坐。槍，槊也。遣人會合張俊、楊沂中之師。翌日，沂中及王德、田師中、張子蓋諸軍俱至，惟俊後期。錡與諸將分軍爲三，並進渡河以擊之。師中欲俟俊至，德曰：「事當機會，復何待！」即與錡上馬先迎敵，沂中繼之。金人以拐子馬兩翼而進，德率衆鏖戰。盡死殺人曰鏖。沂中曰：「虜恃弓矢，吾有以屈之。」使萬人持長斧如牆而進，虜遂大敗。德與錡等追之，又敗（之）於東山。（此東山當在今安徽巢縣境。）虜望見，驚曰：「此順昌旗幟也！」即走保紫金山。（即紫荆山，見上。）是役也，失將士九百人，金人死者以萬計。既而兀朮復親帥兵逆戰於店步，逆，迎也。（店步即店埠鎮，在今安徽合肥縣東。）沂中等又敗之，乘勝逐北，敗走曰北。遂復廬州。

曳薪壘橋

長斧如牆而進　此順昌旗幟

綱　金主親祀孔子。

張楊班師

綱　三月，張俊、楊沂中、劉錡奉詔班師。金人陷濠州，（治鍾離縣，即今安徽鳳陽縣。）俊使沂中救之，敗績。乃皆還鎮，俊歸建康，錡歸太平，沂中歸臨安。

綱 岳飛帥兵救濠州，不及，還次舒州。（治懷寧縣，即今安徽潛山縣。）

綱 金兀朮渡淮北去。

綱 孫近罷。

綱 夏四月，以韓世忠、張俊爲樞密使，岳飛爲副使。秦檜力主和議，恐諸將難制，欲盡收其兵權，從給事中范同計，乃有是命。

綱 罷三宣撫司。五月，詔張俊、岳飛如楚州閱軍。張俊知秦檜欲罷兵，首請以所部隸御前，且力贊和議；檜深喜之。時更軍制之初，將士多不安，乃命俊、飛往淮東撫韓世忠之軍。至楚州，俊欲脩城爲備，飛曰：「當戮力以圖恢復，豈可爲退保計！」俊不悅。（楚州治淮安縣，今江蘇淮安縣。）

綱 六月，進秦檜爲尚書左僕射。秋七月，以范同參知政事。

綱 罷淮北宣撫判官劉錡。

目 錡自順昌之捷，驟貴，張俊、楊存中嫉之。時楊沂中賜名存中。至是，二人言於朝曰：「淮西之役，濠州之陷。岳飛不赴援，劉錡戰不力。」秦檜信之，遂罷錡兵，命錡知荆南府。（荆湖南路治荆州城，即今湖北江陵縣。）

綱 八月，罷知溫州王居正。（溫州治永嘉縣，即今浙江溫州市。）

目 居正立朝，累與秦檜忤，且力辨王安石父子學行之非。安石子雱。自兵部侍郎出知溫州，檜猶忌之，諷中丞何鑄劾居正爲趙鼎汲引，欺世盜名；奪職奉祠。

楊時三經義解　王居正三經辨學

居正之學，根據六經，易、書、詩、春秋、禮、孝經。楊時器之，出所著三經義解示居正曰：「吾舉其端，子成吾志。」居正感勵，首尾十載，爲詩、書、周禮辨學三十九卷，與時書同進。二書行，天下遂不復言王氏學。

罷岳飛

綱　罷岳飛奉朝請。不爲官無員，唯春朝、秋請曰奉朝請。

秦檜力謀殺岳飛

目　飛以恢復爲己任，不肯附和議。嘗讀檜奏，至「德無常師，主善爲師」之語，恚曰：恚音惠，怒恨也。「君臣大倫，根於天性，大臣而忍面欺其主邪！」兀朮遺檜書曰：「汝朝夕以和請，岳飛方爲河北圖，必殺飛始可和。」檜亦以飛不死，終梗和議，己必及禍，故力謀殺之。遂諷中丞何鑄、侍御史羅汝楫、諫議大夫万俟卨交章論飛：万音麥，俟音奇，卨音屑。「奉旨援淮西，暫至舒、蘄而不進，（蘄州治蘄春縣，即今湖北蘄春縣。）比與張俊按兵淮上，欲棄山陽而不守。」（山陽指楚州。）乃罷爲萬壽觀使，奉朝請。

吳璘班師

綱　九月，吳璘等收復陝西諸州，詔班師還鎮。

疊陣法

目　吳璘進兵拔秦州，（治成紀縣，即今甘肅天水市。）聞金統軍胡盞與習不祝合兵五萬屯劉家圈，請於胡世將擊之。世將問：「策安出？」璘曰：「有新立疊陣法，每戰以長鎗居前，坐不得起，次最强弓，次强弩，跪膝以俟，次神臂弓。約賊相搏，至百步內則神臂先發，七十步强弓併發，次陣如之。凡陣以拒馬爲限，鐵鉤相連，俟其傷則更代，代則以鼓爲節，騎兩翼以蔽於前，陣成而騎退，謂之疊陣。」世將善之。諸將竊議曰：「吾軍其殲於此乎！」殲，盡殺也。

此古東伍令

秦檜矯詔下岳飛獄

張俊爲秦檜謀殺岳飛

璘曰：「此古東伍令也，軍法有之，諸君不識耳。得車戰餘意，無出於此。戰士心定則能持滿，敵雖銳，不能當也。」遂進攻剡家灣。時胡盞、習不祝據險自固，前臨峻嶺，後控臘家城，謂璘必不敢犯。璘先以兵挑之，胡盞出壘戰，璘以疊陣法更迭戰，輕裘駐馬亟麾之，（亟，數也。）士殊死鬬，金人大敗，降者萬人。胡盞走保臘家城，璘圍而攻之。城垂破，朝廷方主和議，以驛書詔班師。

時璘拔秦州，其勢方張，陝西、河東首領爭來附，而楊政拔隴州，（治汧源縣，即今陝西隴縣。）郭浩復華州入陝州矣。（華州治鄭縣，在今陝西華縣西北。陝州治陝縣，即今河南陝縣。）詔至，璘即自臘家城引兵還河池，（即鳳州，治梁泉縣，在今陝西鳳縣東北。）浩還延安，政還鞏，（治隴西縣，即今甘肅隴西縣。）世將惟浩歎而已。

綱 莫將還自金。（兀朮欲議和，莫將久留於金，乃縱之歸以道意。）

綱 冬十月，詔以魏良臣爲金國稟議使。

綱 秦檜矯詔下岳飛于大理獄。

目 秦檜必欲殺飛，乃與張俊謀，密誘飛部曲能告飛事者，優與重賞，卒無應者。俊聞飛嘗欲斬統制王貴，又嘗杖之，乃誘貴告飛；貴不肯，俊因劫以私事，貴懼而從之。檜又聞飛統制王俊善告訐，號「鵰兒」，（鵰音貂，大鷙鳥。）以姦貪屢爲張憲所抑；使人諭之，王俊許諾。於是檜謀以張憲、王貴、王俊，皆飛部將，使其徒自相攻發，因以及飛父子，庶帝不疑。

背涅盡忠報國四大字

莫須有

俊時在鎮江，（即今江蘇鎮江市。）乃自爲狀付王俊，妄言「副都統制張憲謀據襄陽，（即今湖北襄樊市。）還飛兵柄。」令告王貴，使貴執憲赴鎮江行樞密府。憲未至，俊預爲獄以待之。俊親行鞫鍊，（鞫問、鍛鍊。）使憲自誣，謂得飛子雲手書，命憲營還兵計。憲被掠無完膚，竟不伏。俊手自具獄成，告檜，械憲至臨安，下大理寺獄。

檜奏召飛父子證憲事，帝曰：「刑所以止亂，勿妄追證，動搖人心。」檜矯詔召飛父子，使者至飛第，飛笑曰：「皇天后土，可表此心！」遂與雲就獄。檜命中丞何鑄、大理寺周三畏鞫之。鑄引飛至庭，詰其反狀。飛裂裳以背示鑄，有舊涅「盡忠報國」四大字，（涅，刺字以青涅之。）深入膚理。既而閱實俱無驗，鑄察其冤，白檜。檜曰：「此上意也。」鑄曰：「鑄豈區區爲岳飛者。强敵未滅，無故戮一大將，失士卒心，非社稷之長計。」檜語塞，乃改命諫議大夫万俟卨。卨素與飛有怨，遂誣飛令于鵬、孫革致書張憲、王貴，令虛申探報，以動朝廷，雲與憲書，令措置使飛還軍，且云其書已焚。飛坐繫兩月，無可證者，或教卨以臺章所指淮西逗留事爲言。卨喜白檜，卨又使鵬、革等證飛受詔逗留，命評事元龜年取行軍時日雜定之，傅會其獄。大理卿薛仁輔、寺丞李若樸、何彦猷皆言飛無辜。判宗正寺士㒟請以百口保飛無他，（㒟音鳥。）且曰：「中原未靖，禍及忠義，是忘二聖，不欲復中原也。」皆不聽。韓世忠心不平，詣檜詰其實，檜曰：「飛子雲與張憲書雖不明，其事莫須有。」世忠曰：「『莫須有』三字，何以服天下也！」

韓世忠罷

綱 韓世忠罷。

跨驢攜酒

目 世忠深以和議爲不然，及魏良臣使金，抗疏言秦檜誤國之罪。檜諷言官論之，帝不聽，而世忠連疏乞罷，遂罷爲醴泉觀使，封福國公。（福即福州。）世忠自是杜門謝客，絕口不言兵，時跨驢攜酒，從一二童奴，縱遊西湖以自樂，（即今浙江杭州市西湖。）澹然若未嘗有權位者。平時將佐，罕得見其面。

綱 十一月，范同罷。

和議成

綱 和議成，以何鑄簽書樞密院事，奉表稱臣于金。

目 兀朮以蕭毅、邢具瞻爲審議使，與魏良臣偕來，議以淮水爲界，求割唐、鄧二州及陝西餘地，（唐州治比陽縣，即今河南泌陽縣。鄧州治穰縣，在今河南鄧縣東南。陝西餘地，謂時爲宋守之陝西商、秦等州。）歲幣銀絹各二十五萬，仍許歸梓宮、太后。帝悉從其請，命鑄往使，鑄至汴，（汴州，宋舊都，即今河南開封市。）見兀朮，遂如會寧。（會寧府即金上京，即今黑龍江阿城縣南白城。）

割地畀金

綱 遣使割唐、鄧、商、秦之地以畀金。畀音祕，與也。（商州治上洛縣，即今陝西商縣。）

秦檜殺岳飛

綱 秦檜殺故少保、樞密副使、武昌公岳飛。（武昌即鄂州，見上。）

目 歲已暮，而飛獄不成，一日檜手書小紙付獄，即報飛死矣。年三十九。雲與張憲皆棄市，于鵬等從坐者六人。籍飛家貲，徙之嶺南。（謂今廣東、廣西等地。）於是薛仁輔、李若樸、何彥猷皆被黜。布衣劉允升上書訟飛冤，下大理獄死。凡傅成其獄者皆進秩。

岳飛論太平　岳飛用兵　岳飛善以少擊衆　謀定後戰　撼岳家軍難

洪皓在金，以蠟書奏：蠟書，以蠟爲丸，置書其中。「金人所畏服者惟飛，至以父呼之。及聞其死，諸酋酌酒相賀。」

飛事親孝，家無姬侍。吳玠素服飛，願與交驩，飾名姝遺之，姝音樞，美女。飛曰：「主上宵旰，豈大將安樂時邪！」却不受，玠益敬服。帝欲爲飛營第，飛辭曰：「金虜未滅，何以家爲！」或謂天下何時太平？飛曰：「文臣不愛錢，武臣不惜死，天下太平矣。」

卒有取民麻一縷以束芻者，立斬以徇。卒夜宿，民開門願納，無敢入者。軍號：「凍死不拆屋，餓死不鹵掠。」鹵同虜。卒有疾，飛躬爲調藥。諸將遠戍，飛遣妻問勞其家。死事者哭之而育其孤，或以子婿其女。凡有頒犒，均給軍吏，秋毫不私。

善以少擊衆，嘗以八百人破羣盜王善等五十萬衆於南薰門，汴京門。以八千人破曹成十萬衆於桂嶺。（即臨賀嶺，在今廣西賀縣東北。事見卷七十九紹興二年。）其戰兀朮於潁昌，則以背嵬八百，於朱仙鎭則以五百，皆破其衆十餘萬。凡有所舉，盡召諸統制與謀，謀定而後戰，故有勝無敗。猝遇敵不動，故敵爲之語曰：「撼山易，撼岳家軍難！」張俊嘗問用兵之術，飛曰：「仁、信、智、勇、嚴，闕一不可。」

飛好賢禮士，覽經史，雅歌、投壺，雅歌，歌詩雅。投壺，見禮記投壺篇。恂恂如書生。每辭官，必曰：「將士効力，飛何功之有！」然忠憤激烈，議論持正，不挫于人，卒以此得禍。

綱　壬戌，十二年，（一一四二）金皇統二年。春二月，進封建國公瑗爲普安郡王。

金人歸徽宗等喪

綱 封崇國公璩爲恩平郡王。

綱 詔諸州脩學宮。

綱 何鑄還自金。

目 初，蕭毅至臨安，帝曰：「朕有天下而養不及親，徽宗無及矣。今立信誓明言歸我太后，朕不恥和；不然，朕不憚用兵。」及何鑄、曹勛往，帝召至內殿，諭之曰：「朕北望庭闈，無淚可揮。卿見金主，當曰：『慈親之在上國，一老人耳；在本國，則所繫甚重。』以至誠說之，庶彼有感。」鑄至金，首以太后爲請。金主曰：「先朝業已如此，豈可輒改。」曹勛再三懇請，金主乃許之。遂遣鑄還，許歸徽宗及鄭后、邢后之喪，與帝母韋氏。

綱 三月，放齊安王士㒟于建州。秦檜惡其救岳飛也。

綱 四川宣撫副使胡世將卒，以鄭剛中代之。

綱 夏四月，金使人以袞冕來册帝。金遣左宣徽使劉筈以袞冕圭册册帝爲大宋皇帝。

綱 六月，何鑄罷。秦檜以鑄不傅會岳飛之獄，遂出知徽州。

綱 秋八月，以万俟卨參知政事。

綱 金人歸徽宗皇帝、顯肅皇后鄭氏及懿節皇后邢氏之喪。喪至，帝易緦服奉安龍德別宮。

綱 皇太后韋氏至自金。后至臨安，入居慈寧宮。

綱 九月，以孟忠厚爲樞密使。充攢宮總護使。

封秦檜

綱 大赦，加秦檜太師，封魏國公。以和好成也。（魏即魏州大名府，今河北大名縣，時已陷金。）

綱 遣使如金。沈昭遠賀生辰，楊愿賀正旦。金循契丹例，不欲兩接使人，故併遣使，歲如之。

綱 冬十月，欑徽宗皇帝、顯肅皇后于永固陵，欑，權葬也。以懿節皇后祔。尋改陵曰永祐，在會稽。

綱 以程克俊簽書樞密院事。

綱 進封秦檜爲秦、魏兩國公；辭不拜。以太后回鑾推恩也。檜以封兩國，與蔡京同，故辭。（秦即秦州，見上，時已割入金。）

張俊免

綱 十一月，張俊免。

目 初，俊贊秦檜成和議，約盡罷諸將，獨以兵權歸俊。及和議定，諸將罷，而俊無去意，故檜諷臺臣江邈論之。遂罷爲節度使，充醴泉觀使，進封清河郡王，（清河軍，在今江蘇淮陰縣東。）奉朝請。

劉光世不逮韓岳遠

綱 劉光世卒。

目 光世在諸將中最先進，律身不嚴，馭軍無法，不肯爲國任事。早解兵柄，與時浮沉，不爲秦檜所忌，故能竊寵榮以終其身。方之韓、岳，不逮遠矣。

綱 徽猷閣待制致仕尹焞卒。

目 焞質直弘毅，實體力行，程頤嘗以魯許之，且曰：「我死而不失其正者，尹氏子也。」

綱 詔祕書少監秦熺脩日曆。熺音希。

目 秦檜無子，取妻兄王煥孽子熺養之。南省擢爲第一，南省，禮部。檜以爲嫌。進士陳誠之策，專主和議，乃以爲首；熺次之，歷官祕書少監。檜自知不爲士論所與，乃以熺領國史。自檜再相，凡詔書章疏稍及檜者率更易焚棄。因以太后北還爲己功，自領其事，使著作郎王揚英、周執羔上之。

綱 孟忠厚罷。

目 忠厚始以外戚貴顯，然能避權勢，不以私干朝廷。秦檜，忠厚之僚壻也，未嘗親附。至是，檜諷臺諫，引故事外戚不預政，罷之。

綱 癸亥，十三年，（一一四三）金皇統三年。春正月，作太學。以岳飛宅爲之。

綱 二月，作景靈宮。遣官自溫州奉迎祖宗神御至，遂詣天章閣西殿告遷徽宗及顯恭、顯肅二后神御，并奉安焉。

綱 夏閏四月，立貴妃吳氏爲皇后。

目 后，開封人，年十四選入王邸。帝既卽位，后常以戎服侍左右。習書史，善翰墨，寵遇日隆，累進貴妃。帝憐邢氏在金，虛中宮以待其還。至是，秦檜累表請立后，皇太后亦以爲言，帝從之。

綱 王次翁罷。六月，程克俊罷。

洪皓等還

雖蘇武不能過

朱弁義不先歸

綱　秋七月，行人洪皓、張邵、朱弁還自金。

目　自建炎以來，（建炎，高宗年號。）奉使如金被拘囚者三十餘人，多已物故，惟三人以和議成許歸。已而金人遣七騎追之，及淮，而皓等已在舟中矣。

皓居冷山，（在黃龍府北。）距會寧二百里，屢因諜者密奏敵情，且力言和議非計，乞興師進擊。嘗求韋太后書，遣李微持歸，帝大喜曰：「朕不知太后寧否幾二十年，雖遣使百輩，不如此一書！」每遇貴族名家子流落於金者，盡力拯救之。留金十五年而還，入對內殿，求郡養母。帝曰：「卿忠貫日月，志不忘君，雖蘇武不能過，豈可捨朕去邪！」皓退，見秦檜，語連日不止，曰：「張和公金人所憚，（張和公即張浚。）乃不得用，錢塘暫居，（錢塘，臨安府治，今浙江杭州市。）爲景靈宮、太廟，皆極土木之華，豈非示無中原意乎！」檜不懌。遂除徽猷閣直學士，提舉萬壽觀；復以論事忤檜，出知饒州。（治鄱陽縣，即今江西鄱陽縣。）

邵被囚祚山踰年，（初金囚邵於密州祚山砦，祚山當在今山東諸城縣境。）送劉豫使用之。邵見豫，長揖而已，又呼豫爲殿院，責以君臣大義，詞氣俱厲。豫怒，械於獄。久之，復送於金，拘之燕山僧寺，從者皆莫知所之。金復徙之會寧。及還，入見，除祕書脩撰，主管祐神觀。司諫詹大方論其使事無成，改台州崇道觀。（台州治臨海縣，即今浙江臨海縣。）

弁副王倫使金，既就館，守之以兵。久之，金將議和，當遣一人受書還，欲弁與倫探策決去留。弁曰：「吾來，固自分必死，豈應今日覬幸先歸！（覬音記，希冀也。）願正使受書，歸報天子，成兩國之好，蚤伸四海之養於兩宮，則吾雖暴骨外國，暴音僕。猶生之年也。」倫將歸，弁謂曰：「古之使者有節以爲信。今無節有印，印亦信也，願留之，使弁得抱以死，死不腐矣！」倫解以授弁，弁受而懷之，臥起與俱。金人迫弁仕劉豫，且訹之曰：訹音恤，誘也。「此南歸之漸。」弁曰：「豫，國賊，吾常恨不食其肉，又忍北面臣之，吾有死耳！」金人怒，絕其餼遺以困之。餼，饋客生食及芻米也。遺，饋也。弁忍飢待盡，誓不爲屈；金人感動，致禮如初。久之，復欲易其官，弁曰：「吾官受之本朝，有死而已，誓不易以辱吾君也。」又以書訣洪皓曰：「殺行人，非細事，吾曹遭之，命也！要當舍生以全義耳。」及還，入見便殿，弁謝，且曰：「陛下與金人講和，上返梓宮，次迎太母，此皆知時知幾之明。然時運而往，或難固執，幾動有變，宜鑑未兆。金人以黷武爲至德，以苟安爲太平，虐民而不恤民，廣地而不廣德，此皆天助中興之勢；若時與幾，陛下既知於始，願圖厥終。」帝曰：「善。」秦檜惡其言，奏以初補官易宣教郎直祕閣而卒。

書六經刻石太學

綱 帝書六經，刻石于太學。

綱 冬十二月，金人來聘。賀正旦也，自是歲如之。

復置三館

綱 復置三館。（三館即崇文院，藏書之所，太宗太平興國三年置於汴京。）

目 上謂宰執曰：「人才須素養。太宗置三館養天下之士，至仁廟人才輩出爲用。仁廟，仁宗朝。今日若不興學校，將來安得人才用邪！」

水鬭

胡宏移書責高閌

初禁野史

綱 甲子，十四年，（一一四四）金皇統四年。春正月，樂平水鬭。（樂平縣，即今江西樂平縣。）

目 樂平縣何衝里，田隴數十百頃，百畝爲頃。田中水，類爲物所吸，聚爲一，直行，高平地數尺，不假隄防而水自行；里南程氏家井水溢，亦高數尺，夭矯如長虹，聲如雷，穿牆毀樓。二水鬭於杉墩，且前，且却，約十餘刻乃解，各復故。

綱 二月，万俟卨罷，以樓炤簽書樞密院事。卨忤秦檜故罷。

綱 三月，帝謁孔子廟，遂視學。

目 國學大成殿成，司業高閌表請帝視學，從之。止輦於殿門外，步趨升降，退御敦化堂，命禮部侍郎秦熺執經，高閌講易泰卦。胡宏見其表，移書責之曰：「太學，明人倫之所在也。太上皇帝劫制於强敵，生往死歸，此臣子痛心切骨臥薪嘗膽宜思所以必報之大讎也。太母，天下之母，其縱釋乃在金人，此中華之大辱，臣子所不忍言也。而柄臣乃敢欺天罔人，以大讎、大辱而爲大恩，閣下目覩，忘讎滅理，北面敵國，以苟晏安之事，猶偃然爲天下師儒之首。既不能建大論明天人之理以正君心，乃阿諛柄臣，希合風旨，求舉太平之典，又從而爲之辭，欺罔孰甚焉！」宏，安國子也。

綱 夏四月，初禁野史。

目 從秦檜請也。後著作郎林機言：「有失意之人，匿迹近地，窺伺朝廷，作爲私史，以售其邪說，請禁絕之。」復下詔申禁之。

綱　五月，樓炤罷，以李文會簽書樞密院事。文會劾炤罷之，遂命文會代炤。自是執政免，即以言者代之。

綱　閩、浙大水。

目　內侍右武大夫白鍔，從皇太后北歸者，因閩、浙大水，宣言：「燮理乖盭，燮理，和調之也。盭同戾。洪皓名聞華、夷，顧不用！」鍔館客張伯麟，嘗題太學壁云：「『夫差，而忘越王之殺而父乎！』」（語見卷四周敬王二十四年「於越敗吳于檇李」紀。）秦檜怒之，俱坐誹謗，刺配鍔於萬安軍，（即今廣東萬寧縣。）伯麟於吉陽軍，（即崖州，在今廣東瓊山縣東南。）罷皓提舉江州太平觀。

綱　秋九月，徙趙鼎于吉陽軍。

趙鼎謝表

目　鼎在潮五年，杜門謝客，時事不挂口，有問者，引咎而已。先是，鼎請正建國公皇子之號，檜言：「鼎欲立皇太子，是待陛下終無子也。宜俟親子乃立。」至是，中丞詹大方希檜意，劾鼎與其黨范沖邪謀密計，轉相扇惑，以徼無妄之福。蓋指皇子，而沖嘗爲翊善故也。遂移鼎吉陽。鼎謝表有曰：「白首何歸？悵餘生之無幾！丹心未泯，誓九死以不移！」檜見曰：「此老倔強猶昔。」

綱　冬十月，何若請黜程頤之學。

目　右正言何若指程頤、張載遺書爲專門曲學，請戒內外師儒之官，力加禁絕。秦檜從之。

肉簡牌

綱　十二月，李文會免，以楊愿簽書樞密院事。

目　愿爲中丞，迎合檜意以舉劾，人號之爲「肉簡牌」。至是，論文會，遂代其位。

綱　王倫爲金所殺。

目　金欲以倫爲平州路轉運使，（平州路，金置，治盧龍，在今河北昌黎縣西北。）倫曰：「奉命而來，非降也。」金脅以威，遣使來趣，趣同促。倫拒益力，金杖其使，俾縊殺之。

綱　乙丑，十五年，（一一四五）金皇統五年。春正月朔，初御大慶殿受朝。

綱　夏四月朔，彗出東方，大赦。

綱　六月朔，日食。

幸秦檜第

綱　帝幸秦檜第。上賜檜第，車駕親幸，加檜妻兩國夫人；子熺學士承旨，婦郡夫人；孫塤、堪、坦並除直祕閣，賜三品服，塤時方九歲。尋書「一德格天之閣」六字賜檜，後又命作檜家廟，賜以祭器。

張母

綱　秋七月，放張浚于連州。（治桂陽縣，即今廣東連縣。）

目　浚因星變，欲力論時事，以其母計氏年高，言之必被禍。計氏知之，誦其父咸紹聖初制策曰：紹聖，哲宗年號。「臣寧言而死於斧鉞，不忍不言而負陛下。」浚意遂決，即上疏言：「當今時勢，如養大疽於頭目心腹之間，不決不止。遲則禍大而難決，疾則禍輕而易治。惟陛下謀之於心，斷之以獨，謹察情僞，豫備倉卒，卒音猝。庶幾社稷安全。不然，後將噬臍。」噬臍，謂口齧腹臍，喻不可及也。事下三省。秦檜大怒，令中丞何若劾之，遂貶連州居住，尋徙永州。（治零陵縣，即今湖南零陵縣。）檜必欲殺浚，以其死黨張柄知潭州，（治長沙縣，即今湖南長沙市。）與郡丞汪召錫共伺察之。

綱 冬十月，楊愿罷，以李若谷簽書樞密院事。

行藉田禮

綱 丙寅，十六年，（一一四六）金皇統六年。春正月，行藉田禮。

目 先是知虔州薛弼言：「州民朽柱中有文，曰『天下太平年』。」秦檜大喜，乞詔付史館。於是脩彌文以飾治具，如鄉飲、耕藉之類。節節備舉，爲苟安於杭之計。自此不復巡幸江上，而祥瑞之奏日聞矣。

劉豫死

綱 秋九月，金劉豫死。

綱 丁卯，十七年，（一一四七）金皇統七年。春正月，以李若谷參知政事，何若簽書樞密院事。二月，李若谷罷。三月，以段拂參知政事。何若罷。夏四月，以汪勃簽書樞密院事。

綱 五月，安置提舉江州太平觀洪皓于英州。秦檜惡之也。（英州治湞陽縣，即今廣東英德縣。）

趙鼎卒

綱 秋八月，故相趙鼎卒于吉陽軍。

目 鼎潛居深處，門人故吏皆不敢通問，惟廣西帥張宗元時饋醪米。會降旨「趙鼎、李光，紹興十一年，秦檜忌李光，安置藤州，復竄瓊州。遇赦永不檢舉」，且令本軍月具存亡申省。鼎遣人語其子汾曰：「秦檜必欲殺我。我死，汝曹無患；不爾，禍及一家矣。」自書墓中石，記鄉里

趙鼎書銘旌

及除拜歲月，且書銘旌云：「身騎箕尾歸天上，箕尾，東方宿名。莊子：「傅說乘東維，騎箕尾，而比於列星。」

氣作山河壯本朝」。遺言其子乞歸葬，遂不食而死。天下聞而悲之。

鼎爲相，專以固本爲先，以爲本固而後敵可圖，讎可復。惜其見忌於檜，齎志以沒。然中興賢相，鼎爲稱首。

綱 九月，罷四川宣撫副使鄭剛中。剛中治蜀有方略，秦檜忌之，使人求其陰事，召還，責桂陽軍安置，未幾四川宣撫司亦罷。

綱 冬十二月，金及蒙古和。

目 初，撻懶既誅，其子勝花都郎君率其父故部曲以叛，與蒙古通。蒙古益强，兀朮討之，連年不能克，乃與之議和，割西平河以北二十七團寨與之，（西平河即臚朐河，即今內蒙古額爾古納河之上源。）歲遺牛、羊、米、豆，且册其酋熬羅勃極烈爲蒙輔國王；不受，自號大蒙古國。至是始和，歲遺甚厚。於是蒙酋自稱祖元皇帝，改元天興。

綱 戊辰，十八年，（一一四八）金皇統八年。春二月，段拂罷。三月，以秦熺知樞密院事。

綱 夏四月，秦熺罷爲觀文殿學士兼侍讀，位次右僕射。熺乞避父子共政也。尋加少保。

綱 五月，放浙東副總管李顯忠于台州。（浙東治紹興府，即今浙江紹興市。）

目 顯忠熟知西邊山川險易，因上恢復策。秦檜惡之，降官奉祠，台州居住。

綱 秋七月，寬諸郡雜稅。

綱 八月，汪勃罷，以詹大方簽書樞密院事。九月，詹大方卒。

金兀朮卒

綱　冬十月，以余堯弼簽書樞密院事。

綱　金兀朮卒。

綱　十一月，竄胡銓于海南。

綱　十二月，金以完顏亮爲右丞相。亮本名迪古乃，太祖斡本之子，金主亶從弟也。

綱　己巳，十九年，（一一四九）金皇統九年，十二月以後廢主亮天德元年。冬十二月，金完顏亮弑其主亶而自立。

施全刺秦檜

綱　庚午，二十年，（一一五〇）金天德二年。春正月，殿司軍士施全刺秦檜，不克，檜殺之。

目　檜趨朝，殿前司後軍使臣施全挾刃於道，遮檜肩輿刺之，不中，捕送大理。檜親鞫之，鞫，推窮罪也。全對曰：「舉天下皆欲殺虜人，汝獨不肯，故我欲殺汝也。」詔磔於市。磔音窄，裂尸也。自是檜每出，列五十兵持長梃以自衞。

綱　三月，以余堯弼參知政事，巫伋簽書樞密院事。遣堯弼使金。賀即位也。

李光私史

綱　下李光子孟堅于大理獄，流之峽州。（治夷陵縣，即今湖北宜昌市。）責降徽猷閣直學士胡寅等官有差。

目　光在瓊，嘗作私史，其仲子孟堅爲所親陸升之言之，升之訐其事。秦檜命兩浙轉運副使曹泳究實，泳言「孟堅省記父光所作小史，語涉譏謗。」送大理寺，獄成，詔光遇赦永不檢舉，孟堅除名，編管峽州。於是胡寅、程瑀、潘良貴、宗穎、張燾、許忻、賀允中、吳元許

夏二子傳

八人皆緣坐，責降有差。有太常主簿吳元美作夏二子傳，指蚊、蠅也。其鄉人告之，以爲譏毀大臣。且言：「元美與李光交，故其亭號潛光。」檜大怒，竄之容州。（治普陵縣，即今廣西容縣。）

綱　夏四月，金主亮大殺其宗室。初亮見太宗諸子盛強，忌之，至是殺太宗子孫七十餘人，粘沒喝子孫三十餘人，諸宗室五十餘人；太宗、粘沒喝後皆絕。

綱　冬十月，金主亮殺其左副元帥撒离喝等，夷其族。亮復忌之也。

綱　秦檜有疾，詔執政赴檜第議事。十二月甲子檜始朝。

綱　辛未，二十一年，（一一五一）金天德三年。春正月，金置國子監。

綱　二月，以巫伋爲金國祈請使。

目　伋至金，首請迎靖康帝歸國，靖康帝欽宗。金主曰：「不知歸後何處頓放？」伋唯唯而退。

金營燕京宮室

綱　三月，金主大營宮室于燕。（燕即燕京。）

目　金主稍習經史，慕中國朝著之尊，著同宁。密有遷都意，遂下詔求直言，而上書者多謂「上京僻在一隅，（上京即會寧，見上。）不若徙燕，以應天地之中」，與金主意合。乃遣左丞相張浩、右丞相張通古等調諸路夫匠，築燕京宮室，一依汴京制度。一殿之費，以億萬計，成而後毀，務極華麗。

韓世忠卒

綱　秋八月，太傅、鎮南、武安、寧國節度使、咸平王韓世忠卒。

目　世忠解兵罷政，臥家凡十年，至是卒。孝宗朝追封蘄王，謚忠武。子彥直、彥質、彥古，皆以才見用。

綱　冬十一月，余堯弼罷。

綱　壬申，二十二年，（一一五二）金天德四年。夏四月，巫伋罷，以章復簽書樞密院事。秋九月，章復罷。冬十月，以宋樸簽書樞密院事。

金遷都于燕

張俊卒

綱鑑易知錄卷八二

南宋紀

高宗皇帝

綱　癸酉，二十三年，（一一五三）金貞元元年。春三月，金遷都于燕。（在今北京市廣安門外，即中都。）

目　金主自上京至燕京，（上京會寧府，即今黑龍江阿城縣南白城。）初備法駕，下詔改元。以燕，列國之名，不當爲京師號，遂改燕京爲中都大興府，汴京爲南京，（即今河南開封市。）削上京之名，止稱會寧府。又改中京大定府爲北京，（在今河北平泉縣西北。）而東京遼陽府、（即今遼寧遼陽市。）西京大同府如舊。（大同府，即今山西大同市。）

綱　冬，宋樸罷，以史才簽書樞密院事。

綱　甲戌，二十四年，（一一五四）金貞元二年。春正月，地震。

綱　夏六月，史才罷，以魏師遜簽書樞密院事。

綱　秋七月，張俊卒。

目　俊握兵最早，屢立戰功，帝於諸將中眷注特厚。然忌劉錡，附秦檜殺岳飛，爲世所鄙薄焉。

綱 以敷文閣待制秦塤脩撰實錄院。塤音暄，檜孫，熺子。

綱 冬十一月，魏師遜罷，以施鉅參知政事，鄭仲熊簽書樞密院事。加秦熺少傅，封嘉國公。

綱 乙亥，二十五年，（一一五五）金貞元三年。夏四月，施鉅罷。

綱 六月，鄭仲熊罷，以湯思退簽書樞密院事。

綱 改岳州爲純州，（岳州治巴陵縣，即今湖南岳陽縣。）岳陽軍爲華陽軍。（岳陽軍治岳州。）

目 或言「岳州乃岳飛駐軍之地，又與其姓同，乞改之。」蓋以媚秦檜也。岳州人謂：「飛駐軍乃鄂州，（治江夏縣，即今湖北武漢市舊武昌城。）於我州何與而改之？」

綱 金汴京火。金主陰有南侵之意，乃謀遷汴，遣完顏長寧爲南京留守經畫之。既而大火，宮室盡焚，金主大怒，杖殺長寧。

綱 秋八月，下趙鼎子汾等于大理獄。

目 秦檜於一德格天閣書趙鼎、李光、胡銓三人姓名，必欲殺之。及鼎死而憾不已。江西運判張常先箋注前帥張宗元與張浚詩言於朝，其詞連逮者數十家，將誣以不軌而盡去之。會汪召錫告宗室知泉州令衿觀檜家廟記，（泉州治晉江縣，即今福建晉江縣。）口誦「君子之澤，五世而斬」，謫居汀州。（治長汀縣，即今福建長汀縣。）檜乃諷殿中侍御史徐嘉論趙汾與令衿飲別

金汴京火

秦檜必欲殺趙鼎等

厚賚（嚞音哲，賚同齎。）必有姦謀。詔送汾、令衿大理鞫問，使汾自誣與張浚、李光、胡寅、胡銓等五十三人謀大逆。獄成，而檜病不能書矣。

綱　以董德元參知政事。（秦檜門人。）

洪皓徙死

綱　冬十月，徙洪皓於袁州，（治宜春縣，即今江西宜春縣。）未至卒。

目　皓居英州九年，（英州治湞陽縣，即今廣東英德縣。）始復朝奉郎，徙袁州，至南雄卒。（即今廣東南雄縣。）卒後一日，秦檜死。皓久在北庭，（洪皓高宗建炎初使金，十餘年放還。）爲金人所敬。既歸，金人至，必問「皓爲何官，居何地？」不幸爲檜所忌，不死於敵國，而死於讒慝，聞者悼之。

秦檜死

綱　進封秦檜爲建康郡王，加其子熺少師，並致仕。是夕，檜死。

目　檜病，帝幸其第問焉，無一語，惟流涕而已。熺奏請：「代居相位者爲誰？」帝曰：「此事卿不當與。」（與音預。）帝還宮，命沈虛中草檜及熺制，並令致仕。是夕，檜卒，贈申王，謚忠獻。

檜居相位十九年，倡和誤國，忘讎斁倫，（斁音妒，敗也。書洪範篇：「彝倫攸斁。」）包藏禍心，劫制君父，郡國事惟申省，無至上前者。同列論事上前，未嘗力辨，但以一二語傾擠之，俾帝自怒，一時忠臣良將，誅鋤略盡。其頑鈍無恥者，率爲檜用，爭以誣陷善類爲功。晚年殘忍尤甚，屢興大獄。開門受賂，富敵於國，外國珍寶，死猶及門。檜每事與帝爭勝，其勢漸不可制。檜既死，帝謂楊存中曰：「朕今日始免防檜逆謀矣。」

綱 黜秦檜姻黨。十一月，釋趙汾及李孟堅、王之奇等自便。二十二年三月，編管王庶子之奇、之荀于嶺南。

綱 以魏良臣參知政事。

綱 十二月，復張浚、胡寅、張九成等二十九人官，徙李光、胡銓于近州。光移郴州，銓移衡州，光尋卒。

綱 丙子，二十六年，（一一五六）金正隆元年。春正月，追復趙鼎、鄭剛中等官。

綱 二月，魏良臣罷。

罷宰相兼樞密使

綱 三月，罷宰相兼樞密使。以邊事已定也。

綱 以万俟卨參知政事。

竄梁勛而下詔

綱 竄東平進士梁勛于遠州。

目 勛上書言：「金人必舉兵，宜爲之備。」帝怒，編管勛於千里外州軍，而下詔曰：「講和之策，斷自朕志，秦檜但能贊朕而已，豈以存亡而渝定議邪？渝，變也。近者無知之輩，鼓倡浮言，浮誕不根之言。以惑衆聽，朕甚駭之！自今有此，當重置典憲。」

沈該万俟卨相

綱 夏五月，以沈該、万俟卨爲左、右僕射，並同平章事。湯思退知樞密院事。

目 初，秦檜病篤，召董德元、湯思退至臥內，屬以後事，各贈黃金千兩。德元慮檜以爲自外，不敢辭；思退慮檜以爲期其死，不敢受。帝聞思退不受，以爲非檜黨，遂信任之。

欽宗卒于金

張綱篤守

張浚上疏極言備金

綱　六月，以程克俊參知政事。

綱　靖康帝卒于金。

綱　秋七月，彗出井，詔求直言。

綱　八月，程克俊罷，以張綱參知政事。

目　綱初爲給事中，以秦檜用事，遂致仕，臥家者二十餘年。嘗書座右曰：「以直行己，以正立朝，以靜退高天下。」其篤守如此。

綱　九月，以陳誠之同知樞密院事。

綱　冬十月，復安置觀文殿大學士張浚于永州。（治零陵縣，即今湖南零陵縣。）

目　浚去國二十年，天下士無賢不肖，莫不傾心慕焉。金使至，必問浚安在，惟恐其復用，而秦檜懼其正論害己，必欲殺之。檜死，乃復觀文殿大學士，判洪州。（治南昌縣，即今江西南昌市。）時喪母將歸葬，會星變求直言，浚慮虜數年閒，勢必求釁用兵，而吾方溺於宴安，謂虜可信，莫爲之備。沈該、万俟卨居相位，尤不厭天下望。厭，服也。自以大臣義同休戚，不敢以居喪爲嫌，乃上疏極言。沈該、万俟卨、湯思退謂「敵未有釁，而浚乃若禍在年歲閒者」，皆笑其狂。臺諫湯鵬舉、凌哲等論浚「名在罪籍，唱異議以動國是，若使歸蜀，恐或遠方生患。」復安置永州。

綱　丁丑，二十七年，（一一五七）金正隆二年。春二月，以湯鵬舉參知政事。

湯思退相

【綱】三月，万俟卨卒。夏六月，以湯思退爲尚書右僕射、同平章事。秋八月，以湯鵬舉知樞密院事。九月張綱罷，以陳康伯參知政事。冬，湯鵬舉免。

【綱】戊寅，二十八年，（一一五八）金正隆三年。春二月，以陳誠之知樞密院事，王綸同知院事。

金議南侵

【綱】秋七月，金以李通參知政事。金主以通爲謀主，議興兵南侵。

【綱】九月，以王剛中爲四川制置使。

【目】初，剛中言：「夷狄之情，强則犯邊，弱則請盟。今勿計其强弱，而先擇將帥，蒐士卒，蒐音搜，閱也。實邊儲，備軍械，加我數年，國勢富强，彼請盟則爲漢文帝，犯邊則爲唐太宗。」上壯其言，會西蜀謀帥，（西蜀即四川。）帝曰：「無如王剛中矣。」遂有是命。

金營汴宮

【綱】冬十月，金營汴宮。

【綱】己卯，二十九年，（一一五九）金正隆四年。春二月，金籍諸路兵，造戰具。

【綱】夏五月，貶禮部侍郎孫道夫知綿州。（治巴西縣，即今四川綿陽縣。）

【目】道夫使金還，具奏金有南侵之意。帝曰：「朝廷待之甚厚，彼以何名爲兵端？」道夫曰：「彼身弑其君而奪之位，興兵豈問有名！」湯思退、沈該不以爲然。道夫每對帝，輒言武事，該疑其引用張浚，忌之，故貶。

【綱】六月，陳誠之罷，沈該免。秋七月，以賀允中參知政事。

朱熹

綱　八月，召監潭州南嶽廟朱熹，不至。

目　熹，徽州婺源人，（婺源縣，即今江西婺源縣。）少有求道之志。父松，知饒州，（治鄱陽縣，即今江西鄱陽縣。）疾亟，屬熹曰：「胡憲、劉勉之、劉子翬三人，學有淵源，吾所敬畏；吾即死，汝往事之。」熹奉以告而稟學焉。既博求之經傳，復徧交當世有識之士。及舉進士，爲泉州同安縣主簿，（同安縣，即今福建同安縣。）罷歸。聞延平李侗學於羅從彥，（延平，即今福建南平縣。）得伊洛之正，（伊洛，謂程顥、程頤。）徒步往從之。其學大要窮理致知，反躬踐實，而以居敬爲主。築室武夷山中，（武夷山，在今福建崇安縣南。）四方遊學之士從之者如市。上聞其賢，故召之，熹卒不至。

胡憲

憲，安國從子，生而靜慤，不妄笑語。紹興中與勉之同入太學，時禁伊洛之學，憲與勉之求得程頤書，潛鈔默誦，夜以繼日。聞涪陵譙定受易學於頤，（涪陵，即今四川涪陵縣。）二人往從受業，久未有得，定曰：「心爲物漬，（漬音恣，染也。）故不有見，惟學乃可明耳。」憲悟曰：「所謂學者，非克己工夫邪？」自是一意下學，不求人知。一日揖諸生歸崇安故山，力田賣藥，以奉其親，從遊日衆，號籍溪先生。

籍溪先生

仕終祕書省正字。朱熹嘗言從憲及勉之、子翬三君子遊，而事籍溪先生爲久，得其學爲多。

劉勉之

勉之從譙定、劉安世、楊時受學，卒業乃還崇安，結草堂讀書其中。力耕自給，澹然無求於世，惟與憲、子翬日相往來講論，學者踵至，勉之隨其才器爲說聖賢之道，因以女妻熹，

白水先生　劉子翬　屏山先生　湯思退陳康伯相　范如圭獻仁宗朝名臣奏章

門人號曰白水先生。

子翬，韐仲子，以父死國難，痛憤致疾，棄興化通判，（興化軍治興化縣，即今福建莆田縣。）隱居武夷山中者十七年。與憲、勉之交相得，每見，講學外無雜言，他所與遊，皆知名士，而期以任重致遠者朱熹而已。熹初從子翬遊，子翬以易之「不遠復」三言，不遠復，謂失之未遠，能復於善也。易復卦初九：「不遠復，无祇悔，元吉。」繫辭下傳：「子曰：『顏氏之子，其殆庶幾乎？有不善未嘗不知，知之未嘗復行也。易曰：「不遠復，无祇悔，元吉。」』」俾佩之終身。學者稱爲屏山先生。

綱 九月，以湯思退、陳康伯爲尚書左、右僕射，並同平章事。

綱 皇太后韋氏崩。年八十，謚曰顯仁。

綱 冬十月，以王綸知樞密院事。

綱 庚辰，三十年，（一一六〇）金正隆五年。春正月，以葉義問同知樞密院事。

綱 二月，以普安郡王瑗爲皇子，更名瑋，進封建王。

目 初，帝知瑗之賢，欲立爲嗣，恐太后意所不欲，遲回久之。及后崩，帝問吏部尚書張燾以方今大計，對曰：「儲嗣者，國之本也。天下大計，無踰於此。今兩邸名分宜早定。」兩邸，謂普安、恩平二王也。帝喜曰：「朕懷此久矣，開春當議典禮。」燾頓首謝。至是，利州提點刑獄范如圭，（利州治緜谷縣，即今四川廣元縣。）掇至和、嘉祐間名臣奏章，掇，采也。至和、嘉祐俱仁宗年號。仁宗無嗣，大臣請建儲疏也。凡二十六篇，合爲一書，囊封以獻，請斷以至公勿疑。帝感悟，即日

初行會子

下詔以普安郡王爲皇子，加恩平郡王璩開府儀同三司，判大宗正寺，稱皇姪。

綱　夏六月，王綸罷。秋七月，以葉義問知樞密院事，朱倬參知政事。

目　倬初以張浚薦，自宜興簿入對，簿，主簿。（宜興，即今江蘇宜興縣。）時方以劉豫爲憂，倬策其必敗。帝大喜，而秦檜惡之，出爲越州教授。（越州即紹興府，治會稽縣，即今浙江紹興市。）檜死，倬知惠州，（治博羅縣，在今廣東惠陽縣西。）陛辭，因言前事，帝問：「卿何久淹如此？」淹，滯也。倬言：「爲檜所扼。」帝愀然慰諭，愀音悄。愀然，竦動之貌。目送之，且曰：「人不知卿，惟朕獨知。」遂累擢至中丞，論事多所裨益，帝信任之。

綱　八月，賀允中致仕。

綱　九月，以李寶爲浙西副總管。（浙西路時治平江府，即今江蘇蘇州市。）

目　寶嘗陷金，拔身自海道來歸，至是召對，詢以北事，歷歷如數，乃授官，令於平江督海舟捍禦。

綱　冬十二月，湯思退有罪，免。

目　侍御史陳俊卿論思退「挾巧詐之心，濟傾邪之術，觀其所爲，多效秦檜。蓋思退致身，皆秦檜父子恩也。宜寘之憲典。」遂奉祠。

綱　初行會子。（會子，如交子、關子之類。關子，鈔也。交子，見卷六十七仁宗天聖元年。關子，見卷七十九紹興元年。）

目　戶部侍郎錢端禮被旨造會子。儲見錢於城內外流轉，其合發官錢，並許兌會子，輸左藏庫。初行於兩浙，遂通行諸州。

綱　辛巳，三十一年，（一一六一）金正隆六年，十月，世宗雍大定元年。春正月朔，日食，帝不受朝。

綱　風、雷、大雨雪。

目　侍御史汪澈言：「春秋魯隱公時大雨，震電，繼以雨雪。隱公九年三月癸酉，大雨，震電，庚辰，大雨雪。孔子以八日之閒，再有大變，謹而書之。今一夕之閒，二異交至，陰盛也。今臣下無姦萌，戚屬無乖剌，剌音辣，戾也。而又無女謁之私，女謁，婦人請託也。意者殆爲夷狄乎？願陛下飭大臣，當謹於備邊也。」

汪澈天變疏

綱　二月，分經義、詩賦爲兩科以取士。

目　禮部侍郎金安節言：「熙寧、元豐以來，熙寧、元豐，俱神宗年號。經義、詩賦，廢興離合，隨時更革。近合科以來，通經者苦賦體雕刻，習賦者病經旨淵微，心有弗精，業難兼濟，後進往往得志，而老生宿儒多困也。請復立兩科，永爲成憲。」從之。

經義詩賦兩科取士

綱　三月，以楊椿參知政事。

綱　以陳康伯、朱倬爲尙書左、右僕射，並同平章事。

陳康伯朱倬相

綱　以吳拱知襄陽府。（治襄陽縣，即今湖北襄樊市。）

立馬吳山第一峯

目　先是陳康伯以金人必敗盟，請早爲之備。及聞金人決欲敗盟，乃召楊存中及三衙帥至都堂議舉兵，又詔侍從臺諫集議。康伯傳上旨曰：「今日更不論和與守，直問戰當如何？」時上意雅欲視師，內侍省都知張去爲陰沮用兵，且陳退避策，中外妄傳幸閩、蜀，閩，福建。蜀，四川。人情洶洶。朱倬無一語。康伯奏曰：「金敵敗盟，天人共憤。今日之事，有進無退。聖意堅決，則將士之意自倍。願分三衙禁旅助襄、漢，（襄、漢，謂襄水及漢水，即襄陽。）待其先發應之。」乃以利州西路都統制吳拱知襄陽，部兵三千戍之。拱，玠之子也。

綱　夏五月，金主亮使人來求漢、淮之地，（謂漢水及淮水流域地。）始聞靖康帝之喪。

目　金主亮嘗密隱畫工於奉使中，俾寫臨安湖山以歸，爲屏，而圖己之像，策馬於吳山絕頂，（吳山一名城隍山，在今浙江杭州市內西湖左側。）題詩其上，有「立馬吳山第一峯」之句。至是，遣其簽書樞密院事高景山、右司員外郎王全來賀天中節。端午爲天中節。亮謂全曰：「汝見宋主，即面數其焚南京宮室，（南京即應天府，在今河南商丘市南。）沿邊買馬，招致叛亡之罪。當令大臣來此，朕將親詰之。且索漢、淮之地；如不從，則厲聲詆責之，彼必不敢害汝。」蓋欲激怒以爲南侵之名也。又謂景山曰：「回日以全所言奏聞。」全至臨安，一如金主之言以詆帝，帝謂全曰：「聞公北方名家，何乃如是？」全復曰：「趙桓今已死矣。」欽宗名桓。帝始聞淵聖崩，遽起發哀而罷，詔持斬衰三年。

綱　以吳璘爲四川宣撫使。

綱 六月，以劉錡爲江淮、浙西制置使，屯揚州。時宿將無在者，乃以錡爲江淮、浙西制置使，節制逐路軍馬。（揚州治江都縣，即今江蘇揚州市。）

金遷都于汴

綱 金主亮遷都於汴。

綱 秋七月，金大括馬于諸路。

金殺宋遼宗室

綱 金主大殺宋、遼宗室之在其國者。凡百三十餘人。

魏勝起兵復海州

綱 八月，宿遷人魏勝起兵復海州，（宿遷，即今江蘇宿遷縣。海州治東海縣，即今江蘇東海縣東北。）詔以勝知州事。

目 勝多智勇，應募爲弓箭手，居山陽，（即今江蘇淮安縣。）及金人籍諸路民爲兵，勝躍曰：「此其時也！」聚義士三百，北渡淮，取漣水軍，（即今江蘇漣水縣。）宣布朝廷德意，不殺一人。金知海州事高文富遣兵捕勝，勝迎擊走之；追至城下，文富閉門固守。勝令城外多張旗幟，舉煙火爲疑兵，又使人向諸城門諭以金人棄信背盟，無名興兵，及本朝寬大之意，城中人聞即開門，獨文富與其子安仁率牙兵拒之。勝殺安仁，擒文富，民皆安堵如故。安如堵牆不動也。

金軍百萬入寇

綱 金主亮弑其太后徒單氏，九月，遂大舉入寇。

目 徒單后聞亮欲南侵，數以言諫之。亮不悅，尋弑之。遂分諸道兵爲三十二軍。九月，亮戎服乘馬，具裝啓行，妃嬪皆從，衆六十萬，號百萬，氈帳相望，鉦鼓之聲不絕。李通造浮梁於淮水之上，將自清河口入淮東。（清河口即清口，在今江蘇淮陰市西南。）遠近大震。

【綱】以黃祖舜同知樞密院事。

吳璘復秦隴洮三州

【綱】金人犯黃牛堡，吳璘等敗之，遂復秦、隴、洮三州。（秦州治成紀縣，即今甘肅天水市。隴州治汧源縣，即今陝西隴縣。洮州治臨潭縣，即今甘肅臨潭縣。）

【綱】劉錡遣兵復泗州。（治臨淮縣，在今安徽泗縣東南。）

王友直復大名

【綱】高平人王友直起兵復大名，（高平縣，在今山東鄒縣西南。大名府，即今河北大名縣。）遣使入朝。

【目】友直幼從父佐遊，志復中原，聞金主亮渝盟，乃結豪傑謂之曰：「權所以濟事，權歸於正，何害於理？」即矯制自稱河北等路安撫制置使，以其徒王任爲副使，徧諭州縣勤王。未幾，得衆數萬，制爲十三軍，置統制官以統之。進攻大名，一鼓而克。撫定衆庶，諭以紹興年號，遣人入朝奏事。未幾，自壽春來歸，（壽春，即今安徽壽縣。）詔以爲忠義都統制。

【綱】冬十月，金人圍海州；魏勝、李寶合擊，大敗之。

【綱】金人渡淮，劉錡進軍楚州以拒之。（楚州治淮安縣，即今江蘇淮安縣。）

金世宗立

【綱】金人立曹國公烏祿爲帝于遼陽，更名雍。

【目】金東京留守烏祿，許王訛里朵之子，太祖之孫也。性仁孝，沉靜明達，衆心歸之。會故吏六斤自汴還，具言金主弒母等事，且曰：「將遣使害宗室兄弟矣。」烏祿懼，謀於其舅興元少尹李石，石勸烏祿先殺副留守高存福。烏祿遂御宣政殿即位，改元大定，下詔暴揚

帝親征

陳康伯焚詔後奏

亮罪惡數十事。暴音僕。

【綱】劉錡將王權軍潰於昭關，(卽昭關山，在今安徽含山縣北，一名小峴山，爲入廬要道。)錡引還揚州。金主亮入廬州。權自昭關退保和州。(廬州治合肥縣，在今安徽合肥市北。)

【綱】帝親征，詔葉義問督視江淮軍馬，虞允文參謀軍事。

【目】帝聞王權敗，召楊存中至內殿議禦敵之策，因命存中就陳康伯議欲航海避敵。康伯延之入，解衣置酒。帝聞之，已自寬。明日，康伯入奏曰：「聞有勸陛下幸越趨閩者，審爾，大事去矣。盍靜以待之。」一日，帝忽降手詔曰：「如敵未退，散百官。」康伯焚詔而後奏曰：「百官散，主勢孤矣。」帝意旣堅，康伯乃請下詔親征，帝從之。以葉義問督視江淮軍馬，中書舍人虞允文參贊軍事，尋以楊存中爲御營宿衞使。

【綱】王權退屯采石，(采石磯，在今安徽當塗縣西北，馬鞍山市西。)金主亮入和州。(治歷陽縣，卽今安徽和縣。)

【綱】李寶大破金人于陳家島，(在今山東膠縣東南海中。)殺其將完顏鄭家。

【綱】金人陷揚州，劉錡遣兵拒於皁角林，(在今江蘇揚州市南。)大敗之。

【綱】十一月，召張浚判建康府。

【目】殿中侍御史陳俊卿上疏，極言浚忠藎。帝悟，乃詔復官，判建康。(治江寧縣，在今江蘇南京市境。)浚至岳陽，(卽今湖南岳陽縣。)買舟，冒風雪而行。時金兵充斥，浚遇東來者，云：「敵兵

張浚赴君父之急

方盛，焚采石。煙燄漲天，愼毋輕進！」浚曰：「吾赴君父之急，知直前求乘輿所在而已！」遂乘小舟徑進，時長江無一舟敢行北岸者。

綱　編管王權於瓊州，（治瓊山縣，在今廣東瓊山縣南。）以李顯忠代將其軍。

綱　金人侵瓜洲，（即今江蘇揚州市南瓜洲鎮。）葉義問使中軍統制劉汜禦之，敗績，義問走建康。

虞允文采石之捷

綱　虞允文大敗金軍於采石。金主亮趨揚州。

目　亮築臺江上，自披金甲登臺，殺黑馬以祭天，以一羊、一豕投於江中，誓明日渡江，晨炊玉麟堂，先濟者與黃金一兩。亮置黃旗、紅旗於岸上，以號令進止。

虞允文將略

時葉義問命虞允文往蕪湖趣李顯忠交王權軍，（蕪湖，即今安徽蕪湖市。）且犒師。允文至采石，權已去，顯忠未來，敵騎充斥，官軍三五星散，解鞍束甲坐道傍，皆權敗兵也。允文謂坐待顯忠則誤國事，遂立召諸將，勉以忠義，曰：「金帛、告命皆在此，告命，告身敕命。以待有功。」衆曰：「今既有主，請死戰。」或謂允文曰：「公受命犒師，不受命督戰，他人壞之，公受其咎邪！」允文叱之曰：「危及社稷，吾將安避？」乃命諸將列大陣不動，分戈船爲五，其二並東、西岸；並音傍，依也。其一駐中流，藏精兵待戰；其二藏小港，備不測。部分甫畢，敵已大呼，亮操小紅旗麾數百艘絕江而來，艘，船之總名。直渡曰絕。瞬息之閒，抵南岸者七十艘，直薄官軍。薄，逼也。軍小却，允文入陣中，撫統制時俊之背曰：「汝膽略聞四方；立陣後，則兒女子

時俊揮雙刀出

置三路招討使

大功出一儒生

金軍殺其主亮

爾！」俊即揮雙刀出，士殊死戰；中流官軍以海鰌船衝敵舟，（鰌音秋。）皆平沉，敵半死半戰，日暮未退。會有潰卒自光州至，（光州治定城縣，即今河南潢川縣。）允文授以旗鼓，從山後轉出，敵疑援兵至，始遁。允文又命勁弩尾擊追射，大敗之。

金兵還和州，會報曹國公已即位於東京，改元大定。亮拊髀歎曰：（髀，股骨也。）「朕本欲平江南，改元『大定』，此非天乎！」遂召諸將帥謀北還，率其軍趨揚州。

綱　劉錡罷，以成閔、李顯忠、吳拱爲兩淮、京湖三路招討使。（成閔爲淮東招討使，李顯忠爲淮西招討使，吳拱爲京湖招討使。）

目　顯忠至采石，虞允文語之曰：「敵入揚州，必與瓜州兵合。京口無備，（京口，在今江蘇鎮江市東南。）我當往，公能分兵相助乎？」顯忠分萬六千與之，允文遂還京口。時敵屯重兵滁河，（在今江蘇六合縣南。）造三牐儲水，（牐，以版蔽水也。）深數尺，塞瓜洲口。楊存中、成閔、邵宏淵諸軍皆集京口，凡二十萬。允文命張深守滁河口，扼大江之衝，以苗定駐下蜀爲援。（下蜀，在今江蘇鎮江市西。）且謁劉錡問疾，錡執允文手曰：「疾何必問！朝廷養兵三十年，一技不施，而大功乃出一儒生，我輩愧死矣！」以疾篤召還，提舉萬壽觀。詔以閔等爲招討使，閔淮東，顯忠淮西，拱湖北、京西。

綱　金主亮爲其下所殺。

目　亮至瓜洲，居於金山寺。（在今江蘇鎮江市北江中金山上。）虞允文與楊存中臨江按試，命戰士踏車船，中流上下三周金山，回轉如飛。敵持滿以待，相顧駭愕。亮笑曰：「紙船耳。」有一將跪奏：「南軍有備，不可輕，願駐揚州，徐圖進取。」亮怒，杖之五十，召諸將約以三日濟江，否則盡殺之。軍士危懼，欲亡歸，乃決計於都統制耶律元宜，且曰：「前阻淮，渡皆成擒矣！比聞遼陽新天子卽位，不若共行大事，然後擧軍北還。」元宜然之。詰旦，明旦也。元宜等帥諸將以衆薄亮營，遂殺之。元宜自爲左領軍副大都督，使人殺太子光英於汴，退軍三十里，遣人持檄詣鎭江軍議和。未幾，金軍皆北還。

收復兩淮

綱　十二月，成閔、李顯忠收復兩淮州郡。

綱　帝如建康。

張浚風采隱然

目　張浚至建康，卽具行宮儀物，請車駕臨幸，帝從之。帝至建康，張浚迎拜道左，衞士見浚，莫不以手加額。浚起復用，風采隱然，軍民皆倚爲重。

綱　金主雍入燕。

綱　壬午，三十二年，（一一六二）金大定二年。春正月朔，日食。

綱　山東人耿京起兵復東平，（鄆州治，卽今山東東平縣。）遣其將辛棄疾來朝。

辛棄疾勸耿京來歸

目　金主亮死，中原豪傑並起，山東忠義耿京據東平，自稱天平節度使，以齊州歷城人辛棄疾掌書記。（歷城，卽今山東濟南市。）棄疾勸京來歸，京遣棄疾奉表詣行在。天子乘輿所至曰行在。帝大喜，厚賚之，以京知東平府。

虞允文比裴度
虞允文請恢復中原
劉錡卒
劉錡有儒將風
洪邁使金

綱 金主雍遣使來聘。金主雍下令散南征之衆，以高忠建爲報諭宋國使，且告即位。

綱 二月，以虞允文爲川、陝宣諭使。

目 允文還朝，帝慰藉嘉歎，謂陳俊卿曰：「允文，朕之裴度。」及是陛辭，言：「金亮既誅，新主初立，彼國方亂，天相我恢復也。和則海內氣沮，戰則海內氣伸。」帝以爲然。允文至蜀，遂與吳璘經略中原。

綱 帝還臨安。

綱 閏月，吳璘復大散關，（在今陝西寶雞市西南。）分兵守和尚原。（在今陝西寶雞市西南。）金人走寶雞。

綱 楊椿罷。

綱 太尉、威武節度使劉錡卒。（威武節度使治福安府，即今福建福州市。）

目 錡以劉汜敗，發怒嘔血數升，至是卒。贈開府儀同三司，謚武穆。錡慷慨深毅，有儒將風。金主亮之南下也，令有敢言錡姓名者斬，枚舉南朝諸將，問其下孰敢當者，皆隨名姓以對，其答如響，至錡，莫有應者。亮曰：「吾自當之！」惜錡以疾不能成功，齎恨而沒。

綱 耿京將張安國殺京以降金。辛棄疾還，執安國送臨安，斬之。詔授棄疾江淮判官。棄疾獻議恢復，持論勁直，不爲迎合，衆壯之。

綱 遣起居舍人洪邁使金。

書用敵國禮

目　金高忠建至臨安，議遣使報聘，且賀卽位。工部侍郎張闡，請「嚴遣使之命，正敵國之禮，彼或不從，則有戰耳。如是，則中國之威可以復振。」帝然之，遂遣洪邁充賀登極使。邁行，書用敵國禮。帝手札賜邁曰：「祖宗陵寢隔闊三十年，不得以時灑掃祭祀，心實痛之！若彼能以河南地見歸，必欲居尊如故，正復屈己，亦何所惜！」邁奏言：「山東之兵未解，則兩國之好不成。」至燕，金閤門見國書不如式，抑令於表中改「陪臣」二字；朝見之儀，必欲用舊禮。邁執不可，金鎖使館，三日水漿不通。及見金人，語不遜，欲留邁，張浩不可，張浩，金尚書令。乃遣還。邁，皓季子也。

綱　夏四月，以汪澈參知政事。

綱　金人復攻海州，鎭江都統張子蓋及魏勝大敗之。（鎭江，卽今江蘇鎭江市。）

綱　金追廢亮爲海陵煬王。

綱　五月，立建王瑋爲皇太子，更名眘。眘音愼。

目　初，金亮南侵，兩淮失守，朝臣多勸帝退避。建王瑋不勝其憤，及帝下詔親征，瑋請率師爲前驅。直講史浩聞之，入言於瑋曰：「皇子不宜將兵。」因爲草奏請扈蹕以供子職。扈音戶，侍從也。天子入則言蹕，止行人也。帝亦欲瑋徧識諸將，遂命從幸金陵。卽建康也。及還臨安，帝欲遜位，陳康伯密贊大議，乞先正名，俾天下咸知聖意，遂草立太子詔以進，帝從之。瑋既立，更名眘。

傳位太子

朱熹上封事

帝王之學

脩攘之計

綱 罷三招討司。以李顯忠主管侍衞軍馬司，成閔主管殿前衞司，吳拱主管侍衞步軍司。

綱 六月，追封子偁爲秀王。謚安僖，母張氏爲王夫人。（子偁，太祖後，卽皇太子生父。）

綱 朱倬罷。

綱 帝傳位于太子，自稱太上皇帝，皇后稱太上皇后。太子卽位，大赦。上皇退居德壽宮，謂羣臣曰：「付託得人，吾無憾矣。」

綱 帝朝太上皇於德壽宮。帝五日一朝太上皇，不許，自是月四朝。

綱 以龍大淵爲樞密副都承旨，曾覿幹辦皇城司。二人，帝潛邸內知客也，尋以大淵知閤門事，覿同知閤門事。

綱 詔中外臣庶陳時政闕失。

目 監南嶽廟朱熹上封事，封事，密奏也。（南嶽廟，在今湖南衡山縣西南衡山下。）首言：「帝王之學，必先格物致知，以極夫事物之變，使義理所存，纖悉必照，則自然意誠心正，而可以應天下之務。」次言：「脩攘之計不時定者，講和之説疑之也。今虜於我，有不共戴天之讎，曲禮：「父之讎，弗與共戴天。」則不可和也明矣！願斷以義理之公，參以利害之實，閉關絶約，任賢使能，立紀綱，厲風俗，使吾脩政攘夷之外，了然無一毫可恃爲遷延中已之資，而不敢懷頃刻自安之意，更相激厲，以圖事功。數年之外，國富兵强，視吾力之强弱，觀彼釁之淺深，徐起而圖之，中原故地不爲吾有而將焉往？」次言：「四海利病，係斯民之休戚；斯民之休戚，係

本原之地　手書召張浚　史浩沮張浚　官岳飛孫

守令之賢否。監司者，守令之綱；朝廷者，監司之本。欲斯民之得所，本原之地，亦在朝廷而已。」

綱 秋七月，召張浚入朝，以爲江淮宣撫使，封魏國公。

綱 帝手書召浚入見，浚至，帝改容曰：「久聞公名，今朝廷所恃惟公。」因賜之坐，浚從容言：「人主之學，以心爲本，一心合天，何事不濟？所謂天者，天下之公理而已，必兢業自持，使清明在躬，則賞罰舉措無有不當，人心自歸，敵讎自服。」帝竦然曰：「當不忘公言。」加浚少傅、魏國公，宣撫江淮。

浚見帝英武，力陳和議之非，勸帝堅意以圖恢復。欲遣舟師自海道擣山東，命諸將出師掎角以向中原。翰林學士史浩，以潛邸舊臣，（潛邸，建王時邸也。）時預樞密議，欲城采石、瓜洲。浚言：「不守兩淮而守江，於是示敵以削弱，怠戰守之氣，不若先城泗州。」浩不悅，遂與有隙。凡浚所規畫，浩必沮之，竟無成功。

綱 追復岳飛官，以禮改葬。

目 官其孫六人。

綱 八月，以史浩參知政事。九月，罷川陝宣諭使虞允文。

綱 浩上言：「官軍西討，東不可過寶雞，北不可過德順。（在今甘肅靜寧縣東。）若兵宿於外，（宿，舍也。）去川口遠，（川口，蜀口。）則敵必襲之。」朝廷遂欲棄三路。（謂所收復之秦鳳、熙河、永興三

虞允文諫棄三路　有八可戰　宰相復兼樞密使　置武舉十科

路。）允文上言：「恢復莫先於陝西，陝西五路新復州郡，又係於德、順之存亡，一旦棄之，則窺蜀之路愈多，利害至重，不可不慮。」於是允文罷知夔州，（治奉節縣，即今四川奉節縣。）以王之望代之。明年，允文入對，言今日有八可戰，且以笏畫地，陳棄地利害，帝曰：「此史浩誤朕也。」改允文知太平。（太平州治當塗縣，即今安徽當塗縣。）

綱　冬十月，葉義問罷，以張燾同知樞密院事。

綱　十一月，金以僕散忠義爲都元帥，紇石烈志寧副之。

目　金主以宋不稱臣，乃詔忠義總戎事，居南京節制諸軍，復令志寧駐軍淮陽。（即淮寧府，治宛丘縣，在今河南淮陽縣東南。）忠義將行，金主諭之曰：「宋若歸侵疆，貢禮如故，則可罷兵。」忠義至汴，簡閱士卒，分屯要害。

綱　十二月，詔宰相復兼樞密使。

綱　詔吳璘班師。時議棄三路，遂詔璘班師。

孝宗皇帝 名昚，太祖六世孫，德芳之後，秀王稱之子也。母張氏，生昚於秀州，有嘉禾之瑞。高宗無嗣，育爲皇太子，受禪。在位二十七年，復內禪，壽六十八歲而崩。帝性至孝，事上皇二十六年，孝養備至，升遐之日，哀慕尤切。有恢復之志，值金主賢明，無釁可乘，南北講好，俱得休息矣。

綱　癸未，孝宗皇帝隆興元年，（一一六三）金大定三年。春正月，置武舉十科。

綱　吳璘還河池，（治梁泉縣，在今陝西鳳縣東北。）金人遂陷新復十三州、軍。（秦、隴、環、原、熙、

史浩相

張浚開府建康

倚魏公如長城

河、蘭、會、洮、商、虢、陝、華十三州，積石、鎮戎、德順三軍。）

目　璘得詔，僚屬交諫曰：「將在軍，君命有所不受，此舉所係甚重，奈何退師？」璘知朝論主和，乃曰：「璘豈不知此！顧主上初政，璘握重兵在遠，有詔，璘何敢違？」遂退師還河池。金人乘其後，璘軍亡失者三萬三千，部將數十人，連營痛哭，聲振原野。於是秦鳳、熙河、永興三路新復十三州三軍，（秦鳳治秦州，即今甘肅天水市。熙河治熙州，即今甘肅臨洮縣。永興治長安城，在今陝西西安市境。）皆復爲金取。

綱　以史浩爲尚書右僕射、同平章事，兼樞密使。

綱　以張浚爲樞密使，都督江、淮軍馬，開府建康。

目　浚薦陳俊卿爲宣撫判官。先是帝召俊卿及浚子栻赴行在，（栻字敬夫，號南軒。）浚附奏，請帝臨幸建康以動中原之心，用師淮壖，（壖，岸邊地。）以爲吳璘聲援。帝見俊卿，問浚動靜飲食顏貌，曰：「朕倚魏公如長城，不容浮言搖奪。」浚開府江、淮，參佐皆一時之選，栻以少年內贊密謀，外參庶務，其所綜畫，幕府諸人皆自以爲不及。及入奏事，因進言曰：「陛下上念祖宗之讎恥，下閔中原之塗炭，惕然於中，思有以振之。臣謂此心之發，即天理之所存也。願益加省察，而稽古親賢以自輔，無使少息，則今日之功可以立成。」帝大異之。

綱　二月，黃祖舜罷。

綱　三月，以張燾參知政事，辛次膺同知樞密院事。

辛次膺直言稱首

目　初，次膺爲右正言，力諫和議，爲秦檜所怒，流落者二十年。帝卽位，召爲中丞，次膺每以名實爲言，多所裨益，帝呼其官而不名。若成閔之貪饕，饕音滔。饕，貪財也。湯思退之朋比，葉義問之姦罔，皆被論罷。每章疏一出，天下韙之。韙音委，是也。渡江已後，直言之臣，稱次膺爲首。

綱　金人以書來求海、泗、唐、鄧、商州之地及歲幣。且遣蒲察徒穆、大周仁屯虹縣，蕭琦屯靈壁，積糧脩城，將爲南攻計。（唐州治比陽縣，卽今河南泌陽縣。鄧州治穰縣，在今河南鄧縣東南。商州治上洛縣，卽今陜西商縣。）

綱　張燾罷。

綱　夏四月，張浚使李顯忠、邵宏淵分道伐金。

目　帝銳意恢復。張浚入見，乞卽日降詔幸建康。帝以問史浩，浩對曰：「先爲備守，是爲良規。議戰議和，在彼不在此。儻聽淺謀之士，時興不教之師，寇退則論賞以邀功，寇至則斂兵而遁迹，取快一時，含冤萬世。」及退，詰浚曰：「帝王之兵，當出萬全，豈可嘗試以圖僥倖！」復辨論於殿上，浚因內引，奏浩意不可回，恐失機會，且謂「金人秋必爲邊患，當乘其未發攻之。」帝然其言，乃議出師渡淮。三省、樞密院不預聞。會顯忠、宏淵亦獻擣虹縣、靈壁之策，（虹縣，卽今安徽泗縣。靈壁縣，卽今安徽靈壁縣。）帝命先圖二城。浚乃遣顯忠出濠州趨靈壁，（濠州治鍾離縣，卽今安徽鳳陽縣。）宏淵出泗州趨虹縣。

李邵不協

招撫眞關西將軍

綱　五月，史浩免。

目　省中忽見邵宏淵出兵狀，始知不由三省。浩因奏言：「張浚銳意用兵，若一失之後，恐陛下不得復望中原。」因力丐免。丐音蓋，乞也。侍御史王十朋論浩懷姦誤國等八罪，逐罷浩知紹興府。

綱　李顯忠復靈壁，邵宏淵復虹縣，金將士多降。

目　顯忠自濠梁渡淮至陡溝，（濠梁在今安徽鳳陽縣東北濠水上。陡溝即今河南正陽縣南陡溝鎮，在淮水北岸。）金右翟都統蕭琦用拐子馬來拒。顯忠與之力戰，遂復靈壁。顯忠入城，宣布德意，不戮一人，於是中原歸附者接踵。宏淵圍虹久不下，顯忠遣靈壁降卒開諭禍福，金守將蒲察徒穆、大周仁皆出降。宏淵恥功不自己出，會有降千戶訴宏淵之卒奪其佩刀，顯忠立斬之，由是二將不協。未幾，蕭琦復降於顯忠。

綱　張浚渡江，李顯忠大敗金人，復宿州。

目　顯忠兵傅宿州城，金人來拒，顯忠大敗其衆，追奔二十餘里。宏淵至，謂顯忠曰：「招撫眞關西將軍也。」顯忠初爲淮西招撫使，指顯忠孰知西邊山川險易。顯忠閉營休士，爲攻城計，宏淵等不從，顯忠引麾下楊椿上城開北門，不踰時拔其城，宏淵等殿後趣之，遂復宿州，中原震動。捷聞，帝手書勞張浚曰：「近日邊報，中外鼓舞，十年來無此克捷。」既而宏淵欲發倉庫犒卒，顯忠不可，移軍出城，止以見錢犒士，見同現。士皆不悅。詔以顯忠爲淮南、京東、河

李邵符離之潰

北招討使，宏淵副之。

綱　帝率羣臣詣德壽宮上壽。天中節也，歲以爲常。

綱　以辛次膺參知政事，洪遵同知樞密院事。

綱　李顯忠、邵宏淵之師潰於符離。（符離縣，宿州治，即今安徽宿縣。）

目　紇石烈志寧自睢陽引兵攻宿州，（睢陽，即今河南商丘市。）李顯忠擊却之。金孛撒復自汴率步騎十萬來攻宿州，顯忠謂宏淵併力夾擊，宏淵按兵不動，顯忠獨以所部力戰，俄而敵大至，顯忠用克敵弓射却之。宏淵顧衆曰：「當此盛夏，搖扇於清涼且猶不堪，況烈日被甲苦戰乎！」人心遂搖，無復鬭志。諸將以顯忠、宏淵不協，各遁去。宏淵又言：「金添生兵二十萬來，儻我兵不返，恐不測生變。」顯忠知宏淵無固志，勢不可孤立，歎曰：「天未欲平中原邪？何沮撓如此！」遂夜引還，至符離，師大潰。是舉所喪軍資器械殆盡，幸而金不復南。時張浚在盱眙，（即今江蘇盱眙縣。）顯忠往見浚，納印待罪。浚以劉寶爲鎭江諸軍都統制，乃渡淮入泗州撫將士，遂還揚州，上疏自劾。

綱　六月，汪澈罷，以周葵參知政事。

綱　貶張浚爲江淮宣撫使，安置李顯忠於筠州。（治高安縣，即今江西高安縣。）

目　初，宿師之還，士大夫主和者皆議浚之非。帝賜浚書曰：「今日邊事，倚卿爲重，卿不可畏人言而懷猶豫。前日舉事之初，朕與卿任之，今日亦須與卿終之。」浚乃大飭守備。帝復召浚子入奏事，浚子栻。浚附奏曰：「自古有爲之君，心腹之臣相與協謀同志，以成治功。今臣以孤蹤，動輒掣肘，喻爲人所牽制也。掣，引也。劉向說苑，魯使宓子賤爲單父令，子賤借善書者，一人從旁引其肘，書醜則怒之；欲好書，又引之。書者辭歸，以告魯君，君曰：「子賤苦吾擾之，不得施善政。」命毋徵發，單父化盛行。陛下將安用之？」因乞骸骨。帝覽奏，謂栻曰：「朕待魏公有加，雖乞去之章日上，朕決不許。」帝對近臣言，必曰「魏公」，未嘗斥其名。至是帝以符離師潰，乃議講和，召湯思退爲醴泉觀使，奉朝請，而下詔罪己。於是尹穡附思退劾浚，遂降授浚特進、樞密使，充宣撫，治揚州。顯忠責授果州團練副使，(果州治南充縣，即今四川南充市。)筠州安置，而邵宏淵仍前建康都統制。後朝廷知其故，復顯忠太尉、奉祠。

掣肘

綱　辛次膺罷。

綱　次膺以疾祈免，且奏曰：「王十朋雖上親擢，天下皆知臣薦其賢。湯思退召將至，亦知臣嘗疏其姦。」遂罷，奉祠。陛辭，帝甚惜其去，次膺奏曰：「臣與思退理難同列。」帝曰：「有謂思退可用者。」次膺曰：「今日之事，恐非思退能辦。思退固不足道，竊恐有誤國家爾。」

綱　秋七月，以湯思退爲尚書右僕射、同平章事，兼樞密使。

湯思退相

綱　八月，復以張浚都督江、淮軍馬。陳俊卿奏使浚自劾故也，浚遂以劉寶爲淮東招撫使。

綱　金人復以書來求地及歲幣，詔淮西安撫幹辦官盧仲賢報之。

金求地及歲幣

張浚諫和金

張闡諫和金

目　紇石烈志寧以書貽三省、密院云：「故疆、歲幣如舊及稱臣、還中原歸正人，卽止兵；不然，當俟農隙往戰。」帝以付張浚，浚言：「金強則來，弱則止，不在和與不和。」湯思退，秦檜黨也，急於求和。陳康伯、周葵、洪遵等皆上疏謂：「敵意欲和，則我軍民得以休息，爲自治之計，以待中原之變而圖之，是萬全之計也。」工部侍郎張闡獨曰：「彼欲和，畏我邪？愛我邪？直款我耳！」款，緩也。力陳六害不可許。帝意亦然，姑隨宜應之。乃遣盧仲賢持報書如金師云：「海、泗、唐、鄧等州，乃正隆渝盟之後，正隆，金主亮年號。本朝未遣使之前得之。至於歲幣，固非所較，第兩淮凋瘵之餘，凋，殘也。瘵音債，病也。恐未如數。」仲賢陛辭，帝敕以勿許四郡，而思退等命許之。張浚奏「仲賢小人多妄，不可委信」，不聽。既而命廷臣議金師所言四事，其說不一。帝曰：「四州、歲幣可與，名分、歸正人不可從也。」

綱　冬十月，立賢妃夏氏爲皇后。

綱　十一月，盧仲賢還，有罪除名。遣審議官胡昉如金軍。

目　仲賢至宿州，僕散忠義懼之以威，仲賢皇恐，言歸當稟命，遂以忠義遺三省、密院書來，上其畫定四事：一欲通書稱叔姪，二欲得唐、鄧、海、泗四州，三欲歲幣銀絹之數如舊，四欲歸彼叛臣及歸正人。仲賢還，帝大悔。張浚遣子栻入奏仲賢辱國無狀，帝怒，遂下大理，問其擅許四州之罪，奪三官，尋除名竄郴州。（治郴縣，即今湖南郴縣。）湯思退奏以王之望充金國通問使，龍大淵副之，許割棄四州，求減歲幣之半。初，之望

陳良翰諫遣王之望

張浚疏辨遣王之望

爲都督府參贊軍事，不欲戰，請入朝，因奏「移攻戰之力以自守。自守既固，然後隨機制變，擇利而應之。」思退悅其言，故奏遣之。會右正言陳良翰言：「前遣使已辱命，大臣不悔前失，而復遣王之望，是金不折一兵而坐收四千里要害之地，決不可許四郡也。若歲幣，則俟得陵寢然後與，庶爲有名。今議未決而之望遽行，恐其辱國不止於仲賢。願先馳一介往，俟議決然後行，未晚也。」遂以胡昉爲金國通問所審議官。張浚亦力言金未可與和，請帝幸建康以圖進兵。帝乃手詔王之望等併一行禮物並回，待命境上，而令胡昉先往，諭金以四州不可割之意，如必欲得四州，當追使人罷和議矣。

綱　詔廷臣集議和金得失，召張浚還。

目　陳康伯等以和金未決，乞召張浚歸國特垂咨訪，仍命侍從臺諫集議，帝從之。羣臣多欲從金人所請，張浚及湖北、京西宣諭使虞允文、起居郎胡銓、監察御史閻安中上疏力爭，以爲不可與和。湯思退怒曰：「此皆以利害不切於己，大言誤國，以邀美名，宗社大事，豈同戲劇！」劇音極。劇亦戲也。帝意遂定。浚在道聞王之望行，上疏力辨其失曰：「自秦檜主和，陰懷他志，卒成逆亮之禍。金主完顏亮。檜之大罪未正於朝，致使其黨復出爲惡。臣聞立大事者以人心爲本，今內外之議未決，而遣使之詔已下，失中原將士四海傾慕之心，他日誰復爲陛下用命哉！人心既失，如水之覆，難以復收，而況於天則不順，於義則不安，竊爲陛下憂之！」不聽。

綱 以朱熹爲武學博士，既而罷之。

目 熹應詔入對，言「君父之讎不與共戴天。今日所當爲者，非戰無以復讎，非守無以制勝。」時相湯思退方倡和議，不悅，除武學博士，後與洪适論不合而歸。

湯思退張浚並相

綱 十二月，陳康伯罷，以湯思退、張浚爲尚書左、右僕射，並同平章事，兼樞密使。浚仍都督江、淮軍馬。

綱鑑易知錄卷八三

南宋紀

孝宗皇帝

綱　甲申，二年，（一一六四）金大定四年。春正月，金人執胡昉，尋遣還。

目　昉至金，金人以失信執之。帝聞昉被執，謂浚曰：「和議不成，天也。自此事當歸一矣。」詔王之望以幣還。既而僕散忠義以書進金主，金主覽之，曰：「行人何罪？」即遣還。邊事令元帥府從宜措畫。」

張浚視師金軍退

綱　三月，張浚視師江、淮，金軍退。

目　湯思退陰謀去浚，令王之望等驛奏：「兵少糧乏，樓櫓器械未備。」櫓，城上望樓也。又言「委四萬衆以守泗州，（治臨淮縣，在今安徽泗縣東南。）非計。」帝惑之。會戶部侍郎錢端禮言：「兵者凶器，願以符離之潰爲戒，（符離之潰見卷八十二隆興元年。）早決國是，爲社稷至計。」乃詔浚行視江、淮。行視，巡視也。時浚所招徠山東、淮北忠義之士以實建康、鎮江兩軍，（建康，在今江蘇南京市境。鎮江，即今江蘇鎮江市。）凡萬二千人，萬弩營所招淮南壯士及江西羣盜，又萬餘人，陳敏統之以守泗州。凡要害之地，皆築城堡。增置江、淮戰艦，諸軍弓矢器械悉備。金人方屯

撤兩淮邊備

張浚卒

重兵爲虛聲脅和，有「尅日決戰」之語，及聞浚復視師，亟撤兵歸。於是淮北之來歸者日不絕，山東豪傑悉願受節度。浚以蕭琦契丹望族，（遼本號契丹。）沉勇有謀，欲令盡領降衆，且以檄諭契丹，約爲應援；金人益懼。

綱 夏四月，罷張浚判福州。（治閩縣，即今福建福州市。）

目 湯思退諷右正言尹穡論浚跋扈，且費國不貲。（貲音咨，量也。）浚乃請解督府，凡八上疏乞致仕。帝察浚之忠，欲全其去，乃命以少師、保信節度使判福州。（保信節度使治福州城。）左司諫陳良翰、侍御史周操言「浚忠勤，人望所屬，不當使去國」，皆坐罷。

綱 秋七月，洪遵罷。

綱 撤兩淮邊備。（湯思退急欲和好之成也。）

綱 八月，少師、保信節度使、魏公張浚卒。

目 浚既去，朝廷遂決棄地求和之議。浚猶上疏言尹穡姦邪，必誤國事，且勸帝務學親賢。或勸浚勿以時事爲言，浚曰：「君臣之義，無所逃於天地閒。吾荷兩朝厚恩，久居重任，今雖去國，惟日望上心感悟，苟有所見，安忍弗言！上如欲復用浚，浚當即日就道，不敢以老疾爲辭；如若等言，是誠何心哉！」聞者聳然。行次餘干，（即今江西餘干縣。）得疾，手書付二子栻、杓曰：「吾嘗相國，不能恢復中原，雪祖宗之恥，即死，不當葬我先人墓左，葬我衡山足矣！」（衡山，在今湖南衡山縣西北。）數日而薨。贈太保。後帝思浚忠，加贈太師，謚忠獻。

魏杞使金

綱　以賀允中知樞密院事。

綱　遣宗正少卿魏杞使金。

目　湯思退奏遣杞如金議和，書稱：「姪大宋皇帝某，再拜奉於叔大金皇帝歲幣二十萬。」帝面諭杞曰：「今遣使，一正名，二退師，三減歲幣，四不發歸附人。」杞陛辭，奏曰：「臣將旨出疆，豈敢不勉！萬一無厭，願速加兵。」帝善之。兵部侍郎胡銓言：「虜不可和。臣恐再拜不已，必至稱臣；稱臣不已，必至請降；請降不已，必至納土；納土不已，必至輿櫬；（輿，共舉也。櫬，空棺也。輿棺從之，亦將受死也。）輿櫬不已，必至如晉帝青衣行酒而後爲快。（事見卷三十一晉愍帝建興元年。）今日舉朝之士，皆婦人也！」不聽。

綱　九月，以王之望參知政事。

綱　詔湯思退都督江、淮軍馬，思退辭不行。（乃以楊存中爲同都督。）

綱　冬十月，賀允中罷。

綱　詔輔臣晚對便殿。

目　詔曰：「朕每聽朝議政，頃刻之際，意有未盡。自今執政大臣，或有奏陳，宜於申未間入對便殿，庶可坐論，得盡所聞，期躋於治。」

魏勝淮陽之敗

綱　金兵復渡淮。十一月，魏勝拒戰于淮陽，（淮陽軍治下邳縣，在今江蘇邳縣北。）敗績，死之，楚州陷。（楚州治淮安縣，即山陽縣，今江蘇淮安縣。）

張觀等伏闕上書

陳康伯相

目 湯思退以帝悔悟，恐事不成，陰遣孫造諭敵以重兵脅和。金僕散忠義等遂議渡淮，與紇石烈志寧分兵自清河口以犯楚州，（清河口即清口，在今江蘇淮陰市西南，古泗水入淮之口。）都統制劉寶棄城遁。時勝奉詔專一措置清河口。金兵詐稱欲運糧往泗州，由清河口入淮，勝欲禦之，劉寶戒以方議和，不可。金兵軼境，軼音經，侵突也。勝帥諸兵拒於淮陽，自卯至申，勝負未決。金徒單克寧帥生兵至，勝與力戰，矢盡，依土阜爲陣，謂士卒曰：「我當死此，得脫者歸報天子。」乃令步卒居前，騎兵爲殿，至淮陰東十八里，（淮陰縣，在今江蘇淮陰市東南。）中矢墜馬死，楚州遂陷。

綱 以楊存中都督江、淮軍馬。

綱 湯思退以罪竄永州。（治零陵縣，即今湖南零陵縣。）

目 言者論其主和誤國之罪，遂落職，永州居住。太學生張觀等七十二人伏闕上書，論思退及王之望、尹穡姦邪誤國，鉤致敵人之罪，乞斬三人以謝天下，併竄其黨洪适等，而用陳康伯、胡銓、陳良翰、王十朋、虞允文等以濟大計。思退行至信州，（治上饒縣，在今江西上饒縣西北。）聞之，憂悸而死。悸音忌。

綱 復以陳康伯爲尚書左僕射、同平章事、兼樞密使，錢端禮簽書樞密院事，虞允文同簽書院事。

綱 周葵罷。十二月，以錢端禮參知政事，虞允文同知樞密院事，王剛中簽書院事。

魏杞正敵國禮而還

洪适相

綱　乙酉，乾道元年，（一一六五）金大定五年。春正月，召楊存中還。罷都督府，以存中爲寧遠、昭慶節度使。又罷兩淮及陝西、河東宣撫招討司。

綱　二月，陳康伯卒。

綱　三月，以虞允文參知政事，王剛中同知樞密院事。

綱　魏杞還自金，始正敵國禮。

目　金館伴張恭愈以國書稱「大宋」，脅杞去「大」字。杞拒之，具言：「天子神聖，才傑奮起，人人有敵愾意，愾，恨怒也。北朝用兵能保必勝乎？」金君臣環聽拱竦。金主許損歲幣，不發歸正人，命元帥府罷兵分戍。杞卒正敵國禮而還，帝慰藉甚厚。

綱　夏六月，王剛中卒，以洪适簽書樞密院事。

綱　秋八月，立鄧王愭爲皇太子，愭，帝長子。大赦。

綱　虞允文罷，以洪适參知政事，葉顒簽書樞密院事。

綱　錢端禮罷。太子愭夫人，端禮女也，不得已引嫌奉祠。

綱　九月，以汪澈知樞密院事。

綱　冬十二月，以洪适爲尚書右僕射、同平章事、兼樞密使，汪澈爲樞密使，葉顒參知政事。

綱　丙戌，二年，（一一六六）金大定六年。春三月，洪适罷。

楊存中卒

葉顒魏杞相

置制國用司

綱 以魏杞同知樞密院。夏四月，汪澈罷。

綱 五月，葉顒罷，以魏杞參知政事，林安宅同知樞密院事，蔣芾簽書院事。芾音費。

綱 秋八月，林安宅免。

綱 冬十一月，寧遠、昭慶節度使楊存中卒。

綱 十二月，以葉顒知樞密院事。

綱 以葉顒、魏杞爲尚書左、右僕射，並同平章事，兼樞密使。蔣芾參知政事，陳俊卿同知樞密院事。

目 先是帝猶鞠戲，蹋鞠之戲。又將遊獵白石。俊卿上疏力諫，至引漢桓、靈，唐敬、穆以爲戒。後數日入對，帝迎謂曰：「前日之奏，備見忠讜，朕決意用卿矣。」遂有是命。

綱 置制國用司，以宰相領之。

目 議者言：「近以宰相兼樞密使，蓋欲使知兵也，而不知財穀出入之源，可乎？且唐制宰相兼領三司使。」於是詔：「自今宰相可帶制國用使，參知政事帶同知。」

綱 丁亥，三年，（一一六七）金大定七年。春二月，出龍大淵爲浙東總管，（浙東路時治越州，即今浙江紹興市。）曾覿爲福建總管。中書舍人洪邁論之也。（福建路治福州城，即今福建福州市。）

綱 以虞允文知樞密院事。

綱 三月，秀王夫人張氏卒。帝成服於後苑。

吳璘卒

三駟之法

綱　夏五月，太傅、四川宣撫使、新安王吳璘卒。（新安即徽州，治歙縣，即今安徽歙縣。）

目　璘剛勇，喜大節，略苛細，代兄玠守蜀二十年，隱然爲方面之重，威聲亞於玠。卒贈太師，諡武順。

上皇嘗問勝敵之術於璘，璘對曰：「弱者出戰，强者繼之。」上皇曰：「此孫武子三駟之法，一敗而二勝也。」此孫武子，戰國時孫臏也。史記（孫子傳）：「孫子謂田忌曰：『今以君之下駟，與彼上駟；取君上駟，與彼中駟；取君中駟，與彼下駟。』既馳三輩畢，而田忌一不勝而再勝。」璘選諸將率以功，有薦才者，璘曰：「兵官非嘗試難知其才。以小善進之則僥倖者獲志，而邊人宿將之心怠矣。」尋以虞允文爲四川宣撫使。

綱　六月，皇后夏氏崩。諡曰安恭。

綱　秋七月，太子愭卒。諡曰莊文。

綱　冬十一月，合祀天地於圜丘，雷；葉顒、魏杞免。以郊祀而雷出非時也。

綱　以陳俊卿參知政事，劉珙同知樞密院事。

目　珙自湖南召還，初入見，首論：「獨斷雖英主之能事，然必合衆智而質之以至公，然後有以合乎天理人心之正，而事無不成。若棄僉謀，徇私見，而有獨御區宇之心，則適所以蔽四達之明，虞書（舜典）：「達四聰。」言廣四方之聽，以決天下之壅蔽也。而左右私昵之臣，昵，親近也。商書（說命中）：「官不及私昵。」將有乘之以干天下之公議者。」又論羨餘和糴之弊，帝皆嘉納之，授翰

蔣芾相

陳俊卿相

大閱茅灘

林學士。復上言：「世儒多病漢高帝不悅學，輕儒生。臣以爲漢高帝所不悅者，特腐儒俗學耳。使當時有以二帝三王之學告之，知其必敬信，功烈不止此。」因陳聖王之學所以明理正心，爲萬事之綱。帝稱善，遂拜樞副。珙因薦張栻、汪應辰、陳良翰學行於帝。

綱 戊子，四年，（一一六八）金大定八年。春二月，以蔣芾爲尙書右僕射、同平章事，兼樞密使。以王炎簽書樞密院事。

綱 秋八月，劉珙罷。

目 主管殿前司公事王琪，奉詔按視兩淮城壁，琪擅令揚州增築新城，（揚州治江都縣，即今江蘇揚州市。）揚民言不便；珙乞罷琪，忤帝意，遂罷珙。陳俊卿言珙正直有才，願留之，不聽。

綱 冬十月，起復蔣芾爲尙書左僕射，以陳俊卿爲右僕射並同平章事，兼樞密使。芾辭，許之。

綱 大閱於茅灘。

目 帝親御甲冑指授方略，命三司合教爲三陣。戈甲耀日，旌旗蔽天，六師驩呼，犒賚有加。

綱 十二月，召建寧布衣魏掞之，以爲太學錄。（建寧府治建安縣，即今福建建甌縣。）

目 掞之師胡憲，與朱熹遊。諸司薦其學行，召赴行在。入對，帝曰：「治道以何爲要？」掞之奏：「治道以分臣下邪正爲要。」詔除太學錄。時將釋奠孔子，（釋奠，見卷四十二唐高祖武德元年「釋奠于先聖、先師」注。）掞之請廢安石父子勿祀，而追爵程氏兄弟使從食，不聽。又言：「太學之教宜以德行爲先；今一以空言浮說取之，非是。」其他政事有係安危治亂之機者，無不抗疏盡言，至三四，皆不見省，遂罷爲台州教授。（台州治臨海縣，即今浙江臨海縣。）尋以病卒，聞者惜之。

措置兩淮屯田

綱　己丑，五年，（一一六九）金大定九年。春正月，措置兩淮屯田。

目　陳俊卿以兩淮備禦未設，民無固志，萬一寇至，倉猝渡兵，恐不及事。請於揚州、和州各屯三萬人，（和州治歷陽縣，即今安徽和縣。）預爲守計。仍籍民家三丁者取其一，以爲義兵，授之弓弩，教以戰陣，農隙之日，給以兩月之食，聚而教之。沿江諸郡亦用其法，諸將渡江則使之城守，以備緩急，且以陰制州兵頡頏之患。頡頏，謂相與上下，不肯降禮也。其兩淮諸郡守臣，但當擇才，不當復論文武，計資歷；捐以財賦，許辟官吏，辟音璧，舉也。略其小過，責其成功。要使大兵屯要害必爭之地，待敵至而後決戰，使民各守其城，相爲犄角，以壯聲勢。帝意亦以爲然，詔卽行之。然竟爲衆論所持，俊卿尋亦去位，不能及其成也。

綱　二月，以梁克家簽書樞密院事。

罷制國用司

綱　罷制國用司。

綱　以王炎參知政事。三月，召四川宣撫使虞允文還，以炎代之。陳俊卿薦允文才堪將相故也。

陳俊卿言騎射

陳俊卿虞允文相

材館錄

水銀浮金鳧魚

綱　夏五月，帝不視朝，六月始視朝。

目　以射弩弦斷傷目故也。陳俊卿言於帝曰：「陛下未能忘騎射者，蓋志圖恢復耳。誠能任智謀之士以爲腹心，仗武猛之將以爲爪牙，明賞罰以鼓士氣，恢信義以懷歸附，則英聲義烈不出於尊俎之閒，而敵人固已逡巡震懾於千萬里之遠，尙何待區區馳射於百步之閒哉！」

綱　以虞允文爲樞密使。

綱　秋八月，以陳俊卿、虞允文爲尙書左、右僕射，並同平章事，兼樞密使。

目　俊卿以用人爲己任，所除吏皆一時之選。奬廉退，抑奔競，或才可用而資歷淺者則密薦於帝，未嘗語人。每接朝士及牧、守自遠至，州牧、郡守。必問以時政得失，人才賢否。允文爲相，亦以人才爲急，嘗籍爲三等，有所見聞卽記之，號材館錄，故所用皆知名士。

綱　庚寅，六年，（一一七〇）金大定十年。夏四月，罷吏部尙書汪應辰。

目　應辰剛方正直，敢言不避，在朝多革弊政，中貴人皆側目。上皇方甃石池，甃音奏，結砌也。以水銀浮金鳧魚於上，鳧音符，水鳥，如鴨。帝過之，上皇指示曰：「水銀正乏，此買之汪尙書家。」帝怒曰：「汪應辰力言朕建房廊與民爭利，乃自販水銀邪？」時賜發運使史正志緡錢二百萬，緡音民，錢貫也。爲均輸和糴之用，應辰三上疏論之，遂出知平江府。（治吳縣，卽今江蘇蘇州市。)然水銀實非買應辰家也。

綱　五月，陳俊卿罷。

目　虞允文建議遣使如金，以陵寢爲請。俊卿以爲未可，允文請不已。帝手札諭俊卿，俊卿奏曰：「陛下痛念祖宗，思復故疆，然大事須萬全，俟一二年吾力稍完乃可，不敢迎合意指以誤國事。」帝意方鄉允文，(鄉音向。)俊卿以論不合，因力求去，遂判福州。陛辭，猶勸帝遠佞親賢，脩政攘夷，泛使不可輕遣。

綱　閏月，以起居郎范成大爲金國祈請使。

目　求陵寢地及更定受書禮，蓋泛使也。紹興中，(紹興，高宗年號。)金使者至，捧書升殿北面立榻前跪進，帝降榻受書，以授內侍。金主初立，使者至，陳康伯令伴使取書以進。及湯思退當國，復循紹興故事，帝意悔之，故令成大口以爲請。成大至金，密草奏，具言受書式懷之入。初進國書，辭意慷慨，金君臣方傾聽，成大忽奏曰：「兩國共爲叔姪，而受書禮未稱，臣有疏。」搢笏出之。(搢，插也，謂插笏於帶間也。)金主大駭曰：「此豈獻書處邪？」左右以笏摽起之，(摽音標，麾也。)成大屹不動，必欲書達。既而歸館所，金庭紛然，其太子允恭欲殺成大，或勸止之，竟得全節而歸。其復書略云：「和好再成，界河山而如舊。緘音遽至，(緘音兼，函也。)指鞏、洛以爲言。(鞏即今河南鞏縣。洛即洛陽，謂宋陵寢地也。)既云廢祀，欲伸追遠之懷；止可奉遷，卽俟剋期之報。至若未歸之旅櫬，(櫬音襯，棺也。)亦當並發於行塗。抑聞附請之辭，欲變受書

范成大全節而歸

二事皆無成功

之禮，於尊卑之分何如？顧信誓之誠安在！」於是二事皆無成功。

初，議遣使祈請陵寢，士大夫有憂其無備而召兵者，輒斥去之。起居郎張栻入對，帝曰：「卿知敵國事乎？」栻對曰：「不知也。」帝曰：「金國饑饉連年，盜賊四起。」栻曰：「金人之事臣雖未知，境內之事則知之矣。」帝曰：「何也？」栻曰：「臣竊見比年諸道多水、旱，民貧日甚，而國家兵弱財匱，官吏誕謾，不足倚賴。正使彼實可圖，臣懼我之未足以圖彼也。」帝默然久之。栻復奏曰：「臣竊謂陵寢隔絕，誠臣子不忍言之至痛。然今日未能奉辭以討之，又不能正名以絕之，乃欲卑辭厚禮以求於彼，則於大義已爲未盡，而或猶以爲憂者，蓋見我未有必勝之形故也。夫必勝之形當在於早正素定之時，而不在於兩陣決機之日。今日但當下哀痛之詔，明復讎之義，顯絕金人，不與通使，然後脩德立政，用賢養民，選將練兵，以內脩外攘、進戰退守通爲一事，必治其實而不爲虛文，則必勝之形隱然可見，雖有淺陋畏怯之人，亦且奮躍而爭先矣。」帝深納之。

綱 以梁克家參知政事。

綱 冬十一月，遣中書舍人趙雄如金。

目 遣雄如金賀生辰，別函書請陵寢及更受書之禮；金主不許。雄辭歸，金主謂雄曰：「汝國何舍欽宗靈柩而請鞏、洛山陵？如不欲欽宗之柩，我當爲爾國葬之。」

綱 辛卯，七年，（一一七一）金大定十一年。春正月朔，上太上皇尊號。

目　帝尋諭輔臣曰：「前日奉上册寶，上皇聖意甚悅。翌日過宮侍宴，邦家非常之慶，漢、唐所無也。」又曰：「本朝家法，遠過漢、唐，惟用兵一事未及。」

作敬天圖

綱　帝作敬天圖。

目　帝謂輔臣曰：「無逸一篇，（無逸，周書篇名。）享國長久，皆本於寅畏。朕近日取尚書所載敬天事，編爲兩圖，朝夕觀覽，以自警省，名曰『敬天圖』。」虞允文對云：「惟陛下盡躬行之實，敬畏不已，必有明效大驗。」帝深然之。

越次立光宗

綱　二月，立恭王惇爲皇太子，大赦。進封慶王愷爲魏王。

目　莊文太子卒，慶王愷以次當立。帝以恭王惇英武類己，越次立之，而進封愷爲魏王，判寧國府。（即宣州，治宣城縣，即今安徽宣城縣。）帝謂輔臣曰：「古人以教子爲重，其事備見於文王世子。（禮記篇名。）須當多置僚屬，博選忠良，使左右前後罔非正人；不然，『一薛居州』，（薛居州，戰國宋人。戴不勝使居州於王所，孟子謂不勝曰：「一薛居州，獨如宋王何！」）亦無益也。」尋以王十朋、陳良翰爲太子詹事，劉焞國子司業兼太子侍讀。（焞音吞。）

綱　三月，金葬欽宗皇帝於鞏、洛之原。（以一品禮。）

張栻諫用張說

綱　以張說簽書樞密院事，未拜而罷。

目　說妻吳氏，太上皇后女弟也。說因攀緣親屬，擢拜樞府，命下，朝論譁然，然未有敢誦言攻之者。左司員外郎兼侍講張栻獨上疏切諫，且詣朝堂責虞允文曰：「宦官執政，（徽宗朝童貫。自京、黼始；（蔡京、王黼。）近習執政，自相公始。」允文慚憤不堪。栻復奏：「文武誠不可偏，然今欲右武以均二柄，而所用乃得如此之人，非惟不足以服文吏之心，正恐反激武臣之怒。」帝感悟，命遂寢。

綱　夏四月，詔皇太子領臨安尹。（臨安府，時爲宋都，即今浙江杭州市。）

劉珙辭起復疏

綱　五月，起復劉珙爲荆襄宣撫使，（荆襄治荆州，即今湖北江陵縣。）珙固辭不起。

目　珙凡六疏辭之，引經據禮，詞甚切至，最後言曰：「三年通喪，先王因人情而節文之，三代以來，未之有改，至於漢儒，乃有金革無避之說，此固已爲先王之罪人矣！然尚有可諉者，曰：『魯公伯禽有爲爲之也。』今以陛下威靈，邊陲幸無犬吠之警，臣乃冒金革之名，以私利祿之實，不亦又爲漢儒之罪人乎？抑陛下之詔臣，則有曰『義當體國』，其敢噤無一言以塞明詔！」（噤音禁，口閉也。）

手疏別奏

乃手疏別奏，略曰：「天下之事，有其實而不露其形者，無所爲而不成；無其實而先示其形者，無所爲而不敗。今德未加脩，賢不得用，賦斂日重，民不聊生。將帥方割削士卒以事苞苴，（苞苴，謂相餽遺也。）士卒方飢寒窮苦而生怨謗。凡吾所以自治而爲恢復之實者，大抵闊略如此，而乃外招歸正之人，內移禁衛之卒，規算未立，手足先露，其勢適足以速禍而致寇。且荆襄，四支也；朝廷，元氣也。誠使朝廷設施得宜，元氣充實，則犂庭掃穴，（庭，匈奴庭。）在反掌閒耳，何荆襄之足慮？如其不然，則荆襄雖得臣輩百人悉心經理，亦何足恃哉！臣恐

虞允文梁克家左右相

恢復之功未易可圖，而意外立至之憂將有不可勝言者，惟陛下圖之！」帝納其言，爲寢前詔。

綱　秋七月，加王炎樞密使。

綱　壬辰，八年，(一一七二)金大定十二年。春二月，改左、右僕射爲左、右丞相，以虞允文、梁克家爲之，並兼樞密使。　尋又省侍中、中書令、尚書令之官，以左、右丞相充其位。

綱　罷左司員外郎兼侍講張栻。

目　宰相陰主張說，欲伸前命，故出栻知袁州。(治宜春縣，即今江西宜春縣。)栻在朝僅一年，召對至六七，所言皆脩身務學，畏天恤民，抑僥倖，屏讒諛，宰相、近習皆憚之。

綱　復以張說簽書樞密院事，罷侍御史李衡等四人。

目　侍御史李衡、右正言王希呂，論說不可執政，直學士院周必大不草答詔，給事中莫濟封還錄黃。　詔敕也。　帝詔翰林學士王曮草制，權給事中姚憲書行，而罷四人。　都人作四賢詩以紀之。

綱　以曾懷參知政事，王之奇簽書樞密院事。

綱　秋七月，以曾覿爲武泰節度使。(武泰節度使治黔中，即今四川彭水縣。)

綱　罷虞允文爲四川宣撫使。

目　帝命選諫官，允文以李彥穎、林光朝、王質對，三人皆鯁亮有文學，爲時所推重。

帝不報，而用曾覿所薦者。允文、梁克家爭之，不從。允文遂力求去，授四川宣撫使，進封雍國公。（雍郎鳳翔，在今陝西鳳翔縣南。）

綱 癸巳，九年，（一一七三）金大定十三年。春正月，王炎、王之奇罷，以張說同知樞密院事，沈复、鄭聞簽書院事。

綱 冬十月，梁克家罷。以曾懷爲右丞相，鄭聞參知政事，張說知樞密院事，沈复同知院事。十二月，沈复罷，以姚憲簽書樞密院事。

綱 甲午，淳熙元年，（一一七四）金大定十四年。春二月，少保、四川宣撫使、雍公虞允文卒。

贈太傅，謚忠肅。命鄭聞代爲宣撫。

綱 夏四月，以姚憲參知政事，葉衡簽書樞密院事。六月憲罷，以衡代之。

綱 秋八月，張說免。帝廉知其欺罔也。

綱 以楊倓簽書樞密院事。倓音談。

綱 冬十月，鄭聞卒。

綱 十一月，以龔茂良參知政事。楊倓罷。

綱 曾懷罷，以葉衡爲右丞相兼樞密使。

綱 十二月，以李彥穎簽書樞密院事。以沈复爲四川宣撫使。

綱 乙未，二年，（一一七五）金大定十五年。夏六月，以沈复同知樞密院事，罷四川宣撫使。

曾懷相

葉衡相

追封趙鼎

金設學養士

朱熹不應改官之命

奏復白鹿洞書院

綱 秋八月，以左司諫湯邦彦爲金國申議使。九月，葉衡罷。

綱 贈趙鼎太傅，追封豐國公。謚忠簡。

綱 閏月，以李彦穎參知政事，王淮簽書樞密院事。

綱 丙申，三年，(一一七六)金大定十六年。夏四月，金始命京、府設學養士。

綱 六月，召朱熹爲祕書郎，不至。

目 先是陳俊卿、劉珙薦熹爲樞密院編脩官，累召不至。梁克家奏乞褒録之，帝曰：「熹安貧守道，廉退可嘉，命主管台州崇道觀。」至是，龔茂良言熹操行耿介，除祕書郎。熹以改官之命，正以嘉其廉退，顧乃冒進擢之寵，是左右望而罔市利也，力辭不至。會復有言虚名之士不可用者，遂改主管武夷山沖佑觀。(武夷山，在今福建崇安縣南。)史浩復薦熹知南康軍，(即今江西南康縣。)再辭，不許。至南康，値歲不雨，講求荒政，多所全活。閒詣郡學，引士子與之講論。訪唐李渤白鹿洞書院遺址，(白鹿洞，在今江西南康縣西北廬山五老峰下。唐貞元中李渤與兄涉隱此洞中，嘗養一白鹿以自娛，故名。書院創自南唐。)奏復其舊，爲學規，俾守之。

綱 湯邦彦有罪，流新州。邦彦至金，怖不能措一辭而還。帝怒其無狀，詔流新州，自是陵寢之議遂息。(新州治新興縣，即今廣東新興縣。)

綱 秋八月，以王淮同知樞密院事，趙雄簽書院事。

綱 冬十月，立貴妃謝氏爲皇后。

綱 丁酉，四年，（一一七七）金大定十七年。春二月，帝謁孔子，遂臨太學。

綱 秋七月，罷王雱從祀孔子。

綱 戊戌，五年，（一一七八）金大定十八年。春正月，侍御史謝廓然請禁有司毋以程頤、王安石之說取士。

目 未幾，祕書郎趙彥中復疏言：「科舉之文，成式具在，今乃祖性理之說，以浮言游詞相高。士之信道自守，以六經聖賢爲師可矣，而別爲洛學，程氏學也。飾怪驚愚，外假誠敬之名，內濟虛僞之實，士風日弊，人才日偸。望詔執事，使明知聖朝好惡所在，以變士風。」帝從之。

史浩相

綱 三月，李彥穎罷。

綱 以史浩爲右丞相、兼樞密使，王淮知樞密院事，趙雄參知政事。

綱 夏四月，以陳俊卿判建康府。

陳俊卿過闕入對

目 時曾覿、王抃、甘昪三人盤結擅政，抃、昪皆音便。進退大臣，權震中外，士大夫爭附之。俊卿自興化赴建康，（興化軍，卽今福建莆田縣。）過闕，入對，因極言三人招權納賄，薦進人才而以中批行之等事。且曰：「去國十年，乾道六年俊卿罷判福州。見都城穀賤人安，惟士大夫風俗大變。」帝曰：「何也？」俊卿曰：「向士大夫奔覿、抃之門，十才一二，尚畏人知；今則公然趨附已七八，不復顧忌矣。人才進退由私門，大非朝廷美事。臣恐二人壞朝廷紀綱，廢有

李顯忠卒　趙雄相　朱熹上疏

司法度，敗天下風俗，累陛下聖德。」帝感其言。

【綱】以范成大參知政事，六月罷。以錢良臣簽書樞密院事。

【綱】秋七月，太尉、提舉萬壽觀李顯忠卒。

【目】顯忠生而神奇，立功異域，父子破家殉國。志復中原，見忤秦檜，屢遭廢黜；符離之役，又爲邵宏淵所忌，竟無成功。帝嘗奇其狀貌魁偉，令繪像閣下。卒，謚忠襄。

【綱】冬十一月，史浩罷。以趙雄爲右丞相，王淮爲樞密使，錢良臣參知政事。

【綱】己亥，六年，(一一七九)金大定十九年。夏旱，詔求直言。

【目】知南康軍朱熹上疏，其略曰：「天下之務，莫大於恤民，而恤民之本，在人君正心術以立綱紀。蓋綱紀不能以自立，必人主之心術公平正大，無偏黨反側之私，然後有所繫而立。君心不能以自正，必親賢臣，遠小人，講明義理，閉塞私邪，然後可得而正。今宰相、臺省、師傅、賓友、諫諍之臣，皆失其職，而陛下所與親密謀議者，不過一二近習之臣，上以蠱惑陛下之心志，下則招集天下士大夫之嗜利無恥者，盜陛下之權，竊陛下之柄，使陛下之號令黜陟不復出於朝廷，而出於一二人之門，名爲陛下獨斷，而實此一二人者陰執其柄。臣恐莫大之禍，必至之憂，近在朝夕，而陛下獨未知之。」帝讀之，大怒曰：「是以我爲亡也。」諭趙雄令分析。雄言於帝曰：「士之好名，陛下疾之愈甚，則人之譽之愈衆，無乃適所以高之。不若因其長而用之，彼漸當事任，能否自見矣。」帝以爲然，詔以熹提舉江西常平茶盬。

綱　庚子，七年，（一一八〇）金大定二十年。春二月，魏王愷卒。謚惠憲。二子攄、柄，攄早卒。

綱　右文殿脩撰張栻卒。

目　栻病且死，猶手疏勸帝親君子，遠小人，信任防一己之偏，好惡公天下之理。天下傳誦之。卒年四十八，帝聞之，嗟歎不已。朱熹與黃榦書曰：「吾道益孤矣。」

栻穎悟夙成，父浚深愛之。自幼學所教，莫非仁義忠孝之實。長師胡宏，宏以孔門論仁親切之旨告之，栻退而思，若有得焉。宏稱之曰：「聖門有人矣。」栻益自奮勵，以古聖賢自期，作希顏錄。爲人表裏洞然，勇於從義，無毫髮滯吝。

每進對，必自盟於心，不可以人主意輒有所隨順。帝嘗言伏節死義之臣難得，栻對：「當於犯顏敢諫中求之。若平時不能犯顏敢諫，他日何望其伏節死義。」帝又言難得辦事之臣，栻對：「陛下當求曉事之臣，不當求辦事之臣。若但求辦事之臣，則他日敗陛下事者未必非此人也。」

其遠小人尤嚴。爲都司日，肩輿出，遇曾覿，覿舉手欲揖，栻急掩其牕櫺。櫺音陵，牕隔子也。覿慚，手不得下。

所至郡，暇日召諸生告語。民以事至庭，必隨事開曉，具爲條教，大抵以正禮俗、明倫紀爲先。斥異端，毀淫祠，而崇社稷、山川、古先聖賢之祀。

栻所著書

栻聞道甚蚤。朱熹嘗言：「己之學，乃銖積寸累而成；如敬夫，張栻字。則大本卓然，先有見者也。」栻所著論語孟子說、太極圖說、洙泗言仁錄、諸葛武侯傳、經世紀年行於世。禮檀弓上篇：「曾子謂子夏：『吾與女事夫子於洙、泗之閒，退而老於西河之上。』」（洙，泗，魯國二水名。史言魯本禮樂之鄉，自周公、孔子布化設教，人嚮往之，遂以洙、泗爲稱。）嘗言曰：「學莫先於義利之辨。義者，本心之當爲，非有爲而爲也。有爲而爲，則皆人欲，非天理矣。」學者稱爲南軒先生。

南軒先生

綱　夏五月，以周必大參知政事，謝廓然簽書樞密院事。

周必大一時詞臣之冠

目　必大爲翰林學士幾六年，制命溫雅，周盡事情，爲一時詞臣之冠。及拜參政，帝謂之曰：「執政於宰相，固當和而不同，前此宰相議事，執政更無語，何也？」必大對曰：「大臣自應互相可否，自秦檜當國，執政不敢措一辭，後遂以爲當然。陛下虛心無我，人臣乃欲自是乎？雖小事不敢有隱，則大事何由蔽欺！」帝深然之。

綱　冬十二月，資政殿學士致仕胡銓卒。謚忠簡。

綱　辛丑，八年，（一一八一）金大定二十一年。秋七月，著作郎呂祖謙卒。

呂祖謙卒

目　祖謙，夷簡五世孫也。自其祖好問始居婺州。（治金華縣，即今浙江金華市。）其學本之家庭，有中原文獻之傳。長從林之奇、汪應辰、胡憲遊，而友張栻、朱熹。學以關、洛爲宗，（關謂張載，洛謂程顥、程頤。）旁稽載籍，心平氣和，不立崖異，少卞急。躁疾也。一日，誦孔子「躬自厚而薄責于人」之言，（論語衞靈公孔子語。）忽覺平時忿懥，渙然冰釋。朱熹常言：「學如伯恭，

學以關洛爲宗

祖謙所著書　東萊先生

王淮相

募商蠲征

朱熹行其所學

祖謙字。方是能變化氣質。」其所講畫，將以開物成務，易繫辭上傳：「夫易，開物成務。」既臥病，而任重道遠之志不衰，居家之政皆可以爲後世法。年四十五而卒。著讀書記、大事記皆未成書，考定古周易書說、閫範、官箴、辨志錄、皇朝文鑑行于世。學者稱爲東萊先生。

綱　八月，趙雄罷。

綱　以王淮爲右丞相兼樞密使，謝廓然同知樞密院事。

目　淮既相，問太子侍讀楊萬里曰：「宰相先務何事？」萬里曰：「人才。」淮因問其人，萬里即疏朱熹、袁樞以下六十八人。

綱　九月，錢良臣罷。

綱　以朱熹提舉浙東常平茶鹽。冬十二月，下熹社倉法于諸路。

目　浙東大饑，王淮薦熹，即日單車就道。召入對，首陳災異之由與脩德任人之說，因及時政之缺，凡七事，帝深納之。熹始拜命，即移書他郡募米商，蠲其征；及至，則米已輳集。熹日鉤訪民隱，按行境內，單車屏徒從，所至人不及知。郡縣官吏憚其風采，至是引去，所部肅然。凡政有不便於民者，悉釐革之。釐，治也。有短熹者，謂其疏於爲政。帝謂王淮曰：「朱熹政事，却有可觀。」淮言：「脩舉荒政，是行其所學，民被實惠，宜進職以旌之。」乃進熹直徽猷閣。

熹言：「乾道四年，乾道，孝宗年號。民艱食，熹請於府，得常平米六百石賑貸，常平，倉名。夏

社倉

梁克家相

朱熹劾唐仲友

受粟於倉，冬則加息計米以償。自後隨年斂散。歉，蠲其息之半；大饑，則盡蠲之。凡十有四年，以元數六百石還府，見儲米三千一百石，見同現。以爲社倉，不復收息，每石止收耗米三升，耗卽耗字。以故一鄉四十五里閒，雖遇歉年，民不缺食。」詔下其法於諸路。其法以十家爲甲，甲推一人爲首，五十家則推一人通曉者爲社首。其逃軍及無行之士，與有稅糧衣食不缺者，並不得入甲。其應入甲者又問其願與不願。願者開具一家大小口若干，大口一石，小口五斗；五歲以下者不預。置籍以貸之，其以溼惡不實還者有罰。

綱　壬寅，九年，(一一八二)金大定二十二年。夏六月，謝廓然卒。

綱　秋七月，以李彥穎參知政事。

綱　九月，以王淮、梁克家爲左、右丞相，並兼樞密使。

綱　以朱熹爲江西提刑，熹辭不拜。

目　朱熹行部至台，行，巡視也。知州唐仲友爲其民所訟，熹按得其實，而仲友與王淮同里，且爲姻家。已除江西提刑，未行而熹論之，淮匿其章不以聞。熹論益力，章前後六上，淮不得已，奪仲友江西新命以授熹；熹辭不拜，遂乞奉祠。

綱　癸卯，十年，(一一八三)金大定二十三年。春正月，以施師點簽書樞密院事。李彥穎罷。

綱　以黃洽爲御史中丞。

目　洽爲中丞，盡言無隱。然所論列，未嘗攟摭細故。攟摭音均職，拾取也。嘗奏云：「因言固可以知人，輕聽亦至於失人，是故聽言不厭其廣，廣則庶幾其無壅；擇言不厭其審，審則庶幾其無誤。」帝深然之。洽為人質直端重，有大臣體。常言：「居家不欺親，仕不欺君，仰不欺天，俯不欺人，幽不欺鬼神，何用求福報哉！」

不欺何用求福報

陳賈請禁道學

綱 夏六月，監察御史陳賈請禁道學。

目 王淮以唐仲友之故，怨朱熹，欲沮之，於是吏部尚書鄭丙上疏言：「近世士大夫有所謂道學者，欺世盜名，不宜信用。」帝已惑其說，淮又以大府丞陳賈為監察御史，賈因面對，首論曰：「臣伏見近世士大夫有所謂道學者，其說以謹獨為能，以踐履為高，以正心誠意克己復禮為事，若此之類皆學者所共學也，而其徒乃謂己獨能之。夷考其所為，則又大不然，不幾於假其名以濟其偽者邪？臣願陛下明詔中外，痛革此習。每於聽納除授之間，考察其人，擯斥勿用，以示好惡之所在，庶幾多士靡然向風，言行表裏一出於正，無或肆為詭異以干治體，實宗社無疆之福。」蓋指熹也。帝從之，由是「道學」之名，貽禍於世。

尤袤諫斥道學

後直學士院尤袤以程氏之學為陳賈所攻，袤音茂。言於帝曰：「道學者，堯、舜所以帝，禹、湯、文、武所以王，周公、孔、孟所以設教。近立此名詆訾士君子，詆訾音邸子，毀也。故臨財不苟得所謂廉介，安貧守道所謂恬退，擇言顧行所謂踐履，行己有恥所謂名節，皆目之為道學。此名一立，賢人君子欲自見於世，一舉(足)且入其中，俱無得出。此豈盛世所宜有！願徇名責實，聽言觀行，人情庶不壞於疑似。」帝曰：「道學豈不美之名！正恐假託為姦，真偽相亂。」

綱 秋八月，以施師點、黄洽參知政事。

綱 丙午，十三年，(一一八六)金大定二十六年。夏五月，宴講臣于祕書省。

目 以進讀陸贄奏議終篇，賜侍讀蕭燧等御筵及金器鞍馬。帝召宰執賜酒，從容語曰：「自古人主讀書，少有知道，知之亦罕能行之。甚者但作歌詩，如隋、陳之君，謂隋煬帝，陳後主。竟亦何補？唐德宗豈不知書，然所行不至，與陸贄論事，皆使中人傳旨。且事有是非，面相詰難猶恐未盡，傳旨安能盡邪！投機之會，閒不容髮，惟其若此，誤事多矣，故朕每事以德宗爲戒。」

進讀陸贄奏議

綱 賜處士郭雍號頤正先生。

目 雍之先，洛陽人，父忠孝，師事程頤，著易說，號兼山先生。雍傳其學，通世務，隱居峽州。(治夷陵縣，即今湖北宜昌市。)乾道中守臣薦於朝，乾道，孝宗年號。召不起。帝稔其賢，每對輔臣稱道之，命所在州郡歲時致禮存問。至是賜號頤正先生，令部使者遣官就問，雍所欲言，備錄來上。時雍年八十三矣。

頤正先生

兼山先生

綱 秋閏七月，以留正簽書樞密院事。

綱 八月，日月五星聚軫。

綱 冬十一月，梁克家罷。

綱 丁未，十四年，（一一八七）金大定二十七年。春二月，以周必大爲右丞相，施師點知樞密院事。

綱 秋八月，以留正參知政事。

綱 九月，太上皇有疾。冬十月，帝罷朝侍疾，赦。

綱 太上皇崩，遺誥太上皇后改稱皇太后。帝致喪三年。

目 太上皇崩，帝號慟擗踊，拊心爲擗，跳躍爲踊。踰二日不進膳。謂王淮等曰：「晉孝武、魏孝文實行三年喪服，何妨聽政？司馬光通鑑所載甚詳。」淮對曰：「晉武雖有此意，後來在宮中止用深衣練冠。」深衣，質布，色白。帝曰：「當時羣臣不能將順其美，將，行也。君有美善，則順而行之。光所以譏之。自我作古，何害？」於是詔曰：「大行太上皇帝，天子初崩曰大行。奄棄至養，朕當衰服三年，羣臣自遵易月之令。」百官五上表，請帝還內聽政，不許。

綱 十一月，詔皇太子參決庶務。

目 左諭德尤袤言於太子曰：「大權所在，天下之所爭趨，甚可懼也。願殿下事無大小一取上旨而後行，情無厚薄一付衆議而後定。」又曰：「儲副之位，止於侍膳問安，不交外事。撫軍監國，自漢至今，多出權宜，事權不一，動有觸礙。乞俟祔廟之後，便行懇辭，以彰殿下令德。」

綱 十二月，大理寺奏獄空。

綱　戊申，十五年，（一一八八）金大定二十八年。春正月，復置補闕拾遺官。

目　未幾，左補闕薛叔似等上疏劾王淮，帝曰：「卿等官以補闕、拾遺爲名，專主規正人主，不任糾劾。今所奏乃類彈擊，甚非設官命名之意，宜思自警。」

綱　施師點罷，以黃洽知樞密院事，蕭燧參知政事。

綱　三月，葬永思陵。

綱　夏五月，王淮罷。

綱　六月，以朱熹爲兵部郎官，未上而罷。貶侍郎林栗知泉州。（治晉江縣，即今福建泉州市。）

目　王淮罷，周必大薦熹爲江西提刑，入奏事，或要於路曰：「『正心誠意』之論，上所厭聞，愼勿復言。」熹曰：「吾平生所學，惟此四字，豈可隱默以欺吾君乎！」及入對，首言：「陛下居虛明應物之地，而天理有所未純，人欲有所未盡，是以爲善不能充其量，除惡不能去其根，一念之頃，公私邪正、是非得失之機交戰於中。願自今以往，一念之頃，必察夫天理人欲。果天理邪，則敬以充之，而不使少有壅閼；（閼音遏，遮止也，塞也。）果人欲邪，則敬以克之，而不使少有凝滯。推而至於言語動作之閒，用人處事之際，無不以是裁之，則聖心洞徹，而天下之事，將惟陛下所欲爲，無不如志矣。」帝曰：「久不見卿，浙東之事，朕自知之。今當處卿淸要，不復以州縣爲煩也。」除兵部郎官。熹以足疾乞祠。

林栗論朱熹

兵部侍郎林栗與熹論易、西銘不合，（西銘，張載作書名。）遂論熹「本無學術，徒竊張載、程頤之緒餘，爲浮誕宗主，謂之道學，妄自推尊。所至輒攜門生數十人，習爲春秋、戰國之態，妄希孔、孟歷聘之風。繩以治世之法，則亂人之首也。今采其虛名，俾之入奏，既經陛對，得旨除郎，而輒懷不滿，傲睨累日，不肯供職，是豈張載、程頤之學教之然也！望將熹停罷，以爲事君無禮者之戒。」帝謂栗言過當，而大臣畏栗之強，莫敢深論，乃命熹依舊江西提刑。

胡晉臣首劾林栗

會胡晉臣拜侍御史，首劾栗喜同惡異，無事而指學者爲黨。乃出栗知泉州，而熹亦除直寶文閣，奉祠而去。

綱 秋七月，恩平王璩卒。

目 帝友愛甚至，每召璩內宴，呼以官而不名，賜予無算，卒，追封信王。

綱 冬十二月，以朱熹爲崇政殿說書，熹辭不至。

朱熹進封事

目 熹既歸，投匭進封事，（匭以銅爲之，受密告者。封事，密奏也。）言大本急務：「大本者，陛下之心；急務，則輔翼太子，選用大臣，振舉紀綱，變化風俗，愛養民力，脩明軍政。凡此六事，皆不可緩，而本在於陛下之一心。一心正，則六事無不正。一有人心私欲以介乎其閒，則雖憊精勞心不可爲矣。」疏入，夜漏下七刻，帝已就寢，亟起，秉燭讀之終篇。明日，除主管西太一宮兼崇政殿說書。熹力辭，乃以祕閣脩撰奉祠。

金世宗卒

綱 己酉，十六年，（一一八九）金大定二十九年。春正月，金主雍卒，孫璟立。

目　金主雍太子允恭先卒，以孫原王麻達葛判大興尹，（大興府，金都，在今北京市舊大興縣西南。）又以爲右丞相，更名璟，使親見朝廷議論，習知政事之體。至是卽位，追號雍曰世宗，允恭曰顯宗，母徒單氏爲太后。

世宗在金諸帝中最爲賢主，卽位五載，南北講和，與民休息，羣臣守職，上下相安，家給人足，倉廩有餘，刑部斷死罪歲或十七人，國人號稱「小堯舜」。

小堯舜

綱　黃洽罷。

綱　以周必大、留正爲左、右丞相，王藺參知政事，藺音吝。葛邲同知樞密院事。邲音弼。

周必大留正相

目　帝自高宗崩，卽欲傳位太子，嘗諭必大曰：「禮莫重於事宗廟，而孟享多以病分詣；孝莫大於執喪，而不得日至德壽宮，高宗所居宮也。朕將退休矣。」因密賜紹興傳位親札於必大，（高宗時傳位札。）命預草詔，專以奉几筵、侍東朝爲意，東朝，太后之朝。而進必大爲首相。

綱　蕭燧罷。

綱　二月，帝傳位于太子。太子卽位，尊帝爲壽皇聖帝，皇后爲壽成皇后，皇太后爲壽聖皇太后，大赦。先是更德壽宮爲重華宮，皇太后徙居慈福宮，帝傳位太子，遂素服退居重華宮。

傳位太子

綱　立皇后李氏。

目　后，安陽人，（安陽，即今河南安陽市。）慶遠節度使道之女也。（慶遠節度使治宜州，卽今廣西宜山縣。）道帥湖北，聞道士皇甫坦善相人，乃出諸女拜之。坦見后驚，不敢受拜，曰：「此女當母天下。」坦言於高宗，遂聘爲恭王妃。生嘉王擴。性妒悍，嘗訴帝左右於高宗及壽皇，高宗不懌，謂吳后曰：「是婦將種，吾爲皇甫坦所誤。」壽皇亦屢訓敕，令以皇太后爲法，不然，行當廢汝。后疑其說出於太后，憾之。至是，立爲后。

綱 三月，廢補闕、拾遺官。御史中丞謝諤論其不可廢，不聽，自是近臣罕進言者。

綱 夏五月，以王藺知樞密院事。

綱 周必大罷。

目 初，何澹與必大厚，爲司業久不遷，留正奏遷之，澹由是憾必大而德正。爲諫議大夫，首上疏攻必大，罷之。必大純篤忠厚，能以善道其君。

綱鑑易知錄卷八四

南宋紀

光宗皇帝

光宗皇帝 名惇，孝宗第三子。初封恭王，尋立爲太子，受內禪。在位五年，壽四十四歲而崩。帝四十受禪，遭后悍妒，亟欲立子，驚憂得疾。上不能致孝親父，下不能顯傳嗣子，及親之喪，不能執禮，一旦仆地，大臣從權，擁立嗣子，閒居五載，與妒后俱亡。

綱 庚戌，光宗皇帝紹熙元年，（一一九〇）金章宗璟明昌元年。春正月朔，帝朝壽皇于重華宮。

綱 二月，殿中侍御史劉光祖乞禁譏議道學者。

目 光祖入對言：「近世，是非不明則邪正互攻，公論不立則私情交起，此固道之消長，時之否泰，而實爲國家之禍福，社稷之存亡，甚可畏也！本朝士大夫學術最爲近古，初非有強國之術，而國勢尊安，根本深厚。咸平、景德之閒，俱眞宗年號。道臻皇極，周書：「皇建其有極。」謂君立中道，而爲四方之取正也。治保太和，太和，陰陽會合沖和之氣也。易乾卦彖傳：「保合太和。」至於慶曆、嘉祐盛矣。俱仁宗年號。不幸而壞於熙、豐之邪說，熙寧、元豐，俱神宗年號。疎棄正士，招徠小人，幸而元祐君子起而救之。元祐，哲宗年號。紹聖、元符之際，俱哲宗年號。羣兇得志，絕滅綱常，崇、

王介廷試策

留正爲首相

觀而下，（崇寧、大觀，俱徽宗年號。）尚復何言？臣始至時，聞有譏貶道學之說，而實未覩朋黨之分，逮臣復來則朋黨已成，而忠諫者獲罪矣。夫以忠諫爲罪，其去紹聖幾何？陛下即位之初，凡所進退，率用人言，初無好惡之私，豈以黨偏爲主！而一歲之內，逐者紛紛，往往推忠之言，謂爲沽名之舉，至於潔身以退，亦曰憤懟而然，欲激怒於至尊，必加之以謗訕。臣欲息將來之禍，故不憚反覆以陳，伏冀聖心豁然，永爲皇極之主，使是非由此而定，公論由此而明，道學之議由此而消，朋黨之迹由此而泯，和平之福由此而集，國家之事由此而理，則生靈之幸，社稷之福也。不然，相激相勝，展轉反覆，爲禍無窮，臣實未知稅駕之所。」（稅駕，憩息也。）帝下其章，讀者至於流涕，何澹見之，數日恍惚無措。

是年，廷試舉人，婺州進士王介策亦言：（婺州治金華縣，即今浙江金華市。）「今之所謂道學者，卽世之君子正人也。君子正人之名不可逐，故設爲此名一網去之，聖明在上而天下以道學爲諱，將何以立國哉！」帝嘉歎，擢爲第三，由是道學之議少沮。

綱 夏四月，以伯圭嗣秀王。

目 伯圭，壽皇母兄，而秀王子偁之長子也。伯圭謙謹，不以近屬自居，每入見，帝行家人禮，宴私隆洽，伯圭執臣禮愈恭。

綱 秋七月，以留正爲左丞相，王藺爲樞密使，葛邲參知政事，胡晉臣簽書樞密院事。

冬十二月，王藺罷，以葛邲知樞密院事，胡晉臣參知政事。

光宗不朝壽皇
李后悍妒

朝重華不果

綱　辛亥，二年，（一一九一）金明昌二年。冬十一月，帝有事于太廟，后殺貴妃黃氏。翌日郊，大風雨，不卒事而還。帝有疾。

目　初，帝欲誅宦者，近習懼，遂謀離間三宮，壽皇及帝并后也。帝疑之，不能自解。會帝得心疾，壽皇構得良藥，欲因帝至宮授之。宦者遂訴於皇后曰：「太上合藥一大丸，俟宮車過卽投藥；萬一不虞，奈宗社何！」后覩藥實有，心銜之。銜音鹹，恨也。頃之，內宴，后請立嘉王擴爲太子，壽皇不許。后曰：「妾，六禮所聘，嘉王，妾親生也，何爲不可？」壽皇大怒。后退，持嘉王泣訴於帝，謂壽皇有廢立意。帝惑之，遂不朝壽皇。

一日，帝浣手宮中，浣音緩，濯也。覩宮人手白，悅之。他日，后遣人送食合於帝，合同盒。啓之，則宮人兩手也。后又以黃貴妃有寵，因帝祭太廟，宿齋宮，后殺貴妃以暴卒聞。翌日，合祭天地，風雨大作，黃壇燭盡滅，不能成禮而罷。

帝既聞貴妃卒，又值此變，震懼增疾，不視朝，政事多決於后，后益驕恣。壽皇聞帝疾亟，往南內視之；且責后，后怨愈深。

綱　壬子，三年，（一一九二）金明昌三年。春三月，帝疾瘳，羣臣請朝重華宮，不果行。

目　帝自有疾，重華溫凊之禮，溫凊，言溫以禦其寒，凊以致其涼，定其衽席，省其安否。以及誕辰節序，屢以壽皇傳旨而免。既而帝神思寖淸，宰輔百官下至韋布之士，以過宮爲請者甚衆；至有扣頭引裾，裾音居。衣後裾。號泣而諫者。帝開悟，有翻然夙駕之意；既而不果行，都人始以爲憂。

綱　夏四月，以丘崈爲四川制置使。崈音崇。

吳家軍

目　初，留正帥蜀，慮吳氏世將，吳玠，吳璘後也。謀去之，不果。至是議更蜀帥，正言：「西邊三將，惟吳氏世襲兵柄，號爲吳家軍，不知有朝廷。」遂以戶部侍郎丘崈往。崈陛辭，奏曰：「臣入蜀後，吳挺脫至死亡，吳挺爲利州安撫使。兵權不可復付其子，臣請得以便宜撫定諸軍。」許之。

綱　六月，以陳騤同知樞密院事。騤音逵。

陳騤疏皆切時病

目　騤疏三十條，如宮闈之分不嚴則權柄移，內謁之漸不杜則明斷息，謀臺諫於當路則私黨植，咨將帥於近習則賄賂行，不求讜論則過失彰，不謹舊章則取舍錯，宴飲不時則精神昏，賜予不節則財用竭，皆切於時病。

綱　冬十一月，日南至，冬至節。越六日，帝始朝重華宮。

帝始朝重華宮

目　十一月丙戌，日南至，兵部尚書羅點、給事中尤袤等上疏請帝朝重華宮，不從。吏部尚書趙汝愚入對，往復規諫，帝意乃悟。汝愚又屬嗣秀王伯圭調護，於是兩宮之情始通。辛卯，帝朝重華宮，皇后繼至，從容竟日而還，都人大悅。

綱　是歲，諸路大水。

葛邲相

綱　癸丑，四年，（一一九三）金明昌四年。春三月，以葛邲爲右丞相，陳騤參知政事，胡晉臣

錢塘城可灌

陳亮學推王通

知樞密院事，趙汝愚同知院事。

【綱】夏五月，賜禮部進士陳亮及第。

【目】亮才氣超邁，喜談兵，議論風生，下筆數千言立就。所交皆一時豪俊，志存經濟。隆興初，（隆興，孝宗年號。）上中興五論，不報。退居婺之永康，（即今浙江永康縣。）益力學著書，嘗圜視錢塘，（臨安府治，即今浙江杭州市。）喟然歎曰：「城可灌也！」蓋以地下於西湖耳。淳熙中更名同，（淳熙，孝宗年號。）詣闕上書，極言時事，因言錢塘非駐蹕之所。（天子留止其地曰駐蹕。）壽皇赫然震動，召令上殿，將擢用之。曾覿聞而欲見焉，亮恥之，踰垣而逃。覿不悅，大臣亦惡其言切直，交沮之。待命十日，再詣闕上書。壽皇欲官亮，亮聞而笑曰：「吾欲爲社稷開數百年之基，寧用以博一官乎！」即渡江歸。厲志讀書，所學益博。其學自孟子後惟推王通，（王通，見卷四十隋高祖仁壽三年「龍門王通獻策」目。）嘗曰：「研窮義理之精微，辨析古今之同異，原心於眇忽，較禮於分寸，以積累爲上，以涵養爲正，睟面盎背，則於諸儒誠有愧焉。至於堂堂之陣，正正之旗，風雨雲雷，交發而並至，龍蛇虎豹，變見而出沒，推倒一世之智勇，開拓萬古之心胸，自謂差有一日之長。」蓋指朱熹、呂祖謙也。

至是策進士，問以禮樂刑政之要，亮以君道、師道對，且曰：「臣竊歎陛下於壽皇蒞政二十有八年之閒，寧有一政一事之不在聖懷！而問安視寢之餘，所以察辭而觀色，因此而得彼者，其端甚衆，亦既得其機要，而見諸施行矣。豈徒一月四朝，爲京邑之美觀也哉！」帝

謝深甫勸朝重華宮

陳傅良趣進引帝裾

得其策大喜，以爲善處父子之閒，御筆擢爲第一。授簽書建康府判官廳公事，（建康府治江寧縣，在今江蘇南京市境。）未上，一夕卒。

綱 利州安撫使吳挺卒，（利州治緜谷縣，即今四川廣元縣。）丘崈使總領財賦楊輔等權總其軍。 朝廷尋以興州都統制張詔代挺。

綱 六月，胡晉臣卒。

目 帝自有疾不視朝，晉臣與留正同心輔政，中外帖然。其所奏陳，以溫凊定省爲先，次及親君子，遠小人，抑僥倖，消朋黨，啓沃剴切，（商書說命篇：「啓乃心，沃朕心。」注：「啓，開也。沃，灌漑也。啓乃心者，開其心而無隱。沃朕心者，漑我心而厭飫也。」）彌縫縝密，人無知者。

綱 秋七月，以趙汝愚知樞密院事，余端禮同知院事。

綱 九月，羣臣請帝朝重華宮，不聽，冬十一月始朝。

目 帝制於后，久不朝重華宮。會九月重陽節，羣臣連章請帝過宮，不聽。中書舍人陳傅良上疏力諫。給事中謝深甫言：「父子至親，天理昭然。太上之愛陛下，亦猶陛下之愛嘉王。太上春秋高，千秋萬歲後，陛下何以見天下？」帝感悟，趣命駕往朝，（趣同促。）百官班立以俟。帝出至御屏，后挽留帝入，傅良趣進，（趣同趨。）引帝裾，請毋入，因至屏後，后叱之。傅良痛哭於庭，后益怒，遂傳旨罷還內。傅良下殿徑行，詔改祕閣脩撰，不受。於是著作郎沈有開、祕書郎彭龜年等皆上疏請朝，不從。十月，工部尚書趙彥逾等上書重華宮，乞會慶節勿降旨免朝。及會慶節，帝復稱疾不朝；丞相以下皆上疏自劾，乞罷黜。嘉王府翊善黄裳請誅內侍楊舜卿，彭龜年請逐陳源以謝天下。陳源，內侍押班。太學生汪安仁等一百一十八人上書請朝重華宮，皆不報。十一月，彥逾復力諫，帝始往朝。

夏主純佑嗣主

綱 十二月，夏主仁孝卒，子純佑立。

目 仁孝在位五十五年，始建學校於國中，立小學於禁中，親爲訓導，尊孔子爲文宣帝。然權臣擅國，兵政衰弱。子純祐立，改元天慶，號仁孝曰仁宗。

綱 以朱熹知潭州。（治長沙縣，即今湖南長沙市。）

目 使者自金還，言金人問「朱先生安在？」故有是命。

綱 甲寅，五年，（一一九四）金明昌五年。春正月，壽皇有疾。

綱 葛邲罷。

目 邲爲相，專守祖宗法度，薦進人才，博采古論，惟恐其人聞之。常曰：「十二時中，莫欺自己。」其實踐如此。

金購求遺書

綱 金購求遺書。

帝與后幸玉津園

綱 夏四月，帝及后幸玉津園，（在今浙江杭州市內。）羣臣請帝問疾重華宮，不從。

目 自壽皇不豫，羣臣請帝省視，皆不報，而與皇后幸玉津園。兵部尚書羅點請先過重華，且曰：「陛下爲壽皇子，四十餘年無一閒言，止緣初郊違豫，壽皇嘗至南內督過，左右

羅點引辛毗事以謝

之人自此讒閒，遂生憂疑。乃若深居不出，久虧子道，衆口謗讟，讟音讀，怨謗也。禍患將作，不可以不慮。」帝曰：「卿等可爲朕調護之。」侍講黃裳對曰：「父子之親，何俟調護！」點曰：「陛下一出，卽當釋然。」帝猶未許。點乃率講官言之，帝曰：「朕心未嘗不思壽皇。」點曰：「陛下久闕定省，雖有此心，何以自白？」起居舍人彭龜年連三疏請對，不報。屬帝視朝，龜年不離班位，伏地扣額，血流漬甃。甃音奏，階砌也。帝曰：「素知卿忠直，欲何言？」龜年奏：「今日無大於過宮。」余端禮因曰：「扣額龍墀，墀音池，階上地也。曲致忠懇，臣子至此，豈得已邪？」帝曰：「知之。」然猶不往。

壽皇疾益甚，羣臣上疏請者相繼。帝將以癸丑日朝，至期，帝復辭以疾。於是羣臣請斥罷者百餘人，詔不許。起居郎兼中書舍人陳傅良，請以親王、執政一人充重華宮使。臺諫交章劾內侍陳源、楊舜卿、林億年離閒之罪，請逐之。

綱 五月，壽皇疾大漸，大漸，病甚也。詔嘉王擴問疾重華宮。

目 陳傅良以帝不往重華宮，乃繳上告敕，出城待罪。丞相留正等率宰執進諫，帝拂衣起，正引帝裾泣諫。羅點進曰：「壽皇疾勢已危，不及今一見，後悔何及！」羣臣隨帝入至福寧殿，內侍闔門，慟哭而出。明日，帝召羅點入對，點言：「前日迫切獻忠，舉措失禮，陛下赦而不誅，然引裾亦故事也。」帝曰：「引裾可也，何得輒入宮禁乎？」點引辛毗事以謝。三國魏曹丕黃初元年十二月，丕欲徙冀州士卒家十萬戶實河南，時旱蝗民饑，侍中辛毗極諫；丕怒，入內，毗隨引其裾，丕乃

留正稱病遁

徙其半。彭龜年、黃裳、沈有開奏：「乞令嘉王詣重華宮問疾。」許之。王至宮，壽皇爲之感動。

【綱】六月，壽皇崩，帝稱疾不出。留正等詣壽聖皇太后代行喪禮。

【目】壽皇崩，年六十八。趙汝愚以聞，因請詣重華宮成禮，帝許之。至日昃不出，宰相乃率百官詣重華宮發喪。將成服，留正與汝愚議，介少傅吳琚請壽聖皇太后垂簾暫主喪事，太后不許，正等奏：「乞太后降旨，以皇帝有疾，暫就宮中成服。然喪不可以無主，祝文稱『孝子嗣皇帝』，宰臣不敢代行。太后，壽皇之母也，請設行祭禮。」太后許之。

【綱】尊壽聖皇太后爲太皇太后，壽成皇后爲皇太后。

【綱】秋七月，留正請建太子，不許，遂稱疾而遁。

【目】尚書左選郎官葉適言於留正曰：「帝疾而不執喪，將何辭以謝天下？今嘉王長，若預建參決，則疑謗釋矣。」正從之，率宰執入奏云：「皇子嘉王，仁孝夙成，宜早正儲位以安人心。」不報。越六日又請，御劄付丞相云：「歷事歲久，念欲退閒。」正得之大懼，因朝佯仆於庭，即出國門，上表請老。

初，正始議帝以疾未克主喪，宜立皇太子監國，設議內禪，太子可即位；而趙汝愚請以太皇太后旨禪位嘉王。正謂建儲詔未下，遽及此，他日必難處，與汝愚異，遂以肩輿五鼓逃去。

臨朝仆地

趙汝愚請立嘉王

汝愚擬太后指揮

綱 太皇太后詔嘉王擴成服即位，尊帝爲太上皇帝，皇后爲太上皇后。

目 留正既去，人心益搖，會帝臨朝，忽仆於地，趙汝愚憂危不知所出，內禪之議益決。屬工部尚書趙彥逾結殿帥郭杲，杲音稿。而與左選郎官葉適、左司郎中徐誼謀可以白內禪意於太皇太后者，乃遣知閤門事韓侂胄。侂音託。侂胄，琦五世孫，太后女弟之子也。侂胄因所善內侍張宗尹以奏太后，不獲命，逡巡將退。內侍關禮見而問之，侂胄具述汝愚意。禮令少俟，入見太后而泣，太后問故，且云：「侂胄安在？」禮曰：「臣已留其俟命。」太后曰：「事順則可，令諭好爲之。」禮報侂胄，侂胄復命，日已向夕，汝愚始以其事語陳騤、余端禮，亟命郭杲等夜以兵分衞南北內。時將禫祭，除服祭也。翌日甲子，羣臣入，嘉王亦入，汝愚率百官詣梓宮前，太后垂簾，汝愚率同列再拜奏：「皇帝疾未能執喪，臣等乞立皇子嘉王爲太子以係人心。皇帝批出有『念欲退閒』之旨，取太皇太后處分。」太后曰：「既有御筆，相公當奉行。」汝愚袖出所擬太后指揮以進云：「皇帝以疾，至今未能執喪，曾有御筆，欲自退閒。皇子嘉王擴可即皇帝位，尊皇帝爲太上皇帝，皇后爲太上皇后。」太后覽畢曰：「甚善。」乃命汝愚以旨諭皇子即位。皇子固辭曰：「恐負不孝名！」汝愚奏：「天子當以安社稷、定國家爲孝。今中外人人憂亂，萬一變生，置太上於何地？」衆扶皇子入素幄，披黃袍，方却立未坐，汝愚率同列再拜。皇子詣几筵哭盡哀，遂衰服出就重華殿東廡素幄立，內侍扶掖乃坐。百官起居訖，行禫祭禮，尋詔：「即以寢殿爲泰安宮，以奉上皇。」民心悅懌，中外晏然，汝愚之力也。

綱　立皇后韓氏。

目　后，琦六世孫，父曰同卿，侂胄則其季父也。被選入宮，能順適兩宮意，遂歸嘉王邸，至是立爲后。

綱　以趙汝愚兼權參知政事。

綱　召留正赴都堂視事。

留正復相

目　帝手札遣使召正還。侍御史張叔椿請議正棄國之罰，乃徙叔椿爲吏部侍郎，而正復相。

趙汝愚辭右相

綱　以趙汝愚爲右丞相。汝愚辭，遂以爲樞密使。以陳騤知樞密院事，羅點簽書院事，余端禮參知政事。

綱　加殿前都指揮使郭杲武康節度使，（武康節度使治湖州城，即今浙江湖州市。）知閤門事韓侂胄汝州防禦使。（汝州治梁縣，即今河南臨汝縣。）

推定策功

目　韓侂胄欲推定策功，趙汝愚曰：「吾，宗臣；汝，外戚也，何可以言功？」乃加杲節鉞，但遷侂胄防禦使。侂胄大失望，然以傳導詔旨，浸見親幸，時時乘閒竊弄威福。知臨安府徐誼告汝愚曰：「侂胄異時必爲國患，宜飽其欲而遠之。」不聽。汝愚欲推葉適之功，適辭曰：「國危效忠，職也，適何功之有？」及聞侂胄觖望，觖音厥。觖望，怨望也。言於汝愚曰：「侂胄所望不過節鉞，宜與之。」不從。適歎曰：「禍自此始矣！」遂力求補外。

詔朱熹侍講

彭龜年講魯莊公不能制其母

行權不失正之根本

綱 貶內侍陳源等十人。侍御史章穎論源及楊舜卿、林億年離間之罪，詔皆貶官斥外。

綱 八月，召朱熹至，以爲煥章閣待制兼侍講。

目 先是黃裳爲嘉王府翊善，上諭之曰：「嘉王進學，皆卿之功。」裳謝曰：「若欲進德脩業，追跡古先哲王，則須尋天下第一等人。」上問爲誰，裳以熹對。彭龜年爲嘉王府直講，因講魯莊公不能制其母，魯莊公母，桓公夫人文姜，齊襄公妹也。按春秋傳，桓公十八年，公會齊侯于濼，遂及文姜如齊，齊侯通焉；公讁之，以告。夏四月，享公，使公子彭生乘公，公薨于車。莊公二年，夫人姜氏會齊侯于禚。四年，夫人姜氏享齊侯于祝丘。五年，夫人姜氏如齊師。七年，夫人姜氏會齊侯于防，又會齊侯于穀。齊人以魯莊公不能防閑其母，作敝笱之詩以刺之。云「母不可制，當制其侍御僕從。」敝笱之篇曰：「齊子歸止，其從如雲。」王問：「此誰之說？」對曰：「朱熹說也。」自後每講必問熹說如何？至是，趙汝愚首薦熹，遂自知潭州召入經筵。

熹在道聞泰安朝禮尚缺，近習已有用事者，卽具奏云：「陛下嗣位之初，方將一新庶政，所宜愛惜名器，謂爵位。若使倖門一開，其弊不可復塞。至於博延儒臣，專意講學，必求所以深得親懽者，爲建極導民之本；思所以大振朝綱者，爲防微慮遠之圖。」不報，且辭新命，不許。及入對，首言：「乃者太皇太后躬定大策，陛下寅紹丕圖，可謂處之以權，而庶幾不失其正；今反不能無疑於逆順之際，竊爲陛下憂之。尤有可諉者，亦曰陛下之心，前日未嘗有求位之計，今日未嘗忘思親之心，此則所以行權而不失其正之根本也。充未嘗求位之心，以盡負罪引慝之誠；虞書：「負罪引慝。」言舜自負其罪，自引其慝，不敢以爲父母之罪慝也。允未嘗忘親之心，以致溫凊定省之禮，始終不越乎此，而大倫可正，大本可立矣。」時趙彥逾按視孝宗山陵，以爲土肉淺薄，下有水石，孫逢吉覆按，乞别求吉兆。有旨集議，熹上議狀言：「壽皇聖德，衣冠之藏，當博求名山，不宜偏信臺史，委之水泉沙礫之中。」不報。

綱　增置講讀官。從趙汝愚之請，以給事中黄裳、中書舍人陳傅良、彭龜年爲之。詔：「經筵官開陳經旨，救正缺失，晚講官賜坐以講。」

罷留正相

綱　内批罷左丞相留正。

目　韓侂胄浸謀預政，數詣都堂，正使省吏諭之曰：「此非知閤日往來之地。」韓侂胄爲知閤門事。侂胄怒而退。會正與汝愚議欑宮不合，欑，葬也。欑孝宗梓宮。侂胄因閒之於帝，遂以手詔罷正出知建康府。正謹法度，惜名器，毫髮不可干以私，與周必大俱以相業稱。

趙汝愚相

綱　以趙汝愚爲右丞相。

目　汝愚本倚留正共事，怒韓侂胄不以告，及來謁，因不見之，侂胄慚忿。羅點謂汝愚曰：「公誤矣！」汝愚悟，乃見之，侂胄終不懌。

綱　九月，羅點卒。

辦事當論其心

目　點孝友端介，不爲矯激之行。或謂天下事非才不辦，點曰：「當論其心。心苟不正，才雖過人，亦何取哉！」時給事中黄裳亦卒，趙汝愚泣謂帝曰：「黄裳、羅點相繼淪謝，二臣不幸，天下之不幸也。」

綱　以京鏜簽書樞密院事。鏜音湯。韓侂胄引以自助。

綱　冬十月，內批以謝深甫爲御史中丞，劉德秀爲監察御史，罷右正言黃度。

目　韓侂胄日夜謀去趙汝愚，知閤門事劉弢亦以不得預內禪，弢音弼。心懷不平，因謂侂胄曰：「趙相欲專大功，君豈惟不得節鉞，將恐不免嶺海之行！」（嶺海指今廣東。）侂胄愕然，問計，弢曰：「惟有用臺諫耳。」侂胄問：「若何而可？」弢曰：「御筆批出是也。」侂胄然之，遂以內批拜給事中謝深甫爲中丞。

會汝愚請令近臣薦御史，侂胄密以其黨劉德秀屬深甫，遂以內批用之。由是劉三傑、李沐等牽連以進，言路皆侂胄之人，排斥正士。朱熹憂其害政，每因進對，爲帝切言之。復疏白汝愚，當以厚賞酬侂胄之勞，勿使預政。汝愚爲人疏，謂其易制，不以爲慮。

黃度將上疏論侂胄之姦，侂胄覺之，以御筆除度知平江府。（治吳縣，即今江蘇蘇州市。）度言：「蔡京擅權，天下所由以亂。今侂胄假御筆逐諫臣，使俛首去，不得效一言，非國之利也。」固辭，奉祠歸養。

綱　閏月，內批罷煥章閣待制兼侍講朱熹。

目　熹每進講，務積誠意以感動帝心，以平日所論著敷陳開析，坦然明白，可舉而行。講畢，有可以開益帝德者罄竭無隱，帝亦虛心嘉納焉。至是，以黃度之去，因講畢奏疏，極言「陛下即位，未能旬月，而進退宰臣，移易臺諫，皆出陛下之獨斷，中外咸謂左右或竊其柄，臣恐主威下移，求治反亂矣。」疏入，侂胄大怒，使優人峩冠闊袖象大儒戲於帝前，因乘閒言熹迂闊不可用。閒音閑。乘閒，乘空閒處。帝方倚任侂胄，乃出御批云：「憫卿耆艾，曲禮：「五十曰艾，六十曰耆。」恐難立講，已除卿宮觀。」趙汝愚袖御筆見帝，且見且拜，帝不省；汝愚因求罷去，不許。越一日，侂胄使其黨封內批付熹，熹即附奏謝，遂行。中書舍人陳傅良封還錄黃，詔敕也。起居郎劉光祖、起居舍人鄧馹、御史吳獵、吏部侍郎孫逢吉、登聞鼓院游仲鴻交章留熹，馹音日。皆不報。傅良、光祖亦坐罷。工部侍郎黃艾，因侍講問逐熹之驟，帝曰：「始除熹經筵耳，今乃事事欲與聞。」艾力辨其故，帝不聽。熹登第五十年，仕於外僅九考，立朝才四十六日，進講者七，知無不言，既去，侂胄益無所忌憚矣。

（峩冠闊袖戲帝前）

【綱】十一月，以韓侂胄兼樞密都承旨。

【綱】詔行孝宗皇帝喪三年。葬永阜陵。

【綱】十二月，內批罷吏部侍郎兼侍講彭龜年，進韓侂胄一官。

（罷賢進佞）

【目】侂胄權勢日重，龜年上疏條奏其姦，請去之，且云：「陛下逐朱熹太暴，故欲陛下亦亟去此小人，毋使天下人謂陛下去君子易，去小人難。」於是龜年、侂胄俱請祠，帝欲兩罷其職，陳騤進曰：「以閤門去經筵，（閤門指韓侂胄，經筵指朱熹。）何以示天下？」既而內批龜年與郡，侂胄進一官，與在京宮觀。給事中林大中、中書舍人樓鑰繳奏，以爲非是，不聽。由是侂胄益橫。

【綱】陳騤罷，以余端禮知樞密院事，京鏜參知政事，鄭僑同知樞密院事。

【目】騤與趙汝愚素不協，未嘗同堂語。及爭彭龜年事，韓侂胄語人曰：「彭侍郎不貪好官，固也，元樞亦欲爲好人邪？」陳騤知樞密院事，故稱元樞。故罷之，而引京鏜居政府以閒汝愚。汝愚孤立於朝，天子亦無所倚信。

【綱】以趙彥逾爲四川制置使。

【目】工部尚書趙彥逾以有功於帝室，冀趙汝愚引居政府。及除蜀帥，大怒，遂與韓侂胄合，因陛辭，疏廷臣姓名於帝，指爲汝愚之黨。且曰：「老奴今去，不惜爲陛下言之。」由是帝亦疑汝愚矣。

寧宗皇帝

名擴，光宗第三子。初封嘉王，光宗悖逆，趙汝愚奉太皇太后奉嘉王受內禪。在位三十年，壽五十七歲而崩。帝謙恭仁儉，始終如一，然柔而不明。前有韓侂胄，後有史彌遠，屏斥忠良，玩兵致寇。嘉定以後，金人犯邊，無歲不擾，元起北方，江南危懼，雖有小善，不足稱也。

【綱】乙卯，寧宗皇帝慶元元年，（一一九五）金明昌六年。春正月，白虹貫日。以李沐爲右正言。二月，罷右丞相趙汝愚。

趙汝愚罷

【目】韓侂胄欲逐汝愚而難其名，謀於京鏜。鏜曰：「彼宗姓也，誣以謀危社稷，則一網打盡矣。」侂胄然之。以祕書監李沐嘗有怨於汝愚，引爲右正言，使奏「汝愚以同姓居相位，

一網打盡

鄭湜草制詞

將不利於社稷，乞罷其政，以奠安天位，杜塞姦源。」是日，汝愚出浙江亭待罪，遂以觀文殿大學士出知福州。（治閩縣，即今福建福州市。）謝深甫等論：「汝愚冒居相位，今旣罷免，不當加以書殿隆名、帥藩重寄，乞令奉祠請咎。」命提舉洞霄宮。直學士院鄭湜草制詞，湜音殖。有曰：「頃我家之多難，賴碩輔之精忠，持危定傾，安社稷以爲悅，任公竭節，利國家無不爲。」坐無貶詞，亦免官。

兵部侍郎章穎侍經幃，帝曰：「諫官有言趙汝愚者，卿等謂何？」同列漫無可否，穎奏言：「天地變遷，人情危疑，加以敵人嫚侮，國勢未安，未可輕退大臣，願降詔宣諭汝愚，毋聽其去。」國子祭酒李祥言：「去歲國遭大慼，中外洶洶，留正棄宰相而去，官僚幾欲解散，軍民皆將爲亂，兩宮隔絕，國喪無主。汝愚以樞臣獨不避殞身滅族之禍，奉太皇太后命翊陛下以登九五。勳勞著於社稷，精忠貫於天地，乃卒受黯黮而去，黮音探。黯黮，不明也。天下後世其謂何？」知臨安府徐誼素爲汝愚所器，凡有政務，多咨訪之。誼隨事裨助，不避形迹，又嘗勸汝愚早退，及豫防侂胄之姦，侂胄尤怨之。及是，與國子博士楊簡亦抗論留汝愚，李沐劾爲黨，皆斥之。

【綱】夏四月，安置太府寺丞呂祖儉于韶州。（治曲江縣，即今廣東韶關市。）

【目】祖儉上書訴趙汝愚之忠，併論朱熹老儒，彭龜年舊學，李祥老成，不當罷斥，語侵韓侂胄。有旨：「祖儉朋比罔上，送韶州安置。」或謂侂胄曰：「自趙丞相去，天下已切齒，今又投祖儉瘴鄉，瘴癘之鄉。不幸或死，則怨益重。」侂胄始改送吉州。（治廬陵縣，即今江西吉安縣。）祖儉嘗曰：「因世變有所摧折失其素履者，固不足言；因世變而意氣有所加者，亦私心也。」竟死吉州。

余端禮相

綱　以余端禮爲右丞相，鄭僑參知政事，京鏜知樞密院事，謝深甫簽書院事。

太學生六人伏闕上書

綱　流太學生楊宏中等六人。

目　宏中與周端朝、張衜、林仲麟、蔣傅、徐範六人伏闕上書，衜同道。言：「近者諫官李沐論罷趙汝愚，陛下獨不念去歲之事乎？人情驚疑，變在朝夕，是時假非汝愚出死力，定大議，雖百李沐，罔知攸濟！當國家多難，汝愚立樞府，本兵柄，指揮操縱，何向不可？不以此時爲利，今上下安妥，乃有異議乎？章穎、李祥、楊簡發於中激，力辨其非，即遭斥逐。六館之士，拂膺憤怨，李沐自知邪正不兩立，思欲盡覆正人以便其私，必託朋黨以罔陛下之聽。臣恐君子小人消長之機於此一判，則靖康已然之驗，靖康，欽宗年號。何堪再見於今日邪？伏願陛下念汝愚之忠勤，察祥、簡之非黨，灼李沐之回邪，竄沐以謝天下，還祥等以收士心。」疏上，詔：「宏中等罔亂上書，扇搖國是，悉送五百里外編管。」宏中、衜、仲麟、範皆福州人，端朝溫州人，傅信州人，天下號爲「六君子」。

六君子

綱　六月，右正言劉德秀乞考核邪正眞僞，遂罷國子司業汪逵等。

目　自程顥、程頤傳孔、孟千載之學，其徒楊時傳之羅從彥，從彥傳之李侗。朱熹師

劉德秀乞考核眞僞

趙汝愚暴卒

侗，致知力行，其學大振，流俗醜正，多不便之，遂有「道學」之名，陰以攻詆。及韓侂胄用事，士大夫宗爲清議所擯者，乃教以凡相與異者，皆道學之人也，陰疏姓名授之，俾以次斥逐。或又爲言：「以道學目之，則有何罪？當名曰僞學。」蓋謂貪黷放肆乃人眞情，廉潔好脩者皆僞耳。由是有僞學之目，善類皆不自安。至是，德秀上言：「邪正之辨，無過於眞與僞而已。彼口道先王之言，而行如市人所不爲，在興王之所必斥也。昔孝宗垂意規復，首務核實，凡言行相違者未嘗不深知其姦，臣願陛下以孝宗爲法，考核眞僞以辨邪正。」詔下其章。由是博士孫元卿、袁燮、國子正陳武皆罷。汪逵入劄子辨之，德秀以逵爲狂言，亦被斥。中丞何澹急欲執政，亦上疏言：「專門之學，流而爲僞，空虛短拙，文詐沽名。願風厲學者，專師孔子，不必自相標榜。」詔榜於朝堂。

綱　加韓侂胄保寧節度使。

綱　冬十一月，竄故相趙汝愚于永州，（治零陵縣，即今湖南零陵縣。）汝愚至衡州暴卒。（衡州治臨蒸縣，即今湖南衡陽市。）

目　韓侂胄忌汝愚，必欲置之死以息人言。至是，監察御史胡紘上言汝愚倡引僞徒，紘音宏。謀爲不軌，乘龍授鼎，假夢爲符，初，汝愚嘗夢孝宗授以湯鼎，背負白龍升天，後翼嘉王以素服即位；蓋其驗也。讒者遂以爲罪云。因條奏其十不遜，且及徐誼。詔責汝愚寧遠軍節度副使，永州安置；誼惠州團練副使，（惠州治博羅縣，在今廣東惠陽縣西。）南安軍安置。（南安軍，即今江西大庾縣。）汝愚怡

余端禮京鏜相

葉翥知貢舉

倪思不從論僞學

然就道，謂諸子曰：「觀侂胄之意，必欲殺我；我死，汝曹尚可免也。」明年正月，行至衡州，病作，衡守錢鍪承侂胄密諭窘辱百端，鍪音謀。汝愚暴薨，天下聞而寃之。訃聞，有旨追復元官，許歸葬，中書舍人吳宗旦繳還復官之命。

【綱】丙辰，二年，（一一九六）金承安元年。春正月，以余端禮、京鏜爲左、右丞相，謝深甫參知政事，鄭僑知樞密院事，何澹同知院事。

【綱】二月，以端明殿學士葉翥知貢舉。翥音註。

【目】翥與劉德秀同知貢舉，奏言：「僞學之魁，以匹夫竊人主之柄，鼓動天下，故文風未能丕變。乞將『語錄』之類盡行除毀。」故是科取士，稍涉義理者悉皆黜落，六經、語、孟、中庸、大學之書爲世大禁。

【綱】夏四月，余端禮罷。時韓侂胄擅權，屏斥正士；端禮鬱鬱不愜志，稱疾求罷。

【綱】以何澹參知政事，葉翥簽書樞密院事。罷禮部侍郎倪思。

【目】初，翥要思列疏論僞學，思不從，韓侂胄遂薦翥而罷思。

【綱】秋七月，罷殿中侍御史黃黼。

【目】中書舍人汪義端引唐李林甫故事，以僞學之黨皆名士，欲盡除之。太皇太后聞而非之，帝乃詔臺諫、給、舍：給、舍，給事中及中書舍人。「論奏不必更及舊事，務在平正，以副朕建中之意。」詔下，韓侂胄及其黨皆怒，劉德秀遂與御史張伯垓、姚愈等上疏力爭，垓音該。以爲不可，乃改「不必更及舊事」爲「不必專及舊事」。自是侂胄與其黨攻治之志愈急矣。

治道在黜首惡

黄黼上言：「治道在黜首惡而任其賢，使才者不失其職，而不才者無所憾。故仁宗嘗曰：『朕不欲留人過失於心。』此皇極之道也。」遂罷黼而以姚愈代之。

禁用僞學之黨

綱　八月，禁用僞學之黨。

目　太常少卿胡紘上書言：「比年以來，僞學猖獗，圖爲不軌，搖動上皇，詆誣聖德，幾至大亂。賴二三大臣臺諫，出死力而排之，故元惡隕命，羣邪屛跡。自御筆存救偏建中之說，或者誤認天意，急於奉承，倡爲調停之議，取前日僞學之姦黨次第用之，以冀幸其他日不相報復。往者建中靖國之事，（建中靖國，徽宗年號。）可以爲戒，陛下何未悟也？宜令退伏田里，循省愆咎。」遂詔：「僞學之黨，宰執權住進擬。」自是學禁愈急。已而言者又論僞學之禍，乞鑑元祐調停之說，杜其根源，遂有詔：「監、司、帥、守薦舉改官，並於奏牘前聲說非僞學之人。」會鄉試，漕司前期取家狀，必令書「係不是僞學」五字。

柴中行自承僞學

撫州推官柴中行，（撫州治臨川縣，即今江西撫州市。）獨申漕司云：「自幼習易，讀程氏易傳，未審是與不是僞學？如以爲僞，不願考校。」士論壯之。

綱　冬十月，召陳賈爲兵部侍郎。

目　以其嘗擊朱熹也。

削朱熹官

綱　十二月，削祕閣脩撰朱熹官，竄處士蔡元定于道州。（治營道縣，即今湖南道縣。）

蔡元定

目　熹家居，自以蒙累朝知遇之恩，且尙帶從臣職名，義不容默，乃草封事數萬言，陳姦邪蔽主之禍，因以明丞相趙汝愚之寃。子弟諸生更進迭諫，以爲必且賈禍，賈音古。熹不聽。蔡元定請以蓍決之，遇遯之同人，卦名。熹默然，取稾焚之，遂上奏力辭職名。詔仍充祕閣脩撰。時臺諫皆韓侂胄所引，洶洶爭欲以熹爲奇貨，然無敢先發者。胡紘未達時，嘗謁熹於建安。熹待學子惟脫粟飯，纔脫穀而已，言不精鑿也。遇紘不能異也。紘不悅，語人曰：「此非人情。隻雞樽酒，山中未爲乏也。」及是爲監察御史，乃銳然以擊熹自任。物色無所得，經年醞釀，作酒爲醞釀。章疏乃成；會改太常少卿，不果。

有沈繼祖者，爲小官時嘗採摭熹語、孟之語以自售。摭，拾也。至是，以追論程頤，得爲御史。紘以疏草授之，繼祖遂誣論熹十罪，且言：「熹剽竊張載、程頤之餘論，以喫菜事魔之妖術簧鼓後進，張浮駕誕，私立品題，收召四方無行義之徒以益其黨伍，潛形匿迹，如鬼如魅。魅音妹。乞褫熹職罷祠。褫音恥，奪也。其徒蔡元定佐熹爲妖，乞送別州編管。」詔熹落職罷祠，竄元定於道州。

元定生而穎異，父發博覽羣書，以程氏語錄、邵氏經世、張氏正蒙授元定，曰：「此孔、孟正脈也。」元定深涵其義。既長，辨析益精。登建陽西山絕頂，（建陽，即今福建建陽縣。）忍飢啖薺以讀書。薺，菜名。聞熹名，往師之。熹叩其學，驚曰：「季通，元定字。吾老友也。」凡性與天道之妙，他弟子不得聞者，必以語元定焉。尤袤、楊萬里交薦於朝，召之不起。會僞學黨禁

蔡元定貽書訓諸子

元定所著書

西山先生

貶留正

之論起，元定曰：「吾其不免乎。」及聞貶，不辭家即就道。熹與從遊者百餘人餞別蕭寺中，坐客興歎，有泣下者。熹微視元定，不異平時，因喟然曰：「交朋相愛之情，季通不挫之志，可謂兩得矣。」衆謂宜緩行，元定曰：「獲罪於天，天可逃乎？」杖屨同其子沈行三千里，脚爲流血，無幾微見言面。至春陵，（在今湖南寧遠縣西北。）遠近來學者日衆，州士子莫不趨席下以聽講說。愛元定者謂宜謝生徒，元定曰：「彼以學來，何忍拒之；若有禍患，亦非閉門塞竇所能避也。」貽書訓諸子曰：「獨行不愧影，獨寢不愧衾，勿以吾得罪故遂懈其志。」在道逾年卒。元定於書無所不讀，於事無所不究，義理洞見大原，圖書禮樂制度無不精妙，著洪範解、大衍詳說、律呂新書行於世，學者尊之曰西山先生。熹嘗曰：「造化微妙，惟深於理者能識之，吾與季通言而不厭也。」每諸生請疑，必令先質元定，而後爲之折衷。

綱　丁巳，三年，（一一九七）金承安二年。春正月，鄭僑罷。

綱　夏閏六月，貶留正爲光祿卿，居之邵州。（治邵陽縣，即今湖南邵陽市。）

目　朝散大夫劉三傑免喪入見，論留正共引僞學之罪。侂胄大喜，即日降旨除三傑右正言，正坐貶邵州居住。

綱　冬十一月，太皇太后吳氏崩。謚曰憲聖慈烈。

綱　十二月，籍僞學，罷吏部侍郎黄由。

目　知綿州王沇上疏：沇音衍。「乞置僞學之籍，仍自今曾受僞學舉薦、關陞，及刑法廉

籍僞學五十九人

吏自代之人，並令省部籍記姓名，與閒慢差遣。」從之。於是僞學逆黨得罪著籍者，趙汝愚、留正、周必大、王藺四人爲之首，朱熹、徐誼、彭龜年、陳傅良、薛叔似、章穎、鄭湜、樓鑰、林大中、黃由、黃黼、何異、孫逢吉、劉光祖、呂祖儉、葉適、楊芳、項安世、沈有開、曾三聘、游仲鴻、吳獵、李祥、楊簡、趙汝讜、趙汝談、陳峴、范仲黼、汪逵、孫元卿、袁燮、陳武、田澹、黃度、張體仁、蔡幼學、黃顥、周南、吳柔勝、李塤、王厚之、孟浩、趙鞏、白炎震、皇甫斌、危仲任、張致遠、楊宏中、周端朝、張衜、林仲麟、蔣傅、徐範、蔡元定、呂祖泰，凡五十九人。黃由上言：「人主不可待天下以黨與，不必置籍以示不廣。」殿中侍御史張巖劾由阿附，罷之，而擢流爲利州路轉運判官。

綱 戊午，四年，（一一九八）金承安三年。春正月，以葉翥同知樞密院事。

綱 夏五月，加韓侂胄少傅，封豫國公。（豫即蔡州，治汝陽縣，即今河南汝南縣。）

綱 詔嚴僞學之禁。

綱 秋七月，葉翥罷。八月，以謝深甫知樞密院事，許及之同知院事。

由竇尙書屈膝執政

目 及之爲吏部尚書，諂事韓侂胄無所不至。居二年不遷，見侂胄流涕，叙其知遇之意，衰遲之失，不覺屈膝；侂胄惻然憐之，故有是命。侂胄嘗值生辰，羣公上壽，旣畢集，及之適後至，閽人掩關拒之。閽音昏，守門隸也。及之大窘，會門閫未及閉，遂俯僂而入。俯，低頭。僂音樓，曲背。當時有「由竇尙書，屈膝執政」之語，傳以爲笑。

粟金蒲桃小架

趙師羼諂媚得官

劉光祖涪州學記

綱　育太祖十世孫與愿于宮中，賜名曮。

目　帝未有嗣，京鏜等請擇宗室子育之。詔育燕懿王德昭九世孫與愿於宮中，德昭，太祖長子。年六歲矣，尋賜名曮，封衛國公。

綱　以趙師羼爲工部侍郎。羼音擇。

目　師羼附韓侂胄得知臨安府，侂胄生日，百官爭貢珍異，師羼最後至，出小合曰：「願獻少果核侑觴。」啓之，乃粟金蒲桃小架，上綴大珠百餘顆，綴音拙。衆慚沮。侂胄有愛妾張、譚、王、陳四人，皆封郡夫人，其次有名位者又十人。或獻北珠冠四枚於侂胄，侂胄以遺四夫人；其十人亦欲之，未有以應也。師羼聞之，亟市北珠製十冠以獻。十人者喜，爲求遷官，拜工部侍郎。侂胄嘗與衆客飲南園，過山莊，顧竹籬草舍曰：「此眞田舍閒氣象，但欠犬吠雞鳴耳。」俄聞犬嘷叢薄，嘷音豪。木曰林，草曰薄。視之，乃師羼也。侂胄大笑，聞者莫不鄙之。

綱　己未，五年，（一一九九）金承安四年。春正月，奪前起居舍人彭龜年等官。韓侂胄使蔡璉誣告趙汝愚等定策時有異謀，遂奪彭龜年、曾三聘等官，而擢璉進義副尉。

綱　二月，放主管玉虛觀劉光祖于房州。（治房陵縣，即今湖北房縣。）

目　光祖撰涪州學記，謂「學者明聖人之道以脩其身，而世方以道爲僞，以學爲棄物。好惡出於一時，是非定於萬世。」諫議大夫張釜劾「光祖佐逆不成，蓄憤懷姦，欺世罔上。」詔落職房州居住。

京鏜謝深甫相

朱熹卒

朱熹所著書

朱熹所編次書

綱 秋八月，帝始朝太上皇于壽康宮。

綱 九月，加韓侂胄少師，封平原郡王。

綱 是歲，諸州大水。

綱 庚申，六年，（一二〇〇）金承安五年。春閏二月，以京鏜、謝深甫爲左、右丞相，何澹知樞密院事。

綱 三月，故祕閣脩撰朱熹卒。

目 熹家貧，故諸生自遠至者，豆飯藜羹率與之共，往往稱貸於人以給用；非其道義，一介不取也。時攻僞學日急，士之繩趨步尺，稍以儒自名者無所容其身。從遊之士，特立不顧者屛伏丘壑，倚阿巽懦者更名他師，過門不入，甚至變易衣冠，狎遊市肆，以自別其非黨。而熹日與諸生講學不休，或勸其謝遣生徒者，笑而不答。疾且革，革音戟，亟也。正坐，整衣冠，就枕而卒，年七十一。將葬，右正言施康年言：「四方僞徒聚於信上，信州道上。（信州治上饒縣，在今江西上饒縣西北。）欲送僞師之葬，會聚之閒，非妄談時人短長，則謬議時政得失，望令守臣約束。」從之。

熹所著，有易本義、啓蒙，蓍卦考誤，詩集傳，大學、中庸章句，或問，論語、孟子集註，太極圖，通書，西銘解，楚辭集註辨正，韓文考異；所編次，有論孟集義、孟子指要、中庸輯略、孝經刊誤、小學書、通鑑綱目、宋名臣言行錄、家禮、近思錄、河南程氏遺書、伊洛淵源錄、儀禮經傳通解。其門人不可勝計，最知名者：黃榦、李燔、張洽、陳淳、李方子、黃灝、蔡沈、輔廣。

黃幹

榦之言曰：「道之正統，待人而後傳。自周以來，任傳道之責不過數人，而能傳斯道章章較著者，較音覺，明也。一二人而止耳。由孔子而後，曾子、子思得其微，至孟子而始著；由孟子而後，周、程、張子繼其統，周敦頤字茂叔，號濂溪先生。程，程顥、程頤。張載號橫渠先生。至熹而始著。」衆以爲知言。榦初見熹，夜不設榻，不解帶。熹語人曰：「直卿志堅思苦，黃榦字直卿。與之處，甚有益。」因妻以女。及熹病革，以深衣及所著書授榦，深衣，質布，色白。朝服、祭服、喪服皆衣與裳殊，惟深衣不殊，則其被於體也深邃，故名。與之訣曰：「吾道之託在此，吾無憾矣！」熹歿，榦弟子日盛，編禮著書，講論經理，朝夕不倦。卒贈朝奉郎。

李燔

燔初見熹，熹告以曾子弘毅之語，燔因以「弘」名其齋。凡諸生未達者，熹先令訪燔，俟有所發，乃從而折衷之，諸生畏服。燔嘗曰：「凡人不必待仕宦有位爲職事方爲功業，但隨力到處有以及物，即功業矣！」居家講道，學者宗之。卒贈直華文閣。

張洽

洽從熹學，自六經傳注而下皆究其指歸。熹嘉其篤志，謂黃榦曰：「所望以永斯道之傳者，一二三君也。」洽自少用力於敬，平居不異常人，至義所當爲，則勇不可奪。著春秋集註、地理沿革表行於世。仕終直寶章閣。

陳淳

淳少習舉子業，林宗臣見而奇之，謂曰：「此非聖賢事業也。」因授以近思錄，淳讀之，遂

李方子 黃灝 輔廣 蔡沈

盡棄其業而學焉。及熹至漳，（即今福建龍溪縣。）淳請受教，爲學益力。熹語人曰：「吾南來喜得陳淳。」由是所聞皆切要語。及熹沒，淳追思之，痛自裁抑。無書不讀，無物不格，日積月累，義理貫通，恬退自守，多所著述。仕終安溪主簿。（安溪，即今福建安溪縣。）

方子端敬純篤。初見熹，熹謂曰：「觀公爲人，自是寡過，但寬大中要規矩，和緩中要果決。」方子遂以「果」名其齋。嘗曰：「吾於問學雖未能盡，然幸於大本有見處，此心常覺泰然，不爲物欲所漬耳。」

灝性行端飭，以孝友稱。廣淳謹勤恪，嘗著四書纂疏、詩傳童子問，以發明師旨。

沈，元定子也，著書傳。

綱 夏六月，太上皇后李氏崩。諡曰慈懿。

綱 許及之罷。

綱 秋七月，以陳自強簽書樞密院事。自強，韓侂胄童子師也。

綱 八月，太上皇崩。年五十有四。

綱 京鏜卒。鏜奉行韓侂胄風旨，又薦劉德秀排擊善類，僞學之名，鏜實發之。

綱 九月，處士呂祖泰上書請誅韓侂胄，詔配祖泰于欽州牢城。（欽州治欽江縣，在今廣東欽縣東北。牢城在欽江縣。）

目 祖泰，祖儉從弟也。性疏達，尚氣誼，論世事無所忌諱。先是祖儉以言事貶，祖泰

呂祖泰請誅韓侂胄

語其友曰：「自吾兄之貶，諸人箝口。箝音鉗。我雖無位，義必以言報國。當少須之，今亦未敢以累吾兄也。」至是，祖儉卒，祖泰乃擊登聞鼓，於登聞院懸鼓以達寃人。上書論韓侂胄有無君之心，請誅之以防禍亂，其略曰：「道學，自古所恃以爲國者也。丞相汝愚，今之有大勳勞者也。立僞學之禁，逐汝愚之黨，是將空陛下之國，而陛下不知悟邪？陳自強，侂胄童稚之師，躐致宰輔；陛下舊學之臣彭龜年等，今安在邪？蘇師旦，平江之吏胥，周筠，韓氏之廝役，人人知之；今師旦以潛邸隨龍，潛邸，嘉王邸也。筠以皇后親屬，俱得大官。不知陛下在潛邸時果識師旦乎？椒房之親果有筠乎？椒房，謂后妃。侂胄徒自尊大，而卑陵朝廷，一至於此。願亟誅侂胄、師旦、筠，而逐罷自強之徒。故大臣在者，獨周必大可用，宜以代之。不爾，事將不測。」書出，中外大駭。有旨：「呂祖泰挾私上書，語言狂妄，拘管連州。」（治桂陽縣，即今廣東連縣。）右諫議大夫程松與祖泰狎友，懼曰：「人知我素與遊，其謂我與聞乎？」與同預。乃獨奏言：「祖泰有當誅之罪，且其上書必有教之者。今縱不殺，猶當杖黥，黥音擎，墨刑，在面。竄之遠方。」乃杖祖泰一百，配欽州牢城收管。祖泰自期必死，冀以身悟朝廷，了無懼色。監察御史林采言僞習之成，造端自周必大，宜加絀削，絀同黜。遂貶必大爲少保。

綱　冬十月，加韓侂胄太傅。

綱　十一月，皇后韓氏崩。謚曰恭淑。

綱　十二月，葬永崇陵。

綱鑑易知錄卷八五

南宋紀

寧宗皇帝

綱 辛酉，嘉泰元年，（一二〇一）金泰和元年。春二月，臨安大火。四日乃滅，焚燒民居五萬二千餘家。自渡江以來，都城火災未有如是歲者。

綱 秋七月，何澹罷。

目 時吳挺子曦爲殿前副都指揮使，曦音希。自以世守西蜀，爲國藩屏，而身留行都，不得如志，乃以賄賂宰輔，規圖帥蜀；未及賂澹。韓侂胄已許之，澹持不可。侂胄怒曰：「始以君肯相就黜僞學，汲引至此，今顧立異邪！」遂罷奉祠。

綱 以陳自強參知政事，張釜簽書樞密院事。

綱 以吳曦爲興州都統制。（興州治順治縣，即今陝西略陽縣。）

目 曦至興州，因譖副都統制王大節罷之，由是兵權悉歸於曦，異志遂成矣。

綱 八月，張釜罷。

綱 以張巖參知政事，程松同知樞密院事。

目　皆附韓侂冑者。松諂侂冑尤甚，自知錢塘縣，（臨安府治，即今浙江杭州市。）不二年，爲諫議大夫，滿歲未遷，殊怏怏。乃市一妾獻之，名曰松壽。侂冑曰：「奈何與大諫同名？」答曰：「欲使賤名常達鈞聽耳。」（鈞聽，秉鈞之聽，見卷四十九玄宗天寶六載「鈞軸」注。）侂冑憐之，遂除同知樞密院事。

乃蠻滅西遼

綱　乃蠻襲西遼，滅之。

目　西遼王直魯古出獵，乃蠻王屈出律伏兵八千擒之而據其位，尊直魯古爲太上皇，直魯古尋死，遼祀始絕。

綱　壬戌，二年，（一二〇二）金泰和二年。春正月，以蘇師旦兼樞密都承旨。

弛僞學黨禁

綱　二月，弛僞學黨禁，復諸貶謫者官。

目　僞學之禍，雖本於韓侂冑欲去異己以快所私，然實京鏜創謀，而何澹、劉德秀、胡紘成之。及鏜死，三人亦罷，侂冑厭前事之乖戾，欲稍更改以消中外之議。會張孝伯謂侂冑曰：「不弛黨禁，恐後不免報復之禍。」藉田令陳景思，侂冑之姻也，亦謂侂冑勿爲已甚，侂冑然之。於是趙汝愚追復資政殿學士。黨人見在者，徐誼、劉光祖、陳傅良諸人，咸先後復官自便。又削薦牘中「不係僞學」一節，俾勿復有言。時朱熹沒已踰年，周必大、留正各已貶秩致仕；詔熹以待制致仕，必大復少傅，正復少保。

綱　秋八月，以袁說友同知樞密院事。冬十一月，以陳自強知樞密院事，許及之參知

陳自强相

月課

聊以塞責

政事。

綱　十二月，立貴妃楊氏爲皇后。

目　時后爲貴妃，與曹美人俱有寵。韓侂胄以后頗涉書史，知古今，性警敏，任權術，而曹美人柔順，勸帝立曹氏。帝不從，竟立后，由是后與侂胄有怨矣。

綱　加韓侂胄太師。

綱　是歲大蝗。

綱　癸亥，三年，（一二〇三）金泰和三年。春正月，謝深甫罷。張巖罷。

綱　帝視太學。

綱　以袁說友參知政事，傅伯壽簽書樞密院事。伯壽辭不拜。二月，以費士寅簽書樞密院事。

綱　夏五月，以陳自強爲右丞相。

目　時侂胄專權，凡所欲爲，宰執惕息，不敢爲異，自強至印空名敕劄授之，惟所欲爲，宰執不預知也。言路扼塞，每月按舉小吏一二人，謂之「月課」。又有泛論君德、時事，皆取其陳熟緩慢，略無攖拂者言之。或問之，則愧謝曰：「聊以塞責爾。」加以苞苴盛行，（苞苴，餽遺也。）自強尤貪鄙，四方致書餽必題其緘，緘音兼，函也。云「某物若干并獻」，凡書題無「并」字則不開。自強每稱侂胄爲恩主、恩父，蘇師旦爲叔，堂吏史達祖爲兄。侂胄姦宄專政，自強

韓侂胄定議伐金

岳飛追封爲鄂王

表裏之功爲多。

綱　以許及之知樞密院事。

綱　秋七月，造戰艦，八月，增置襄陽騎軍。（襄陽府治襄陽縣，即今湖北襄樊市。）

綱　九月，袁說友罷。冬十月，以費士寅參知政事，張孝伯同知樞密院事。

綱　甲子，四年，（一二〇四）金泰和四年。春正月，韓侂胄定議伐金。

目　金爲北鄙阻䪁等部所擾，（䪁音卜。）無歲不興師討伐，兵連禍結，士卒塗炭，府倉空匱，國勢日弱。有勸韓侂胄立蓋世功名以自固者，侂胄然之，恢復之議遂起。聚財募卒，出封椿庫黃金萬兩，以待賞功，命吳曦練兵西蜀。既而安豐守臣厲仲方，（安豐縣，在今安徽壽縣西南。）言淮北流民咸願歸附；而浙東安撫使辛棄疾入見，（浙東路治紹興府，即今浙江紹興市。）言金國必亂亡，願屬元老大臣備兵爲倉猝應變之計。侂胄大喜。鄭挺、鄧友龍等又附和其說，侂胄用師之意益銳矣。

綱　三月，臨安大火，詔百官陳時政闕失。

綱　夏四月，許及之罷。以張孝伯參知政事，錢象祖同知樞密院事。

綱　五月，追封岳飛爲鄂王。

目　先已賜謚武穆，至是韓侂胄欲風厲諸將，乃追封飛。尋封劉光世爲鄜王，贈宇文虛中少保。

華岳諫啓邊釁

綱 秋八月，張孝伯罷。

綱 冬十月，以張巖參知政事。十二月，詔宰相兼國用使。

目 韓侂胄議恢復，陳自強請遵孝宗典故，創國用司，總覈內外財賦。遂以自強兼國用使，費士寅、張巖同知國用事。掊克民財，州郡騷動。

綱 乙丑，開禧元年，（一二〇五）金泰和五年。春三月，費士寅罷。

綱 太白晝見。

綱 夏四月，以錢象祖參知政事，劉德秀簽書樞密院事。

綱 以皇甫斌知襄陽府。

目 尋以斌爲京西、北路招撫副使。

綱 竄武學生華岳于建寧。（治建安縣，即今福建建甌縣。）

目 岳上書，諫朝廷未宜用兵啓邊釁，且乞斬韓侂胄、蘇師旦、周筠以謝天下。侂胄大怒，下岳大理，編管建寧。

綱 五月，金以僕散揆爲河南宣撫使。金主璟聞朝廷將用兵，命平章僕散揆宣撫，會兵於汴以備之。

綱 秋七月，詔韓侂胄平章軍國事。

綱 以蘇師旦爲安遠節度使，領閤門事。韓侂胄暱師旦爲腹心，故有是除。

綱 八月，金罷河南宣撫司。僕散揆至汴，移文來責敗盟，三省樞密院答言：「邊臣生事，已行貶黜，所置

丘崈諫北伐

兵亦已抽去。」揆信之，白於金主，遂命罷宣撫司及新置兵。

綱　以郭倪知揚州。（治江都縣，即今江蘇揚州市。）

目　尋兼山東、京東招撫使。

綱　九月，劉德秀罷。

綱　遣使如金。韓侂胄欲審敵虛實，故遣陳景俊往賀正旦。金主諭以和好歲久，委曲涵容。景俊還，用兵益急。

綱　以丘崈爲江、淮宣撫使，崈音崇。崈辭不拜。

目　初，韓侂胄以北伐之議示崈，崈曰：「中原淪陷且百年，在我固不可一日而忘；然兵凶戰危，若首倡非常之舉，兵交，勝負未可知，則首事之禍，其誰任之？」侂胄不納。至是命崈宣撫江、淮，崈手書切諫曰：「金人未必有意敗盟，中國當示大體，宜申警軍實，使吾常有勝勢，若釁自彼作，我有詞矣。」因力辭不拜，侂胄不悅。

綱　丙寅，二年，（一二〇六）金泰和六年。春二月，壽慈宮火。太皇太后移居大內。

綱　以程松爲四川宣撫使，吳曦副之。

目　松移司興元，（治南鄭縣，即今陝西漢中市。）東軍三萬屬焉。曦進屯河池，（河池郡治梁泉縣，在今陝西鳳縣東北。）西軍六萬屬焉。仍聽節制財賦，按劾計司，曦由是益得自專，松無所關與。松始至，欲以執政禮見曦，責庭參；曦聞之，及境而還。松用東、西軍一千八百自衞，曦抽

吳曦反

伐金詔略

摘以去，（摘，挑也。）松亦不悟。尋詔曦兼陝西、河東招撫使。

綱 錢象祖罷。

綱 夏四月，以薛叔似爲京、湖宣撫使，鄧友龍爲兩淮宣撫使。

綱 追奪秦檜王爵，改謚繆醜。（論檜主和誤國之罪也。）

綱 金復命僕散揆會兵河南。

綱 吳曦反，獻階、成、和、鳳四州于金以求封。（階州治福津縣，在今甘肅武都縣東南。成州治上祿縣，在今甘肅徽成縣西北。和州即西和州，治西和縣，在今甘肅西和縣西。鳳州即上河池郡。）

目 曦既得志，與其從弟晛及徐景望、趙富、米脩之、董鎮共爲反謀，陰遣其客姚淮源獻階、成、和、鳳四州於金，求封蜀王。

綱 郭倪遣兵復泗州。（治臨淮縣，在今安徽泗縣東南。）五月，下詔伐金。

目 韓侂胄聞已得泗州，乃議降詔，略曰：「天道好還，（好還，見卷七十三宋哲宗紹聖二年「違老氏好還之戒」注。）中國有必伸之理；人心效順，匹夫無不報之仇。蠢茲醜虜，猶託要盟，（要音邀。）朘生靈之資，（朘音宣，剟也。前漢書董仲舒傳：「民日削月朘。」）奉溪壑之欲。（國語：「叔魚生，其母曰：『虎目豕喙，鳶肩牛腹，溪壑之欲，是不可厭。』」）此非出於得已，彼乃謂之當然。軍入塞而公肆創殘，（創，傷也。）使來庭而敢爲桀驁，洎行李之繼遣，（洎音忌，及也。行李，行裝。）復嫚詞之見加。含垢納汚，在人情而已極；聲罪致討，屬胡運之將傾。兵出有名，師直爲壯。言乎遠，言乎近，孰無忠義之心？爲人子，爲人臣，當念祖宗之憤！」直學士院李壁之詞也。

【綱】郭倪遣兵攻宿州，（治符離縣，即今安徽宿縣。）大敗。

【目】時建康都統李爽攻壽州，（建康在今江蘇南京市境。壽州治壽春縣，即今安徽壽縣。）亦敗。

【綱】皇甫斌敗績于唐州。（治比陽縣，即今河南泌陽縣。）

【目】時江州都統王大節攻蔡州，（江州治潯陽縣，即今江西九江市。蔡州治汝陽縣，即今河南汝南縣。）亦不克而潰。

【綱】詔以宗室均爲沂王柄嗣，賜名貴和。柄，孝宗孫，魏惠獻王愷之子。均之父曰希瞿，太祖九世孫也。

【綱】六月，鄧友龍免，以丘崈爲兩淮宣撫使。韓侂胄以師出無功，免友龍而以崈代之，駐揚州，於是王大節、皇甫斌、李爽等皆坐貶。

【綱】秋七月，蘇師旦有罪，安置韶州。韓侂胄既喪師，始覺爲蘇師旦所誤，除名，韶州安置。

【綱】以張巖知樞密院事，李壁參知政事。

夏主安全立

【綱】夏李安全廢其主純佑而自立。安全，崇宗孫，越王仁友子也，廢純佑自立，改元應天。未幾純佑死，安全號之曰桓宗。

【綱】冬十月，金僕散揆分兵入寇。揆分兵爲九道南下。

【綱】金人圍楚州。金人，金胡沙虎。（楚州治淮安縣，即今江蘇淮安縣。）

揚兵下蔡

潛渡八疊

金立吳曦爲蜀主

綱 十一月，以丘崈簽書樞密院事，督視江、淮軍馬。

綱 金人陷京西州軍，招撫使趙淳焚樊城而遁。（樊城，在今湖北襄樊市境。）

綱 金僕散揆陷安豐軍，（治壽春縣，即今安徽壽縣。）遂圍和州。（治歷陽縣，即今安徽和縣。）

目 揆引兵至淮，遣人密測淮水，惟八疊灘可涉，即遣奧屯驤揚兵下蔡，（即今安徽鳳臺縣。）聲言欲渡，守將何汝勵、姚公佐以爲誠然，悉衆屯花靨以備之。靨音葉。揆乃遣賽不等潛師渡八疊，駐於南岸。官軍不虞其至，遂皆潰走，揆遂下安豐軍。進圍和州，屯於瓦梁河，（即涂水，在今江蘇六合縣西。）以控眞、揚諸州之衝。（眞州治揚子縣，即今江蘇儀徵縣。）乃整軍列騎，張旗幟於沿江上下，於是江南大震。

綱 金人入西和州。（即吳曦所獻之和州，見上。）十二月，入成州，吳曦焚河池，退壁青野原。

綱 金人陷眞州，寇六合，（今江蘇六合縣。）郭倪遣兵救之，敗績。倪棄揚州走。

綱 金人入大散關，（在今陝西寶雞縣西南。）吳曦還興州。

目 時興州都統制毋思以重兵守關，金人遶出關後，思孤軍不能支，遂陷。曦退屯置口，置音嗟。（置口，在今陝西略陽縣西。）金完顏綱以金主命，立曦爲蜀王，曦密受之，遂還興州。是夜，天赤如血，光燭地如晝。翌日，曦召幕屬諭意，幕屬，幕府僚屬。謂「東南失守，車駕幸四明，（四明山，在今浙江寧波市西南。）今宜從權濟事。」王翼、楊騤之抗言曰：「如此，則相公忠孝八十年門戶，謂吳玠、吳璘。一朝掃地矣。」曦曰：「吾意已決。」即遣任辛奉表獻蜀地圖及吳氏譜牒於金。

與金議和

綱　丘崈遣使如金軍議和，金僕散揆還軍下蔡。

目　韓侂冑以師出屢敗，悔其前謀，諭崈募人持書幣赴敵營議和。崈乃遣劉祐持書於揆，願講好息兵；揆不從。崈復遣使相繼以往，因許還其淮北流移人及今年歲幣。揆始許之，自和州退屯下蔡。

綱　薛叔似免。以吳獵爲京湖宣撫使。

綱　以畢再遇權山東、京東招撫司。

藁人破水櫃

香豆敗敵馬

羊鼓緩追兵

目　時諸將用兵皆敗，惟再遇數有功。金人常以水櫃取勝，再遇夜縛藁人數千，衣以甲冑，持旗幟戈矛，儼立成行，昧爽，且微明也。鳴鼓，金人驚視，亟放水櫃。後知其非兵也，甚沮。乃出兵攻之，金人大敗。又嘗引金人與戰，且前且却，至於數四，視日已晚，乃以香料煮豆布地上，復前搏戰，佯爲敗走。金人乘勝追逐，馬飢，聞豆香，皆就食，鞭之不前；反攻之，金人馬死者不可勝計。又嘗與金人對壘，度金兵至者日衆，難與爭鋒。一夕拔營去，留旗幟於營，并縛生羊，置其前二足於鼓上，擊鼓有聲；金人不覺爲空營，復相持數日。及覺，欲追之則已遠矣。

綱　程松自興元逃歸。

元太祖鐵木眞稱帝

綱　蒙古奇渥溫鐵木眞稱帝于斡難河。鐵木眞之先有曰孛端叉兒，母阿蘭果火，生二子而寡居，夜寢

蒙古滅乃蠻

屢有光明照其腹，又生三子，孛端叉兒其季也。其後子孫蕃衍，各自爲部，居於烏桓之北，與畏羅、乃蠻、九姓回鶻故城和林接壤，世奉貢於遼、金，而總隸於韃靼。至也速該并吞諸部，勢愈盛大，攻塔塔兒部，獲其部長鐵木眞還，次於跌里溫盤陀山而生子，因以鐵木眞名之。也速該死，鐵木眞年幼，其部衆多歸於族人泰赤烏部，泰赤烏合七部人凡三萬攻之。鐵木眞與其母月倫率部人爲十三翼，大戰，泰赤烏等敗，因得少安。時泰赤烏部地廣民衆，而無紀律，其下謀曰：「鐵木眞衣人以己衣，乘人以己馬，眞吾主也。」因悉歸之，泰赤烏部遂微。未幾，塔塔兒部叛金，鐵木眞自斡難河帥衆會金師同滅之，以功授鐵木眞爲察兀禿魯，猶中國之招討使也。鐵木眞以乃蠻部強盛，事之甚謹，乃蠻反侵掠之，鐵木眞乃大會屬部於帖麥垓川，議伐乃蠻。乃蠻太陽罕營於沆海山，與蔑里乞諸部合，兵勢頗盛；鐵木眞與之大戰，擒殺太陽罕，諸部悉潰。鐵木眞益以盛強，明年遂攻西夏，破力吉里寨，經落思城，大掠而還。至是大會諸部長於斡難河之源，建九斿白旗，自號爲成吉思可汗。可汗，音榼寒，猶漢言天子。（斡難河一作敖嫩河，黑龍江之發源，在今蒙古人民共和國喀爾喀肯特山東麓。）

目 先是金主遣衞王允濟往靖州受鐵木眞之貢，（衞王允濟，金主雍子，本名永濟，避金主璟諱改允濟。）允濟奇其狀貌，歸言於金主，請以事除之，金主不許。鐵木眞聞而憾之。

綱 蒙古滅乃蠻。

綱 丁卯，三年，（一二〇七）金泰和七年。春正月，罷丘崈，以張巖督視江、淮軍馬。

目 時金已有和意，崈上疏乞移書金帥以成前議，且言金人指韓侂胄爲元謀，若移書，宜暫免繫銜。侂胄大怒，罷崈。

綱　以陳自強兼樞密使。

吳曦稱蜀王

綱　吳曦自稱蜀王。權大安軍楊震仲死之。（大安軍，即今陝西寧強縣。）

目　曦召隨軍轉運使安丙爲丞相長史、權行都省事；丙度不能脫，徒死無益，乃陽與而陰圖之。曦又召權大安軍楊震仲，震仲不屈，飲藥而死。其他如陳咸自髡其髮，史次秦自瞽其目，李道傳、鄧性甫等悉棄官去。

綱　二月，以知建康府葉適兼江、淮制置使。時羽檄旁午，而適治事如平時，軍須皆從官給，民以不擾，其防守皆盡法度。

綱　金平章政事僕散揆卒于下蔡。

目　揆有疾，金主命左丞相完顏宗浩行省事於汴。至是，揆卒。揆爲政多惠，人樂爲用。

安丙誅吳曦

綱　四川轉運使安丙誅吳曦，傳首臨安。傳，驛遞。

目　監興州合江倉楊巨源謀討曦，乃陰與曦將張林、朱邦寧及忠義士朱福等深相結。眉州人程夢錫知之，（眉州治眉山縣，即今四川眉山縣。）以告轉運使安丙。丙時稱疾，不視事，乃屬夢錫以書致巨源，延之臥所。巨源曰：「非先生不足以主此事，非巨源不足以了此事。」會興州中軍正將李好義，亦結軍士李貴、進士楊君玉、李坤辰、李彪等數十人謀誅曦。好義欲奉安丙主事，使坤辰來邀巨源與會。巨源往與約，還報丙，丙大喜，始出視事。君玉與白子申共草密詔。二月乙亥，未明，好義帥其徒七十四人入僞宮。巨源持詔乘馬，自稱奉使，入內戶。曦啓戶欲逸，李貴即前斫其首，斫，斬也。馳告丙。宣詔，軍民拜舞，聲動天地，持曦首撫定城中，市不易肆。盡收曦黨殺之。

先是韓侂冑聞曦反，大懼，召知鎭江府宇文紹節問計。（鎭江府治丹徒縣，即今江蘇鎭江市。）紹節云：「安丙非附逆者，必能討賊。」侂冑乃密以書諭丙云：「若能圖曦報國，即當不次推賞。」書未達而誅曦，露布已聞，朝廷大喜。傳曦首至臨安，詔誅曦妻子，奪曦父挺官爵，遷曦祖璘子孫出蜀，存璘廟祀。

方信孺使金軍

綱 以方信孺爲國信所參議官，如金軍。

目 韓侂冑募可以報使金帥府者，近臣薦信孺可使，自蕭山丞召赴都，（蕭山縣，即今浙江蕭山縣。）命以使事。信孺曰：「開釁自我，金人若問首謀，當以何詞答之？」侂冑矍然。矍音覺。矍然，驚顧貌。遂以信孺爲奉使金國通謝國信所參議官，持張巖書以行。

安丙復西和等州

綱 三月，安丙使興州將李好義等復西和、階、成、鳳州及大散關。

綱 夏四月，程松以罪竄澧州。

綱 以錢象祖參知政事。

綱 金人復陷大散關。

綱 五月，太皇太后謝氏崩。謚成肅。

綱 李好義襲秦州，（治成紀縣，即今甘肅天水市。）與金將木虎高琪戰，敗績。

安丙殺楊巨源

目　好義還，爲吳曦將王喜所毒而卒。朝廷慮喜爲變，授節度使，移荆鄂都統制。（荆鄂治荆州城，即今湖北江陵縣。）

綱　六月，安丙殺宣撫司參議官楊巨源。

目　初，吳曦誅，獎諭詔至興州，巨源謂人曰「詔命一字不及巨源」，疑有以蔽其功者。俄報王喜授節度使，而巨源授通判，心益不平，乃愬功於朝。或謂安丙曰：「巨源謀亂。」丙令喜鞫其黨，（鞫音菊，推窮罪也。）皆抵罪。時巨源方與金人戰於鳳州之長橋而敗，丙密使興元都統制彭輅收巨源，械送閬州獄，（閬州治閬中縣，即今四川閬中縣。）至大安龍尾灘，丙使將校樊世顯殺之。忠義之士聞者，莫不扼腕流涕。

綱　秋七月，大旱，蝗。

目　蝗飛蔽天，食浙西豆粟皆盡。（浙江西路治臨安府，即今浙江杭州市。）詔郡邑賑恤之。

綱　九月，貶方信孺官，遣右司郎中王柟如金軍。柟音南。

目　信孺至濠州，紇石烈子仁下之於獄，露刃環守之，絶其薪水，要以五事。信孺曰：「反俘、歸幣，可也；縛送首謀，自古無之；稱藩、割地，則非臣子所敢言。」子仁怒曰：「若不望生還邪？」信孺曰：「吾將命出國門時，已置生死度外矣。」子仁遣至汴見完顔宗浩，（汴即今河南開封市，時爲金都。）宗浩堅持五說。信孺辨對不少屈，宗浩不能詰，授以報書曰：「和與戰，俟再至決之。」信孺還，朝廷以林拱辰爲通謝使，與信孺持國書誓草，及許通謝百萬緡。緡音

方信孺以口舌折强敵

史彌遠誅韓侂冑

民，錢貫也。信孺至汴，宗浩怒信孺不曲折建白，遽以誓書來，有誅戮禁錮之語；信孺不爲動。宗浩遣信孺還，復書於張巖曰：「若斬元謀姦臣，函首以獻，及添歲幣五萬兩匹，犒師銀一千萬兩，方可議和好。」信孺還，致其書。韓侂冑問之，信孺言：「敵所欲者五事：一割兩淮，二增歲幣，三索歸正人，四犒軍銀，五不敢言。」侂冑固問之，信孺徐曰：「欲得太師頭耳！」侂冑大怒，奪信孺三官，臨江軍居住。

信孺三使金師，以口舌折強敵，金人計屈情見，雖未卽和，然已有成說。及貶，欲再遣使，顧在廷無可者，近臣以王柟薦，乃命假右司郎中，持書北行。柟，倫之孫也。

綱 冬十一月，禮部侍郎史彌遠誅韓侂冑于玉津園。詔暴侂冑罪惡于中外。

目 自兵興以來，公私之力大屈，而侂冑意猶未已，侂冑怒金人欲罪首謀，和議遂輟，復銳意用兵。中外憂懼。禮部侍郎兼資善堂翊善史彌遠入對，因力陳危迫之勢，請誅侂冑以安邦。皇后楊氏素怨侂冑，因使皇子榮王曮具疏言：「侂冑再啓兵端，將不利於社稷。」帝不答，后從旁力贊之，帝猶未許；后請命其兄楊次山擇羣臣可任者與共圖之，帝始允可。次山遂語彌遠。彌遠得密旨，先白錢象祖，象祖許之，象祖以告李壁。彌遠自懷中出御批，罷韓侂冑平章軍國事；陳自強阿附充位，罷右丞相，日下出國門。仍命主管殿前司公事夏震以兵三百防護。象祖欲奏審，壁謂「事留恐泄」，乃已。翌日，侂冑入朝，至太廟前，震呵止之，從者皆散，震以兵擁侂冑至玉津園側，殛殺之。彌遠、象祖以誅侂冑聞，遂下詔暴侂冑罪惡於中外。論功，進彌遠爲禮部尚書，加震福州觀察使。（福州治閩縣，即今福建福州市。）侂胄專政十四年，宰執、侍從、臺諫、藩閫，皆其門廡之人，天子孤立於上，威行宮省，權震宇內。及籍其家，多乘輿服御之飾，其僭紊極矣。

綱　治韓侂胄黨，竄陳自強于永州，（治零陵縣，即今湖南零陵縣。）斬蘇師旦，流郭倪等于嶺南，（指今廣東。）貶李璧等官。

綱　以衞涇簽書樞密院事。

綱　立榮王曮爲皇太子，更名幬。幬音儔。尋更名詢。

綱　十二月，罷山東、京東、西路招撫司。

錢象祖相

綱　以錢象祖爲右丞相兼樞密使，衞涇、雷孝友參知政事，史彌遠同知樞密院事，林大中簽書院事。

目　初，韓侂胄欲內交於大中，內同納。大中不許，而上章極論其姦，因辭官屏居，時事不挂於口。侂胄當國，或勸其通書以免禍，大中曰：「福不可求而得，禍可懼而免邪？」不聽，凡十二年而復起。

綱　戊辰，嘉定元年，（一二〇八）金泰和八年。春正月，以史彌遠知樞密院事。

函首畀金

綱　王柟還自汴。三月，以韓侂胄、蘇師旦首畀金。

目　柟至汴，金主遣柟持書，求函韓侂胄首以贖淮南。柟還，言於朝，詔百官議。吏部尙書樓鑰曰：「和議重事，待此而決，姦宄已斃之首，又何足惜！」遂命臨安府斲棺取首，梟之兩淮，仍諭諸路以函首畀金之事，遂以侂胄及師旦之首付王柟送金師，以易淮、陝侵地。

綱 復秦檜爵、謚。畏金也。

綱 臨安大火。

綱 夏六月，金人來歸大散關及濠州。

目 王柟以韓侂胄、蘇師旦首至金，金主璟遂命完顏匡等罷兵，更元帥府爲樞密院，遣使來歸大散關及濠州。

綱 衞涇罷。林大中卒。

綱 秋七月，召丘崈同知樞密院事，未至卒。

目 崈儀狀魁傑，機神英悟，嘗慷慨曰：「生無以報國，死願爲猛將以滅敵。」其忠義蓋天性也。

綱 八月，以婁機同知樞密院事，樓鑰簽書院事。

目 鑰持論堅正，忤韓侂胄意，奉祠累年。

機初爲太常少卿，侂胄開邊，機曰：「恢復之名非不美。今人才難得，財力未裕，萬一兵連禍結，奈何？」鄧友龍曰：「不逐此人則異議無所回。」遂斥外。及入樞府，時干戈甫定，信使往來，機裨贊之功爲多。裨，助也，音悲。尤惜名器，（名器謂爵位。）守法度，進退人物，直言可

史彌遠相

金主永濟立

夏降蒙古

否，不市私恩，不避怨。

綱　金遣使來，和議成。

綱　冬十月，以錢象祖、史彌遠爲左、右丞相，雷孝友知樞密院事，樓鑰同知院事，婁機參知政事。

綱　金主璟卒，衞王永濟立。

目　永濟，世宗第七子也。金主無子，疏忌宗室，以永濟柔弱，鮮智能，故愛之，欲傳位焉。金主殂，元妃李氏、黄門李新喜、平章政事完顏匡等定策，奉永濟卽位。

綱　贈趙汝愚太師，沂國公。諡忠定，後追封福王。

綱　錢象祖罷。

綱　己巳，二年，（一二〇九）金主永濟大安元年。春正月，以樓鑰參知政事，章良能同知樞密院事，宇文紹節簽書院事。

綱　夏五月，起復右丞相史彌遠。彌遠以母憂歸治喪，太子請賜第行在，令就第持服以便咨訪。

綱　蒙古入靈州，（夏都，在今寧夏靈武縣西南。）夏主安全降。夏自是益衰。

綱　冬十二月，畏吾兒國降于蒙古。

目　畏吾兒，唐之高昌也。（高昌國，在今新疆吐魯番縣。）

綱　庚午，三年，（一二一〇）金大安二年。冬十二月，婁機罷。

目 機立朝能正言，好稱獎人才，不遺寸長，訪問賢能，疏列姓名及其可用之實，以備采取。至是以老罷。

蒙古侵金

綱 蒙古侵金。

目 金主永濟嗣位，有詔至蒙古，傳言當拜受。蒙古主問金使曰：（蒙古主，鐵木眞。）「新君爲誰？」使曰：「衞王也。」蒙古主遽南面唾曰：「我謂中原皇帝是天上人做，此等庸懦，亦爲之邪？何以拜爲！」卽乘馬北去。金使還言，永濟怒，欲俟蒙古入貢就害之。蒙古主知之，遂與金絕，益嚴兵爲備，數侵掠金西北之境，其勢漸盛；金人皇皇，遂禁百姓傳說邊事。

綱 辛未，四年，（一二一一）金大安三年。春三月，臨安大火。

綱 夏四月，金使人求和于蒙古，蒙古不許。

夏主遵頊立

綱 秋八月，夏主安全卒，族子遵頊立。遵頊改元光定，號安全曰襄宗。

綱 蒙古攻金西京，（卽大同府，今山西大同市。）留守紇石烈胡沙虎棄城遁，金西北諸州皆降蒙古。

綱 閏九月，金兵禦蒙古，敗績于會河，（會河堡，在今河北懷安縣東北。）蒙古遂入居庸關，（在今北京市昌平區西北。）大掠而去。

綱 壬申，五年，（一二一二）金崇寧元年。秋七月，雷雨，太廟屋壞。

眞德秀災變疏

目 權直學士院眞德秀上疏曰：「臣博觀經籍史傳所志，自非甚無道之世，未聞震霆之驚及於宗廟者。夫震霆者，上天至怒之威。宗廟者，國家至嚴之地。以至怒之威而加諸至嚴之地，其爲可畏也明矣。古先哲王，遇非常之變異，則必應之以非常之德政，未嘗僅舉故事而已；今日避殿、損膳之外，咸無聞焉。或者固已妄議陛下務爲應天之文，而不究其實矣。臣願陛下，內揆之一身，外察諸庶政，勉進君德，毋以豢養安逸爲心，豢音宦。博通下情，深求致異召和之本，庶幾善祥日應，咎徵日消矣。」

綱　癸酉，六年，（一二一三）金至寧元年，九月以後宣宗珣貞祐元年。春正月，宇文紹節卒。三月，樓鑰罷。

耶律留哥自立爲遼王

綱　故遼人耶律留哥取金遼東州郡，自立爲遼王。

綱　夏四月，以章良能參知政事。

金宣宗立

綱　五月，金主永濟復以紇石烈胡沙虎爲右副元帥，秋八月，胡沙虎弑永濟而立昇王珣，珣音荀。自爲太師、尙書令、都元帥，封澤王。

綱　冬十月，蒙古大敗金將术虎高琪於懷來，（在今河北懷來縣東。）進圍燕。高琪還，殺胡沙虎，金主以高琪爲左副元帥。

綱　甲戌，七年，（一二一四）金貞祐二年。春正月，章良能卒。

綱　三月，金以其故主永濟之女歸蒙古。夏四月，及蒙古平。

綱　五月，金主珣徙都汴。秋七月，蒙古復圍燕。（卽金中都，在今北京市廣安門外。）

目　金主以國蹙兵弱，財用匱乏，不能守中都，乃遷都於汴。蒙古主聞之，怒曰：「既和而遷，是有疑心而不釋憾，特以解和爲款我之計耳。」款，緩也。復圖南侵，遣兵圍燕京。

綱　罷金歲幣。

目　時金人屢遣使來督歲幣，起居舍人眞德秀上疏請絕之，其略曰：「女眞以韃靼侵陵，女眞即金。韃靼，蒙古別號。徙巢於汴，此吾國之至憂也。蓋韃靼之圖滅女眞，猶獵師之志在得鹿；鹿之所走，獵必從之。既能越三關之阻以攻燕，豈不能絕黃河一帶之水以趨汴。直渡曰絕。使韃靼遂能如劉聰、石勒之盜有中原，則疆埸相望，便爲鄰國，固非我之利也；或如耶律德光之不能即安中土，則奸雄必將投隙而取之，尤非我之福也。今當乘虜之將亡，亟圖自立之策，不可幸虜之未亡，姑爲自安之計也。夫用忠賢，脩政事，屈羣策，收衆心者，自立之本。訓兵戎，擇將帥，繕城池，飭戍守者，自立之具。以忍恥和戎爲福，以息兵忘戰爲常，積安邊之金繒，繒音情，帛也。飾行人之玉帛，女眞尙存，則用之女眞，強敵更生，則施之強敵，此苟安之計也。陛下以自立爲規模，則國勢日張，人心日奮，雖強敵驟興，不能爲我患；以苟安爲志嚮，則國勢日削，人心日偷，雖弱虜僅存，不能無外憂。蓋安危存亡，皆所自取。若夫當事變方興之日，而示人以可侮之形，是堂上召兵，戶內延敵也。微臣區區，竊所深慮。」反覆數千言，帝納之，遂罷金國歲幣。

眞德秀請絕金歲幣疏

綱　以鄭昭先簽書樞密院事。

蒙古入燕京

眞德秀奏五事

綱　乙亥，八年，(一二一五)金貞祐三年。春二月，雷孝友罷。

綱　三月，金主遣兵救燕，與蒙古兵遇於霸州，(治益津縣，即今河北霸縣。)大潰。夏五月，中都留守右丞相完顏承暉自殺，蒙古遂入燕。

綱　秋七月，以鄭昭先參知政事，曾從龍簽書樞密院事。

綱　冬十一月，以眞德秀爲江東轉運副使。

目　德秀朝辭，奏五事，一曰宗社之恥不可忘，言：「國家之於金虜，蓋萬世必報之讎，高宗、孝宗値其方強，不得已以太王自處，而以句踐望後人。今天亡此胡，近在朝夕，誠能以待敵之禮而遇天下之豪傑，以遺虜之費而厲天下之甲兵，人心奮張，士氣自倍，何憚於此虜而猶事之哉！且重於絕虜者，畏召怨而啓釁也。然能不召怨於亡虜，而不能不啓釁於新敵，權其利害，孰重孰輕？臣願陛下勉句踐之良圖，懲紹興之失策，則王業興隆可冀矣。」二曰比鄰之道不可輕，言：「韃靼及山東之盜，苟得志而鄰於吾，莫大之憂也。願朝廷毋輕二賊，日夜講其攻守之策，以逆杜窺窬之心。」三曰幸安之謀不可恃，言：「今之議者，大抵以金虜之存亡，爲我欣戚。聞危蹙之報，則冀其非實；得安靜之耗，則幸其必然；是猶以朽壞爲垣，而望其能障盜賊也。願陛下勵自強之志，恢立武之經，毋以虜存爲喜，虜亡爲畏，則大勢舉矣。」四曰導諛之言不可聽，言：「今邊事方殷，正君臣戒懼之日。而薦紳大夫工爲諛說，(薦同搢。)或以五福足恃爲言。夫乾象告愆，邇日尤甚，其可恃讖緯不經之說，而忽昭昭之儆戒乎？惟陛下鑒天人之相因，察諛佞之有害，益脩其本，以格天休，宗社之慶也。」五曰至公之論不可忽，言：「公論，國之元氣也。元氣痞鬲，鬲同隔。不可以爲人，公論湮鬱，不可以爲國。深惟今日，實公論屈伸之機。朝廷之上，若以言者爲愛君，爲報國，無猜忌之意，而有聽用之誠，則公論自此愈伸。若以言者爲沮事，爲徼名，無聽用之誠，而有猜忌之意，則公論自此復屈。夫公論伸屈，乃治亂存亡之所由分，故臣於篇終，反復極言，惟陛下亮臣愚忠也。」

綱 丙子，九年，（一二一六）金貞祐四年。春二月，東、西兩川地大震。（東川治重慶府，即今四川重慶市。西川治成都府，即今四川成都市。）

目 馬湖夷界山崩八十里，（馬湖縣，即今四川雷波縣。）江水不通。

綱 夏四月，遼王留哥降蒙古。蒙古以爲元帥，令居廣寧府。

綱 丁丑，十年，（一二一七）金興定元年。春二月，金尚書省請罷府州學生廩給，金主不許。

目 尚書省以軍儲不繼，請罷州府學生廩給。金主曰：「自古文武並用，向在中都，設學養士，猶未嘗廢，況今日乎！其令仍舊給之。」

綱 夏四月，金人分道入寇，詔京湖、江淮、四川制置使趙方、李玨、董居誼飭兵禦之。

綱 五月，趙方遣統制扈再興、鈐轄孟宗政等救棗陽，（即今湖北棗陽縣。）金人敗走。

綱 太白經天。

張柔降蒙古

蒙古取金河東州郡

綱　秋七月，李全率衆來歸。全，金濰州北海農家子，能運鐵鎗，人號李鐵鎗。嘉定七年冬，全與仲兄福聚衆數千，鈔掠山東。詔李珏等節制京東忠義軍。

綱　八月，金以河南爲中京。（河南府卽今河南洛陽市。）

綱　冬十二月，李全及其兄福襲金青、莒州，（青州治益都縣，卽今山東益都縣。莒州治莒縣，卽今山東莒縣。）取之。

綱　戊寅，十一年，（一二一八）金興定二年。春正月，以李全爲京東路總管。

綱　夏五月，金中都經略副使賈瑀殺苗道潤，道潤將張柔討之，至紫荊關，（在今河北易縣西紫荊嶺上，卽太行蒲陰陘。）遇蒙古，與戰，被執，遂降蒙古。

目　道潤素與瑀有隙，一日從數騎出，瑀伏甲射殺之。張柔檄召道潤部曲，告以復讎之意，衆皆羅拜，推柔爲長。柔方會兵趨中山，（卽今河北定縣。）而蒙古兵出自紫荊關；柔遇之，遂戰於狼牙嶺，柔馬跌，爲蒙古兵士所執。至軍前，見主帥明安，柔立而不跪，左右強之，柔叱曰：「彼帥，我亦帥也。大丈夫死卽死，終不偷生爲他人屈！」明安壯而釋之。其潰卒稍稍來集，明安恐柔爲變，質其二親於燕京。柔歎曰：「吾受國厚恩，不意猖獗至此。顧忠孝不兩立，姑爲二親屈。」遂降，蒙古以柔爲河北都元帥。

綱　秋八月，蒙古木華黎攻取金河東諸州郡，（河東治太原，在今山西太原市東北。）金元帥烏古論德升等死之。

目　木華黎圍太原，環之數匝，金元帥烏古論德升力拒之。城破，德升至府署，謂其姑及妻曰：「吾守此數年，不幸力窮。」乃自縊而死。行省參政李革守平陽，（治臨汾縣，即今山西臨汾縣。）兵少援絕，城陷。或謂革「宜上馬突圍出」，革歎曰：「吾不能保此，何面目見天子！汝輩可去矣。」遂自殺。節度使完顏訛出虎守汾州，（治西河縣，即今山西汾陽縣。）元帥右監軍納合蒲刺都守潞州，（治上黨縣，即今山西長治市。）城破，皆力戰而死。

金入西河等州

綱　冬十二月，金主珣遣使來求和，不納。遂使其太子守緒會兵入寇。

綱　己卯，十二年，（一二一九）金興定三年。春正月，金人復寇西和、成、鳳州，入黃牛堡，（在今陝西鳳縣舊鳳州城東北。）吳政拒戰，死之。

綱　金人復大舉圍棗陽，趙方使知隨州許國等率師攻唐、鄧以救之。（鄧州治穰縣，在今河南鄧縣東南。）

目　完顏訛可圍棗陽，方計其空巢穴而來，若擣其虛，則棗陽之圍自解。乃命國及扈再興引兵三萬餘，分二道出攻唐、鄧二州，又命其子范監軍，葵爲後殿。

綱　以曾從龍同知樞密院事，任希夷簽書院事。

目　希夷嘗從朱熹學，篤信力行，爲禮部尚書。以朱熹、張栻、呂祖謙皆已賜謚，而周敦頤、程顥、程頤、張載四人，爲百代絕學之倡，尙未贈謚，乃上言乞定議賜謚，朝廷從之。

綱　三月，以鄭昭先知樞密院事，曾從龍參知政事。

綱　夏四月，曾從龍罷。

綱　復以安丙爲四川宣撫使。

目　興元卒張福等作亂，四川大震。張方、魏了翁移書宰執，謂「安丙不起，則賊未即平，蜀未可定。雖賊亦曰：『須安相公作宣撫使，事乃定耳。』」會詔丙爲宣撫，知興元府、利州路安撫使，（利州治緜谷縣，即今四川廣元縣。）民心始安。

綱　六月，安丙討張福，誅之。

綱　孟宗政、扈再興合擊金人于棗陽，大敗之，追至鄧州而還。

綱　冬十二月，趙方使扈再興、許國、孟宗政帥師分道伐金。

分道伐金

目　方以金人屢敗，必將同時並攻，當先發以制之。乃遣再興等帥師六萬，分三道而進，戒之曰：「毋深入，毋攻城，第潰其保甲，燬其城砦，（燬，焚也。）空其眥糧而已。」

綱　庚辰，十三年，（一二二〇）金興定四年。秋八月，太子詢卒。謚曰景獻。

綱　安丙遣兵會夏人伐金。

會夏伐金

目　丙遣夏人書，定議同舉伐金，約以夏兵野戰，我師攻城。遂命利州統制王仕信帥師赴熙、秦、鞏、鳳翔，（熙州治狄道縣，即今甘肅臨洮縣。鞏州治隴西縣，即今甘肅隴西縣。鳳翔府治雍縣，在今陝西鳳翔縣南。）委丁焴節制，焴音欲。且傳檄招諭陝西五路官吏軍民。

綱　九月，夏人圍金鞏州，官軍會之，不克而還。

耶律楚材庚午元曆

理宗貴誠初名與莒

綱 冬十一月，蒙古耶律楚材進庚午元曆。

目 楚材，遼東丹王突欲八世孫，金尚書右丞履之子。貞祐三年，（貞祐，金宣宗年號。）為中都行省員外郎，中都陷，遂降於蒙古。蒙古主嘗訪遼宗室，召楚材謂之曰：「遼、金世讎，吾為汝報之矣。」楚材對曰：「臣祖父以來，嘗北面事之。既為臣子，豈敢復懷二心，讎君父邪！」蒙古主重其言，命處左右備訪問。楚材通術數之學，尤邃於太玄。（太玄經，漢揚雄作。）時從征西域，（去年九月，鐵木眞伐西域諸國。）以金大明曆不應，製庚午元曆上之。蒙古主每征伐，必令楚材預卜吉凶，亦自灼羊胛以符之，（胛音夾，背胛。）然後行。

綱 辛巳，十四年，（一二二一）金興定五年。夏六月，立沂王嗣子貴和為皇子，更名竑。竑音宏。

目 帝以國本未立，（國本謂太子。）命選太祖十世孫年十五歲以上者，教育宮中，如高宗擇普安王故事。於是立貴和為皇子，以貴誠為秉義郎。貴誠初名與莒，燕懿王德昭之後，（德昭，太祖長子。）希瓐之子也，（瓐音盧。）母全氏，家於紹興山陰縣。（在今浙江紹興市內。）

初，慶元人余天錫為史彌遠府童子師，性謹愿，彌遠器重之。彌遠在相位久，以帝未有儲嗣，而沂靖惠王近屬亦未有嗣，欲借沂王置後為名，陰擇宗室中可立者，以備皇子之選。會天錫告還鄉秋試，彌遠密語之曰：「今沂王無後，宗子賢厚者幸具以來。」（具，俱也。）天錫渡浙，（浙江。）舟抵越西門，（越州卽紹興府。）會天大雨，過全保長家避雨，保長知其為丞相客，具雞黍甚肅。須臾有二子侍立，天錫異而問之，保長曰：「此吾外孫趙與莒、與芮也。芮音瑞。日者嘗言二兒後當極貴。」日者，卜筮之人。天錫因憶彌遠言，及還臨安，以告之。彌遠命召二子來。保長大喜，鬻田，治衣冠，集姻黨送之，且詫其遇。詫，誇也。及見，彌遠善相，大奇之，恐事洩不便，遽使復歸。保長大慙。逾年，彌遠忽謂天錫曰：「二子可復來乎？」天錫召之，保長辭謝不遣。彌遠乃使天錫密諭保長曰：「二子，長者最貴，宜還撫於其父家。」遂載至臨安。及貴和立爲皇子，乃補與莒秉義郎，賜名貴誠，年十七矣。

綱 秋八月，任希夷罷，以宣繒同知樞密院事，俞應符簽書院事。

綱 京湖制置大使趙方卒。

目 方病革，革音戟，亟也。曰：「未死一日，當立一日紀綱。」及卒，人皆思之。方少從張栻學，初知青陽縣，（即今安徽青陽縣。）告其守史彌遠曰：「催科不擾，是催科中撫字；刑罰無差，是刑罰中教化。」人以爲名言。方守襄、漢十年，以戰爲守，合官民兵爲一體，通制總司爲一家，許國之忠，應變之略，隱然有樽俎折衝之風，故金人擾邊，淮、蜀大困，而京西一境獨全。能用名人，如陳晐、游九功輩，晐音該。皆拔爲大吏，扈再興、孟宗政，皆自土豪推誠擢任，致其死力，卒爲名將。故能藩屏一方，使朝廷無北顧之憂。

綱 九月，立宗室貴誠爲沂王後。

目 貴誠凝重寡言，潔脩好學，每朝參待漏，他人或笑語，貴誠獨儼然，出入殿庭，矩度

安丙卒

賈涉遺彌遠書

史彌遠納美人瞯竑

竑疾史彌遠

有常，見者歛容。彌遠益異之，至是立爲沂靖惠王後。

綱 冬十一月，四川宣撫使安丙卒，詔以崔與之爲四川制置使，盡護蜀軍。

目 丙在四川，以攻爲守，威功甚著，朝廷賴之。及卒，詔與之盡護西蜀之師。與之開誠布公，拊循將士，人人悅服，軍政復立。

綱 十二月，鄭昭先罷。

綱 壬子，十五年，（一二二二）金元光元年。春正月朔，受「恭膺天命寶」于大慶殿，大赦。

目 初，鎮江都統翟朝宗得璽於金師，獻於朝。既而趙拱又得玉印，文與璽同而加大。朝廷喜，受之，行慶賀禮，大赦。賈涉遺書彌遠，謂：「天意隱而難知，人事切而易見。當思今日人事，尚未有可答天意。」彌遠不懌。

綱 夏五月，進封子竑爲濟國公，以貴誠爲邵州防禦使。（邵州治邵陽縣，在今湖南邵陽市境。）

目 竑好鼓琴，史彌遠買美人善鼓琴者納諸竑，而厚撫其家，使瞯竑動息。（瞯音閑，覘視也。）美人知書慧黠，（黠，狡也。）竑嬖之。時楊皇后專國政，彌遠用事久，宰執、侍從、臺諫、藩閫，皆所引薦，莫敢誰何，權勢熏灼。竑心不能平，嘗書楊后及彌遠之事於几上，曰：「彌遠當決配八千里。」又嘗指宮壁輿地圖瓊、崖曰：（瓊州治瓊山縣，在今廣東瓊山縣南。崖州治寧遠縣，在今廣東崖縣西北。皆宋時流放罪人之地。）「吾他日得志，置史彌遠於此。」又嘗呼彌遠爲「新恩」，以他日非新州則恩州也。（謂流放於新、恩二州也。新州治新興縣，即今廣東新興縣。恩即南恩州，治陽江縣，即今廣東陽江

鄭清之斷理宗

縣。)彌遠聞之，大懼，思以處竑，而竑不知。

眞德秀時兼宮教，諫竑曰：「皇子若能孝於慈母而敬大臣，則天命歸之矣，否則深可慮也！」竑不聽。一日，彌遠爲其父浩飯僧淨慈寺，與國子學錄鄭清之登慧日閣，屏人語曰：「皇子不堪負荷，聞後沂邸者甚賢，(後沂邸，爲沂王後者，指貴誠。)今欲擇講官，君其善訓導之，事成，彌遠之坐即君坐也。然言出於彌遠之口，入於君之耳，若一語泄，吾與君皆族矣！」清之曰：「不敢。」乃以清之兼魏忠憲王府學教授。

清之日教貴誠爲文，又購高宗御書，俾習之。清之謁彌遠，即示以貴誠詩文翰墨，譽之不容口。彌遠嘗問清之曰：「吾聞皇姪之賢已熟，大要竟何如？」清之曰：「其人之賢，更僕不能數，擯相曰僕。禮儒行：「悉數之乃留，更僕未可終也。」言詳悉數之，非久留不可，雖更代其僕，亦未可得盡言之也。然一言以斷之，曰『不凡』。」彌遠頷之再三，頷音撼，點頭以應也。策立之意益堅。乃日媒櫱竑之失言於帝，媒同酶，酒酵也。櫱音孽，麴也。喻釀成其禍也。覬帝廢竑立貴誠，覬音記，希幸也。而帝不悟其意。

綱 六月，俞應符卒。

綱 秋八月，長星見西方。

目 蒙古耶律楚材謂其主曰：「女眞將易主矣。」女眞，金本號。

綱 九月，以宣繒參知政事，程卓同知樞密院事，薛極簽書院事。

加李全節鉞

蒙古滅回紇

撥里班曲律四怯薛

綱 冬十二月，以李全爲保寧節度使、京東、河北鎮撫副使。

目 初，全有戰功，史彌遠欲加全官，賈涉止之，及加節鉞，涉歎曰：「朝廷但知官爵可以得其心，寧知驕則將至於不可勸邪！」

綱 蒙古鐵木眞入西域，屠蔑里城，滅回回國，（回回卽回紇，亦卽元時之畏吾兒，居今新疆天山南路，以其信奉回敎，故稱回回。）大掠忻都而還。

目 蒙古主入西域，圍塔里寒寨，拔之。進薄回回國，（薄，逼也。）其主委國而去。蒙古主遂進次於忻都國鐵門關。侍衞見一獸，鹿形馬尾，綠色而獨角，能爲人言，謂之曰：「汝君宜早回。」蒙古主怪之，以問耶律楚材，對曰：「此獸名角端，（角端，一角獸。）解四夷語，（解，曉也。）是惡殺之象。今大軍征西已四年，蓋上天惡殺，遣之告陛下。願承天心，宥此數國人命，實無疆之福。」蒙古遂大掠忻都而還。

綱 癸未，十六年，（一二二三）金元光二年。春三月，蒙古木華黎死於解州。（解州治解縣，卽今山西運城縣西南舊解虞縣。）

目 木華黎自河中帥師還，（河中府治河東縣，在今山西芮城縣西北。）至解州而卒。木華黎雄勇善謀，與博爾朮、博兒忽、赤老溫俱以忠勇事其主，號爲撥里班曲律，猶華言四傑也。四人之子孫皆領宿衞，號四怯薛，出官則爲輔相焉。

綱 夏五月，蒙古初置達魯花赤，監治郡縣。

達魯花赤

金主守緒立

夏主德旺立

【目】蒙古主以西域漸平，置達魯花赤於各城，監治之。達魯花赤，猶華言掌印官也。

【綱】六月，程卓卒。淮東制置使賈涉卒。

【綱】冬十二月，以許國爲淮東制置使。

【目】初，淮西都統許國奉祠家居，欲傾賈涉而代之，數言李全必反。涉卒，會召國入對，國疏「全姦謀益深，反狀已著，非有豪傑，不能消彌」，蓋自鬻也。遂易國文階爲淮東安撫制置使，兼知楚州。命下，聞者驚愕。淮東參幕徐晞稷雅意開閫，及聞國用，乃注釋國疏以寄全，全不樂。

【綱】金主珣卒，子守緒立。

【綱】蒙古攻夏，夏主遵頊傳國於其子德旺。

【綱】甲申，十七年，（一二二四）金哀宗守緒正大元年。春三月，召崔與之爲禮部尚書，以鄭損爲四川制置使。與之辭，不拜。與之治蜀，將士輯睦，府藏充實，至是以疾歸廣州。蜀人肖其像祠焉。

【綱】秋閏八月，帝崩。史彌遠矯詔立沂王子貴誠，更名昀。昀音云。尊皇后爲皇太后，同聽政。

【綱】封皇子竑爲濟王，出居湖州。（湖州治烏程縣，即今浙江湖州市。）

【目】八月丙戌，帝不豫。史彌遠遣鄭清之往沂王府，告貴誠以將立之意，貴誠默不應。清之曰：「丞相以清之從遊久，故使布腹心。今不答一語，則清之將何以答丞相？」貴誠始拱手徐言曰：「紹興老母在。」（其母全氏家居紹興。）清之以告彌遠，益相與歎其不凡。

眞德秀

壬辰，帝疾篤。彌遠稱詔，以貴誠爲皇子，改賜名昀。閏月丁酉，帝崩。彌遠遣皇后兄子谷、石，以廢立事白后，后不可，曰：「皇子竑，先帝所立，豈敢擅變！」谷等一夜七往返，后終不許。谷等乃拜泣曰：「內外軍民皆已歸心，苟不立之，禍變必生，則楊氏無噍類矣！」噍，齧也。類，種也。言無復有活而噍食之種也。后默然，良久曰：「其人安在？」彌遠卽於禁中遣快行宣昀，令之曰：「今所宣是沂靖惠王府皇子，非萬歲巷皇子，苟誤，則汝皆處斬！」昀入宮見后，后拊其背曰：「汝今爲吾子矣。」彌遠引昀至柩前，舉哀畢，然後召竑。竑至，則昀已卽位矣。遂稱詔，以竑爲開府儀同三司，封濟陽郡王；尊楊皇后曰皇太后，垂簾同聽政。詔遵孝宗故事，宮中自服三年喪。尋進封竑爲濟王，出居湖州。

綱 九月，詔傅伯成爲顯謨閣學士，楊簡爲寶謨閣學士，辭不至。

目 史彌遠欲收衆望，勸帝褒表老儒。遂詔傅伯成、楊簡及柴中行俱奉朝請。（不爲官無員，惟春朝秋請也。）伯成、簡辭不至。

綱 以眞德秀直學士院，魏了翁爲起居郎。

目 初以德秀兼侍讀，尋又以德秀直學士院，召魏了翁爲起居郎。德秀之爲起居舍人兼宮講也，言事不避權貴，且惓惓於復讎，知彌遠欲以爵祿縻天下士，慨然謂劉爚曰：爚音藥。「吾徒須急引去，使廟堂知世有不肯爲從官者。」遂力請外。至是自知潭州召還，（潭州治長沙縣，卽今湖南長沙市。）入對，勸帝容受直言，召用賢臣，固結人心爲本；帝開納之。

了翁嘗開禧初，開禧，寧宗年號。以武學博士召試學士院。對策，諫開邊事，御史徐柟劾了翁狂妄，柟音南。了翁亦以親老，出知嘉定府。（治龍遊縣，即今四川樂山縣。）尋築室白鶴山下，（了翁蒲江人，讀書於白鶴山下。白鶴山，在今四川邛崍縣西。）以所聞於輔廣、李燔者，開門授徒，士爭負笈從之，笈音及，書箱。由是蜀人盡知義理之學。及爲潼川轉運判官，（潼川府治郪縣，即今四川三台縣。）上疏乞與周敦頤、張載、程顥、程頤賜爵定謚，示學者趨向，朝廷從之。

綱　追封希瓐爲榮王，以其子與芮襲封奉祀。帝追封所生父希瓐爲榮王，生母全氏爲國夫人，而以弟與芮嗣之。

綱　冬，以葛洪同簽書樞密院事。

潘壬起兵謀立濟王

綱鑑易知錄卷八六

南宋紀

理宗皇帝 名昀，太祖十世孫，榮王希瓐之子。寧宗崩，史彌遠矯詔立之。在位四十年，壽六十二歲而崩。帝四十年閒，在朝君子小人互爲消長，治亂相半。元滅夏、滅金，威震海內，帝以中材之主，能保邦沒身，幸也。然始終崇尚理學，亦賢矣哉。

綱 乙酉，理宗皇帝寶慶元年，（一二二五）金正大二年。春正月，湖州潘壬起兵，（湖州治烏程縣，即今浙江湖州市。）謀立濟王竑；竑討平之。史彌遠矯詔殺竑，追貶爲巴陵郡公。

目 湖州人潘壬，與其從兄甫、弟丙，以史彌遠廢立，不平，乃遣甫密告謀立濟王意於李全。全欲坐致成敗，陽與之期日，遣兵應接，而實無意也。壬等信之，遂部分其衆以待。及期，全兵不至。壬等懼事泄，乃以其黨雜販鹽盜千餘人，結束如全軍狀，揚言自山東來，夜入州城，求濟王。王聞變，匿水竇中，壬等尋得之，擁至州治，以黃袍加王身。王號泣不從，壬等強之，王不得已，乃與約曰：「汝能勿傷太后、官家乎？」（五帝官天下，故以官家稱皇帝。）衆許諾。遂發軍資庫金帛、會子犒軍。（會子，見卷八十二高宗紹興三十年「初行會子」目及注。）知州謝周卿，率官屬入賀。壬等僞爲李全榜揭於門，數史彌遠廢立罪，且曰：「今領精兵二十萬，水陸並

余天錫逼濟王自縊

魏洪言竑冤

進。」人皆聳動，比明視之，則皆太湖漁人及巡尉兵卒耳。

王知事不成，乃遣王元春告於朝，而帥州兵討壬，壬變姓名走楚州，（治淮安縣，即山陽縣更名，今江蘇淮安縣。）甫、丙皆死。元春至行在，天子乘輿所至曰行在。史彌遠懼甚，急召殿司將彭壬帥師赴之，至則事平矣。壬至楚，將渡淮，爲小校明亮所獲，送臨安斬之。彌遠忌竑，詐言竑有疾，令余天錫召醫入湖州視之。天錫至，諭旨逼竑縊於州治，以疾薨聞。尋詔追貶爲巴陵郡公，改湖州爲安吉州。

起居郎魏了翁、（金部）（考功）員外郎洪咨夔，相繼言竑之冤。及禮部侍郎直學士院眞德秀入對，因曰：「陛下初膺大寶，（易繫辭下「聖人之大寶曰位」，後以大寶喻帝位。）不幸處人倫之變有所未盡，流聞四方，所損非淺。霅川之變，霅音颯。（霅川亦名霅溪，在今浙江湖州市南。指湖州之變。）非濟邸本志，前有避匿之迹，後聞捕討之謀，情狀本末，灼然可考。願詔有司，討論雍熙追封秦邸舍罪卹孤故事，（太宗太平興國七年，趙普陷秦王廷美，流死房州，雍熙元年追封涪王，官其子德恭等。）斟酌行之。雖濟王未有子息，興滅繼絶，在陛下耳。」帝曰：「朝廷待濟王亦至矣。」德秀曰：「若謂此事處置盡善，臣未敢以爲然。觀舜所以處象，則陛下不及舜明甚。人主但當以二帝、三王爲師。」（二帝謂堯、舜，三王謂夏、商、周三代開國之君。）帝曰：「一時倉卒耳。」卒音猝。德秀曰：「此已往之咎。願陛下進德脩學，以掩前失。」

綱　二月，李全作亂，焚楚州，許國走死。以徐晞稷爲制置使，撫之。

目　許國至鎮，李全妻楊氏郊迓，迓音訝，迎也。國辭不見；楊氏慙而歸。國既視事，痛抑北軍，有與南軍競者，無曲直，偏坐之，犒賞十損八九。全自青州還楚州，（青州治益都縣，即今山東益都縣。）上謁，國端坐納全拜，不爲止。全退，怒，自計曰：「彼所爭者，拜耳。拜而得志，吾何愛焉！」更折節爲禮。因會集閒，出劄白事，國見其細故，判從之，全卽席再拜謝。自是動息必請，得請必拜，國大喜，語家人曰：「吾折伏此虜矣！」全往青州，遂遣劉慶福還楚爲亂。至是，國晨起視事，忽露刃充庭，國厲聲曰：「不得無禮！」矢已及顙，流血蔽面而走。亂兵悉害其家，大縱火焚官寺。親兵數十人翼國登城樓，縋城走。明日，國縊於途。

事聞，史彌遠懼激他變，欲事含忍，以徐晞稷嘗倅楚守海，倅音翠，副也。得全歡心，乃授晞稷制使，令屈意撫全。全聞國死，自青州還楚，佯責慶福不能彈壓，致忠義之鬨，斬數人，上表待罪；朝廷不問。晞稷至楚，全及門，下馬拜庭下，晞稷降等止之，賊衆乃悅。

綱　三月，葬永茂陵。

綱　夏四月，太后以疾罷聽政。

綱　五月，李全襲彭義斌于恩州，（卽貝州，治清河縣，在今河北南宮縣東南。）義斌敗之。

目　許國既死，李全牒彭義斌於山東，牒音叠，移文也。曰：「許國謀反，已伏誅矣，爾軍並聽我節制。」義斌大駡曰：「逆賊！背國厚恩，擅殺制使，我必報此讎！」乃斬齎牒人，南向告天誓衆。見者憤激。五月，全自青州攻東平，（治須昌縣，卽今山東東平縣。）不克。乃攻恩州，義

彭義斌死

斌出兵與戰，全敗走。義斌致書沿江制置使趙善湘曰：「不誅逆全，恢復不成。但能遣兵扼淮，進據漣、海以蹙之，（漣，漣水軍，治漣水縣，即今江蘇漣水縣。海州治東海縣，即今江蘇東海縣東北。）斷其南路，此賊必擒。賊平之後，收復一京、三府，然後義斌戰河北，盱眙諸將、襄陽騎士戰河南，（盱眙，即今江蘇盱眙縣。襄陽在今湖北襄樊市境。）神州可復也。」盱眙四總管亦各遣使致書乞助討賊，知揚州趙范亦以爲言，史彌遠令諭范毋出位專兵，各享安靖之福。范復以書力論之，彌遠不聽。

【綱】六月，加史彌遠太師，封魏國公。彌遠辭太師，許之。

【綱】彭義斌圍東平，嚴實請和。秋七月，義斌徇眞定，行定曰徇。（眞定府治眞定縣，即今河北正定縣。）實以蒙古兵來襲，義斌死之。京東州縣盡陷。

【綱】竄大理評事胡夢昱于象州。昱音欲。（象州治陽壽縣，即今廣西象縣。）

【目】夢昱上書言濟王不當廢，引晉太子申生、漢戾太子，及秦王廷美之事爲證，言甚切直。史彌遠諷御史李知孝劾之，除名，羈管而卒。

【綱】贈張九成官爵，錄程頤後。

【目】帝以九成正色立朝，有中興明道之功，贈太師，追封崇國公。九成研思經學，多所訓解，然早與學佛者遊，故議論多偏。尋又詔求程頤後，得四世孫源，以爲藉田令。

【綱】以梁成大爲監察御史，罷直學士院眞德秀、（金部）（考功）員外郎洪咨夔。

目　時論濟王事者衆，史彌遠患之。成大以知縣秩滿待選，諂事彌遠家幹者萬昕。昕音欣。昕一日言眞德秀當逐。成大曰：「某若入臺，必能辨此事。」昕爲達其語，遂擢御史，成大因與莫澤、李知孝共爲彌遠鷹犬，凡忤彌遠意者，三人必相繼擊之。於是給事中王塈等，塈音忌。駁德秀所主濟王贈典，莫澤等繼劾之，遂命提舉玉隆宮。沓夔亦言濟王寃，成大等復交劾之，鐫二秩。鐫音箋，削也。由是名人賢士，排斥殆盡，人目成大、知孝、與澤爲「三凶」，且謂成大爲「成犬」。

綱　冬十一月，以薛極參知政事，葛洪簽書樞密院事。

綱　以李知孝爲右正言。

貶魏罷眞

綱　貶魏了翁官，居之靖州。（治永平縣，即今湖南靖縣。）罷眞德秀祠祿。

目　胡夢昱貶時，魏了翁出關餞之，李知孝遂指了翁首倡異論，將擊之，彌遠猶畏公議，外示優禮，改權工部侍郎。了翁力以疾辭，乃出知常德府。（治武陵縣，即今湖南常德市。）越二日，諫議大夫朱端常劾了翁欺世盜名，朋邪謗國；德秀奏劄詆誣。詔了翁落職，靖州居住；德秀落煥章閣待制，罷祠。梁成大貽書所親曰：「眞德秀乃眞小人，魏了翁乃僞君子，此舉大快公論。」識者笑之。

九經要義

讀書記

了翁至靖，湖、湘、江、浙之士，不遠千里負書從學。乃著九經要義百卷，易、書、詩、禮、春秋、周禮、儀禮、孝經、論語爲九經。訂定精密，先儒所未有也。德秀既歸浦城，（即今福建浦城縣。）脩讀

陸九齡

陸九淵

象山先生

六經皆我註脚

書記，語門人曰：「此人君爲治之門，如有用我者，執此以往。」

陸九淵後。

綱　丙戌，二年，（一二二六）金正大三年。春正月，贈陸九齡等官，賜謚。錄張栻、呂祖謙、陸九淵後。

目　詔贈陸九齡直祕閣，謚文達；沈煥直華文閣，謚端憲。錄張栻、呂祖謙、陸九淵子孫官各有差。九齡，撫州金谿人。（金谿縣，即今江西金谿縣。）幼穎悟端重，秦檜當國，程氏學廢，九齡獨尊其說，舉進士，調興國教授，（興國軍治永興縣，即今湖北陽新縣。）嚴規矩，勸綏引翼，士類興起。改全州教授，卒。（全州治清湘縣，即今廣西全縣。）張栻嘗與講學，期以任道之重。呂祖謙嘗稱之曰：「所志者大，所據者實。」

九淵，九齡弟，生而穎異。與其兄自相師友，和而不同。其教人不用學規，有小過，言中其情，或至流汗；有懷於中而不能自曉者，爲之條析其故，悉如其心；亦有相去千里，聞其大槩而得其爲人。後以將作監丞奉祠還鄉，學者稱爲象山先生。

九淵嘗謂學者曰：「汝耳自聰，目自明，事父自能孝，事兄自能弟，本無欠闕，不必他求，在乎自立而已。」又曰：「此道與溺於利欲之人言猶易，與溺於意見之人言却難。」或勸其著書，九淵曰：「學苟知道，六經皆我註脚。」及知荆門軍，（即今湖北荆門縣。）政行令脩，民俗爲變。卒，謚曰文安。

九淵嘗與朱熹會於鵝湖，（山名，在今江西鉛山縣東南，上有湖，晉末有龔氏畜鵝於此，故名。）朱、陸講學處，後建立鵝湖書院，在鵝湖山下。）辨論多不合，及熹與至白鹿洞，（在今江西星子縣西北廬山五老峯下。）九淵爲講君子小人喻義利一章，熹以爲切中學者隱微深痼之病。至於無極而太極之辨，則貽書往來，論辨不置焉。其次兄九韶，亦學問淵粹，人稱爲梭山先生。

九淵門人，其最著者曰袁燮、楊簡、沈煥、舒璘。燮，端粹專靜，爲國子祭酒，延見諸生，必迪以反躬切己、忠信篤實是爲道本，聞者竦然有得。每言：「人心與天地一本，精思以得之，兢業以守之，則與天地相似。」簡，篤學力行，爲政設施，皆可爲後世法。所著禮書行於時。煥，定海人，（定海縣，即今浙江舟山縣。）乾道中爲太學錄，（乾道，孝宗年號。）以所躬行者淑諸人。同僚忌其立異，或勸其「姑營職，道未可行也。」煥曰：「道與職有二乎？」適私試發策，引孟子「立乎人之本朝而道不行，恥也。」言路以爲訕己，請黜之，遂爲高郵軍教授，（高郵軍，即今江蘇高郵縣。）終於舒州通判。（舒州治懷寧縣，即今安徽懷寧縣。）煥，人品高明，不苟自恕，常曰：「晝觀諸妻子，夜卜諸夢寐，兩者無愧，始可以言學。」璘，刻苦磨厲，改過遷善，從張栻及九齡遊。及聞朱熹、呂祖謙講學於婺，（婺州治金華縣，即今浙江金華縣。朱熹講學於縣北金華山。）徒步往謁之。乾道中爲徽州教授，（徽州治歙縣，即今安徽歙縣。）作詩禮講解，仕終宜州通判。（宜州治宜山縣，即今廣西宜山縣。）

綱　二月，建昭勳崇德閣。

趙普、曹彬、薛居正、石熙載、潘美、李沆、王旦、李繼隆、王曾、呂夷簡、曹瑋、韓琦、曾公亮、富弼、司馬光、韓忠彥、呂頤浩、趙鼎、韓世忠、張浚、陳康伯、史浩、葛邲，後益以趙汝愚，凡二十四人，皆圖形

梭山先生　九淵門人　兩者無愧　建昭勳崇德閣

其上。

綱　三月，蒙古圍李全于青州。

目　全糧援路絕，與兄福謀，福曰：「二人俱死，無益也。汝身係南北輕重，我當死守孤城；汝間道南歸，提兵赴援，可尋生路。」全曰：「數十萬勍敵，未易支也！」全朝出，城夕陷，不如兄歸。」於是全留青，福還楚。

綱　秋七月，夏主德旺以憂卒，弟子晛立。晛音賢，上聲。

夏主晛立

綱　八月，衞涇卒。

綱　徐晞稷罷，以劉琸爲淮東制置使。

綱　冬十一月，盱眙忠義夏全作亂，逐劉琸，以衆降金。

綱　丁亥，三年，（一二二七）金正大四年。春正月，以姚翀爲淮東制置使。翀音充。

綱　贈朱熹太師，信國公。

贈朱熹詔

目　熹先謚曰文。至是，詔曰：「朕觀朱熹集註大學、論語、孟子、中庸，發揮聖賢藴奧，有補治道。朕勵治講學，緬懷典刑，可特贈熹太師，追封信國公。」（信即信州，在今江西上饒縣西北，朱熹嘗居此，故以爲封。）踰月，熹子工部侍郎在入對，言人主學問之要，帝曰：「先卿中庸序，言之甚詳，朕讀之不釋手，恨不與之同時也。」紹定中改封徽國公。紹定，理宗年號。（徽即徽州，見上。）

綱　夏五月，李全以青州降蒙古。

李全降蒙古

綱 六月，楚州忠義李福作亂，逐姚翀。詔以統制楊紹雲兼淮東制置使，改楚州爲淮安軍。

綱 蒙古鐵木眞滅夏，以夏主晛歸。

目 時諸將爭掠子女財帛，耶律楚材獨取書數部，大黃兩駝而已。既而軍士病疫，唯得大黃可愈，楚材用之，所活萬人。

綱 秋七月，張林等歸淮安，討李福，斬之。

綱 八月，蒙古以李全行省事于山東、淮南，全自青州復入淮安，殺張林。

綱 冬十二月，蒙古鐵木眞死于六盤山，（在今寧夏固原縣西南接隆德縣界。）少子拖雷監國。

目 蒙古主在位二十二年，卒年六十六，廟號太祖。凡四子：長曰木赤，性卞急而善戰，卞急，躁疾也。早死；二曰察合歹，性愼密，爲衆所畏；三曰窩闊台；窩音倭。四曰拖雷。鐵木眞死，拖雷監國。

綱 蒙古入西和州，（治西和縣，在今甘肅西和縣西。）知州事陳寅死之。

目 蒙古兵薄西和城，薄，逼也。寅率民兵晝夜苦戰，援兵不至，城遂陷。寅謂妻杜氏曰：「若速自爲計。」若，汝也。杜厲聲曰：「安有生同君祿，死不共王事者？」即飲藥自殺，二子及婦俱死母傍，寅斂而焚之，乃自伏劍死。賓客同死者二十八人。

綱 戊子，紹定元年，（一二二八）金正大五年。春三月，金將完顏陳和尙大敗蒙古兵于大昌

蒙古滅夏

李全還楚州

鐵木眞死

蒙古入西和

蒙古太宗立

原。(在今甘肅寧縣西。)

目 蒙古兵入大昌原，金將完顏陳和尙以四百騎大敗蒙古八千之衆，士氣皆倍，蓋自有蒙古之難二十年間，始有此捷，奏功第一，名震關中。

綱 冬十二月，以薛拯知樞密院事，袁韶同知院事，鄭淸之簽書院事，葛洪參知政事。

綱 己丑，二年，(一二二九)金正大六年，蒙古太宗奇渥溫窩闊台元年。秋八月，蒙古窩闊台立。

綱 庚寅，三年，(一二三〇)金正大七年。春三月，復起趙范、趙葵節制鎭江、滁州軍馬。范、葵皆方之子，時丁母憂，求解官不許，乃卒哭俱復視事。(鎭江府治鎭江縣，即今江蘇鎭江市。滁州治淸流縣，即今安徽滁縣。)

綱 夏五月，以李全爲彰化、保康節度使、京東鎭撫使；(彰化軍節度使治涇州城，在今甘肅涇川縣北。京東路時治靑州城，見上。)全不受命，遂罷知揚州翟朝宗。

目 全自還楚，卽厚募人爲兵，不限南北。全知東南利舟楫，謀習水戰，米商至，悉併舟糴之，留其舵工，以一敎十。又遣人泛江湖市桐油黏筏，厚募南匠，大治舭艫船，自淮口及海相望。時時試舟於射陽湖及海洋。(射陽湖，在今江蘇淮安縣東南，與鹽城、阜寧分界，卽古射陂。)復以糧少爲辭，遣海舟自蘇州洋入平江、嘉興告糴，(平江府治吳縣，卽今江蘇蘇州市。嘉興府治嘉興縣，卽今浙江嘉興市。)實欲習海道以覘畿甸。覘，窺視也。且欲銷朝廷兵備，乃遣軍士穆椿潛入京師皇城縱火，焚御前軍器庫，於是先朝兵甲盡喪。及全糴麥舟過鹽城，(卽今江蘇鹽城縣。)知揚州翟

如待小兒啼則與果

鵲巢燈山之祥

朝宗嗾尉兵奪之。嗾音藪。全怒,以捕盜爲名,水陸數萬,徑擣鹽城;戍將陳益、樓強、知縣陳遇皆遁,全入城據之。留鄭祥、董友守鹽城,而自提兵還楚州,以狀白於朝曰:「遣兵捕盜,過鹽城,縣令自棄城遁去,慮軍民驚擾,不免入城安衆。」朝廷乃授全節鉞,(節鉞,見卷五十四唐德宗興元元年「行軍自圖節鉞」注。)令釋兵,命制置司幹官往諭之。全曰:「朝廷待我如小兒,啼則與果。」不受制命。朝廷爲罷朝宗,命通判趙璥夫攝州事。趙范、趙葵深以全必反爲慮,累疏力言之,史彌遠不納。

綱 冬十月,以趙善湘爲江淮制置使。

目 李全反謀益急,執政多不以爲意,獨鄭清之深憂之,力勸帝討全。帝乃以趙善湘制置江淮,許便宜從事,然猶有內圖進討,外用調停之說,惟趙范、趙葵兄弟力請進兵討之。

綱 十二月,李全寇揚州,趙范、趙葵會師擊敗之。

綱 以鄭清之參知政事,喬行簡同簽書樞密院事。

綱 立皇后謝氏。

目 后,天台人,(天台縣,即今浙江天台縣。)丞相深甫之孫也。生而黳黑,黳音離,黑色。翳一目。翳音意,蔽也。父渠伯早世,產業破壞,后躬親汲飪。帝即位,議擇中宮,楊太后以深甫有援己功,命選謝氏女。謝氏獨后在室,兄弟欲納入宮,諸父櫸伯不可,櫸音舉。曰:「即奉詔納女,當厚奉資裝,異時不過一老宮婢,事奚益?」會元夕,縣有鵲來巢燈山,衆以爲后妃之祥，櫟伯不能止，乃共送后就道。后旋病疹，良已，膚蛻瑩白如玉，蛻音退。醫又藥去翳，遂與賈涉女同入宮。賈女有殊色，帝欲立之，太后曰：「謝女端重有福，宜正中宮。」左右亦相竊語曰：「不立眞皇后，乃立假皇后邪？」帝不能奪。賈妃專寵後宮，后處之裕如，不以介懷，太后益賢之，帝禮遇日加。

李全敗死

綱 辛卯，四年，（一二三一）金正大八年。春正月，趙范、趙葵大敗李全于揚州城下，全走死新塘。（在今江蘇徐州市西北。）

趙范兄弟收復淮安

綱 夏五月，趙范、趙葵等收復淮安。全將國安用從全妻楊氏走山東，降於蒙古，蒙古以爲都元帥，行省山東。

綱 秋八月，蒙古主以耶律楚材爲中書令。

綱 九月，太廟火。冬十二月，新作太廟。

綱 壬辰，五年，（一二三二）金天興元年。春正月，以孟珙爲京西兵馬鈐轄，屯棗陽。（即今湖北棗陽縣。）

忠順軍

棗陽平堰

目 初，珙父宗政知棗陽，招唐、鄧、蔡州壯士三萬餘人，號忠順軍，命江海統之，衆不服；制置司以珙代海，珙分其軍爲三，衆皆帖然。珙又創平堰於棗陽，堰音燕。壅水爲堰。自城至軍西十八里，由八疊河經漸水側，水跨九阜，建通天槽八十有三丈，溉田十萬頃，溉音旣，灌也。百畝爲頃。立十莊、三轄，使軍民分屯，邊儲豐足。珙又命忠順軍家自畜馬，官給芻粟，馬

蒙古圍汴京

金完顏陳和尚死

蒙古約夾攻金

益蓄息。至是以母憂起復，駐劄棗陽。

【綱】以史嵩之爲京湖制置使。知襄陽府。

【綱】蒙古窩闊台自白坡渡河，次鄭州，（治管城縣，即今河南鄭州市。）使其將速不臺圍金汴京。（即今河南開封市。）

【綱】金完顏合達、移剌蒲阿引軍援汴，及蒙古拖雷戰於三峯，大敗，忠孝軍總領完顏陳和尚死之。

【綱】金遣曹王訛可爲質于蒙古，請和。夏四月，蒙古退軍河、洛。

【綱】秋七月，以陳貴誼同簽書樞密院事。

【綱】蒙古國安用降金，金封爲兗王，行東京尚書省事，賜姓名完顏用安。

【綱】閏九月，彗出于角。

【綱】冬十月，金盱眙守將以城來歸，詔改爲昭信軍。

【綱】蒙古拖雷死。

【目】拖雷生六子：長蒙哥，次朮兒哥，三忽覩都，四忽必烈，五旭烈，六阿里不哥。

【綱】十二月，皇太后楊氏崩。謚曰恭聖仁烈。外朝以日易月，宮中行三年喪。

【綱】蒙古遣使來議伐金，許之。

【目】蒙古再遣王檝來京湖議夾攻金。檝音楫。史嵩之以聞，朝廷皆以爲可遂復讎之舉，獨趙范不喜，曰：「宣和海上之盟，（徽宗約金夾攻遼。）厥初甚堅，迄以取禍，不可不鑒。」帝不從，命嵩之報使許之。嵩之乃遣鄒伸之往報，蒙古許俟成功，以河南地來歸。

蒙古復圍金汴京

綱　金主守緒出奔河北，蒙古速不臺復圍汴。

綱　癸巳，六年，（一二三三）金天興二年。春正月，金主守緒濟河，使完顏白撒攻衛州，（治汲縣，即今河南汲縣。）與蒙古兵戰，大敗，金主走歸德。（治宋城縣，在今河南商丘市南。）白撒伏誅。

金崔立以汴京降蒙古

綱　金汴京西面元帥崔立作亂，以梁王從恪監國而幽之，自爲太師、尚書令、都元帥，以城降蒙古。

綱　夏四月，金崔立執其主之后妃及梁王從恪等送蒙古軍。蒙古速不臺殺從恪等，以后妃北還。在道艱楚萬狀，尤甚於徽、欽之時。

蒙古取金洛陽

綱　六月，蒙古取洛陽，金中京留守強伸死之。

綱　金主守緒走蔡州。

綱　蒙古以孔元措襲封衍聖公。從耶律楚材之請也。

綱　秋八月，史嵩之以兵會蒙古將塔察兒伐金。會攻蔡州也。

金乞糧於宋

綱　九月，金人來乞糧，不許。

目　金使完顏阿虎帶來乞糧，將行，金主諭之曰：「宋人負朕深矣！朕自卽位以來，戒飭邊將，無犯南界，邊臣有請征討者，未嘗不切責之。今乘我疲弊來攻，彼爲謀亦淺矣。蒙古滅國四十，以及西夏；夏亡，及於我；我亡，必及於宋。脣亡齒寒，自然之理。若與我連和，所以爲我者，亦爲彼也。卿其以此意曉之。」阿虎帶至，朝廷不許。

綱　蒙古塔察兒圍金蔡州，冬十月，史嵩之使孟珙等帥師會之。金主微服率兵夜出東城，謀遁去，及柵遇敵兵，戰而還，殺廐馬以犒將士，然其勢不可爲已。

綱　封史彌遠爲會稽郡王，奉朝請。彌遠尋卒。

目　彌遠以疾求解政。詔「彌遠有定策大功，勤勞王室，宜加優禮。」於是封會稽郡王，奉朝請。越八日而卒。彌遠爲相，凡二十六年，用事專且久，權傾內外。初欲反韓侂冑所爲，故收召賢才老成，布於朝廷。及濟王不得其死，論者紛起，遂專任憸壬，憸音纖，憸壬，小人也。以居臺諫，一時君子貶斥殆盡。帝德其立己，惟言是從，故恩寵終其身。

綱　十一月，刑部侍郎梁成大等有罪，免。

目　時成大權刑部侍郎，有旨黜之。既而臺臣交劾刑部尚書兼給事中莫澤貪淫忮害，工部尚書李知孝侵欲亡厭，（亡，無也。）皆罷之。蓋三人皆黨附史彌遠，排斥諸賢；而成大尤心術嶮巇，嶮音險，巇音希。危險也。凡可賊害忠良者，率攘臂爲之，雖知孝亦鄙其爲人，至曰：「所不堪者，他日與成大同傳耳！」卒皆貶死，天下快之。

綱　詔改元。

目　史彌遠卒，帝始親政，勵精求治。鄭清之亦慨然以天下爲己任，收召賢才，擢之朝廷。下詔改明年紀元端平。

綱　曾從龍、宣繒免。

綱　以洪咨夔、王遂爲監察御史。

目　帝親政五日，卽召咨夔爲禮部員外郎。入對，帝問以今日急務，咨夔言：「進君子，退小人，開誠心，布公道。」因乞召用崔與之、眞德秀、魏了翁，帝納之。翌日，與王遂並拜御史。咨夔謂遂曰：「朝無臺諫久矣，要當極本原而先論之。」因上疏乞權歸人主，政出中書，以致平治之道。且劾賫政殿學士袁韶仇視善類，諂附史彌遠；詔奪韶祠祿。又論趙善湘、鄭損、陳晐納賂史彌遠，晐音該。怙勢肆姦，失江淮、荆襄、蜀漢人心，罪狀顯著；詔善湘有討李全功，特寢免。晐、損皆落職。

綱　十二月，薛極免。

目　極與胡榘、聶子述、趙汝述附史彌遠，榘音矩。最親用事，時人謂之「四木」。

四木

綱　甲午，端平元年，（一二三四）金天興三年，是歲金亡。春正月，金主守緒傳位于其宗室承麟。孟珙以蒙古兵入蔡州，守緒及其尙書右丞完顏忽斜虎死之，承麟爲亂兵所殺，金亡。

金亡

綱　以陳、蔡西北地分屬蒙古，（陳州治宛丘縣，卽今河南淮陽縣。）蒙古以劉福爲河南道總管。史嵩之使孟珙等分屯京西。

綱　三月，以賈貴妃弟似道爲藉田令。

目 似道，涉之子，少落魄爲遊博，不事操行，以蔭補嘉興司倉，帝以貴妃故，累擢藉田令。恃寵不檢，日縱遊諸妓家，至夜卽燕遊湖上不返。帝嘗夜憑高望西湖中燈火異常時，（西湖，卽今浙江杭州市西湖。）語左右曰：「此必似道也。」明日詢之，果然。使京尹史巖之戒之，巖之對曰：「似道雖有少年氣習，然其才可大用也。」

綱 夏四月，獻金俘于太廟，論功行賞有差。

目 史嵩之遣使以孟珙所獲金俘囚張天綱、完顏好海等獻於臨安。四月丙戌，備禮告於太廟，加孟珙帶御器械，江海以下論功行賞有差。知臨安府薛瓊問天綱曰：「有何面目到此？」天綱曰：「國之興亡，何代無之。我金之亡，比汝二帝何如？」瓊叱之。明日，奏其語，帝召天綱問曰：「汝眞不畏死邪？」天綱對曰：「大丈夫患死之不中節耳，何畏之有！」因祈死不已，帝不聽。初，有司令天綱具狀，必欲書金主爲「虜主」，天綱曰：「殺卽殺，焉用狀爲！」有司不能屈，聽其所供，天綱但書「故主」而已。聞者憐之，後莫知其所終。

監察御史王遂言：「史嵩之本不知兵，矜功自侈，謀身詭祕，欺君誤國，留之襄陽一日，則有一日之憂。」不報。洪咨夔亦言：「殘金雖滅，鄰國方強，亦嚴守備，猶恐不逮，豈可動色相賀，渙然解體，以重方來之憂！」帝嘉納之。

綱 五月，賜黄榦、李燔、李道傳等謚，錄其子。

目 詔：「榦、燔、道傳及陳宓、樓昉、徐瑄、胡夢昱等，阨於權奸，而各行其志，沒齒無怨，其賜謚復官，錄用其子。」

綱　六月，以曾從龍參知政事，喬行簡知樞密院事，鄭性之簽書院事。

綱　詔復故濟王竑官爵。

綱　趙范、趙葵請復三京，（三京，東京汴京、西京洛陽、南京應天。）詔知廬州全子才會兵趨汴，金故將李伯淵等誅崔立以降。

趙范趙葵請復三京

目　范、葵欲乘時撫定中原，建守河、據關、收復三京之議，朝臣多以爲未可，獨鄭清之力主其說。乃命趙范移司黃州，（治黃岡縣，即今湖北黃岡縣。）刻日進兵。范參議官邱岳曰：「方興之敵，新盟而退，氣盛鋒銳，寧肯捐所得以與人邪！我師若往，彼必突至，非惟進退失據，開釁致兵必自此始。且千里長驅以爭空城，得之當勤餽餉，後必悔之。」范不聽。史嵩之亦言荆襄方爾饑饉，未可興師。杜杲復陳守境之利，出師之害。喬行簡時在告，（告，休假也。）上疏曰：「八陵有可朝之路，中原有可復之機，以大有爲之資，當大有爲之會，則事之有成，固可坐而策也。臣不憂師出之無功，而憂事力之不可繼，有功而至於不可繼，則其憂始深矣。夫規恢進取，必須選將練兵，豐財足食；而今將乏卒寡，財匱食竭，臣恐北方未可圖，而南方已先騷動矣。願堅持聖意，定爲國論，以絶紛紛之說。」皆不聽。而詔知廬州全子才合淮西兵萬人赴汴。

邱岳諫趙范

喬行簡諫興兵疏

時汴京都尉李伯淵、李琦、李賤奴等，爲崔立所侮，謀殺之，及聞子才軍至，伯淵等以書約降，而陽與立謀備禦之策。六月，伯淵燒封丘門，約立視火，倉猝中就馬上抱立，刺殺之，遂以城降。

綱 趙葵帥師會全子才于汴。秋七月，葵將楊誼等入洛陽。

目 全子才次于汴，趙葵自滁州以淮西兵五萬趨汴以會之。葵謂子才曰：「我輩始謀據關守河，今已抵汴半月，不急攻洛陽、潼關，（潼關，在今陝西渭南縣東。）何待邪？」子才以糧餉未集對，葵督促益急，乃檄鈐轄范用吉等提兵萬三千，命淮西制置司機宜文字徐敏子爲監軍，先命西上，又命楊誼以廬州强弩軍萬五千繼之，各給五日糧。七月，徐敏子啓行，遣軍正將張迪以二百人趨洛陽。迪至城下，城中寂然無應者，至晚，有民庶三百餘家登城投降，迪與敏子遂帥衆入城。蒙古聞之，復引兵南下。

綱 八月，朱揚祖還自河南。

目 先是遣太常簿朱揚祖詣河南省謁八陵，至是還，揚祖以八陵圖上進。帝問諸陵相去幾何及陵前澗水新復，揚祖悉以對。帝忍涕太息久之。

綱 蒙古復引兵至洛陽城下，楊誼軍潰，趙葵、全子才遂棄汴而歸。

目 徐敏子入洛之明日，軍食已竭，乃采蒿和麪作餅而食之。楊誼至洛東三十里，方散坐蓐食，（蓐食，謂早炊食於寢蓐也。蓐，薦席。）而蒙古伏兵突起深蒿中，楊誼倉卒無備，師遂大潰，誼僅以身免。八月朔，旦，蒙古兵至洛陽城立寨，敏子與戰，勝負相當。士卒乏糧，因殺馬而食，敏子等不能留，乃班師。趙葵、全子才在汴，亦以史嵩之不致餽，糧用不繼；所復州郡率皆空城，無兵食可因，遂皆引師南還。趙范以入洛之師敗績，上表劾葵、子才輕遣偏師，趙楷、劉子澄參贊失計，師退無律，致後陣覆敗。詔葵、子才削一秩，餘貶秩有差。鄭清之力辭解政，不許。喬行簡上言：「三京撓敗之餘，事與前異，但當益脩戰守之備。」帝嘉納之。

綱　京湖制置使史嵩之免。九月，以趙范代之。

綱　召眞德秀爲翰林學士，魏了翁直學士院。

目　帝因民望召還二人。德秀入對，帝迎謂曰：「卿去國十年，每切思賢。」德秀以大學衍義上進，因言於帝曰：「『天之所助者順，人之所助者信。』二句易繫辭上傳之辭。天厭夷德久矣，陛下儻能敬德以迓續休命，中原終爲吾有；若徒以力求之而不反其本，天意難測，臣實憂之。」了翁入對，言事剴切，反覆利害之端，至漏下四十刻乃退，帝皆嘉納之。

綱　冬十月，陳貴誼卒。

綱　詔眞德秀進講大學衍義。

眞德秀上大學衍義

綱　十二月，蒙古使王檝來。

目　蒙古使王檝來言曰：「何爲而敗盟也？」自是河、淮之閒，無寧日矣。

綱　安南入貢。

孟珙屯黃州

眞德秀卒

綱 乙未，二年，（一二三五）春正月，以程芾爲蒙古通好使。芾音費。

綱 詔孟珙屯黃州。

目 珙留襄陽，招中原精鋭之士萬五千人，分屯漅北、樊城、新野、唐、鄧閒，（漅，湖名，即今安徽巢縣西巢湖。樊城在今湖北襄樊市內。新野，即今河南新野縣。）以備蒙古，名鎮北軍。詔以珙爲襄陽都統制，入對，授主管侍衞馬軍司公事，時暫黃州駐劄。朝辭，帝問恢復，珙對曰：「願陛下寬民力，蓄人材，以俟機會。」帝問和議，珙對曰：「臣介冑之士，當言戰，不當言和。」賜賚甚厚。珙至黃，增陴浚隍，陴，城上女牆。隍，城下池也。蒐訪軍實，蒐音搜。邊民來歸者日以千數，爲屋三萬閒以居之，厚加賑貸。又慮軍民雜處，因高阜爲齊安、鎮安二砦，以居諸軍。

綱 三月，以眞德秀參知政事，陳卓同簽書樞密院事。夏五月，德秀卒。

目 德秀拜參知政事時已得疾，遂三上表乞祠，帝不得已，授資政殿學士，提舉萬壽宮。逾旬而卒，贈銀青光祿大夫，謚文忠。德秀立朝不滿十年，奏疏將數十萬言，皆切當世要務，直聲震朝廷。四方文士誦其文，想見風采。及宦遊所至，惠政深洽，不愧其言。由是中外交頌，史彌遠忌之，輒擯不用，而聲聞愈彰。及歸朝將大用，則既衰矣。然自韓侂冑立僞學之名以錮善類，凡近世大儒之書，皆顯禁絕之。德秀晚出，獨慨然以斯文自任，講習而服行之。黨禁既開，正學遂明於後世，德秀之力爲多。

綱 六月，葛洪免，召崔與之參知政事，不至。

目　與之自成都乞歸廣州，(治南海縣，即今廣東廣州市。)每有除命，皆力辭不起。及拜廣東安撫，會摧鋒軍士作亂，與之肩輿登城，叛兵望之，俯伏聽命而散。因即家治事。帝注想彌切，召參大政，與之力辭，帝乃遣使趣之，趣同促。且訪以政事之當行罷者，人才之當用舍者。與之上疏曰：「天生人才，自足以供一代之用，惟辨其君子小人而已。忠實而有才者，上也；才不高而忠實存者，次也；用人之道，無逾於此。」帝嘉納之，召命益力。與之控辭至十三疏，不許。

蒙古分道入寇

綱　蒙古主使其子闊端等分道入寇。

目　蒙古主命子闊端、將塔海等侵蜀，忒木䚟及張柔等侵漢口，䚟音歹。溫不花及察罕等侵江淮，又命姪蒙哥征西域，唐古魯火赤伐高麗。

綱　冬十二月，以魏了翁同簽書樞密院事，督視江淮、京湖軍馬。

目　了翁在朝凡六月，前後二十餘疏，皆當世急務。帝將引以共政，而忌者相與合謀排擯之，且言了翁知兵體。乃命出視師，賜便宜詔書如張浚故事。陛辭，御書唐嚴武詩及「鶴山書院」四大字賜之。(嚴武，唐代宗時劍南節度使，吐蕃畏之，不敢犯境。)了翁開幕府於江州，以吳潛爲參謀官，趙善瀚、馬光祖爲參議官。

綱　曾從龍卒，以余嶸同簽書樞密院事。嶸音橫。

綱　蒙古闊端入沔州，(治略陽縣，即今陝西略陽縣。)殺知州事高稼，進圍青野原，利州統制曹友聞將兵救却之。（利州治緜谷縣，即今四川廣元縣。）

綱 丙申，三年，（一二三六）春正月，蒙古將忒木觧寇江陵。（即今湖北江陵縣。）

目 統制李復明死之。

綱 二月，召魏了翁還簽書樞密院事，固辭不拜。

目 廷臣多忌了翁者，故謀假出督以外之。甫二旬，復以建督爲非，召之還，而帝不悟。於是了翁固辭求去。

綱 以陳韡爲沿江制置使，韡音委。史嵩之爲淮西制置使。韡兼知建康府。嵩之兼知廬州。

綱 三月，襄陽將王旻等作亂，以城降蒙古。

襄陽降蒙古

綱 趙范在襄陽，以北軍將王旻、李伯淵、樊文彬、黃國弼等爲腹心，朝夕酣狎，了無上下之序，民訟邊防，一切廢弛。既而南北軍交爭，范失於撫馭，於是旻、伯淵焚襄陽城郭、倉庫，相繼降於蒙古。詔削趙范三官，仍舊職任。

魏了翁罷

綱 夏四月，魏了翁罷。

目 了翁乞歸田里，不允，以資政殿學士知潭州。（治長沙縣，即今湖南長沙市。）時殿中侍御史李韶訟曰：「了翁刻志問學，幾四十年，忠言讜論，載在國史。比者樞庭之詔，未幾改鎮；改鎮未久，有旨予祠，不知國家人才，燁然有稱如了翁者幾人？燁音葉。願亟召還，處以台輔。」不報。

綱 下詔罪己。

目 時師屢爲蒙古所敗，襄、漢、淮、蜀日事兵爭，帝悔前事，命學士吳泳草詔罪己。泳以監察御史王萬忠伉有大志，精於邊防，以詔意訪之。萬曰：「兵固失矣，言之甚，恐亦不可。今邊民生意如髮，宜以振厲奮發，興感人心。」因爲條具沿邊事宜。泳從其言，草詔上進，其略有曰：「數年之閒，多難已甚，屬讎金之寖滅，而蒙古之與鄰。逮合謀成破蔡之功，恐假道有及虞之勢。心之憂矣，臍可噬乎！」謂口噬腹臍，喻不可及也。又曰：「兵民之死戰鬬，戶口之困流離，室廬靡存，骼胔相望。枯骨曰骼，肉腐曰胔。是皆朕明不能燭，德有未孚，上無以格天心，下無以定民志。今方施令發政，以爲綏輯之圖，補卒蒐乘，以嚴守禦之備，想瘡痍之溢目，如疾病之在身。」

綱 五月，以趙葵爲淮東制置使。葵兼知揚州，墾田治兵，邊備以飭。

綱 秋七月，陳卓罷，以鄭性之參知政事，李鳴復簽書樞密院事。

綱 八月，趙范有罪免。論失襄陽之罪也。

綱 蒙古陷棗陽軍、德安府。（德安府治漢陽縣，即今湖北武漢市舊漢陽縣。）

目 初，蒙古破許州，（治長社縣，即今河南許昌市。）獲金軍資庫使姚樞，楊惟中見之，以兄事樞。時北庭無漢人士大夫，太祖見樞至，太祖，鐵木眞。甚喜，特加重焉。及闊端南侵，俾樞從。至是破棗陽，忒木䚟欲阬士人，阬音鏗。樞力與辨，得脫死者數十人。繼拔德安，得趙復。復

罪己詔略

江漢先生
北方始知學經
蒙古陷文州
幼子下拜受藥
喬行簡相

以儒學見重於世，其徒稱爲江漢先生。既被獲，不欲北行，力求死所。樞止與共宿，譬說百端，曰：「徒死無益，隨吾而北，可保無他也。」至燕，（燕，燕京。）名益大著，學徒百人，由是北方始知學經，而樞亦初得覩程、朱性理之書。

【綱】九月，有事于明堂，大雨，震電。鄭清之、喬行簡免。召崔與之爲右丞相兼樞密使，復辭不至。

【綱】曹友聞與蒙古戰于陽平關，（在今陝西寧强縣西北。）敗績，死之。蒙古闊端遂入成都。

【綱】冬十月，蒙古陷文州，（治曲水縣，在今甘肅文縣西北。）知州事劉銳等死之。

【目】闊端兵離成都入文州，知州劉銳、通判趙汝曏乘城固守，（曏音向。）晝夜搏戰。踰月，援兵不至，銳度不免，集其家人，盡飲以藥，皆死。家素有禮法，幼子纔六歲，飲藥時猶下拜受之，左右感動。城破，銳及其二子自刎死。汝曏被執，臠殺之，（臠，切肉塊也。）軍民同死者數萬。

【綱】封陳日煚爲安南王。（煚音景。）

【綱】十一月，以喬行簡爲左丞相兼樞密使。

【綱】蒙古兵入淮西，詔史嵩之、趙葵、陳韡分道拒之。

【綱】孟珙引兵敗蒙古忒木䚟于江陵。

【綱】蒙古將察罕寇眞州，（治揚子縣，即今江蘇儀徵縣。）知州事邱岳敗之。

【綱】復成都。

綱鑑易知錄卷八七

南宋紀

理宗皇帝

綱 丁酉，嘉熙元年，（一二三七）春正月，以李埴同知樞密院事，宣撫四川。

綱 二月，以鄭性之知樞密院事，鄒應龍簽書院事，李宗勉同簽書院事。李鳴復罷。

綱 詔經筵進講朱熹通鑑綱目。

綱 三月，資政殿學士魏了翁卒。贈少師，謚文靖。

綱 夏五月，臨安大火。

目 臨安大火，自巳至酉，燒民廬五十三萬。士民上書咸訴濟王之冤，進士潘牥對策亦以爲言，牥音方。并及史彌遠。侍御史蔣峴，彌遠之黨也，上疏謂：「火災天數，何預故王？」遂劾方大琮、王邁、劉克莊等鼓扇異論，并斥牥性同逆賊，語涉不順，請皆論以漢法。自是羣臣無敢復言濟王冤矣。

綱 六月，鄒應龍罷。秋八月，以李鳴復參知政事，李宗勉簽書樞密院事。

綱 蒙古校儒士于諸路。

講通鑑綱目

蒙古校士

杜杲守安豐

目 耶律楚材奏：「制器者必用良工，守成者必用儒臣。儒臣之事業，非積數十年殆未易成也。」蒙古主曰：「果爾，可官其人。」楚材請校試之，乃命稅課使劉中、楊奐隨郡考試，以經義、詞賦、論分爲三科，儒人被俘爲奴者亦令就試，其主匿弗遣者死，得士凡四千三十人，免爲奴者四之一。楚材又請一衡量，立鈔法，鈔，錢鈔也。定均輸，庶政略備，民稍蘇息。

綱 冬十月，蒙古寇安豐，（安豐軍治壽春縣，即今安徽壽縣。）知軍事杜杲力戰禦之，蒙古引還。

目 蒙古口溫不花攻黃州，（治黃岡縣，即今湖北黃岡縣。）孟珙帥師救却之。遂攻安豐。杜杲繕完守禦，蒙古以火砲焚樓櫓，城上望樓也。杲隨陷隨補完。蒙古令拔都魯斫牌杈木。斫，斬也。拔都魯者，皆死囚爲之，攻城以自贖。杲募善射者用小箭射其目，拔都魯多傷而退。會池州都統制呂文德突圍入城，（池州治貴池縣，即今安徽貴池縣。）合力捍禦，蒙古引去，淮右以安。文德，安豐人，魁梧勇悍，嘗鬻薪城中，趙葵見其遺屨長尺有咫，咫音止，八寸曰咫。異而訪之，值文德出獵，暮負虎鹿各一而歸，召置帳下，遂累功勞，超擢軍職。

綱 戊戌，二年，（一二三八）春正月，以余天錫同簽書樞密院事。

綱 二月，以史嵩之參知政事，督視京湖、江西軍馬，置司鄂州。尋兼督視淮南、西路、光、蘄、黃、夔、施州。（鄂州治江夏縣，即今湖北武漢市武昌城。）

綱 夏六月，李埴卒。

綱　秋七月，以趙以夫同知樞密院事。

綱　九月，蒙古圍廬州，（治合肥縣，在今安徽合肥市北。）杜杲敗走之。

杜杲守廬州

目　蒙古察罕帥兵號八十萬圍廬州，期破廬後造舟巢湖以窺江左。（巢湖，在今安徽巢縣西。江左，謂長江下游。今江蘇等地。）於壕外築土城六十里，（壕音豪，城下池也。）穿兩壕，攻具皆數倍於攻安豐時。杜杲極力守禦，蒙古築垻高於城樓，（垻同壩，堰也。）杲以油灌草，即垻下燒之，皆爲煨燼。又於串樓內立鴈翅七層，俄砲中垻上，衆驚，杲乘勝出戰，蒙古敗走，杲追躡數十里。又練舟師扼淮河，遣其子庶監呂文德、聶斌伏精銳於要害，蒙古不能進，遂引師北歸。詔加杲淮西制置使。

綱　以孟珙爲京湖制置使。冬十月，珙復郢州、荆門軍。（郢州治長壽縣，即今湖北鍾祥縣。荆門軍即今湖北荆門縣。）

蒙古建太極書院

綱　蒙古建太極書院于燕京。（周敦頤著有太極圖，因以名書院。燕京，在今北京市舊大興縣。）

河朔始知道學

目　時濂溪周子之學未至於河朔，（河北也。）（濂溪在今湖南道縣，周敦頤居此，後居九江廬山蓮花峯前，有溪出峯下，亦名爲濂溪，學者稱周濂溪先生。）楊惟中用師於蜀、湖、京、漢，得名士數十人，始知其道之粹，乃收集伊洛諸書，（伊洛謂二程氏。）載送燕京。師還，與姚樞謀建太極書院及周子祠，以二程、張、楊、游、朱六子配食，（程顥、程頤、張載、楊時、游酢、朱熹。）請趙復爲師，選俊秀有識度者爲道學生。由是河朔始知道學。

喬李史三相

孟珙復襄陽

襄樊爲朝廷根本

忠衞軍先鋒軍

崔與之卒

孟珙復夔州

綱 己亥，三年，（一二三九）春正月，以喬行簡爲少傅、平章軍國重事，李宗勉爲左丞相兼樞密使，史嵩之爲右丞相兼樞密使，督視江淮、四川、京湖軍馬。

目 嵩之既相，一時正人多以不合逐去。時三相當國，論者謂喬失之泛，李失之狹，史失之專；然宗勉清謹守法，猶號爲賢。

綱 以余天錫參知政事，游侶簽書樞密院事。侶即似字。

綱 三月，孟珙復襄陽。（在今湖北襄樊市境。）

目 珙遣兵及蒙古三戰皆捷，遂復樊城、襄陽，（樊城，即今湖北襄樊市漢水北岸舊樊城。）因上奏曰：「取襄不難而守爲難。非將士不勇也，非車馬器械不精也，實在乎事力之不繼爾。襄、樊爲朝廷根本，今百戰而得之，當加經理，如護元氣，非甲兵十萬，不足分守。與其抽兵於敵來之後，孰若保此全勝！練兵集謀，此不爭之爭也。」乃以蔡、息降人置忠衞軍，（蔡即蔡州，治汝陽縣，即今河南汝南縣，息州，金置，治息縣，即今河南息縣。）襄、郢降人置先鋒軍。（襄即襄州，治襄陽縣。）

綱 冬十二月，觀文殿大學士致仕崔與之卒。

目 與之晚出番禺，（在今廣東廣州市境。）屹然有大臣風，與張九齡齊名異代。九齡，廣東韶州人，唐玄宗朝賢相。贈少師，封南海郡公，（南海縣，在今廣東廣州市境。）謚清獻。

綱 孟珙遣兵禦蒙古于蜀口，遂復夔州。（蜀謂四川，夔州在長江出川之口，故云蜀口。夔州路治奉節縣，即今四川奉節縣。）

綱　以陳塤爲國子司業。塤音暄。

目　塤，史彌遠之甥也，紹定中爲太常博士，紹定，理宗年號。上疏「乞去君側之蠱媚以正王德，從天下之公論以新庶政」，蓋指賈貴妃及彌遠也。彌遠召謂曰：「何爲好名？」塤曰：「好名，孟子所不取，然求士於三代之上，惟恐其好名；求士於三代之下，惟恐其不好名耳。」因力請外。彌遠卒，乃召還，歷官吏部侍郎，至是授司業，諸生相慶以爲得師。

綱　庚子，四年，（一二四〇）春正月，彗見營室。

綱　臨安大饑。

綱　蒙古張柔等分道入寇。

綱　二月，以孟珙爲四川宣撫使，珙遂大興屯田。

目　珙條具上疏事宜，遂拜四川安撫使，知夔州。珙至鎮，招集散民爲寧武軍，以降人回鶻愛里八都魯爲飛鶻軍。尋兼夔州路制置屯田，調夫築堰，募農給種，首秭歸，（即今湖北秭歸縣。）尾漢口，（即今湖北武漢市舊漢口。）爲屯二十，爲頃十八萬八千二百八十。田百畝爲頃。又創南陽、竹林兩書院，以處襄、漢、四川流寓之士。以李庭芝權施州建始縣，（即今湖北建始縣。）庭芝訓農治兵，選壯士雜官軍教之，期年民皆知戰守，善馳逐，無事則植戈而耕，敵至則悉出而戰。珙下其法於所部行之。

綱　夏四月，召史嵩之還。

孟珙大興屯田

置寧武飛鶻軍

綱　以杜杲爲沿江制置使。知建康府。

綱　秋九月，喬行簡罷。尋卒。

綱　冬閏十二月，李宗勉卒。以游佀知樞密院事，徐榮叟簽書院事，范鍾參知政事。

綱　辛丑，淳祐元年，（一二四一）春正月，詔加周敦頤、張載、程顥、程頤封爵，與朱熹並從祀孔子廟庭；黜王安石從祀。

目　詔曰：「孔子之道，自孟軻後不得其傳，至我朝周敦頤、張載、程顥、程頤，眞見實踐，深探聖域，千載絕學，始有指歸。中興以來，又得朱熹，精思明辨，表裏渾融，使大學、論、孟、中庸之書本末洞徹，孔子之道益以大明於世。朕每觀五臣論著，啓沃良多。今視學有日，其令學官列諸從祀，以示崇奬之意。」尋以：「王安石謂『天命不足畏，祖宗不足法，人言不足恤』，爲萬世罪人，豈宜從祀孔子！其黜之。」越二日，加封敦頤汝南伯、載郿伯、顥河南伯、頤伊陽伯。

綱　三月，趙以夫罷。

綱　秋八月，求遺書。

綱　冬十一月，蒙古主窩闊台卒，第六后乃馬眞氏稱制。

目　窩闊台立十有三年，卒年五十六，廟號太宗。初，蒙古主有旨以孫失烈門爲嗣。至是六皇后召耶律楚材問之，楚材曰：「此非外姓臣所敢知，自有先帝遺詔，幸遵行之。」后不從，遂稱制於和林。（和林，城名，本唐回鶻毗伽可汗故城，蒙古以爲會同之所，端平二年城之，周圍五里許。（和林一名喀喇和林，在今蒙古人民共和國庫倫西南。）失烈門，蒙古主第四子曲出之子也。

成都將叛降蒙古

綱 成都將田世顯叛，以城降蒙古，制置使陳隆之死之。

陳隆之舉家死

目 塔海部汪世顯等復入蜀，進圍成都，隆之守彌旬，誓與城存亡。部將田世顯潛送款於蒙古，乘夜開門，北兵突入，隆之舉家數百口皆死。檻送隆之至漢州（檻同轞，載囚車也。（漢州治雒縣，即今四川廣漢縣。）命諭守臣王夔降，隆之大呼曰：「大丈夫死爾，勿降也！」遂見殺。漢州兵三千出戰，城破，盡爲蒙古所屠。

綱 十二月，余天錫卒。

綱 蒙古使月里麻思等來（議和也。至淮上，守將囚之。

綱 壬寅，二年，（一二四二）春正月，游侶罷。

綱 以范鍾知樞密院事，趙葵同知院事，別之傑簽書院事。

綱 以徐榮叟參知政事。

孟珙分軍禦蒙古

綱 蒙古復寇蜀，孟珙分兵禦之。

目 蒙古也可那顏、耶律朱哥自京兆取道商、房以趨三川，（京兆，在今陝西西安市境。商州治上洛縣，即今陝西商縣。房州治房陵縣，即今湖北房縣。唐、宋時以山南、劍南、劍東南爲三川，即今陝西南部及四川地。）遂攻瀘州。（治瀘川縣，即今四川瀘州市。）孟珙遣一軍屯江陵及郢州，（江陵，荆州治，即今湖北江陵縣。）一軍屯沙市，（即今湖北沙市市。）一軍自江陵出襄與諸軍會，又遣一軍屯涪州。（治涪陵縣，即今四川涪陵縣。）且下令應出戍主兵官，不許失棄寸土。權開州梁棟以乏糧還司，（開州治盛山縣，即今四川開江縣。）珙曰：「是棄城也！」斬以徇。由是諸將稟命惟謹。

姚樞棄官隱蘇門

綱 蒙古燕京行省郎中姚樞棄官隱于蘇門。（蘇門山，在今河南輝縣西南。輝縣即輝州治蘇門縣。）

目 蒙古牙剌瓦赤在燕，惟事貨賂，以樞爲幕長，幕府之長。分及之，樞一切拒絕，因辭職去，攜家往輝州之蘇門，作家廟，別爲室，奉孔子及宋儒周、程、張、邵、司馬六君子像，（六君子，謂周敦頤、二程、張載、邵雍、司馬光。）刊小學、四書幷諸經傳註以惠學者，讀書鳴琴，若將終身。

綱 夏五月，趙葵罷。

綱 六月，徐榮叟罷。以別之傑同知樞密院事，高定子簽書院事，杜範同簽書院事。定子尋罷。

綱 秋七月，蒙古兵渡淮入揚、滁、和州。（揚州治江都縣，即今江蘇揚州市。滁州治清流縣，即今安徽滁縣。和州治歷陽縣，即今安徽和縣。）

綱 冬十月，蒙古陷通州，（治靜海縣，即今江蘇南通市。）屠其民。

綱 十二月，別之傑罷。

綱 癸卯，三年，（一二四三）春二月，以余玠爲四川制置使。

目 初，玠家貧落魄，落魄，不得志貌。無行，亡命走揚州，上謁趙葵，葵壯之，留置幕府，俾帥舟師泝淮入河抵汴，（泝音素，逆流而上也。）（淮，淮水。河，黃河。汴，汴京，卽今河南開封市。）所向有功，累推淮東制置副使。（淮東路治揚州城，見上。）入對言：「方今指卽戎之士爲麤人，斥爲『噲伍』。（韓信黜後，居常怏怏，羞與絳、灌等，因過樊噲門，歎曰：「生乃與噲伍也。」）願陛下視文武之士爲一，勿令偏有所重。偏則必至於激，文武交激，非國之福。」帝曰：「卿人物議論皆不尋常，可獨當一面。」乃授四川宣諭使。至是加制置使，知重慶府。（治巴縣，在今四川重慶市內。）

余玠治蜀

時蜀地殘破，兩川無復紀律，（兩川，東川、西川。）遺民咸不聊生。監司、戎帥各專號令，擅辟守宰，（辟，舉也。）蕩無法度，蜀日益壞。玠至，大更弊政，遴選守宰。（遴音吝。）（遴選，愼選也。）築招賢館於府左，士之至者，玠不厭接，隨其材而任之。遂於利、閬城大獲山以護蜀口，（利州治緜谷縣，卽今四川廣元縣。閬州治閬中縣，卽今四川閬中縣。大獲山，在今四川蒼溪縣東南；上有城，卽玠築，以爲閬州治。蜀口，謂以爲四川北門。）蓬州城營山，（蓬州治大宣縣，在今四川儀隴縣東南。營山卽今四川營山縣，位儀隴東南。）渠州城大良坪，（渠州治流江縣，卽今四川渠縣。大良坪，在今渠縣東。）嘉定城舊治，（嘉定府治龍游縣，在今四川樂山縣境。）瀘州城神臂山，（在四川瀘州市東江濱。）其他因山爲壘，棊布星列，如臂使指，氣勢聯絡。屯兵聚糧，爲必守計，民始有安土之心。

耶律楚材卒

綱　三月，蒙古中書令耶律楚材以憂卒。

目　乃馬眞氏稱制，奧都剌合蠻專政用事，權傾中外，后至以御寶空紙使自書塡。楚材諫不聽，憤悒成疾而卒。或譖之曰：「楚材爲相二十年，天下貢賦，半入其家。」后命近臣覆視之，惟琴玩十餘及古今書畫、金石、遺文數千卷。

楚材天資英邁，夐出人表，夐音迥。正色立朝，不爲勢屈，每陳國家利病，生民休戚，辭色懇切。蒙古太宗嘗曰：「汝又欲爲百姓哭邪！」楚材每言：「興一利，不若除一害。生一事，不若減一事。」人以爲名言。至順初，元文宗年號。贈太師，追封廣寧王，謚文正。

余玠城釣魚山

綱 余玠城釣魚山，（在今四川合川縣東，三面臨嘉陵江，崖壁險峭。）徙合州治之。（合州治石鏡縣，即今四川合川縣。）

畫地爲山川城池之形

目 播州冉璡及弟璞俱有文武材，璡音津。（播州治遵義縣，即今貴州遵義市。）隱居蠻中，前後閫帥辟召，皆堅辭不至。聞玠賢，自詣府上謁，玠待以上客。璡、璞居數月，無所言，玠疑之，乃更開別館以處之，且日使人窺其所爲。兄弟終日不言，惟對踞以堊畫地，據物而坐曰踞。堊音惡，白土也。爲山川城池之形，起則漫去。如是又旬日，請見玠，屏人曰：「某兄弟辱明公禮遇，思有以少裨益。爲今日西蜀之計，其在徙合州城乎？」玠不覺躍起，執其手曰：「此玠志也，但未得其所耳。」璡曰：「蜀口形勝之地莫若釣魚山，請徙諸此。若任得其人，積粟以守之，賢於十萬師遠矣。」玠大喜曰：「玠固疑先生非淺士。先生之謀，玠不敢掠以歸己。」遂密以其謀聞於朝，請不次官之；詔璡權發遣合州，璞權通判，徙城之事悉以任之。釣魚城成，蜀始可守。

綱 甲辰，四年，（一二四四）春正月，以李鳴復參知政事，杜範同知樞密院事，劉伯正簽

徐元杰諫起復史嵩之

黃愷伯等劾史嵩之

書院事。範固辭，遂與鳴復俱罷。

目 初，範爲殿中侍御史，嘗論鄭清之、李鳴復之過，不行，即棄官去。至是不屑與鳴復共政，上疏辭位而去。帝遣使召還，太學諸生亦上書留範而斥鳴復，并斥史嵩之。嵩之諷諫議大夫劉晉之幷論罷二人。

綱 三月，以金淵簽書樞密院事。

綱 夏六月，賜禮部進士留夢炎及第。

綱 以呂文德爲淮西招撫使。

綱 秋九月，詔起復史嵩之；將作監徐元杰、太學生黃愷伯等上書論之，不報。

目 先是，黃濤、劉應起、徐霖等俱上書論嵩之深姦擅權，帝不聽，而論者益衆。及其父彌忠疾亟，嵩之謁告，謁，請也。休假曰告。許之；翌日彌忠卒，詔嵩之起復。徐元杰上疏曰：「陛下爲四海綱常之主，大臣身任道揆，扶翊綱常。自聞嵩之有起復之命，凡有父母之心者，莫不失聲涕零。是果何爲而然？人心天理，誰實無之，興言及此，非可使聞於鄰國也。臣懇懇納忠，何敢訕訐，特爲陛下愛惜民彝而已。」疏出，嵩之憾之，帝不聽。

於是太學生黃愷伯等百四十四人上書曰：「嵩之心術回邪，蹤跡詭祕。曩者開督府，以和議墮將士心，以厚貨竊宰相位，羅天下之小人爲私黨，奪天下之利權歸私室。蓄謀積慮，險不可測，在朝廷一日則貽一日之禍，一歲則貽一歲之憂，萬口一辭，惟恐其去之不速。今嵩之不去，徘徊牵引，彌縫貴戚，買屬貂璫，璫音當。（漢時以貂璫爲宦者冠，後即以貂璫稱宦者。）轉移上心，衷私御筆，必得起復之禮，然後從容就道，初不見其憂戚之容。大臣佐天子以孝治天下，孝不行於大臣，是率天下而爲無父之國矣。以法繩之，雖置之鈇鉞猶不足謝天下，况復置之具瞻之位乎！」武學生翁日善等六十七人、京學生劉時舉等九十四人、宗學生與寰等三十四人皆上書切諫，亦不報。時范鍾、劉伯正領相事，惡京學生言事，謂皆遊士鼓倡之，諷京尹趙與籌盡削遊士之籍。

綱 冬十月，以劉漢弼爲左司諫。

目 史嵩之久擅國柄，帝亦患苦之，乃夜降御筆，黜四不才臺諫，於是諫議大夫劉晉之、侍御史王瓚、監察御史龔基先、胡清獻皆罷去，以漢弼爲左司諫。漢弼首贊帝曰：「拔去陰邪，庶可轉危而安；否則是非不兩立，邪正不並進，陛下雖欲收召善類，不可得矣。」帝嘉納之。

綱 十一月，詔史嵩之終喪。

目 徐元杰復上疏論：「嵩之起復，士論紛然，乞許其舉執政自代。」帝曰：「學校雖是正論，但言之太甚。」元杰對曰：「正論乃國家元氣。今正論猶在學校，要當保養一線之脈。」因乞引去。左司諫劉漢弼亦上言願聽嵩之終喪，亟選賢臣，早定相位。會嵩之亦自知不爲衆論所容，上疏乞終制，帝乃許之。

范鍾杜範相

孟珙措置江陵

杜範卒

徐元杰暴卒

綱 十二月，以范鍾、杜範爲左、右丞相，並兼樞密使。

目 范入相首上五事：一曰正治本，謂「政事當常出於中書，毋使旁蹊得竊威福。」蹊音奚。一曰肅宮闈，謂「當嚴內外之限，使宮府一體。」一曰擇人才，謂「當隨其所長用之，而久於職，毋徒守遷轉之常格。」一曰惜名器，謂「如文臣貼職，武臣閤衛，不當爲徇私市恩之地。」一曰節財用，謂「當自人主一身始，自宮掖始，自貴近始。考封樁國用出入之數，（宋太祖平高繼沖、孟昶等，收其金帛，爲內庫儲之，號封樁。）而補窒其罅漏；求鹽筴楮幣變更之日，筴同策。而斟酌其利害。仍乞早定國本，以安人心。」

綱 以孟珙兼知江陵府。

目 珙至江陵，登城歎曰：「江陵所恃三海，不知沮洳有變爲桑田者，沮洳，水浸下溼之地。敵一鳴鞭，卽至城外。」蓋自城以東，古嶺、先鋒直至三汊，無限隔，乃脩復內隘十有一，別作十隘於外，有距城數十里者。沮、漳之水，（沮水出湖北保康縣，東南流至江陵縣注長江。漳水出湖北南漳縣，東南至江陵入長江。）舊自城西入江，因障而東之，俾遶城北入於漢，而三海遂通爲一。隨其高下，爲渠蓄泄，三百里間，渺然巨浸。土木之工，百七十萬，民不知役。因繪圖上之。

綱 乙巳，五年，（一二四五）春正月，劉伯正罷，以李性傳簽書樞密院事。

綱 夏四月，右丞相兼樞密使杜範卒。

綱 六月，工部侍郎徐元杰暴卒。

目 史嵩之既去，元老舊德次第收召，杜範既入相，復延元杰議政，多所裨益。六月朔，元杰當侍立，先一日謁范鍾歸，是夕熱大作，夜四鼓，指爪忽裂以死。三學諸生相繼伏闕上言：「昔小人傾君子者，不過使之死於蠻烟瘴雨之鄉；今蠻烟瘴雨不在嶺海而在朝廷。」詔付臨安府鞫治常所給使之人，獄迄無成。劉漢弼亦每以姦邪未盡屏汰爲慮，未幾以腫疾暴死，太學生蔡德潤等百七十有三人復叩閽上書訟冤。詔給元杰、漢弼官田五百畝，緡錢五千，（緡音民，錢貫也。）恤其家。時杜範入相八十日卒，元杰、漢弼相繼暴死，時謂諸公皆中毒，堂食無敢下筯者。

初，嵩之從子璟卿嘗上書諫嵩之曰：「久開督府，所成何功？東南民力困於征輸，州縣匱於應辦，誠恐禍起蕭牆，危如朝露。爲今之計，莫若盡去在幕之羣小，悉召在野之君子，相與改絃易轍，戮力王事，（戮力，并力也。）以收桑榆之功。」（後漢書馮異傳：「失之東隅，收之桑榆。」東隅，日所出，日將夕，在桑榆間。）言甚切至，居無何，璟卿暴卒，相傳亦嵩之致毒云。

綱 冬十一月，以陳韡同簽書樞密院事。

綱 十二月，以游佀爲右丞相兼樞密使，趙葵知樞密院事，李性傳同知院事。性傳尋罷。

綱 丙午，六年，（一二四六）蒙古定宗貴由元年。春正月朔，日食。

綱 二月，范鍾罷。

綱 夏六月，以陳韡參知政事。

蒙古定宗立

綱 秋七月，蒙古主貴由立。貴由，太宗長子。母六皇后臨朝四年，至是會諸王百官議立貴由，乃即位於汪吉宿滅禿里之地，朝政猶出於后。

孟珙卒

綱 九月，寧武節度使、漢東公孟珙卒。以賈似道爲京湖制置使。

目 珙忠君體國之念可貫金石。在軍中，參佐、部曲論事，言人人殊，珙徐以片言折衷，衆志皆愜。謁士、遊客、老校、退卒，一以恩意撫接。名位雖重，惟建旗鼓、臨將士，面色凜然，無敢涕唾者；退則掃地焚香，隱几危坐，若蕭然事外。遠貨色，絕滋味，尤邃於易學。邃音歲。累贈太師，追封吉國公，謚忠襄。

綱 冬十二月，詔史嵩之致仕。嵩之服除，有嚮用之意，臺諫及翰林學士李韶等論之，遂命致仕。

綱 蒙古寇京湖、江淮之境。

綱 丁未，七年，（一二四七）夏四月，以王伯大簽書樞密院事，吳潛同簽書院事。

鄭清之相

綱 游侶罷，以鄭清之爲太傅、右丞相，兼樞密使。

綱 以趙葵爲樞密使，督視江淮、京湖軍馬。陳韡知樞密院事、湖南安撫大使。葵兼知建康府，韡兼知潭州。

綱 戊申，八年，（一二四八）春三月，蒙古主貴由卒，后斡兀立海迷失稱制。

目 貴由年四十三卒，廟號定宗。皇后斡兀立海迷失抱曲出子失烈門聽政，諸王大臣

趙葵相

蒙古憲宗立

皆不服。

【綱】秋七月，王伯大罷。

【綱】己酉，九年，（一二四九）春閏二月，以鄭清之爲太師、左丞相，趙葵爲右丞相，並兼樞密使，應繇、謝方叔參知政事，繇音由。史宅之同知樞密院事。夏五月，陳韡罷。冬十一月，應繇罷。十二月，以吳潛同知樞密院事，徐清叟簽書院事。史宅之卒。

【綱】庚戌，十年，（一二五〇）春三月，以賈似道爲兩淮制置大使，（兩淮，淮東路及淮西路。）李曾伯爲京湖制置使。似道兼知揚州，曾伯知江陵府。

【綱】趙葵罷。

【目】言者論葵非由科目進，且曰「宰相須用讀書人。」葵因力辭，其表有云：「霍光不學無術，每思張詠之語以自慚。（張詠勸寇準讀霍光傳，見卷六十六眞宗景德三年。）后稷所讀何書，敢以趙抃之言而自解。」趙抃，仁宗朝賢相。帝不得已，授醴泉觀使，兼侍讀；復固辭，乃以觀文殿大學士判潭州。（治長沙縣，即今湖南長沙市。）

【綱】冬，余玠出兵至興元而還。（興元府治南鄭縣，即今陝西漢中市。）

【目】玠帥蜀，慷慨自許，數年之間，邊境稍息，寖以驕恣。而鄭清之再相，因從臾其進兵，從臾音縱勇，獎勸也。於是一意出師，雖有小捷，至興元遇蒙古將汪德臣、鄭鼎，無功而還。

【綱】辛亥，十一年，（一二五一）蒙古憲宗蒙哥元年。夏六月，蒙古主蒙哥立。

目　初，定宗卒，久未立君，中外洶洶，至是諸王木哥及大將兀良合台等咸會議所立。時定宗后所遣使者在坐曰：「昔太宗命以皇孫失烈門爲嗣，諸王百官皆與聞之。今失烈門故在，而議欲他屬，將置之何地耶？」兀良合台等不聽，共推蒙哥卽位於闊帖兀阿蘭之地，追尊其考拖雷爲帝，廟號睿宗。失烈門及諸弟心不能平，蒙哥因察諸王有異同者並覊縻之，取主謀者誅之；遂頒便宜事於國中，罷不急之役，凡諸王、大臣濫發牌印、詔旨、宣命，盡收之，政始歸一。兀良合台，速不臺之子也。

綱　秋七月，蒙古主命其弟忽必烈總治漠南，（謂沙漠以南。）開府金蓮川。（本名曷里滸東川，蒙古大定中改名，本金世宗納涼地，在今河北張家口市東北。）

目　詔凡軍民在漠南者聽忽必烈總之，遂開府於金蓮川。時姚樞隱居蘇門，忽必烈遣趙璧召之。樞至，大喜，待以客禮，樞乃爲書數千言上之，首陳帝王之道，與治國平天下之大經，彙爲八目，曰脩身、力學、尊賢、親親、畏天、愛民、好善、遠佞，次及救時之弊，爲條三十。忽必烈奇其才，動必召問，樞因言於忽必烈曰：「今土地、人民、財賦皆在漢地，王若盡有之，則天子何爲？後必有閒之者矣。不若惟持兵權，凡事付之有司，則勢順理安。」忽必烈從之。

綱　冬十一月，鄭清之卒。

綱　以謝方叔爲左丞相，吳潛爲右丞相，並兼樞密使。

謝方叔吳潛相

蒙古忽必烈王關中

綱 以徐清叟參知政事，董槐簽書樞密院事。

綱 蒙古忽必烈置經略司于汴，分兵屯田。

目 忽必烈從姚樞之請，置經略司於汴，以忙哥、史天澤、楊惟中、趙璧爲使，俾屯田唐、鄧等州，（唐州治泌源縣，即今河南唐河縣。鄧州治穰縣，在今河南鄧縣東南。）授之兵、牛，敵至則戰，退則耕。

綱 蒙古號西域僧那摩爲國師。

綱 壬子，十二年，（一二五二）春二月，蒙古主蒙哥徙諸王于邊，殺定宗后斡兀立海迷失，竄失烈門于沒脫赤。

綱 蒙古分漢地封宗屬。

綱 夏六月，閩、浙大水。

目 蒙古主以中州封同姓，命弟忽必烈於汴京、關中自擇其一。姚樞曰：「南京河徙無常，（南京即汴京。）土薄水淺，不若關中。」忽必烈遂請於蒙古主，蒙古主曰：「關中戶寡，河南懷孟地狹民夥，夥，多也。（懷孟治河陽城，在今河南孟縣西。）可取自益。」由是盡有關中、河南之地。

綱 癸丑，寶祐元年，（一二五三）春正月，詔以與芮子禥爲皇子，禥音其。封永嘉郡王。（永嘉縣，溫州治，即今浙江溫州市。）

目 帝在位歲久，無子，羣臣屢以爲言，至是乃下詔以母弟嗣榮王與芮子孜爲皇子，賜名禥，封永嘉郡王，明年進封忠王。（忠即忠州，治臨江縣，即今四川忠縣。）

綱　夏五月，召余玠還。六月，以余晦爲四川宣諭使。

余玠斬王夔

目　初利州都統王夔素殘悍，號「王夜叉」，恃功驕恣，桀驁不受節度，所至劫掠，蜀人苦之。玠至嘉定，夔帥所部兵迎謁，班聲如雷，江水爲沸，沸音費。旗幟精明，舟中皆戰掉失色，戰掉，四支寒掉也。而玠自若也，徐命吏班賞。夔退謂人曰：「儒者乃有此人！」玠久欲誅夔，獨患其握重兵居外，謀於親將楊成。成曰：「今縱弗誅，養成其勢，後一舉足，西蜀危矣。」玠意遂決。夜召夔計事，潛以成代領其衆；夔纔離營，而新將以單騎入矣。夔至，玠斬之。

會戎州帥欲舉統制姚世安爲代，（戎州治僰道縣，即今四川宜賓市。）玠素欲革軍中舉代之弊，以三千騎至雲頂山下，遣都統金某往代世安；世安閉關不納。而世安素結丞相謝方叔子姪，至是求援於方叔，方叔遂倡言玠失戎伍心，帝惑之。世安乃與玠抗，玠鬱鬱不樂。

徐清叟言召玠還

玠專制西蜀，凡有奏疏，詞氣不謹，帝不能平。會徐清叟入對，語及玠，因言：「玠不知事君之禮，陛下何不出其不意而召之。」帝不答。清叟曰：「陛下豈以玠握大權，召之或不至邪？臣度玠素失士心，必不敢。」帝然之，乃以資政殿學士召，而以知鄂州余晦爲宣諭使。

余玠暴卒

綱　秋七月，資政殿學士余玠暴卒。玠聞召不自安，一夕暴疾卒，或謂仰藥死，蜀人莫不悲之。

綱 八月，以余晦爲四川制置使。

綱 甲寅，二年，（一二五四）夏六月，詔籍余玠家財。

目 侍御史吳燧等論故蜀帥余玠聚斂罔利七罪。玠死，其子如孫盡竊帑庾之積以歸。詔簿錄玠家財以犒師、賑邊。如孫遂認錢三千萬，徵之累年始足。

綱 加賈似道同知樞密院事。

綱 召余晦還。閏月，以李曾伯爲四川宣撫使，置司夔州。

目 初，晦制下，徐清叟奏曰：「朝廷命令不甚行於西蜀者十有二年，今者天斃余玠，乃陛下大有爲之機也。今以素無行檢、輕儇浮薄、不堪任重余晦者當之，臣恐五十四州軍民不特望而輕鄙之，夷狄聞之，亦且竊笑中國之無人矣。乞收回所除內批。」帝不聽。及晦在蜀屢敗，邊事日急，帝乃召晦還。董槐上疏請行，且請頓重兵置司夔州，以固荆、蜀輔車之勢。左傳僖公五年：「輔車相依。」注：「輔，頰輔。車，牙車。」（荆謂湖北，蜀謂四川。）帝以槐言事無隱，方嚮用之，不許，而以李曾伯代晦。

綱 秋九月，殺利州西路安撫使王惟忠。

目 惟忠以余晦鎮蜀，心輕之，呼其小字曰：「余再五來也。」晦怒，誣奏惟忠潛通北國。詔下大理獄，勘官陳大方煅成其事，遂斬於市；血上流而色不變，且謂大方曰：「吾死訴於天！」未幾，大方亦死。

廉孟子

綱　冬十一月，蒙古忽必烈以廉希憲爲京兆宣撫使。

目　希憲，畏兀人，少入侍忽必烈，篤好經書，一日方讀孟子，聞召，因懷以進。忽必烈問其說，希憲以性善、義利、仁暴之旨爲對。忽必烈善之，目爲「廉孟子」。又一日，與諸貴人較射，（較，角也。）連發三中，衆驚歎曰：「眞文武材也。」忽必烈以京兆分地置宣撫司，命希憲爲使。京兆控制隴、蜀，諸王貴藩分布左右，民雜戎、羌，尤號難治；希憲講求民病，抑強扶弱，境內大安。

綱　乙卯，三年，（一二五五）春正月，迅雷，罷元夕張燈。從起居郎牟子才之言也。

蒙古以許衡提學關中

綱　二月，蒙古忽必烈徵許衡爲京兆提學。

進學之序自小學入

目　衡，懷慶河內人，（河內縣，即今河南沁陽縣。）幼有異質，七歲入學授章句，問其師曰：「讀書何爲？」師曰：「取科第耳。」曰：「如此而已乎？」師大奇之，謂衡父母曰：「兒穎悟非常，他日必有過人者，吾非其師也。」遂辭去。稍長，嗜學如飢渴，然遭世亂，且貧無書，嘗從日者得書疏義。（日者，卜筮之人。）避難徂徠山，得易王弼說，夜思晝誦，言動必揆諸義。既而亂少定，往來河、洛間，從柳城姚樞得程、朱氏書，（姚樞，柳城人。柳城縣，即今遼寧朝陽縣。）益大有得。尋居蘇門，與樞及竇默相講習，慨然以道自任。嘗語人曰：「綱常不可一日亡於天下。苟在上者無以任之，則在下之任也。」凡喪、祭、娶、嫁必徵於禮，以倡其鄉人，學者寖盛。衡嘗語之曰：「進學之序，必當棄前日章句之習，從事於小學。」因悉取向來簡帙焚之，使無大小皆自

三不吠犬

董槐相

小學入。是時秦人新脫於兵，（關中秦都，故稱關中人爲秦人。）欲學無師，聞衡來，人人莫不嘉幸，於是郡縣皆建學，民大化之。

綱 三月，以王埜簽書樞密院。埜同野。

綱 雨土。

綱 夏五月，四川地震，閩、浙大水。

綱 六月，以丁大全爲右司諫。

目 大全，鎭江人，（鎭江即今江蘇鎭江市。）面藍色，爲戚里婢壻，夤緣閹妃及內侍盧允升、董宋臣遂得寵於帝，夤音寅。自蕭山尉累拜右司諫。（蕭山，即今浙江蕭山縣。）時正言陳大方、侍御史胡大昌與大全同除，人目爲「三不吠犬」。

綱 罷監察御史洪天錫。秋七月，謝方叔、徐清叟免。天錫以言事忤宦官董宋臣、盧允升，故罷，遂及方叔、清叟。

綱 八月，王埜罷。

綱 以董槐爲右丞相兼樞密使，程元鳳簽書樞密院事，蔡抗同簽書院事。抗，處士元定之孫也。

綱 丙辰，四年，（一二五六）春三月，以蒲擇之爲四川制置使，置司重慶。

綱 夏四月，加賈似道參知政事。

理宗親拔文天祥爲第一

綱　五月，賜禮部進士文天祥及第。

目　天祥以「法天不息」爲對，其言萬餘，帝親拔爲第一。考官王應麟奏曰：「是卷古誼若龜鑑，忠肝如鐵石，臣敢爲得人賀。」

綱　六月，丁大全逐右丞相董槐，詔罷槐提舉洞霄宮。竄太學生陳宜中等于遠州。

六君子

目　槐自以爲人主所振拔，苟可以利安國家者無不爲。時帝年寖高，操柄獨斷，羣臣無當意者，漸喜狎佞人。丁大全方諂事內嬖，竊弄威權，帝弗覺悟。大全嘗遣客私於槐，槐曰：「吾聞人臣無私交，吾惟事上，不敢私結約，幸爲謝丁君。」大全度槐終不容己，乃日夜刻求槐短。槐入對，極言大全邪佞不可近，大全益怨之，乃上章劾槐，章未下，大全夜半以臺檄調隅兵百餘人，露刃圍槐第，驅迫之出，而罷相之制始下，物論殊駭。三學生屢上書言之，乃詔槐以觀文殿大學士提舉洞霄宮。大全既逐槐，益恣橫用事，道路以目，太學生陳宜中、黃鏞、林則祖、曾唯、劉黻、陳宗六人上書攻之。大全怒，使御史吳衍劾之，削其籍，編管遠州，立碑三學，戒諸生勿得妄議國政，士論翕然，稱宜中等號爲「六君子」。

綱　秋七月，以程元鳳爲右丞相兼樞密使，蔡抗參知政事，張磻簽書樞密院事。磻音盤。

綱　九月，監察御史朱熠乞汰冗吏，熠音揖。冗卽宂字。不報。

目　熠言：「境土蹙而賦斂日繁，官吏增而調度日廣。景德、慶曆時，景德，眞宗年號。慶曆，仁宗年號。以三百二十餘郡之財賦，供一萬餘員之俸祿；今日以一百餘郡之事力，贍二萬四千餘員之冗官，邊郡則有科降支移，內地則欠經常納解。欲寬民力，必汰冗員。」帝嘉之而不能用。

綱 冬十一月，以張磻同知樞密院事，丁大全簽書院事，馬天驥同簽書院事。八字書朝門

目 時閻妃怙寵，大全、天驥用事，有無名子書八字於朝門曰：「閻馬丁當，國勢將亡。」

綱 蔡抗罷。

綱 丁巳，五年，（一二五七）春正月，加賈似道知樞密院事。召吳淵參知政事；淵未至卒。淵自荆湖制置使召還，未至卒。

綱 蒙古罷忽必烈開府，命阿蘭答兒行省事于京兆。蒙古罷忽必烈開府

目 或讒忽必烈得中土心，蒙古主遣阿蘭答兒行省事於京兆，劉太平佐之。忽必烈聞之不樂，姚樞曰：「帝，君也。大王爲皇弟，臣也。事難與較，遠將受禍。莫若盡王邸、妃主自歸朝廷，爲久居謀，疑將自釋。」及忽必烈見蒙古主，皆泣下，竟不令有所白而止。

綱 夏六月，馬天驥罷。

綱 秋八月，蒙古主蒙哥分道入寇，以其少弟阿里不哥守和林。

綱 冬，張磻卒，以林存簽書樞密院事。

綱 戊午，六年，（一二五八）春正月，以丁大全參知政事。

綱 二月，以馬光祖爲京湖制置使。

丁大全相

目　光祖爲沿江制置，辟召僚屬皆極一時之選，至是移鎮江陵，以汪立信、呂文德、王登、王鑑爲參議官。

綱　夏四月，程元鳳罷，以丁大全爲右丞相兼樞密使。

綱　秋九月，蒙古主蒙哥入劍門；（在今四川劍閣縣東北。）冬十一月，陷鵝頂堡諸城。

綱　林存罷。以賈似道爲樞密使、兩淮宣撫使。

綱　十二月，詔馬光祖等進軍歸、峽州以援蜀。（歸州治秭歸縣，即今湖北秭歸縣。峽州治夷陵縣，即今湖北宜昌市。）

目　詔光祖移司峽州六郡，鎮撫向士璧移司紹慶，（即今四川彭水縣。）士璧遂進師歸州，與光祖迎戰房州，蒙古少却。

綱　蒙古主蒙哥入閬州，守將楊大淵以城降。

綱　己未，開慶元年，（一二五九）春正月，以賈似道爲京湖南、北、四川宣撫大使。移馬光祖爲沿江制置使，史巖之副之，似道尋兼督江西、二廣人馬。

綱　二月，蒙古主蒙哥圍合州，王堅力戰禦之。

綱　三月，以呂文德爲四川制置副使。夏六月，文德及蒙古史天澤戰于嘉陵江，（源出陝西鳳縣東北，西南流至四川會渠江、涪江，又東南至重慶市入長江。）敗績。

綱　以朱熠參知政事，饒虎臣同知樞密院事。

吳潛相

【綱】秋七月，蒙古主蒙哥卒于合州城下，餘衆解圍北還。

【目】王堅固守，蒙古主督諸軍攻之，屢戰不克，前鋒將汪德臣選兵夜登外城，堅率兵逆戰。遲明，（遲明，猶黎明也。）德臣單騎大呼曰：「王堅，我來活汝一城軍民，宜早降。」語未旣，幾爲飛石所中，因得疾死。會天大雨，攻城梯折，後軍不克進，俱退。蒙古主亦卒於合州城下，年五十二，諸王、大臣用二驢蒙以繪櫘，（櫘音位，小棺也。）負之北行。合州圍解，捷聞，詔加堅寧遠軍節度使。

【綱】八月，蒙古忽必烈將兵渡淮，九月渡江，遂圍鄂州。

【綱】以戴慶炣簽書樞密院事。

【綱】蒙古陷臨江，（臨江軍治淸江縣，在今江西淸江縣西南。）知軍事陳元桂死之；蒙古遂入瑞州。（治高安縣，即今江西高安縣。）

【綱】詔諸路出師以禦蒙古，大出內府銀幣犒師。

【綱】冬十月，丁大全有罪，免。時蒙古侵軼日甚，大全當國，匿不以聞，遂罷相。

【綱】以吳潛爲左丞相兼樞密使。

【目】潛旣相，首言：「鄂渚被兵，湖南擾動，推原禍根，由近年姦臣憸壬，憸音纖。設爲虛議，迷國誤君，仁賢空虛，名節喪敗，天怒而陛下不知，人怨而陛下不察，稔成兵戈之禍。章鑑、高鑄嘗與丁大全同官，傾心附麗，躐躋要途。蕭泰來等，羣小噂沓，噂沓，音樽蹋。詩小雅「噂沓背憎。」言噂噂沓沓，多言以相說，而背則相憎。國事日非，浸淫至於今日。沈炎實其爪牙，而任臺臣，甘爲搏擊，姦黨盤據，血脈貫穿，以欺陛下，致危亂。望令炎等輿祠，𨍏等羈管州軍。」帝不聽。

賈似道相

綱　卽拜賈似道右丞相兼樞密使，卽，就也。軍漢陽以援鄂。（漢陽，卽今湖北武漢市舊漢陽縣。）

綱　以趙葵爲江東、西宣撫使。

綱　十一月，詔賈似道移軍黃州。

綱　閏月以呂文德知鄂州，向士璧知潭州。時蒙古兀良合台圍潭州。

賈似道乞和于蒙古

綱　賈似道乞和于蒙古，忽必烈引還，鄂州圍解。

目　蒙古攻城益急，似道大懼，乃密遣宋京詣蒙古營，請稱臣納幣；忽必烈不許。會合州守臣王堅使阮思聰走鄂，以蒙古主訃聞。似道再遣京往，請稱臣，割江南爲界，歲奉銀絹匹兩各二十萬。忽必烈亦聞阿藍答兒等謀立阿里不哥，乃許之，遂拔砦而去，遣張傑、閻旺以偏師候湖南兀良合台之兵。

綱　十二月，蒙古兀良合台引兵趨湖北，潭州圍解。

綱　庚申，景定元年，（一二六〇）蒙古世祖皇帝忽必烈中統元年。春二月，蒙古兀良合台至鄂州引還，賈似道使夏貴等殺其殿卒于新生磯。軍後曰殿。

綱　三月，賈似道奏諸路大捷，召似道還朝。

蒙古忽必烈立

吳潛罷

目 似道匿議和稱臣、納幣之事，以所殺獲俘卒殿兵，上表言「諸路大捷，鄂圍始解，江、漢肅清，宗社危而復安，實萬世無疆之休。」帝以似道有再造功，召入朝。

綱 白氣如匹練亘天。

綱 夏四月，蒙古主忽必烈立。

目 忽必烈北還，時諸王合丹、莫哥、塔察兒俱會於開平，寶祐四年九月，蒙古主蒙哥欲建城市，修宮室，爲都會之所，忽必烈以劉秉忠薦，因命相宅，秉忠以桓州東灤水北之龍岡爲吉，詔秉忠營之，命曰開平府。（即今內蒙古多倫縣。）旭烈亦自西域遣使勸進，勸勉進上帝號也。惟阿里不哥不至。廉希憲、趙良弼及商挺等力言：「先發制人，後發人制，逆順安危，閒不容髮，宜早定大計。」忽必烈然之，遂即位，建元中統。

綱 蒙古召竇默、許衡至開平。

目 默，肥鄉人，（肥鄉縣，在今河北大名縣西北。）金末避亂轉徙，隱於大名，（即今河北大名縣。）與姚樞、許衡朝暮講習，至忘寢食。蒙古主在潛邸，王邸也。嘗召之，默變姓名以自晦，使者俾其友人往見之，微服躡其後，默不得已，乃拜命。既至，問以治道，默首以綱常爲對，且曰：「失此，則無以自立於世矣。」又言：「帝王之道，在誠意正心。心既正，則朝廷遠近莫敢不一於正。」蒙古主敬待加禮，久之南還。至是，復與衡同召。

綱 吳潛罷。

目　初，賈似道在漢陽，以潛移之黃州，爲欲殺己，銜之。銜音鹹，恨也。至是帝欲立忠王禥爲太子，潛密奏云：「臣無彌遠之才，史彌遠矯詔立理宗，廢皇子竑爲濟王，尋殺之。忠王無陛下之福。」帝遂積怒潛，似道因陳建儲之策，令侍御史沈炎劾奏，且云：「忠王之立，人心所屬，潛獨不然。章汝鈞乞爲濟王立後，潛樂聞其論，授汝鈞正字，姦謀叵測。叵音頗，不可也。請速召賈似道正位鼎軸。」猶言鈞軸樞輔。帝從之，遂罷潛奉祠。

綱　加賈似道少師，封衞國公；將士進官有差。

目　似道既至，詔百官郊勞，如文彥博故事，獎眷甚至。諸將士悉進官：呂文德檢校少傅，高達寧江軍承宣使，劉整知瀘州、兼潼川安撫副使，夏貴知淮安州、兼京東招撫使，孫虎臣和州防禦使，范文虎黃州、武定諸軍都統制，向士璧、曹世雄各加轉有差。初，似道惡達在軍中嘗侮己，言於帝，欲殺之，帝知其有功，不從，故論功以文德爲第一，而達居其次。似道既相，權傾中外，進用羣小，變更法制矣。

蒙古初定官制

綱　蒙古初定官制。蒙古自鐵木眞已來，諸事草創，設官甚簡，以斷事官爲至重之任，位三公上，丞相謂之大必闍赤，掌兵柄則左右萬戶而已。後稍倣金制，置行省及元帥、宣撫等官。忽必烈既立，大新制作，遂命劉秉忠、許衡酌古今之宜，定內外官制，其總政務者曰中書省，秉兵柄者曰樞密院，司黜陟者曰御史臺，其次，內則有寺、監、院、司、衞、府，外則有行省、行臺、宣慰、廉訪，其牧民則有路、府、州、縣。官有常職，位有常員，食有常祿。其長則蒙古人爲之，而漢人、南人貳焉，於是一代之制始備。

理宗家教甚嚴

綱　以饒虎臣參知政事，戴慶炣同知樞密院事，皮龍榮簽書院事。

綱　蒙古以廉希憲爲陜西、四川宣撫使。商挺副之。

綱　蒙古阿里不哥稱帝于和林。

綱　五月，饒虎臣罷。

綱　戴慶炣卒，以沈炎同簽書樞密院事。

綱　蒙古以王鶚爲翰林學士承旨。

目　鶚，金正大元年進士第一人，正大，金哀宗守緒年號。歷官尚書左右司郎中。金亡，將被殺，張柔聞其名救之，館于保州。（治淸苑縣，在今河北保定市南。）蒙古主在藩邸召對，甚禮重之。至是爲翰林學士承旨，制誥、典章，皆所裁定。又薦李治、李昶、王磐、徐世隆、高鳴爲學士，復奏立十道提舉學校官，蒙古主皆從之。

綱　熒惑入南斗。

目　留五十餘日。

綱　六月，立忠王禥爲皇太子。

目　帝家教甚嚴，太子雞初鳴問安，再鳴回宮，三鳴往會議所參決庶事，退入講堂講經史，將晡，復至榻前起居，晡，申時。問今日講何經，答之是則賜坐賜茶，否則爲之反覆剖析，又不通，則繼以怒，明日須更覆講，率爲常例。

綱　秋七月，蒙古使翰林侍讀學士郝經來脩好，賈似道幽之眞州。（治揚子縣，即今江蘇儀徵縣。）

目　似道還朝，使其客廖瑩中輩撰福華編，稱頌鄂功，通國皆不知所謂和也。蒙古主既立，欲來脩好，以郝經爲翰林侍讀學士，充國信使，來告卽位，且徵前日請和之議。似道恐經至謀泄，竟拘留於眞州之忠勇軍營。經上表曰：「願附魯連之義，排難解紛；豈知唐儉之徒，款兵誤國。」又數上書於帝及執政，極陳和戰利害，且請入見及歸國，皆不報。驛吏棘垣鑰戶，晝夜守邏，（羅去聲，巡也。）欲以動經；經不屈，但語其下曰：「死生進退，聽其在彼，屈身辱命，我終不能！汝等不幸，宜忍死以待，揆之天時、人事，宋祚殆不遠矣！」蒙古遣詳問官崔明道詣淮東制司訪問經等所在，仍以稽留信使、侵擾疆埸來詰。淮東制置李庭芝奏蒙古使者久留眞州，不報。

綱　以賈似道兼太子太師。

綱　冬十二月，蒙古號西僧八思巴爲國師。

賈似道幽郝經

廖瑩中撰福華編

綱鑑易知錄卷八八

南宋紀

理宗皇帝

綱 辛酉，二年，（一二六一）蒙古中統二年。春正月，詔皇太子釋奠孔子；加張栻、呂祖謙伯爵，並從祀。

目 帝手詔曰：「虎闈齒冑，虎闈，國子監也。禮王制：「凡入學以齒。」冑，冑子也。太子事也。此禮廢久矣，如釋奠、釋菜之事，禮文王世子：「始立學者，既興器用幣，然後釋菜。」謂立學之初，既興禮樂之器，卽用幣於先聖先師，以告此器之成，繼又釋菜，以告此器之將用也。菜，蘋藻之屬。（釋奠，見卷四十二唐高祖武德七年「釋奠于先聖先師」注。）我朝俱未嘗廢，然享師敬道，又不可拘舊制，可令太子謁拜。」太子既還，上奏曰：「先聖之道，至我朝而後有以續孟氏之傳。然諸說並駕，未知統一。迨朱熹、張栻、呂祖謙志同道合，切思講磨，擇精語詳，開牖後學，人心一正，聖道大明。今熹已秩從祀，而栻、祖謙尙未奉明詔，臣竊望焉。」帝從之，遂封栻華陽伯，祖謙開封伯，並列從祀。

綱 二月，朱熠罷。夏四月，以皮龍榮參知政事，沈炎同知樞密院事，何夢然簽書院事。

綱　以俞興爲四川制置使。

綱　蒙古聽儒士被俘者贖爲民。

綱　五月，蒙古以史天澤爲中書右丞相。

綱　蒙古以姚樞爲太子太師，竇默爲太子太傅，許衡爲太子太保；皆辭不拜。衡等言太子未立，豈宜虛設官稱，乃改授樞大司農，默仍侍講學士，衡國子祭酒。未幾，衡稱疾還懷孟。

綱　六月，潼川安撫副使劉整以瀘州叛降蒙古，（潼川府治郪縣，即今四川三台縣。瀘州治江陽縣，即今四川瀘州市。）制置司參謀官許彪孫死之。

劉整叛降蒙古

目　初，賈似道之出督也，嘗憾高達、曹世雄之輕己，令呂文德捃摭其罪，（捃音均，摭音職，拾取也。）逼世雄死，達亦廢棄。整聞之懼，會俞興帥蜀，整素與興有隙，而似道方會計邊費，興遣吏下整，整訴於朝不得達，心益不安，遂籍瀘州十五郡、戶三十萬降於蒙古，蒙古以整爲夔路行省，（夔州路治奉節縣，即今四川奉節縣。）兼安撫使。整，驍將也，蒙古既得之，由是盡得國事虛實，而似道不以爲虞。整之將叛也，命制置司參謀官許彪孫草表，彪孫不屈，合門仰藥死。（仰藥，謂服毒也。）

綱　秋七月，竄吳潛于循州。（治歸善縣，在今廣東惠陽縣東北。）

綱　八月，俞興討劉整敗績，詔罷興，以呂文德兼四川宣撫使。

綱　以江萬里同簽書樞密院事。

賈似道殺向士璧
謝枋得上書賈似道

綱 賈似道殺湖南制置副使向士璧。

目 先是賈似道忌功，欲汚衊一時閫臣，衊音滅。衊亦汚也。且怨士璧嘗侮己，諷侍御史孫附鳳等劾罷之，送漳州安置。（漳州治漳浦縣，即今福建龍溪縣。）又遣官會計邊費，於是趙葵、史巖之等皆坐侵盜掩匿，罷官徵償，而士璧所費尤多，至是逮至行部責償。幕屬方元善者，幕屬，幕府僚屬。極意逢迎似道意，士璧坐是死，復拘其妻妾徵之，漳人聞之有垂涕者。信州謝枋得，（信州治上饒縣，在今江西上饒縣西北。）以趙葵檄給錢粟募民兵守禦，檄，移文也。及會計者至信，枋得曰：「不可以累宣撫。自償萬緡，緡音民，錢貫也。餘不能辦。」乃上書似道，有云「千金而募徙木，將取信於市人；（秦商鞅徙木立信，見卷五周顯王十年。）二卵而棄干城，豈可聞於鄰國！」（衞侯以二卵棄干城，見卷五周顯王二十三年。）遂得免徵餘者。似道又忌王堅，出知和州；（治歷陽縣，即今安徽和縣。）堅鬱鬱而卒。

綱 冬十月，沈炎罷。

綱 蒙古主忽必烈擊阿里不哥于昔木土，敗走之。

綱 十二月，以何夢然參知政事，馬光祖知樞密院事、兼知臨安府。江萬里罷。

綱 壬戌，三年，（一二六二）蒙古中統三年。春正月，賜賈似道第宅、家廟。賜緡錢百萬，建第於集芳園，就置家廟。

綱 呂文德復瀘州。

馬光祖請榮王發粟賑民

李璮以京東來歸

目 劉整率所部入朝於蒙古，文德遂入瀘州；詔改爲江安軍。

綱 蒙古脩孔子廟。二月，皮龍榮罷。龍榮伉直，不肯降志於賈似道，故罷。

綱 臨安饑。

目 詔賑卹貧民。時馬光祖知榮王與芮府有積粟，三往見之，王以他辭；光祖乃臥于客次，王不得已，見焉。光祖厲聲曰：「天下誰不知儲君爲大王子！今民飢欲死，不以此時收人心乎！」王以廩虛辭，光祖探懷中出片紙曰：「某莊、某倉若干。」王語塞，遂許以三十萬。光祖遣吏分給，活飢民甚衆。

綱 蒙古江淮大都督李璮以京東來歸。詔封璮爲齊郡王，（齊即濟南府，治歷城縣，即今山東濟南市。）復其父全官爵。（璮父李全，理宗寶慶元年作亂，焚楚州，三年以青州降蒙古。）三月，蒙古殺王文統。

目 璮自忽必烈即位，便有南歸之志。至是召其子彥簡於開平，脩築濟南、益都等城壁，（益都，即今山東益都縣。）遂以漣、海三城來歸，（漣即漣水軍，今江蘇漣水縣。海州治東海縣，在今江蘇東海縣東北。）獻京東郡縣，請贖父過。詔授璮保信、寧武軍節度使，督視京東、河北路軍馬，封齊郡王，改漣水爲安東州。蒙古王文統使其子蕘通好於璮，蕘音饒。事覺被誅。

綱 以孫附鳳簽書樞密院事。

綱 夏五月，馬光祖罷。

封陳光昺安南王　吳潛暴卒　李璮死　詔買公田

【綱】蒙古史天澤圍李璮于濟南。六月，遣提刑青陽夢炎將兵救之，不至而還。夢炎至山東，不敢進而還。

【綱】封陳光昺爲安南王。陳日煚傳位於其子光昺，遣使來告，且貢象二；詔封光昺爲安南王，加日煚爲安南大王。然光昺實遣人請降於蒙古，蒙古亦加封册。

【綱】故相吳潛暴卒于循州。賈似道使劉宗申守循以毒之也。

【綱】以楊棟同簽書樞密院事。

【綱】秋八月，蒙古陷濟南，李璮死之。蒙古以董文炳爲山東經略使。

【綱】九月，蒙古以阿木爲征南都元帥。

【綱】冬十月，以楊棟簽書樞密院事，葉夢鼎同簽書院事。

【綱】蒙古命阿合馬領中書左右部，專理財賦。

【綱】十一月，竄丁大全于新州，（治新興縣，即今廣東新興縣。）道死。

【綱】癸亥，四年，（一二六三）蒙古中統四年。春正月，蒙古以姚樞爲中書左丞。

【綱】二月，詔買公田，置官領之。罷翰林學士徐經孫。

【目】賈似道以國計困於造楮，以楮作幣。富民困於和糴，思有以變法而未得其說。知臨安府劉良貴、浙西轉運使吳勢卿獻買公田之策，似道乃命殿中侍御史陳堯道、右正言曹孝慶、監察御史虞宓、張希顏上疏言：「三邊屯列，非食不飽；諸路和糴，非楮不行。既未免於

徐經孫條具公田之害

置榷場於樊城

糜兵，則和糴所宜廣圖；既不免於和糴，則楮幣未容縮造。爲今日計，欲便國便民而辦軍食、重楮價者，莫若行祖宗限田之制。以官品計頃，以品格計數，下兩浙、江東、西和糴去處，先行歸併詭析，後將官戶田產逾限之數，抽三分之一，回買以充公田。但得一千萬畝之田，則每歲可收六七百萬石之米，其於軍餉沛然有餘，可免和糴，可以餉軍，可以住造楮幣，可平物價，可安富室，一事行而五利興矣。」帝從之，詔買公田，置官田所，以劉良貴提領，通判陳訔爲簡閱，訔音銀。（簡同檢。）副之。

良貴請下都省，嚴立賞罰，究歸併之弊。獨徐經孫條具其害，似道諷御史舒有開劾之，罷歸。經孫嘗舉陳茂濂，至是爲公田官，分司嘉興，（即今浙江嘉興市。）聞經孫去國，曰：「我不可以負徐公！」亦謝事，終身不起。

未幾帝手詔曰：「永免和糴，無如買逾限之田爲良法。然東作方興，權俟秋成續議施行。」似道憤然上疏求去，復諷何夢然、陳堯道、曹孝慶抗章留之，且勸帝下詔慰勉。帝乃趣似道出視事，趣同促。似道復具陳其制，帝悉從之。

綱　三月，蒙古始建太廟。蒙古建太廟於燕京，命僧薦佛事七晝夜，歲以爲常。

綱　夏六月，論買公田功，進知臨安府劉良貴等官。

綱　秋七月，置榷場于樊城。榷場，榷貨之場。（樊城，即今湖北襄樊市舊樊城。）

目　劉整言於蒙古曰：「南人惟恃呂文德耳，然可以利誘也，請還以玉帶餽之，求置榷場於襄陽城外。」(襄陽，即今湖北襄樊市。)蒙古從之，至鄂請於文德，(鄂州治江夏縣，即今湖北武漢市舊武昌城。)文德許之。蒙古使曰：「南人無信。安豐等處榷場，(安豐軍治壽春縣，即今安徽壽縣。)每爲盜所掠，願築土牆以護貨物。」文德不許。或謂文德曰：「榷場成，我之利，且可因以通好。」文德爲請於朝，開榷場於樊城外，築土牆於鹿門山，(在今湖北襄樊市舊襄陽城東南。)外通互市，內築堡壁。堡，小城。壁，軍壘。蒙古又築堡於白鶴，山名。由是敵有所守，以遏南北之援，時出兵哨掠襄陽城外，哨音陗，軍中吹角。兵威益熾。文德弟文煥知爲蒙古所賣，以書諫止；文德始悟，然事已無及，惟自咎爾。

綱 蒙古以廉希憲爲中書平章政事，商挺參知政事。

綱 甲子，五年，(一二六四)蒙古至元元年。春三月，增公田官于平江諸路。立四分司，以主管公田繫銜，平江、嘉興、安吉各一員，鎮、常、江陰共一員。每鄉置官莊一所，民爲官耕者曰官佃，爲官督者曰莊官，莊官以富饒者充應。(平江府治吳縣，即今江蘇蘇州市。)

綱 何夢然罷。夏五月，以楊棟參知政事，葉夢鼎同知樞密院事，姚希得同簽書院事。

綱 秋七月，彗星出。中外上書乞罷公田，賈似道力求去位，詔勉留之。

目 彗星出柳，光燭天，長數十丈，自四更見東方，日高始滅。詔避殿、減膳，許中外直言。臺諫士庶皆上書，以爲公田不便，民間愁怨所致。於是似道上書力辯，乞避位。帝曰：「言事易，任事難，自古然也。公田之說，公私兼濟，所以決意行之。今業已成矣，若遽因人言罷之，雖可快一時之異議，如國計何。卿既任事，亦當任怨，『禮義不愆，何恤人言！』」由是公論頓沮。

【綱】黥配臨安府學生葉李等于遠州。

【目】葉李、蕭規應詔上書，詆賈似道專權，害民誤國。似道命劉良貴捃摭以罪，黥配李於漳州，規於汀州。（治長汀縣，即今福建長汀縣。）

【綱】蒙古阿里不哥自歸于上都，（上都即開平府，即今內蒙古多倫縣。）蒙古主釋不治，其黨不魯花等伏誅。

【綱】楊棟免。

【綱】八月，蒙古以劉秉忠爲太保，參領中書省事。

【綱】蒙古入都于燕。（在今北京市廣安門外，即金中都。）

【目】劉秉忠請定都於燕，蒙古主從之，詔營城池及宮室，仍號爲中都。

【綱】九月，竄建寧府教授謝枋得于興國軍。（建寧府即建州，治建安縣，即今福建建甌縣。興國軍，即今湖北陽新縣。）

【目】枋得考試宣城及建康，（宣城即宣州，今安徽宣城縣。建康，在今江蘇南京市境。）摘賈似道政事爲問，且言：「權姦擅國，敵兵必至，趙氏必亡。」漕使陸景思上其稾於似道，於是左司諫舒有開劾枋得怨望騰謗，大不敬；詔竄之。

綱 作銀關。關卽關子，鈔也。

目 賈似道以物貴由於楮賤，楮，楮幣。楮賤由於楮多，乃更造銀關，每一，准十八界會之三，（仁宗天聖元年置益州交子務，一交一緡，以三年爲一界而換之，六十五年爲二十二界，謂之交子。會，如交子、關子之類，見卷八十二高宗紹興三十年「初行會子」目及注。）自製其印如「賈」字狀行之，出奉宸庫珍貨，收幣會於官，廢十七界會不用。銀關行，物益貴，楮益賤。

綱 冬十月，帝崩，太子禥卽位，尊皇后曰皇太后，大赦。上帝廟號曰理宗。

度宗皇帝

名禥，榮王與芮之子，初封忠王，理宗無嗣，立爲太子，在位十年，壽五十三歲而崩。帝荒於酒色，拱手權奸，喪師失地，殆無虛日，賈似道方且粉飾太平，天怒人怨，以至滅亡。

綱 乙丑，度宗皇帝咸淳元年，（一二六五）蒙古至元二年。春正月朔，日食。

綱 二月，以姚希得參知政事，江萬里同知樞密院事，王爚簽書院事。爚音藥。

綱 三月，葬永穆陵。夏四月，加賈似道太師，封魏國公。

目 帝以似道有定策功，每朝必答拜，稱之曰「師臣」而不名，朝臣皆稱爲「周公」。理宗山陵事竣，竣音逡。已事而退立曰竣。徑棄官還越，而密令呂文德詐報蒙古兵攻下沱急，（呂文德時帥荊湖。下沱，在今湖北枝江縣東南。）朝中大駭，帝與太后手詔起之，似道乃至。

綱 閏五月，以江萬里參知政事，王爚同知樞密院事，馬廷鸞簽書院事。

綱 秋八月，蒙古以安童爲中書右丞相。冬十月，命許衡議省事，衡辭，不許。

包恢政聲赫然

目　安童，木華黎四世孫，年二十一矣。蒙古主以其幼未更事，召許衡於懷孟，（懷孟路治懷州城，即今河南沁陽縣。）俾議中書省事，衡至，以疾辭，蒙古主不許。安童親候其館，與語良久，既還，念之不釋者累日。

綱　十一月，以留夢炎簽書樞密院事。

綱　丙寅，二年，（一二六六）蒙古至元三年。春正月，江萬里罷。

目　賈似道以去要君，帝至拜留之，萬里以身掖帝，掖，挾持也。云：「自古無此君臣禮！陛下不可拜，似道不可復言去。」似道不知所爲，下殿，因舉笏謝萬里曰：「微公，似道幾爲千古罪人。」然以此益忌之，謀逐萬里。萬里亦四上疏求退，乃以資政殿大學士奉祠。

綱　夏四月，姚希得、王爚罷。

綱　五月，以王爚參知政事，留夢炎同知樞密院事，包恢簽書院事。

目　恢所至，以嚴爲治，破豪猾，去姦吏，治蠱獄，政聲赫然。理宗朝，嘗因輪對曰：「陛下之心，如天地日月，其閉而食者，外戚近習耳。」

綱　秋七月，蒙古以張德輝參議中書省事。

目　初，德輝在史天澤幕下，蒙古主在藩邸聞之，藩邸，王邸也。召見，問曰：「或云『遼以釋廢，金以儒亡』，有諸？」對曰：「遼事臣未周知，金季乃所親睹。宰執皆武弁世爵，弁音便。雖用一二儒臣，及論軍國大事又不使預聞，然則金之存亡，自有任其責者。」蒙古主然之，呼

儒教太宗師

其字而不名。德輝又嘗與元裕上謁，請蒙古主爲儒教太宗師，蒙古主悅而受之。既即位，以爲河東南、北路宣撫使，遂入議政。

淮湖之民尤可念

綱 丁卯，三年，（一二六七）蒙古至元四年。春正月，立皇后全氏。

目 后，會稽人，（會稽，即今浙江紹興市。）理宗母慈憲夫人姪孫也。寶祐中，父昭孫沒於王事，理宗以母故，常召后入宮，問曰：「爾父沒於王事，每念之，令人可哀。」后對曰：「妾父可念，淮、湖之民尤可念也。」帝異之，語大臣曰：「全氏女言辭甚令，（令，善也。）宜配冢嗣以承宗祀。」遂納爲太子妃。

綱 帝釋菜于孔子，以顏回、曾參、孔伋、孟軻配，列邵雍、司馬光于從祀。

目 又升顓孫師於十哲，追封雍新安伯。

蒙古許衡陳四事

綱 蒙古許衡謝病還懷孟。

目 衡陳時務四事，（一曰立國規模，二曰中書大安，三曰爲君難，四曰農桑學校。）書至萬餘言，且謂：「孔子曰：『以道事君，不可則止。』孟子以責難陳善，乃爲恭敬。臣之所守如此，而大約以大學『脩身』爲之本。」蒙古主嘉納之。衡多病，蒙古主命五日一至中書，至是始聽歸懷孟。

綱 二月，以賈似道平章軍國重事，三日一朝，治事都堂。

目 似道上疏乞歸養，帝命大臣侍從傳旨固留，日四五至，中使加賜日十數至，特授平章軍國重事，一月三赴經筵，三日一朝，治事都堂；賜第西湖之葛嶺，（在今浙江杭州市內西湖

程元鳳相尋罷

葉夢鼎相

我斷不爲陳自强

北。）使迎養其中。似道於是五日一乘湖船入朝，不赴都堂治事，吏抱文書就第呈署，大小朝政，一切決於館客廖瑩中、堂吏翁應龍，宰執充位而已。似道雖深居簡出，凡臺諫彈劾，諸司薦辟，（辟音壁，舉也。）及京尹畿漕一切事，不關白不敢行。正人端士，斥罷殆盡。吏爭納賂求美職，圖爲帥閫、監司、郡守者，貢獻不可勝計，一時貪風大肆。兵喪於外，匿不以聞，民怨於下，誅責無藝，（無藝，猶言無極。）莫敢言者。

綱　三月，以程元鳳爲右丞相、樞密使，葉夢鼎參知政事，王爚知樞密院事，常挺簽書院事。　元鳳、爚尋罷。

綱　夏六月，以馬光祖參知政事。

綱　秋八月，進封嗣榮王與芮爲福王。

綱　以葉夢鼎爲右丞相兼樞密使，固辭，不許。

目　利州路轉運使王价子愬求遺澤，（利州治緜谷縣，即今四川廣元縣。）夢鼎以爲合與，似道以恩不出己，罷省部吏數人。夢鼎怒曰：「我斷不爲陳自強。」（寧宗朝，自强附韓侂胄得相；侂胄誅，自强竄永州。）即求去。似道母責似道曰：「葉丞相安於家食，未嘗求進，汝強與以相印，今乃牽制至此；若不從吾言，吾不食矣。」似道曰：「爲官不得不如此。」會太學諸生亦上書言似道專權固位，似道乃悔悟求解。夢鼎請去益力，帝不許。

綱　冬十二月，以呂文煥知襄陽府。

蒙古城白河口

綱 蒙古阿朮、劉整謀入寇，遂城白河口。（白河，出今河南嵩縣，東南流，折南流，至湖北襄樊市雙溝鎮入唐河注漢水。）

目 劉整言於蒙古主曰：「襄陽，吾故物，由棄弗戍，使宋得竊築爲強藩。若復襄陽，浮漢入江，則宋可平也。」蒙古主從之，詔徵諸路兵，命阿朮與整經略襄陽。阿朮駐馬虎頭山，（在今湖北襄樊市舊襄陽縣南。）顧漢東白河口曰：「若築壘於此，以斷宋餉道，襄陽可圖也。」遂城其地。呂文煥大懼，遣人以蠟書告文德，（蠟書，以蠟爲丸，置書其中。）文德怒且詈曰：「汝曹妄言邀功賞，設有之，亦假城耳。襄、樊城池堅深，兵儲支十年，令呂六堅守；果整妄作，春水至吾往取之。比至，恐遁去耳。」議者竊笑之。

呂文德輕敵

綱 戊辰，四年，（一二六八）蒙古至元五年。春正月，留夢炎罷。

綱 夏四月，奪觀文殿大學士惠國公謝方叔官爵。

目 方叔以嘗爲東宮官，自豫章以一琴、一鶴、金丹一鑪獻帝。（豫章，即今江西南昌市。）似道疑其觀望再相，諷諫官趙順孫等論其「不當誘人主爲聲色之好」，欲謫之遠郡。呂文德請以己官贖方叔罪，乃止奪官爵。

蒙古圍襄陽

綱 秋九月，蒙古阿朮、劉整圍襄陽。

目 劉整與阿朮計曰：「我精兵突騎，所當者破，惟水戰不如宋耳。奪彼所長，造戰艦，習水軍，則事濟矣。」乃造船五十艘，（艘音搜，船之總名。）日練水軍，雖雨不能出，亦畫地爲船

畫地爲船習水戰

爲船而習之，得練卒七萬，遂築圜城以逼襄陽。圜音還，繞也。

綱　冬十一月，常挺卒。

綱　行義役法。

行義役法

綱　十二月，包恢罷。

綱　己巳，五年，（一二六九）蒙古至元六年。春正月，以李庭芝爲兩淮制置大使。

目　兼知揚州。（揚州治江都縣，即今江蘇揚州市。）時揚州新遭火，公私蕭然，庭芝大築城壁，募汴南流民二萬餘人以實之，號武銳軍。脩學賑饑，民德之如父母。

武銳軍

綱　葉夢鼎上疏乞致仕，不待報而去。

目　夢鼎扼於賈似道不得行，乃引杜衍故事，上疏乞致仕，單車宵遁。詔判福州，夢鼎不拜。

綱　以馬廷鸞、江萬里參知政事。

綱　蒙古遣史天澤益兵圍襄陽。

蒙古益兵圍襄陽

目　蒙古括諸路兵以益襄陽之師，遣史天澤往經畫之。天澤至，築長圍，起萬山，（在今湖北襄樊市舊襄陽縣城西。）包百丈山，（在襄樊市舊襄陽縣城南。）令南北不相通。又築峴山、虎頭山爲一字城，（峴山，在襄樊市舊襄陽縣城南。）聯互諸堡，以立久駐必取之基。

綱　二月，蒙古行新字，加號西僧八思巴爲大寶法王。蒙古主命國師八思巴創蒙古新字，頒行諸

蒙古行新字

張世傑赤灘圃之敗

江萬里馬廷鸞相夏貴新城之敗

廉希憲受孔子戒

路，其字凡千餘，大要以諸聲爲宗。

綱 三月，蒙古軍圍樊，遂城鹿門，京湖都統張世傑將兵拒之，戰于赤灘圃，（在今湖北襄樊市東南。）敗績。

目 世傑，柔之從子，從柔戍杞，（卽今河南杞縣。）有罪來奔，阮思順見而奇之，言於呂文德，文德召置麾下，累功至都統制。

綱 以江萬里、馬廷鸞爲左、右丞相兼樞密使，馬光祖知樞密院事。夏五月，光祖罷。

綱 秋七月，夏貴襲蒙古阿朮于新城，敗績。

綱 冬十二月，呂文德卒。以范文虎爲殿前副都指揮使。

目 文德以許蒙古置榷場爲恨，每曰：「誤國家者，我也。」因疽發背，乞致仕；詔授少師，封衞國公，卒。賈似道以其壻范文虎總禁兵。

綱 庚午，六年，（一二七〇）蒙古至元七年。春正月，以李庭芝爲京湖制置大使，督師援襄、樊。

綱 起復孫虎臣爲淮東安撫副使。

綱 江萬里罷。萬里以襄、樊爲憂，屢請益師往救，賈似道不答；萬里遂力求去，出知福州。

綱 蒙古廉希憲罷。

目 蒙古主嘗令希憲受帝師戒，帝師，八思巴。希憲對曰：「臣已受孔子戒矣。」蒙古主曰：

排當

文天祥不呈制稿

「汝孔子亦有戒邪？」對曰：「爲臣當忠，爲子當孝，孔子之戒，如是而已。」

綱　以陳宗禮簽書樞密院事，趙順孫同簽書院事。

目　宮中飲宴，名曰排當。理宗朝，排當之禮多內侍自爲之，一有排當，則必有私事密啓。帝卽位益盛，至出內帑爲之。宗禮爲給事中，嘗上疏言：「內侍用心，非借排當以侵羨餘，則假秩筵以奉殷勤，不知費幾州汗血之勞，而供一夕笙歌之樂！請禁絕之。」不報。

綱　蒙古立尙書省，以阿合馬平章政事。

綱　二月，蒙古以許衡爲中書左丞，衡固辭，不許。

目　時阿合馬勢傾中外，其子忽辛有同簽樞密院之命，衡執奏曰：「國家事權，兵、民、財三者而已。父典民與財，子又典兵，不可。」蒙古主曰：「卿慮其反邪？」衡曰：「彼雖不反，此反道也。」蒙古主以語阿合馬，由是怨衡，亟薦衡爲左丞，欲因以事中之。衡屢入辭免，蒙古主不許。

綱　夏四月，罷直學士院文天祥。

目　賈似道以去要君，帝勉留益堅，命學士降詔。天祥當制，時內制相承，必先呈稿於相，天祥不從。似道意不滿，諷別院改作。天祥亟求解職，遷祕書監，似道使臺官張志立劾罷之。

綱　秋八月，詔賈似道十日一朝，入朝不拜。

賈似道作半閒堂　建多寶閣　蒙古城萬山　黃震救荒

目　時襄、樊圍急，似道日坐葛嶺，起樓閣亭榭，榭音謝。土高曰臺，有木曰榭。作半閒堂，閒同閑。延羽流，塑己像其中，取宮人葉氏及娼尼有美色者爲妾，日肆淫樂。嘗與羣妾踞地鬭蟋蟀，所狎客戲之曰：「此軍國重事邪！」酷嗜寶玩，建多寶閣，一日一登玩。自是或累月不朝，有言邊事者輒加貶斥。一日帝問曰：「襄陽之圍已三年矣，奈何！」似道對曰：「北兵已退，陛下何從得此言？」帝曰：「適有女嬪言之。」似道詰其人，誣以他事賜死。由是邊事雖日急，無敢言者。

綱　冬十月，詔范文虎總中外諸軍救襄陽。

綱　十一月，蒙古城萬山。自是襄、樊道絕。

綱　十二月，陳宗禮卒。

綱　辛未，七年，（一二七一）蒙古至元八年，十一月改國號曰元。春二月，大饑。

目　是歲淮、浙、江西皆饑，命官賑貸。知撫州黃震，（撫州治臨川縣，即今江西撫州市。）大書「閉糴者籍，彊糴者斬！」不抑米價，勸分有方，全活甚衆。

綱　夏五月，蒙古兵分道寇嘉定諸路。（嘉定府治龍遊縣，即今四川樂山縣。）

綱　六月，范文虎帥師至鹿門而遁，李庭芝自劾請代，不許。

綱　蒙古以許衡爲集賢大學士，集賢，殿名。兼國子祭酒。

目　衡上疏論阿合馬專權罔上，蠹政害民諸事，不報，因謝病請解機務。蒙古主不許，且命擧自代者。衡奏曰：「用人，天子之大柄。臣下汎論其賢否則可，若授之以位，則斷自宸衷，不可使臣下有市恩之漸。」乃拜衡集賢大學士，兼國子祭酒，卽燕京南城舊樞密院設學。衡聞命，喜曰：「此吾事也。」因請徵其弟子王梓、耶律有尙、姚燧等十二人爲齋長。時所選弟子皆幼穉，衡待之如成人，愛之如子，出入進退，其嚴如君臣。其爲教，因覺以明善，因善以開蔽，相其動息以爲張弛，課誦少暇卽習禮或習書算。少者則令習拜跪、揖讓、進退、應對，或射、或投壺，負者罰讀書若干遍。久之，諸生人人自得，尊師敬業，下至童子，亦知三綱、五常爲生人之道。

許衡敎弟子法

綱　冬十一月，蒙古改國號曰元。

蒙古改號元

目　取易「乾元」之義，從太保劉秉忠請也。

綱　壬申，八年，（一二七二）元至元九年。春正月，元罷尙書省。阿合馬仍平章中書省事。

綱　夏五月，李庭芝使統制張順、張貴將兵救襄陽，與元軍戰，敗績，皆死之。

目　襄陽被圍五年，援兵不至，呂文煥竭力拒之，幸城中稍有積粟，所乏者鹽、薪、布帛爾。至是，詔李庭芝移屯郢州。（治長壽縣，卽今湖北鍾祥縣。）庭芝闖知襄陽西北一水曰清泥河，闞，窺視也。（清泥河，在今湖北谷城縣南。）卽其地造輕舟百艘。出重賞募死士，得襄、郢、山西民兵之驍悍善戰者三千人。求將，得民兵部轄張順、張貴，俱智勇，素爲諸將所服，俾爲都統，號貴曰「矮張」，順曰「竹園張」。出令曰：「此行，有死而已！汝輩或非本心，宜亟去，毋敗吾事。」

矮張竹園張

元敗張貴龍尾洲

人人感奮。

漢水方生，乘順流發舟百艘，夜漏下三刻起矴出江，矴音訂，鎮舟石也。以紅燈爲號，貴先登，順殿之，乘風破浪，徑犯重圍。元兵布舟蔽江，無隙可入。順等乘銳斷鐵絙，絙音恆。絙，大索也。攢杙數百，杙同筏。轉戰百二十里，元兵皆披靡以避其鋒。披靡，震懾貌。黎明，黎，黑也，天將明而猶黑也。抵襄陽城下。城中久絕援，聞順等至，踊躍過望，勇氣百倍。及收軍，獨失順，越數日有浮屍溯流而上，溯流，逆流也。被甲胄，執弓矢，直抵浮梁，視之則順也，身中四創六箭，創，傷也。怒氣勃勃如生，諸軍驚以爲神，結冢斂葬之。貴入襄陽，文煥固留共守，貴恃其驍勇，欲還郢，乃募二士，能伏水中數日不食，持蠟書赴范文虎於郢求援。元兵增守益密，水路連鎖數十里，列撒星樁，雖魚蝦不得度。二人遇樁即鋸斷之，竟達郢。還報，許發兵五千駐龍尾洲以助夾擊。

刻日既定，乃別文煥東下，點視所部軍，洎登舟，洎音忌，及也。帳前一人亡去，乃有過被撻者。貴驚曰：「吾事泄矣！亟行，彼或未及知。」復不能銜枚隱迹，銜枚，止喧嘩也。枚形似箸，兩端有小繩，銜於口而繫於頸後，則不能言。乃舉砲鼓譟發舟，乘夜順流斷絙，破圍冒進，元兵皆辟易。辟易，驚却貌。既出險地，漸近龍尾洲，遙望軍船，旗幟紛披；貴兵以爲郢兵來會，喜躍而進，及勢近欲合，則來舟皆元軍也。蓋郢兵前二日以風水驚疑，退屯三十里；而元兵得逃卒之報，先據龍尾洲以逸待勞。貴與戰而困，且出於不意，所部殺傷殆盡。貴身被數十創，力不能支，遂被執，見阿朮於櫃門關。阿朮欲降之，貴誓不屈，乃見殺。元令降卒四人舁貴屍至襄陽城下，舁音預，對舉也。曰：「識矮張都統乎？此是也。」守陴者皆哭，陴音皮，城上女牆。城中喪氣。文煥斬四卒，以貴祔葬順塚，立雙廟祀之。

綱　六月，竄資政殿大學士皮龍榮于衡州，（治臨蒸縣，即今湖南衡陽市。）道卒。

目　龍榮，舊宮僚也，知賈似道忌之，家居杜門不預人事。一日，帝偶問「龍榮安在？」似道恐其召用，陰諷湖南提刑李雷應誣劾以事，徙衡州居住。龍榮恐不爲雷應所容，未至，飲藥卒。

綱　以章鑑同簽書樞密院事。

綱　秋九月，有事于明堂，大雨，帝還宮。賈似道去位，詔出貴嬪胡氏爲尼，似道乃還。

目　祀明堂，似道爲大禮使。禮成，幸景靈宮，將還，遇大雨，似道期帝雨止升輅，胡貴嬪之兄顯祖爲帶御器械，請如開禧故事，開禧，寧宗年號。却輅乘逍遙輦還宮。人步扼車曰輦。帝曰：「平章得無不可？」顯祖紿曰：紿，誑也。「平章已允。」帝遂歸。似道大怒曰：「臣爲大禮使，陛下舉動不得預聞，乞罷政。」即日出嘉會門，帝固留之不得，乃罷顯祖，涕泣出貴嬪爲尼，似道始還。

綱　冬十一月，馬廷鸞罷。

目　廷鸞扼於賈似道，力辭相位，乃授觀文殿大學士，知饒州。（治鄱陽縣，即今江西鄱陽縣。）

入辭，帝惻怛久之，曰：「丞相勉爲朕留。」廷鸞對曰：「臣死亡無日，恐不得再見君父。然國事方殷，彊圉孔棘，圉音語。棘，急也。天下安危，人主不知；國家利害，羣臣不知；軍前勝負，列閫不知。陛下與元老大臣，惟懷永圖，臣死且瞑目。」泣拜而出。

葉夢鼎辭相

綱 十二月，召葉夢鼎入相，固辭不至。

目 詔加夢鼎少傅，入相。夢鼎引疾力辭，使者相繼促行，扶病至嵊縣，（即今浙江嵊縣。）疏奏：「願上厲精寡欲，規當國者收人心，固邦本。」扁舟徑還。扁舟，小舟也。使者以禍福告夢鼎曰：「廉恥事大，死生事小，萬無可回之理。」賈似道大怒，乃令致仕。

樊城陷

綱 癸酉，九年，（一二七三）元至元十年。春正月，樊城陷，守將范天順、牛富死之。

西域新砲

目 樊城被圍四年，范天順、牛富力戰不爲衄，衄音肉，敗傷也。富又數射書襄陽城中，期呂文煥相與固守爲脣齒。未幾，阿里海涯得西域人所獻新砲法，乃進攻樊，破外郛，郛音孚，郭也。張弘範爲流矢中其肘，束創見阿朮曰：「襄在江南，樊在江北，（江指漢水。）我陸攻樊則襄出舟師求救，終不可取。若截江道，斷救兵，水陸夾攻，則樊破而襄亦下矣。」阿朮從之。

初，襄、樊兩城，漢水出其間，文煥植木江中，鎖以鐵絙，上造浮橋以通援兵，樊亦恃此爲固。至是阿朮以機鋸斷木，以斧斷絙，燔其橋，襄兵不能援。乃以兵截江而出，銳師薄樊城，薄，逼也。城遂破。天順仰天歎曰：「生爲宋臣，死爲宋鬼。」即所守處縊死。富率死士百人巷戰，元兵死傷者不可計，渴飲血水，轉戰而進，遇民居燒絕街道，富身被重傷，以頭觸柱赴火死，裨將王福見富死，（裨將，偏將也。）歎曰：「將軍死國事，吾豈宜獨生！」亦赴火死。

呂文煥以襄陽降元

綱　二月，呂文煥以襄陽叛降元。

目　襄陽久困援絕，文煥每一巡城，南望慟哭而後下。告急於朝，賈似道累上書請行邊，（行，巡視也。）而陰使臺諫上章留己。樊城既陷，復申請之，事下公卿雜議，監察御史陳堅等以爲「帥臣出顧襄，未必能及淮；顧淮，未必能及襄；不若居中以運天下。」帝從之。未幾，阿里海涯帥總管唆都等移破樊攻具以向襄陽，城中洶洶，諸將多踰城降者。阿里海涯身至城下，宣元主所降招諭文煥詔曰：「爾等拒守孤城，於今五年，宣力爾主，固其宜也，然勢窮援絕，如數萬生靈何！若能納款，悉赦勿治，且加遷擢。」文煥乃出降，且陳攻郢之策，請己爲前鋒。阿朮入襄陽，阿里海涯遂偕文煥朝燕，元主以文煥爲襄漢大都督。事聞，似道言於帝曰：「臣始屢請行邊，陛下不之許，向使早聽臣出，當不至此。」

詔城清口

綱　三月，詔城清口。（在今江蘇淮陰市西南，古泗水入淮之口，亦名清河口。）

目　劉整故吏羅鑑自北復還，上整書稿一帙於四川制司，有取江南二策，其一言先取全蜀，蜀平，江南可定；其二言清口、桃源，（桃源，在今江蘇泗陽縣北。）河、淮要衝，宜先城其地，屯山東軍以圖進取。帝亟詔淮東制司往清口，擇利地築城備之。

綱　元主立其子眞金爲太子。

目　眞金，蒙古主之長子，初封燕王，守中書令，兼判樞密院事。劉秉忠薦中山王恂以輔之，（中山，即今河北定縣。）蒙古主以爲太子贊善。眞金問恂以心之所守，恂曰：「嘗聞許衡言：『人心猶印板然，板本不差，雖摹千萬本皆不差；本旣差矣，摹之於紙無不差者。』」眞金曰：「善。」至是立爲皇太子。

綱　李庭芝免。夏四月，以汪立信爲京湖制置使，趙溍爲沿江制置使。立信兼知江陵，溍兼建康留守。溍多獻寶玉於似道，故有是命。

綱　六月，降范文虎一官，職任如故。竄俞興子大忠于循州。

目　給事中陳宜中言：「襄、樊之失，皆由范文虎怯懦逃遁。乞斬之。」賈似道不許，止降一官。汪立信言：「臣奉命分閫，延見吏民，皆痛哭流涕，言襄、樊之禍皆由范文虎及俞興父子。文虎聞難怯戰，僅從薄罰，猶子天順守節不屈，猶可少贖其愆。興奴隸庸材，務復私怨，激叛劉整，流毒至今。其子大忠，挾多貲爲父行賄，且自希進；今雖寸斬，未足以快天下之忿。乞置重典，則人心興起，事功可圖。」詔除大忠名，循州拘管。

綱　秋七月，元許衡乞罷，許之。

目　阿合馬等屢毀漢法，諸生廩食或不繼，衡請還懷孟。元主以問翰林學士王磐，磐對曰：「衡教人有法，諸生行可從政，此國之大體，宜勿聽其去。」元主又命諸老臣議其去留，竇默爲衡懇請，乃聽衡還。劉秉忠、姚樞及磐、默等復請以贊善王恂攝學事，衡弟子耶律有尙、蘇郁、白棟爲助教，庶幾衡之規矩不致廢墜；從之。

綱　九月，以章鑑簽書樞密院事，陳宜中同簽書院事。

綱　冬十一月，以李庭芝、夏貴爲淮東、西制置使，陳奕爲沿江制置使。庭芝兼知揚州，貴兼知廬州，奕兼知黃州。

綱　甲戌，十年，(一二七四)元至元十一年。春正月，賈似道母死，詔以鹵簿葬之。天子儀衛曰鹵簿。遂起復似道入朝。

綱　元以伯顏爲中書左丞相。

目　伯顏事宗王旭烈於西域，嘗入奏事，蒙古主見其貌偉言厲，曰：「此非諸侯王臣。」遂留與議國政，自右丞進左相。

綱　二月，趙順孫罷。

綱　秋七月，帝崩，子嘉國公㬎即位，㬎音顯。太后臨朝稱制。

目　帝崩，年五十三。賈似道入宮議所立，衆以建國公昰長，昰音是。當立；似道主嫡，乃立嘉國公㬎，時年四歲矣。謝太后臨朝稱詔，號帝廟曰度宗。

綱　封兄昰爲吉王，弟昺爲信王。昰母楊淑妃，昺母俞脩容。

綱　詔賈似道獨班起居。

綱　尊皇太后曰太皇太后，皇后曰皇太后。

綱　罷京湖制置使汪立信。

汪立信移書賈似道

今日之計其策有三

目　立信移書賈似道，謂「今天下之勢，十去八九，誠上下交脩以迓續天命之幾，重惜分陰以趨事赴功之日也。而乃酣歌深宮，嘯傲湖山，玩歲愒月，（玩、愒，皆貪也。愒音慨。左傳：「玩歲而愒日。」）緩急倒施，以求當天心，俯遂民物，拱揖指揮而折衝萬里者，不亦難乎！爲今日之計者，其策有三：夫內郡何事乎多兵，宜盡出之江干，（水涯曰干。）以實外禦。算兵帳見兵，可七十餘萬人，老弱柔脆，十分汰二，爲選兵五十餘萬人。而沿江之守，則不過七千里，若距百里而屯，屯有守將，十屯爲府，府有總督，其尤要害處，輒參倍其兵。（參同三。）無事則泛舟長淮，往來游徼，（徼音敎。邏卒曰游徼。）有事則東西齊奮，戰守並用，刁斗相聞，饋餉不絕，互相應援，以爲聯絡之固。選宗室大臣忠良有幹用者，立爲統制，分東西二府以涖，任得其人，率然之勢。此上策也。久拘聘使，無益於我，徒使敵得以爲辭。請禮而歸之，許輸歲幣以緩師期。不二三年，邊運稍休，藩垣稍固，生兵日增，可戰可守。此中策也。二策果不得行，則天敗我，銜璧輿櫬之禮，（左傳僖公六年：「許男面縛銜璧，大夫衰絰，士輿櫬。」注：「縛手於後，惟見其面。以璧爲贄，手縛，故銜之。輿，共舉也。櫬，空棺也。君將受死，故使大夫衰絰，士輿櫬而從之。」）請備以俟。」似道得書，大怒，抵之地，詬曰：「瞎賊，（瞎，目盲也。）狂言敢爾！」蓋立信一目微眇云。尋中以危法，廢斥之。

綱　以朱禩孫爲京湖、四川宣撫使。（兼知江陵府。禩音祀。）

綱　八月，大霖雨，天目山崩。（天目山，在今浙江臨安縣西北。）

元劉秉忠卒

元大舉寇宋

目 水涌安吉、臨安、餘杭，(安吉縣，在今浙江安吉縣西南。臨安，即今浙江杭州市。餘杭，在今杭州市西。)民溺死者無算。

綱 元以博羅懽爲中書右丞。

綱 元太保劉秉忠卒。

目 秉忠自幼好學，至老不衰，雖位極人臣，終日澹然，不異平昔。至是卒。元主驚悼，謂左右曰：「秉忠事朕三十年，小心愼密，不避艱險，言無隱情。其陰陽術數之精，占事知來，若合符契，惟朕知之，他人不得與聞也。」贈太傅、趙國公，謚文貞。

綱 元史天澤、伯顏大舉入寇。天澤有疾而還。

目 阿朮自襄、樊既下，奉命略淮東而還，與阿里海涯同請南侵，且曰：「臣久在行閒，備見宋兵之弱；失今不取，時不再來。」劉整亦言：「襄陽破則臨安搖矣。若以水軍乘勝長驅，則大江必非宋有。」元主可其奏。史天澤、姚樞復上言：「如求大將，非安童不可。」元主遂下詔，數宋賈似道背盟拘執信使之罪，命天澤、伯顏總諸道兵，與阿朮、阿里海涯、呂文煥行中書省於荊湖，博羅懽、阿答海、劉整、塔出、董文炳行樞密院於淮西，兵凡二十萬。天澤至郢，病篤，召還，諸軍並聽伯顏節制。

綱 九月，元呂文煥以伯顏趨郢州，劉整以博羅懽趨淮西。

綱 冬十月，元伯顏攻郢州，張世傑力戰禦之。張世傑時將兵屯郢。伯顏遂潛兵入漢，(即

淮東號小朝廷

王爚章鑑相

鄂州降元

漢陽軍，即今湖北武漢市舊漢陽縣。）屠沙洋，（在今湖北荆門縣東南，臨漢水上。）陷新郢，（在今湖北鍾祥縣西南。鄂州在漢水南，新郢在漢水北。）守將邊居誼死之。

綱　十一月，以陸秀夫參議淮東制置司事。

目　李庭芝在淮南，庭芝爲淮東制置使，兼知揚州。聞秀夫名，辟置幕下，時天下稱得士多者，以淮東爲第一，號「小朝廷」。秀夫性沉靜，不苟求人知。每僚吏至閤，賓主交驩，秀夫獨斂焉無一語。或時宴集府中，矜莊終日，未嘗少有希合。至察其事，皆治。庭芝益器之，雖改官，不使去己。

綱　以王爚、章鑑爲左、右丞相，兼樞密使。爚固辭，不許。

綱　十二月，元伯顔攻陽邏堡，（在今湖北黄岡縣西北。）夏貴帥師拒之。伯顔使阿朮襲青山磯，（在今湖北武漢市舊武昌城東北。）遂渡江。

綱　元伯顔拔陽邏堡，夏貴棄師還，伯顔遂會阿朮趨鄂州。（治江夏縣，即今湖北武漢市武昌城。）

綱　朱禩孫將兵救鄂，不至而還。禩孫聞元兵趨鄂，帥師援之，道聞陽邏堡之敗，乃夜奔還江陵府。

綱　鄂州降元，權守張晏然與都統程鵬飛以州軍降。伯顔使行省右丞阿里海涯戍鄂，遂引兵東下。伯顔自率大衆與阿朮東下，趨臨安。

綱　詔賈似道都督諸路軍馬，開府臨安。似道以孫虎臣總統諸軍。

陳奕以黃州降元

目　鄂既破，朝廷大懼。三學生及羣臣上疏，以爲非師相親出不可。似道不得已，始開都督府於臨安，以黃萬石等參贊軍事。

綱　詔天下勤王。

綱　以高達爲湖北制置使。知江陵府。

綱　陳奕以黃州叛降元。（黃州治黃岡縣，即今湖北黃岡縣。）

綱　李庭芝遣兵入援。

呂師夔降元

范文虎降元

綱鑑易知錄卷八九

南宋紀

恭宗皇帝

名㬎，度宗次子，在位一年，元伯顏入臨安執之北行，二年殂，而南宋遂亡。

綱 乙亥，帝㬎德祐元年，（一二七五）元至元十二年。春正月，葬永紹陵。

綱 以陳宜中同知樞密院事。

綱 以呂師夔參贊都督府軍事。師夔不受命，以江州叛降元。（江州治潯陽縣，即今江西九江市。）

綱 元中書左丞劉整死于無爲軍。（即今安徽無爲縣。）

綱 知安慶府范文虎叛降元。（安慶府治懷寧縣，即今安徽懷寧縣。）

目 文虎遣人以酒饌如江州迎元軍，伯顏使阿朮以舟師先造，文虎以城降，通判夏倚仰藥死。（仰藥即服毒。）伯顏繼至，承制授文虎兩浙大都督。

綱 賈似道出師，次于蕪湖。（即今安徽蕪湖市。）二月，夏貴引兵會之。

目 似道畏劉整，不敢發，及聞其死，喜曰：「吾得天助也。」乃上表出師，抽諸路精兵十三萬人以行，金帛輜重之舟，舳艫相銜百有餘里。舳艫音逐盧。舳，船後持舵處。艫，船頭刺櫂處。命宰執小事專決，大事則關白於督府，不得擅行。又以所親信韓震爲殿帥，總禁兵。進次於蕪湖，遣人通呂師夔以議和。未幾，夏貴引兵來會，袖中出一編書示似道曰：「宋歷三百二十年。」似道俯首而已。

綱　以汪立信爲江、淮招討使，募兵禦元。

目　賈似道至江上，以立信爲端明殿學士、江、淮招討使，俾就建康府庫募兵，以援江上諸郡。（建康府治江寧縣，在今江蘇南京市境。）立信受詔，卽日上道，以妻子託其愛將金明，執其手曰：「我不負國家，爾亦必不負我。」遂行。與似道遇於蕪湖，似道拊立信背曰：「不用公言，以至於此！」因問立信何向，立信曰：「今江南無一寸乾淨地，某去尋一片趙家地上死，要死得分明耳。」既至建康，守兵悉潰，而四面皆北軍。立信知事不可成，歎曰：「吾生爲宋臣，死爲宋鬼，終爲國一死，但徒死無益耳！」率所部數千人至高郵，（卽今江蘇高郵縣。）欲控引淮、漢以爲後圖。

江南無一寸乾淨地

綱　賈似道復請和于元，伯顏不許。

目　似道自蕪湖遣還元俘曾安撫，且以荔子、黃柑遺伯顏，復使宋京如元軍，請稱臣、奉歲幣如開慶約。（理宗開慶元年，賈似道密遣宋京詣蒙古營，許稱臣，割江南爲界，歲奉銀絹各二十萬。）阿朮謂伯顏曰：「宋人無信，惟當進兵。」伯顏乃令囊加歹來，答書曰：「未渡江時，議和入貢則可。今沿江州郡皆已內屬，欲和則當來面議也。」似道不答。囊加歹歸報，京亦還。

賈似道以荔子黃柑遺伯顏

元陷池州

【綱】以黃萬石爲江西制置使。

【綱】元陷池州，（治貴池縣，即今安徽貴池縣。）權守趙昂發死之。

【目】池守王起宗聞元軍渡江，棄官去，通判趙昂發攝州事。昂發繕壁聚糧，爲固守計。元遊騎至李王河，（今名李陽河，在安徽貴池縣西。）都統張林屢諷之降，昂發忿氣塡膺，瞠目視林，瞠音撐，直視貌。林不敢復言。已而林帥兵巡江陰，（在今江蘇江陰縣西。）遣人納款，而陽助昂發爲守，守兵皆歸於林。昂發知事不濟，乃置酒，會親友與訣，謂妻雍氏曰：「城將破，吾守臣，不當去，汝先出走。」雍曰：「君爲忠臣，我獨不能爲忠臣婦乎！」昂發笑曰：「此豈婦人女子所能也。」雍曰：「吾請先君死。」昂發笑止之。明日，乃散其家貲與弟姪僕婢，悉遣之。元兵薄城，薄，逼也。昂發晨起，書几上曰：「國不可背，城不可降。夫婦同死，節義成雙。」遂與雍氏同縊死於從容堂。林開門降，伯顏入城，問「太守何在？」左右以死對，深歎息之，命具棺衾合葬，祭其墓而去。事聞，贈華文閣待制，謚文節，雍氏贈順義夫人。

【綱】元主封其子那木罕爲北平王，（北平，在今河北昌黎縣西北。）以安童行省院事于北鄙。

【目】元太宗長孫曰海都，太宗，窩闊台。居北方，自定宗以來，定宗貴由。日尋干戈。至是詔封那木罕爲北平王，率諸王兵鎭守，而安童總省院之政。

元史天澤卒

【綱】元平章軍國重事史天澤卒。

【目】天澤至眞定，（眞定府治眞定縣，即今河北正定縣。）病篤，附奏曰：「臣死不足惜，但願天兵

元陷江淮州軍

渡江，慎勿殺掠。」語不及他。元主聞訃震悼，贈太尉，謚忠武，追封鎮陽王。

綱　孫虎臣、夏貴之師潰于江上，賈似道奔揚州，元盡陷江、淮州、軍。

目　賈似道以精銳七萬餘人盡屬孫虎臣，軍於池州下流之丁家洲，（在今安徽銅陵市東北。）夏貴以戰艦二千五百艘橫亙江中，似道自將後軍軍魯港。（在今安徽蕪湖市西南。）貴嘗失利於鄂，（咸淳十年夏貴棄鄂州還。鄂州治江夏縣，即今湖北武漢市武昌城。）恐督府成功無所逃罪，又忌虎臣新進出己上，殊無鬭志。會伯顏令軍中作大栰數十，（栰同筏。）采薪芻置其上，陽言欲焚舟，諸軍但晝夜嚴備，而戰心少懈。伯顏分步騎夾岸而進，麾戰艦合勢衝虎臣軍。時阿朮與虎臣對陣，伯顏命舉巨砲擊虎臣中堅；虎臣軍動，阿朮以划船數千艘乘風直進，（划音華。）呼聲動天地。虎臣前鋒將姜才方接戰，虎臣遽過其妾所乘舟，衆見之，讙曰：（讙音歡，譁也。）「步帥遁矣！」軍遂亂。

夏貴不戰而走，以扁舟掠似道船，（扁，小也。）呼曰：「彼衆我寡，勢不支矣！」似道聞之，錯愕失措，遽鳴鉦收軍。舳艫簸蕩，乍分乍合。阿朮以小旗麾將校，帥輕銳橫擊深入，諸軍回棹前走，伯顏以步騎左右掎之，（掎，牽也。）殺溺死者不可勝計，水爲之赤，軍資器械盡爲元所獲。

似道夜駐珠金沙，召貴計事。頃之，虎臣至，撫膺哭曰：「吾兵無一人用命者。」貴微笑曰：「吾嘗血戰當之矣。」似道曰：「計將安出？」貴曰：「諸軍已膽落，吾何以戰！師相惟有入

賈似道奔還揚州

揚州招潰兵，迎駕海上，吾當以死守淮西耳。」遂解舟去。似道乃與虎臣單舸奔還揚州。舸音歌。明日，潰兵蔽江而下，似道使人登岸，揚旗招之，皆莫應，有爲惡語嫚罵之者。於是鎮江、寧國、隆興、江陰守臣皆棄城遁，（鎮江軍治丹陽縣，即今江蘇鎮江市。寧國府治宣城縣，即今安徽宣城縣。隆興府治南昌縣，即今江西南昌市。）太平、和州、無爲軍俱相繼降元。（太平州，即今安徽當塗縣。和州治歷陽縣，即今安徽和縣。）

元陷饒州

綱 元陷饒州，（治鄱陽縣，即今江西鄱陽縣。）知州事唐震、故相江萬里死之。

目 元軍略饒州，行取曰略。知州唐震發州民城守。時元遣使來取降款，通判萬道同陰使所部斂白金、牛、酒備降禮，微諷震降，震叱之曰：「我忍偷生負國邪！」城中少年感震言，殺元使者。已而元軍登陴，陴音皮，城上女牆。衆皆散。震入坐府中，元軍執牘使署降，震擲筆於地，不屈，遂死之；兄椿與家人俱死。

江萬里闔門死

初，江萬里聞襄、樊破，鑿池芝山後圃，（在今江西鄱陽縣城北。）扁其亭曰止水，人莫喻其意。至是，執門人陳偉器手曰：「大勢不可爲，余雖不在位，當與國爲存亡。」既而元軍執其弟知南劍州萬頃，（南劍州治劍浦縣，即今福建南平縣。）索金銀不得，支解之，萬里赴止水死，左右及子鎬相繼投沼中，積屍如疊。翌日，萬里屍獨浮出水上，從者斂葬之。事聞，贈震華文閣待制，謚忠介；萬里太傅、益國公，謚文忠。

綱 行宮留守趙溍棄建康而遁。

賈似道請遷都

綱　賈似道上書請遷都。王爚去位。

目　似道至揚州，檄列郡如海上迎駕，檄，移文也。上書請遷都。太皇太后不許，殿帥韓震復以爲請，詔下公卿雜議。王爚請堅蹕，（天子駐地稱蹕。）未決，以己不能與大計，乞罷政，不待報徑去。已而宗學生上言：「陛下移蹕，不於慶元則於平江，（慶元府治鄞縣，即今浙江寧波市，平江府治吳縣，即今江蘇蘇州市。）事勢危急，則航海幸閩。（今福建福州市。）不思我能往，彼亦能往，徒驚擾無益！」乃止。

張世傑將兵入衛

綱　張世傑將兵入衛，遂復饒州。

目　時方危急，徵諸將勤王，多不至，惟世傑來，上下歎異。陳宜中疑世傑歸自元，易其所部軍。

文天祥起兵勤王

綱　江西提刑文天祥起兵勤王。

目　勤王詔至贛，（即贛州治，今江西贛州市。）天祥奉之涕泣，奉音捧。發郡中豪傑，幷結溪峒山蠻，有衆萬人，遂入衛。天祥性豪華，平生自奉甚厚，聲伎滿前，至是痛自抑損，盡以家貲爲軍費。每與賓客僚佐語及時事，輒撫几曰：「樂人之樂者憂人之憂，食人之食者死人之事。」聞者爲之感動。

李芾遣兵入援

綱　湖南提刑李芾遣兵入援。芾音費。（湖南路治潭州城，即今湖南長沙市。）

目　芾性剛直，忤賈似道，貶官家居者久之。至是，提刑湖南，發壯士三千人，使將將

郝經續後漢書

賈似道免

丞相章鑑遁

汪立信卒于軍

之勤王。

綱 以陳宜中知樞密院事，曾淵子同知院事，文及翁簽書院事，倪普同簽書院事。

綱 遣元行人郝經還，經至燕卒。

目 元主復使經弟行樞密院都事庸等來問經所在，詔遣總管段佑以禮送經歸。經道病，元主敕尙醫近侍迎勞，至燕卒，謚文忠。經爲人尙氣節，爲學務有用。及被留，撰續後漢書及易、春秋外傳諸書。從者皆通於學，書佐苟宗道後亦至國子祭酒。

綱 賈似道有罪，免。

目 陳宜中初附似道，得驟登政府。及堂吏翁應龍自軍中以都督府印還，宜中問似道所在，應龍以不知對。宜中意其已死，卽上疏乞誅似道，以正誤國之罪。太皇太后曰：「似道勤勞三朝，安忍以一朝之罪，失待大臣之禮！」詔授似道醴泉觀使，罷平章、都督。凡似道諸不卹民之政，次第除之，以公田給還田主，令率其租戶爲兵；放還諸竄謫人。

綱 右丞相章鑑遁。鑑聞元兵日迫，託故徑去。

綱 端明殿學士、江淮招討使汪立信卒于軍。

目 立信聞賈似道師潰，江、漢守臣望風降遁，歎曰：「吾今日猶得死於宋土也！」乃置酒召賓僚與訣，手自爲表，起居三宮，與從子書，屬以家事。夜分，起步庭中，慷慨悲歌，握拳撫案者三，以是失聲。三日，扼吭而卒。吭音岡，咽喉也。後元軍至建康，金明以其家人免。

或以立信三策及死告伯顏，（立信三策見卷八十八咸淳十年。）請戮其孥，伯顏歎息久之，曰：「宋有是人，有是言哉！使果用之，我安得至此。」命求其家，厚卹之。曰：「忠臣之家也。」金明以立信之喪歸葬丹陽。（即鎮江，見上。）

綱　元博羅懽入漣、海州。（漣水軍，即今江蘇漣水縣。海州治東海縣，在今江蘇東海縣東北。）

綱　三月，陳宜中殺殿前都指揮使韓震。

目　或言震謀劫帝遷都。陳宜中欲示非賈似道黨，乃召震計事，伏壯士，袖鐵椎擊殺之。震部曲百餘人大鬨而出，射火箭入宮，斫嘉會門。斫，斬也。宜中遣兵逐之，遂奔建康。

元入建康

綱　元伯顏入建康。

目　建康都統徐旺榮迎伯顏入城居之。時江東大疫，居民乏食，伯顏開倉賑之，且遣醫治疾，民大悅。會元主有詔：「以時方暑，不利行師，俟秋再舉。」伯顏上言曰：「百年遺敵，已扼其吭，少爾遲回，奔播海島，遺後悔矣！」元主從之，詔伯顏以行中書省駐建康，阿朮分兵駐揚州，與博羅懽、塔出絕宋淮南之援。伯顏分兵四出，知廣德軍令狐槩以城降元。（廣德軍治廣德縣，即今安徽廣德縣。）

綱　詔諭元呂文煥、陳奕、范文虎使通好息兵。

王爚陳宜中相

綱　以王爚、陳宜中爲左、右丞相，並兼樞密使，都督諸路軍馬。

綱　削章鑑官，放歸田里。

滿朝歡

目 鑑既去，太皇太后遣使召還，罷相予祠。韓震之死，鑑明其無他，為御史王應龍所劾，削其官，放歸田里。鑑居位號寬厚，與人多許可，時目為「滿朝歡」。

貶竄賈似道黨人

綱 復吳潛、向士璧官，貶竄賈似道黨人有差。

目 御史陳過、潘文卿請竄賈似道，并治其黨與。詔刺配翁應龍於吉陽軍，（在今廣東崖縣西北。）罷廖瑩中、王庭、劉良貴、陳伯大、董樸等官。

常州降元

綱 元軍入常州。（即今江蘇常州市。）

目 知常州趙與鑑遁，州人王良臣等以城降元。

平江府降元

綱 知平江府潛說友叛降元。

綱 詔張世傑總都督府諸軍。世傑分道出兵以拒元。

目 世傑遣其將閻順、李存進軍廣德，謝洪永進軍平江，李山進軍常州。順遂復廣德軍。

綱 有二星鬭于中天，一星隕。

呂文福叛

綱 趣五郡鎮撫使呂文福將兵入衛，（趣同促。）文福殺使者，叛入江州。

曾淵子等遁

綱 臨安戒嚴，曾淵子、文及翁、倪普等棄位而遁；詔戒禁之。

目 元兵既近，臨安戒嚴，（整兵也。）於是同知樞密院事曾淵子等數十人皆遁，朝中為之蕭然。簽書樞密院事文及翁、同簽書院事倪普，諷臺諫劾己，章未上，亟出關遁。太皇太后聞之，詔榜朝堂云：「我朝三百餘年，待士大夫以禮。吾與嗣君遭家多難，爾小大臣未嘗有出一言以救國者。內而庶僚畔官離次，外而守令委印棄城，耳目之司既不能爲吾糾擊，二三執政又不能倡率羣工，方且表裏合謀，接踵宵遁。平日讀聖賢書，自詡謂何？乃於此時作此舉措，生何面目對人，死亦何以見先帝！天命未改，國法尙在，其在朝文武官，負國棄予者，令御史臺覺察以聞。」然不能禁也。

張濡殺元使

綱　元禮部尙書廉希賢等來至獨松關，（在今浙江吉安縣東南獨松嶺上。）守將張濡殺之。

目　元主遣禮部尙書廉希賢、工部侍郎嚴忠範奉國書來至建康。希賢請兵自衞，伯顏曰：「行人以言不以兵，兵多反致疑耳。」希賢固請，遂以兵五百送之。伯顏仍下令諸將各守營壘，勿得妄有侵掠。希賢等至獨松關，張濡部曲殺忠範，執希賢送臨安，希賢病創死。創，傷也。濡，俊之曾孫也。朝廷使人移書元軍，言殺使之事乃邊將，太后及嗣君實不知，當按誅之，願輸幣請罷兵通好。伯顏曰：「彼爲詐計，視我虛實耳。當擇人同往，觀其事體，令彼速降。」乃遣議事官張羽同使人還臨安，羽至平江被殺。

綱　元阿里海涯入岳州。（治巴陵縣，即今湖南岳陽縣。）

綱　以陳合同簽書樞密院事。

江陵降元

綱　夏四月，元阿里海涯寇江陵，（荆州治，即今湖北江陵縣，亦爲荆湖南路治。）朱禩孫、高達以城降，荆南州軍皆陷。元授高達參知政事，禩孫至上都死。

賜何基王柏贈謚

綱　以高斯得簽書樞密院事。

綱　以福王與芮爲浙東安撫大使，（浙江東路治紹興府，即今浙江紹興市。）開府紹興。

綱　元阿朮寇揚州，李庭芝遣守將苗再成、姜才帥兵禦之，敗績。

綱　加李庭芝參知政事。

綱　五月，劉師勇復常州。

綱　賜婺州處士何基、王柏贈謚。（婺州治金華縣，即今浙江金華市。）

目　基少師事黄幹，幹告以必有眞實心地，刻苦工夫而後可。基悚惕受命，遂得聞淵源之懿。趙汝騰、蔡抗、楊棟相繼薦於朝，詔與州學教授，基固辭。柏年三十始知爲學之源，捐去俗學，勇於求道。從基遊，基授以立志居敬之旨，以質實堅苦自勵，凡六經、四書，（六經，易、書、詩、春秋、禮、孝經。）及濂、洛、關、閩之書，（濂謂周敦頤，洛謂程顥、程頤，關謂張載，閩謂朱熹。）皆有著述。至是，詔謚基曰文定，贈柏承事郎。

綱　以張珏爲四川制置副使。珏音覺。

綱　籍呂文煥、陳奕、范文虎家。

綱　詔張世傑等四道出兵以禦元。

目　時知慶遠府仇子眞、淮東兵馬鈐轄阮克己各將兵入衞，（慶遠府治宜山縣，即今廣西宜山縣。）詔與世傑、張彥分道出擊元軍。臺諫請命大臣監護，事下公卿雜議，久而不決。陳文龍上言：「書云『三后協心，同底于道。』（尙書畢命篇文。）北兵今日取某城，明日築某堡，而我以文相遜，以迹相疑，譬猶拯溺救焚而爲安行徐步之儀也。請詔大臣無滋虛議。」不報。

綱　六月朔，日食既，晝晦如夜。

綱　成都安撫使昝萬壽以嘉定諸城叛降元。元以萬壽領西川，行樞密院事。昝音簪，上聲。（成都，今四川成都市。嘉定府治龍遊縣，即今四川樂山縣。）

綱　以王爚平章軍國重事，陳宜中、留夢炎爲左、右丞相，並兼樞密使，都督諸路軍馬。

陳宜中留夢炎爲左右相

綱　加李庭芝知樞密院事。

綱　秋七月，張世傑與元阿朮戰焦山下，（在今江蘇鎭江市北大江中。）世傑敗績，奔圌山。（在今江蘇鎭江市東北江濱。）

張世傑焦山之敗

目　世傑與劉師勇、孫虎臣等，大出舟師萬餘艘，次於焦山，令以十舟爲方，碇江中流，碇音訂，鎭舟石也。非有號令毋得發碇，示以必死。元阿朮登石公山望之曰：「可燒而走也。」遂遣健卒善彀者千人，載以巨艦，分兩翼夾射，阿朮居中，合勢進戰，繼以火矢，篷檣俱焚，烟燄蔽江；諸軍死戰，欲走不能前，多赴江死。張弘範、董文炳復以銳卒橫衝，世傑不復能軍，奔圌山，阿朮、弘範追之，獲白鷂子七百餘艘。師勇還常州，虎臣還眞州。（治揚子縣，即今江蘇儀徵縣。）世傑請濟師，不報。

綱　放賈似道于循州，（治歸善縣，在今廣東惠陽縣東北。）籍其家。

放賈似道于循州

翁合劾賈似道

目 似道既免，三學生及臺諫、侍從皆上疏乞誅似道，太皇太后不許。及似道上表自劾，且言爲夏貴、孫虎臣所誤，乞保餘生。有旨，令李庭芝津遣歸越，（越即紹興府，見上。）以終喪制；似道留揚不還。王爚復論：「似道既不死忠，又不成孝，乞下詔切責。」似道得詔，乃還紹興府，紹興守臣閉城不納。王爚復言於太后曰：「本朝權臣稔禍，未有如似道之烈者。搢紳茅草，不知幾疏，陛下皆抑而不行，付人言於不恤，何以謝天下？」太后乃降似道三官，婺州居住。婺人聞似道至，率衆爲露布逐之；（露布，見卷五十四唐德宗興元元年「于異公作露布」注。）復詔徙於建寧府。（治建安縣，即今福建建甌縣。）斬翁應龍，籍其家。廖瑩中、王庭除名，流之嶺南，皆自殺。

於是御史孫嶸叟等又以似道罪重罰輕，乞斬之以正法。方回復上疏論似道僥、詐、貪、淫、褊、驕、吝、專、忍、謬十罪，太皇太后猶不聽。翁合上言：「似道以妒賢無比之林甫，輒自託於伊、周；以不學無術之霍光，敢效尤於莽、操。其總權罔上，賣國召兵，專利虐民，滔天之罪，人人能言。迫於衆怒，僅謫建寧。夫建寧實朱熹講道之闕里，（朱子嘗居建寧府建陽縣之考亭，學者號爲南州闕里。）雖三尺童子亦知向方，聞似道名，咸欲嘔唾，況見其面乎！乞遠投荒昧，以禦魑魅。」（魑音鴟，山神。魅音妹，怪物。）遂詔責授高州團練副使，（高州治電白縣，在今廣東茂名縣東北。）循州安置；籍其家，遣使監押之貶所。

會稽縣尉鄭虎臣，（會稽縣，紹興府治，即今浙江紹興市。）以其父嘗爲似道所配，欲報之，欣然請

劉九皋等伏闕上書

行。似道時寓建寧之開元寺，侍妾尚數十人，虎臣至，悉屏去。撤轎蓋，暴行秋日中，（暴音僕。）令舁轎夫唱杭州歌謔之，（舁音預，對舉也。）每名斥似道，窘辱備至。一日，入古寺，壁上有吳潛南行所題字，（理宗景定二年，竄吳潛于循州。）虎臣呼似道曰：「賈團練，吳丞相何以至此？」似道慚不能對。至泉州洛陽橋，（泉州治晉江縣，卽今福建晉江縣。洛陽橋，在晉江縣東洛陽江上。一名萬安橋，宋郡守蔡襄建。）遇葉李自漳州放還，（景定四年黥配葉李等于漳州。漳州治漳浦縣，卽今福建龍溪縣。）見於客邸，（邸音底，舍也。）李賦詞贈之，似道俯首謝焉。

綱　復皮龍榮官。

綱　陳宜中去位，詔罷王爚爲醴泉觀使，召宜中于溫州。（溫州治永嘉縣，卽今浙江溫州市。）

目　初，張世傑之將出師也，王爚謂「二相宜一人督師吳門，（二相，陳宜中、留夢炎。）（吳門卽吳縣，今江蘇蘇州市。）否則臣雖老無能爲，若效死封疆，亦不敢辭。」會世傑敗於焦山，爚復言曰：「事無重於兵。今二相並建都督，廟算指授，臣不得而知。比者六月出師，諸將無統。臣豈不知吳門去京不遠，而必爲此請者，蓋大敵在境，非陛下自將，則大臣開督。今世傑以諸將心力不一而敗，不知國家尚堪幾敗邪？臣既不得其職，又不得其言，乞罷平章。」太后不許。既而京學生劉九皋等伏闕上書，言宜中擅權，其略以爲「趙溍、趙與鑒皆棄城遁，宜中乃借使過之說以報私恩。令狐槩、潛說友皆以城降，乃受其苞苴而爲之羽翼。（苞苴，餽遺也。）文天祥率兵勤王，信讒而沮撓之。賈似道喪師辱國，陽請致罰而陰佑之。元兵薄國門，勤

罷王爚

元伯顏阿朮相

王之師，乃留之京城而不遣。宰相當出督，而畏縮猶豫，第令集議而不行。呂師夔狠子野心，而使之通好乞盟。張世傑步兵而用之於水，劉師勇水兵而用之於步，指授失宜，因以敗事。臣恐誤國將不止於一似道也。」

初，宜中書多專決，不關白爚，或謂京學之論，實爚嗾之。嗾音藪。書上，宜中徑去，遣使四輩召之，不至。太后乃下九皐等臨安獄，而手詔曰：「給、舍之奏，給、舍，給事中及中書舍人。謂爚與宜中必難久處。兼爚近奏乞免平章，辭氣不平，誠有如人言者，可罷爚平章軍國重事，以少保觀文殿大學士充醴泉觀使。」是歲，卒。爚淸修剛勁，不阿權勢。及爲相，屬國勢危亡，乃不能協謀以濟大事，士論惜之。

綱 元以伯顏爲右丞相，阿朮爲左丞相。

目 元主召伯顏還至上都，（即今內蒙古多倫縣。）面陳形勢，乞卽進兵，遂拜右丞相。伯顏辭曰：「阿朮功多，臣宜居後。」乃進阿朮左丞相，仍詔伯顏直趨臨安，阿朮仍攻淮南。（淮南路治揚州，見上。）阿里海涯取湖南，（湖南路治潭州，見上。）萬戶宋都䚟及呂師夔、李恆等取江西。䚟音歹。（江南西路治洪州，卽今江西南昌市。）

綱 以陳文龍同簽書樞密院事。

綱 八月，以李芾知潭州，文天祥知平江府。

目 天祥至臨安，上疏言：「本朝懲五季之亂，五季卽五代。削藩鎭，建都邑，一時雖足以

文天祥四鎭之策

矯尾大之弊，（左傳昭公十一年「末大必折，尾大不掉。」）然國以寖弱，故敵至一州則一州破，至一縣則一縣破，中原陸沉，（陸地沉溺，言中原淪沒也。）痛悔何及！今宜分境內爲四鎭，建都統於其中，以廣西益湖南而建閫於長沙，以廣東益江西而建閫於隆興，以福建益江東而建閫於番陽，（江南東道治建康府，見上。番陽卽鄱陽，見上饒州。）以淮西益淮東而建閫於揚州。責長沙取鄂，（長沙卽潭州。）隆興取蘄、黃，（蘄州治蘄春縣，卽今湖北蘄春縣。黃州治黃岡縣，卽今湖北黃岡縣。）番陽取江東，揚州取兩淮。（淮東、淮西。）地大力衆，乃足以抗敵。約日齊奮，有進無退，日夜以圖之，彼備多力分，疲於奔命，而吾民之豪傑者，又伺閒出於其中，如此則敵不難却也。」時議以爲迂闊，不報，命知平江府。

綱　元以廉希憲行省事于江陵。

元陷泰州

綱　九月，元兵陷泰州，（治海陵縣，卽今江蘇泰州縣。）孫虎臣自殺。

綱　冬十月，詔張世傑、劉師勇總出戍兵。

留夢炎爲相

綱　以留夢炎、陳宜中爲左、右丞相兼樞密使，都督諸路軍馬。宜中在溫州被召，以親老力辭，太后自爲書遺其母楊氏，使諭之；宜中乃赴召。

李芾守潭州

綱　元阿里海涯圍潭州，李芾力戰禦之。

目　李芾至潭，元遊騎已入湘陰、益陽諸縣。（湘陰，卽今湖南湘陰縣。益陽，卽今湖南益陽市。）城中守卒不滿三千，芾結峒蠻爲援，繕器械，峙芻糧，（峙音雉，儲備也。）柵江脩壁。及元兵至，芾

鄭虎臣殺賈似道

李庭芝守揚州

武定軍

元陷江西州軍

慷慨登陴，與諸將分地而守，民老弱皆出，結保伍助之，不令而集。芾日以忠義勉將士，死傷相藉，藉，枕藉也。人猶飲血乘城殊死戰，有來招降者，輒殺之以徇。徇，行示也。

綱 監押官鄭虎臣殺賈似道于漳州。

目 似道舟次南劍州黯淡灘，虎臣曰：「水清甚，何不死於此？」似道曰：「太后許我以不死，候有詔即死。」十月，至漳州木綿庵，虎臣曰：「吾爲天下殺似道，雖死何憾！」遂拘其子與妾於別館，即廁上拉其胸殺之。拉，折也。陳宜中至福州，捕虎臣，斃於獄。

綱 元阿朮圍揚州，李庭芝力戰禦之。

目 阿朮攻揚，久而無功，乃築長圍困之，城中食盡，死者枕藉滿道，而庭芝之志益堅。會伯顏至灣頭，遂議深入。

綱 元伯顏渡江，分兵東下。伯顏分兵爲三道，水陸並進，期會臨安。

綱 文天祥遣兵救常州，不克。

綱 十一月，以陳文龍同知樞密院事，黃鏞同簽書院事。

綱 元將阿剌罕陷廣德軍四安鎮，召文天祥入衛。

目 阿剌罕破銀樹東壩，戍將趙淮死之，淮，趙葵之子。遂陷廣德軍四安鎮。陳宜中倉皇發臨安民年十五以上者，皆籍爲兵，號武定軍，召文天祥於平江。

綱 元將宋都䚟、李恆等陷江西州、軍，都統密佑逆戰于撫州，（治臨川縣，即今江西撫州市。）

死之。

綱　元伯顏陷常州，屠其民，知州事姚訔、通判陳炤、都統王安節死之。訔音銀。

目　伯顏至常州，會兵圍城。姚訔、陳炤、劉師勇、王安節力戰固守。伯顏遣人招之，譬喻百端，終不聽。伯顏怒，命降人王良臣役城外居民運土爲壘，土至，倂人以築之，且殺民煎膏取油以作砲，焚其牌杈，日夜攻不息。城中甚急，而訔等守志益堅。伯顏乃叱帳前諸軍奮勇爭先，四面並進；城遂破，訔死之。炤與安節猶巷戰，或謂炤曰：「城東北門未合，可走。」炤曰：「去此一步，非死所矣！」日中，兵至，死焉。伯顏命屠其民。執安節至軍前，不屈，亦死。師勇以八騎突圍走平江。訔，希得之子。安節，堅之子也。

元陷常州

綱　以謝枋得爲江西招諭使，知信州。（治上饒縣，在今江西上饒縣西北。）

目　初，枋得聞淮西、江東、西州郡守將皆呂氏部曲，故爭降附，自以與呂師夔善，乃應詔上書，以一族保師夔可信，乞分沿江諸屯兵，以師夔爲鎭撫使，使之行成，且乞身至江州見文煥與議。朝廷乃以枋得爲沿江察訪使以往，會文煥北還，不及而返，遂改知信州。

綱　元軍破獨松關，守將張濡遁。

元軍破獨松關

目　獨松既破，鄰邑望風皆遁，朝廷大懼。時勤王師尚三四萬人，文天祥與世傑議，以爲「淮東堅壁，閩、廣全城，若與敵血戰，萬一得捷，則令淮帥以截其後，國事猶可爲也。」世傑大喜。陳宜中白太后降詔，以王師務宜持重，議遂止。濡旣遁，後爲廉希賢之子所殺。

留夢炎遁

得於小兒亦失於小兒

【綱】元董文炳入江陰軍。

【綱】左丞相留夢炎遁。

【綱】十二月，詔許賈似道歸葬，返其田廬。

【綱】以吳堅簽書樞密院事。

【綱】遣工部侍郎柳岳如元軍請平，伯顏不許。

【目】陳宜中遣柳岳奉書如元軍前，稱「廉尙書之死，乃盜殺之，非朝廷意，乞班師脩好。」岳見伯顏於無錫，（即今江蘇無錫市。）泣請曰：「嗣君幼沖，在衰絰中，自古禮不伐喪。凡今日事至此者，皆奸臣賈似道失信誤國爾。」伯顏曰：「汝國執戮我行人，故我興師。錢氏納土，（吳越王錢弘俶。）李氏出降，（南唐李後主煜。）皆汝國之法也。汝國得天下於小兒，亦失於小兒；其道如此，尙何多言！」遂令囊加歹偕岳還。

【綱】以陳文龍參知政事，謝堂同知樞密院事。

【綱】元伯顏入平江。（張世傑未至，平江已陷，乃以兵入衞。）

【綱】復遣柳岳如元求封，行至高郵，民殺之。

【目】陳宜中因柳岳還，復奏遣宗正少卿陸秀夫及呂師孟等同囊加歹使元軍，求稱姪納幣；不從，則稱姪孫，且救呂文煥令通好罷兵。秀夫等見伯顏於平江，伯顏不許，宜中乃白太后，奉表求封爲小國，太后從之。直學士院高應松不肯草表，改命京局官劉褒然爲之。褒

黃萬石降元

元陷湖南

音㕛。岳等至高郵嵇家莊，爲嵇聳所殺。

綱　以文天祥簽書樞密院事。

綱　黃萬石叛降元，都統米立死之。

目　立初從陳奕守黃州，奕降，立潰圍出，萬石署之帳前。元軍略江西，立迎戰於江坊，（坊同防，隄也。）兵敗，被執不降，繫獄。至是萬石舉軍降元，元行省遣萬石諭立曰：「吾官銜一牙牌書不盡，今亦降矣。」立曰：「侍郎國家大臣，立一小卒爾。但三世食趙氏祿，趙亡，何以生爲！」立乃陳上生擒合死之人，（陳同陣。）與投拜者不同。」萬石再三諭之，不屈，遂遇害。

綱　丙子，二年，（一二七六）五月以後端宗皇帝景炎元年，元至元十三年。春正月元阿里海涯破潭州，湖南鎭撫大使、知州事李芾死之。湖南州、軍皆陷。

目　阿里海涯督戰益急，城中大窘，力不能支。諸將泣請曰：「事急矣，吾屬爲國死可也，如民何！」芾罵曰：「國家平時所以厚養汝者，爲今日也。汝第死守，有復言者吾先戮汝！」除夕，元兵登城，蟻附而上。

知衡州尹穀時寓城中，（衡州治臨蒸縣，即今湖南衡陽市。）知事不可爲，乃爲二子行冠禮。或曰：「此何時，行此迂闊事！」穀曰：「正欲令兒曹冠帶見先人於地下爾！」（曹，輩也。）既畢禮，與其家人自焚。芾命酒酹之，（酹音類。）因留賓佐會飲。夜傳令，猶手書「盡忠」字爲號，飲達旦，諸賓佐出，參議楊震赴園池死。芾坐熊湘閣，召帳下沈忠，遺之金曰：「吾力竭，分當死。

李芾闔門死

湖南州郡皆降元

吳堅相

劉漢傑降元

趙良淳死

徐道隆死

吾家人亦不可辱於俘，（俘音孚。軍所虜曰俘。）汝盡殺之，而後殺我。」忠伏地叩頭，辭以不能。芾固命之，忠泣而諾。取酒，飲其家人，盡醉，乃徧刃之。芾亦引頸受刃。忠縱火焚其居，還家殺其妻子，復至火所，大慟，舉身投地，乃自刎。潭民聞之，多舉家自盡，城無虛井，縊林木者相望。

元旦，守將吳繼明、劉孝忠以城降。由是湖南州郡皆降於元。寶慶通判曾如驥，（寶慶府，即邵州，治邵陽縣，即今湖南邵陽市。）亦不屈而死。事聞，贈芾端明殿大學士，謚忠節。

綱 陳文龍、黃鏞遁。

綱 以吳堅爲左丞相兼樞密使，常楙參知政事。

目 日午，宣麻慈元殿。（唐、宋制，封王、拜相用白麻紙書制。）文班止六人。

綱 諸關兵皆潰。

目 知嘉興府劉漢傑以城降元。元兵圍安吉州，（即湖州，治烏程縣，即今浙江湖州市。）知州趙良淳與提刑徐道隆同守。時元兵迫行都，召道隆入衞，道絕不通，乃由太湖經武康、臨安縣境勤王。（太湖，在今江蘇蘇州市西。武康縣，在今浙江德清縣西。宋屬湖州吳興郡。）范文虎致書誘良淳降，良淳焚書，斬其使。元兵至，良淳率衆城守，夜就茇舍陴上，（茇音盤，入聲。茇舍，草舍也。）不歸。既而戍將吳國定開門納元兵，良淳命車歸府，兵士止之曰：「侍郎何自苦？」良淳叱去之，閉閤自經。元兵追道隆，及之，一軍盡沒，道隆見執，守者少怠，赴水死。

遣使稱臣于元

綱　遣監察御史劉岊奉表稱臣于元。岊音節。

目　陸秀夫還，言伯顏不肯從伯姪之稱。太后命用臣禮，陳宜中難之。太后涕泣曰：「苟存社稷，稱臣，非所較也。」遂遣岊奉表稱臣，上尊號，歲貢銀、絹二十五萬兩、匹，乞存境土以奉蒸嘗，且約伯顏會長安鎮以輸平。（長安鎮，即今浙江杭州市東北長安鎮。）

綱　常楙遁，以夏士林簽書樞密院事，士林亦遁。

綱　進封吉王昰爲益王，昰音是。判福州；信王昺爲廣王，判泉州。

目　初，召文天祥知臨安府，天祥辭不拜，請以福王、秀王判臨安係民望，身爲少尹，以死衞宗廟；又乞命吉王、信王鎮閩、廣以圖興復，俱不許。至是宗親復請，太后從之。以駙馬都尉楊鎮及楊淑妃弟亮節、俞充容弟如珪，提舉二王府事。

綱　陳宜中請遷都，不果行。

奉璽降元

綱　元伯顏軍皐亭山，（在今浙江杭州市東北。）太皇太后遣使奉璽以降。右丞相陳宜中夜遁。

目　伯顏至長安鎮，陳宜中違約，不往議事。伯顏乃進次皐亭山，阿剌罕、董文炳之師皆會。文天祥、張世傑請移三宮入海，而已帥衆背城一戰。宜中不許，白太后，遣監察御史楊應奎上傳國璽以降。伯顏受之，遣使召宜中出議降事，而使囊加歹奉璽表赴上都。應奎既行，是夜宜中遁歸於溫州之清澳。

綱　張世傑、劉師勇各以所部兵入于海。

目　世傑、師勇及蘇劉義以不戰而降，遂去。世傑次於定海，(即今浙江舟山縣。)元石國英使都統卞彪說世傑降，世傑大怒，斷彪舌，磔之於巾子山。(在今浙江寧波市東北。)磔，裂尸也。師勇至海上，見時事不可爲，憂憤縱酒卒。

元伯顏執文天祥

綱　吳堅、文天祥如元軍，伯顏執天祥，遣堅還。

目　楊應奎還，言伯顏欲執政面議。太后乃以天祥爲右丞相兼樞密使，與吳堅偕往；天祥辭不拜，遂行。因說伯顏曰：「北朝若以宋爲與國，請退兵平江或嘉興，然後議歲幣與金帛犒師，北朝全兵以還，策之上也。若欲毀其宗社，則淮、浙、閩、廣尙多未下，利鈍未可知，兵連禍結，必自此始。」伯顏以北詔爲辭，顧天祥舉動不常，疑有異志，留之軍中，遣堅還。天祥怒，數請歸，曰：「我之此來，爲兩國大事，何故留我！」伯顏曰：「勿怒，君爲宋大臣，責任非輕，今日之事，正當與我共之。」令忙兀台、唆都館伴羈縻之。

綱　駙馬都尉楊鎮等奉益王、廣王走婺州。

目　楊淑妃、秀王與檡從行。

綱　以家鉉翁簽書樞密院事，賈餘慶同簽書院事。

謝枋得安仁之敗

綱　元呂師夔寇江東，謝枋得迎戰，敗績。

目　枋得與元戰於安仁，(即今江西餘江縣。)矢盡而敗，遂奔建寧山中，妻子皆被執。

元伯顏入臨安

綱　二月，日中有黑子。元伯顏遣人入臨安，封府庫，收圖籍符印。

目　伯顏承制，以臨安爲兩浙大都督府，命忙兀台、范文虎入城治都督府事。又令程鵬飛取太皇太后手詔及三省、樞密院檄，檄，移文也。諭州郡降附。執政皆署，家鉉翁獨不肯，鵬飛命縛之。鉉翁曰：「中書無縛執政之理，歸私第以待命可也。」乃止。

伯顏進屯湖州市，復令呂文煥及范文虎等慰諭太皇太后。文煥因入內上表謝而出，有曰：「茲銜北命，來抗南師，視以犬馬，報以仇讎，非曰子弟攻其父母，不得已也，尙何言哉！」伯顏令張惠、阿剌罕、董文炳、張弘範、唆都等封府庫，收史館、禮寺圖書及百司符印告敕，罷官府及侍衞軍。

賈餘慶相

綱　以賈餘慶爲右丞相兼樞密使，劉岊同簽書樞密院事，與吳堅、謝堂、家鉉翁並充祈謝使，如元。謝堂逃歸。

元人以文天祥北去

綱　元人以文天祥北去。

目　伯顏嘗引天祥與吳堅等同坐。天祥面斥賈餘慶賣國，且責伯顏失信。呂文煥從旁諭解之，天祥幷斥文煥及其姪師孟：「父子兄弟受國厚恩，不能以死報國，乃合族爲逆，尙何言！」文煥等慚恚，伯顏遂拘天祥，隨祈請使北行。

綱　浙江潮三日不至。

目　時元軍分駐江沙上，杭人方幸之，潮汐三日不至。早曰潮，夕曰汐。

二王走溫州

綱　元伯顏使范文虎追益王、廣王不及，執楊鎭還臨安。二王遂走溫州。

元以帝等北去

文天祥亡入眞州苗再成說文天祥

綱　夏貴以淮西叛降元，知鎭巢軍洪福死之。

綱　三月，元伯顏入臨安，以帝及皇太后全氏、福王與芮等北去。

目　帝與太后肩輿出宮。太皇太后以疾留內。與芮及沂王乃猷、度宗母隆國夫人黃氏并楊震、謝堂、高應松、庶僚劉褒然、三學生等皆行。太學生徐應鑣與其二男一女同赴井死。（鑣音標。）

綱　文天祥自鎭江亡入眞州，遂浮海如溫州。

目　天祥至鎭江，與其客杜滸等十二人夜亡入眞州，苗再成出迎，喜且泣曰：「兩淮兵足以興復，特二闆少隙，不能合從耳。」天祥問：「計將安出？」再成曰：「今先約淮西兵趨建康，彼必悉力以扞吾西兵。指揮淮東諸將，以通、泰兵攻灣頭，（通州治靜海縣，即今江蘇南通市。灣頭，在今江蘇揚州市東北，運河分流處。）以高郵、寶應、淮安兵攻揚子橋，（寶應，即今江蘇寶應縣。淮安，即今江蘇淮安縣。揚子橋，在今揚州市南。）以揚兵攻瓜步，（在今江蘇六合縣南。）吾以舟師直擣鎭江，同日大舉。灣頭、揚子橋，皆沿江脆兵，（脆，輕也。）且日夜望我師之至，攻之卽下，合攻瓜步之三面，吾自江中一面薄之，雖有智者不能爲之謀矣！瓜步既舉，以淮東兵入京口，（卽鎭江。）淮西兵入金陵，（卽建康。）要其歸路，（要音邀。）其大帥可坐致也。」天祥大稱善，卽以書遺李庭芝，遣使四出結約。

初，天祥未至眞時，揚有脫歸兵言：「元密遣一丞相入眞州說降矣。」庭芝信之，以天祥來說降也，使再成亟殺之。再成不忍，紿天祥出相城壘，（紿，誑也。）以制司文示之，閉之門外。久之，復遣二路分覘天祥，（覘，窺視也。）果說降者即殺之。二路分與天祥語，見其忠義，亦不忍殺，以兵二十人道之如揚。四鼓抵城下，聞候門者曰：「制置司下令捕文丞相甚急！」衆相顧吐舌。天祥乃變姓名，由通州汎海，如溫州以求二王。

益王開府福州

綱　元以阿剌罕、董文炳行省事于臨安。

目　伯顏北還，承制留阿剌罕、董文炳經略閩、浙，以忙兀台鎮浙西，（浙西治臨安府）唆都鎮浙東。（浙東治紹興府。）會江西都元帥宋都䚟言宋二王在閩、廣聚兵將攻江西，乃遣塔出移軍，與李恆、呂師夔會阿剌罕、文炳同取未下州縣，以追二王。

綱　閏月，陳宜中等奉益王爲天下兵馬都元帥，廣王副之，開府福州，起兵興復。

目　陸秀夫、蘇劉義等聞二王走溫州，繼追及於道，遣人召陳宜中於清澳。宜中來謁，復召張世傑於定海，世傑亦以所部兵來。溫之江心寺，舊有高宗南奔時御座，衆相率哭座下，奉益王爲都元帥，廣王副之。發兵除吏，以秀王與檡爲福建察訪使，先入閩中撫諭士民，檄召諸路忠義。（檄，徵兵之書。）同獎王室。會太皇太后遣二宦者以兵百人召二王還臨安，宜中等沉其兵江中，遂入閩。時黃萬石降元，以嘗爲福建漕使，欲取全閩爲己功。汀、建諸州方謀從萬石送款，（汀州治長汀縣，即今福建長汀縣。建州即建寧府，見上。）聞二王至，復閉門以拒萬石。南劍守臣林起鼇遣軍逐之，萬石敗走，其將士多來歸，兵勢稍振。

李庭芝欲劫恭帝　夜擣瓜洲　益王即位于福州　以陳宜中爲首相　召李庭芝爲右相　使吳浚等分道出師　文天祥至溫州

【綱】帝至瓜洲，李庭芝使姜才將兵夜擣元軍，不克。

【目】帝北行，至瓜洲，庭芝與才涕泣誓將士出奪之，將士皆感泣。乃盡散金帛犒兵，以四萬人夜擣瓜洲，戰三時，衆擁帝避去。才追戰至浦子市，夜，猶不退。阿朮使人招之，才曰：「吾寧死，豈作降將軍邪！」眞州苗再成亦謀奪駕，不克。

【綱】夏五月朔，益王即位于福州，遙上帝尊號，尊度宗淑妃楊氏爲皇太妃，同聽政。

【目】改元景炎。遙上帝尊號爲孝恭懿聖皇帝。升福州爲福安府，以大都督府爲垂拱殿，便廳爲延和殿，王剛中知福安府。是日，有大聲出府中，衆皆驚仆。

【綱】進封廣王爲衞王。以陳宜中爲左丞相兼樞密使、都督諸路軍馬，陳文龍、劉黼參知政事，張世傑爲樞密副使，陸秀夫直學士院，蘇劉義主管殿前司。

【綱】召李庭芝爲右丞相，姜才爲保康軍承宣使。

【綱】詔江西制置使趙溍、招諭使吳浚等分道出師，興復帝室。

【目】詔以趙溍爲江西制置使，進兵邵武；（邵武軍治邵武縣，即今福建邵武縣。）謝枋得爲江東制置使，進兵饒州；李世逵、方興等進兵浙東；吳浚爲江西招諭使，鄒鳳副之；毛統由海道至淮，約兵會合。仍詔傅卓、翟國秀等分道出兵。時枋得敗走，已不能軍。

【綱】文天祥至自溫州，以爲樞密使，同都督諸路軍馬。天祥使呂武招豪傑於江、淮，杜滸募兵於溫州。

留夢炎降元

文天祥開府

李庭芝姜才死泰州

綱　元主忽必烈廢德祐帝爲瀛國公。

綱　元以伯顏同知樞密院事。

綱　罷直學士院陸秀夫。秀夫與陳宜中議不合，宜中使言者劾罷之，謫居潮州。

綱　元將唆都陷衢州，（治西安縣，卽浙江衢縣。）江東、西、湖南、北宣撫大使留夢炎降。

綱　六月，元軍入廣州。（今廣東廣州市。）

綱　秋七月，文天祥開府南劍州，經略江西。

綱　李庭芝、姜才赴召，至泰州。揚州守將朱煥、泰州裨將孫貴等皆降于元，庭芝、才死之，淮東盡陷。

目　臨安既陷，阿朮以太皇太后手詔諭庭芝使降。庭芝登城謂使者曰：「奉詔守城，未聞以詔諭降也。」既而阿朮復遣使者持元主詔招庭芝，庭芝開壁納使者，斬之，焚其詔於陴上。

會福州使至，庭芝命制置副使朱煥守揚，而自與姜才將兵七千趨泰州，將東入海。庭芝既行，煥卽以城降。阿朮分道追及庭芝，殺步卒千餘人。庭芝走入泰州，阿朮圍之，且驅其妻子至陴下招降。會姜才疽發背，不能戰，泰州裨將孫貴、胡惟孝開北門納元軍。庭芝赴蓮池中，水淺不死，遂與姜才俱被執。至揚州，阿朮責其不降，才曰：「不降者我也！」憤罵不已。然猶愛其才勇，未忍殺之。朱煥請曰：「揚自用兵以來，積骸滿野，皆庭芝與才所為，不殺之何俟！」阿朮乃皆殺之。揚民聞者莫不泣下。

苗再成死眞州

綱 八月，元軍入眞州，苗再成死之。

綱 元人以太皇太后謝氏北去。太后以病，久留臨安，至是元人自宮中舁其牀以出，侍衛七十人，遂赴燕，降封壽春郡夫人。

綱 九月，元軍分道寇閩、廣。

目 阿剌罕、董文炳及忙兀台、唆都以舟師出明州，（治鄞縣，在今浙江寧波市東。）塔出及呂師夔、李恒等以騎兵出江西。

熊飛起兵

綱 東莞民熊飛起兵，（東莞，即今廣東東莞縣。）會趙溍復韶、廣州。

綱 冬十月，文天祥帥師次于汀州。

目 天祥遣趙時賞等將一軍趨贛以取寧都，（即今江西寧都縣。）吳浚將一軍取雩都，（即今江西雩都縣。）劉洙等皆自江西起兵來會。

熊飛死

綱 元呂師夔等將兵度梅嶺，（即大庾嶺，在今江西大庾縣南，廣東南雄縣北。）遂入韶州，熊飛死之。

目 趙溍使飛及曾逢龍禦元軍於南雄，逢龍敗死，飛走韶州。元軍圍之，守將劉自立以城降，飛率兵巷戰，兵敗，赴水死。

秀王與檡死

綱 十一月，元阿剌罕、董文炳入處州，（治括蒼縣，在今浙江麗水縣東南。）秀王與檡等逆戰于瑞安，(瑞安府即溫州，治永嘉縣，見上。)敗績，死之。

綱 元軍入建寧府、邵武軍。

陳宜中奉益王航海

綱 陳宜中、張世傑奉帝航海。

目 北兵既逼，陳宜中、張世傑備海舟，奉帝及衞王、楊太妃等登舟。時軍十七萬人，民兵三十萬人，淮兵萬人，與北舟相遇，值天霧晦冥不辨，舟得以進。時元軍侵福安，王積翁爲內應，遂與王剛中同降元。

綱 帝至泉州，招撫使蒲壽庚作亂，帝走潮州。十二月，壽庚以泉州叛降元。

陳文龍死

綱 元人入興化軍，(即今福建莆田縣。)知軍事陳文龍死之。

目 王剛中既降，遣使至興化軍，文龍斬之，而發民固守。使部將林華伺元兵于境上，華反導元兵至城下，通判曹澄孫開門降。執文龍，欲降之，文龍指其腹曰：「此皆節義文章也，可相逼邪！」卒不屈，乃械送杭州，文龍不食死。

馬塈死靜江

綱 元阿里海涯破靜江，(靜江軍治桂州，即今廣西桂林市。)阬其民，(阬音鏗。)都統馬塈死之。塈音忌。塈被執，斷其首，猶握拳奮起，立踰時始仆。廣西州郡皆陷。

益王請降於元

綱 帝次惠州，遣使奉表請降于元。

綱鑑易知錄卷九十

南宋紀

端宗皇帝

端宗皇帝 名昰，度宗長子，恭宗之兄，在位三年，爲元兵所逼，年十一，崩於嶺南之硇洲。

綱 丁丑，端宗皇帝景炎二年，（一二七七）元至元十四年。春正月，文天祥移屯漳州。（治漳浦縣，即今福建龍溪縣。）汀守黃去疾及吳浚降元。（汀州治長汀縣，即今福建長汀縣。）

綱 元命道士張宗演領江南道教。

元陷廣東諸郡

綱 二月，元軍入廣州，（治南海縣。即今廣東廣州市。）遂陷廣東諸郡。

綱 文天祥誅吳浚。

目 浚既降元，因至漳州說天祥降，天祥責以大義，斬之。

元軍引還

綱 元軍引還，留潛說友爲福州宣慰使，王積翁副之。

目 時北方有警，元主召諸將班師，班，還也。凡諸將及淮兵在福安者，（福安府即福州，治閩縣，即今福建福州市。）命李雄統之。

綱 元以西僧楊璉眞加總攝江南釋教。

綱 三月，文天祥復梅州。（治程鄉縣，即今廣東梅縣。）

綱　元將李雄殺潛說友。

綱　陳瓚起兵復興化軍。瓚，文龍從子也，舉兵誅林華，復其城。（興化軍，即今福建莆田縣。）

綱　夏四月，廣東制置使張鎮孫復廣州。五月，張世傑復潮州。（治海陽縣，即今廣東潮州市。）

綱　文天祥引兵自梅州出江西。

目　吉、贛兵皆會之，（吉州治吉安縣，即今江西吉安縣。贛州治贛縣，即今江西贛州市。）遂復會昌縣。（即今江西會昌縣。）

綱　六月，文天祥敗元軍于雩都。（即今江西雩都縣。）秋七月，使趙時賞等分道復吉、贛諸縣，遂圍贛州。

綱　張世傑會師討蒲壽庚于泉州，（治晉江縣，即今福建泉州市。）傳檄諸路，遂復邵武軍。

目　世傑以元軍既退，自將淮兵討蒲壽庚。時汀、漳諸路劇盜陳弔眼及許夫人所統諸峒、畬軍皆會，畬音于。兵勢稍振。壽庚閉城自守。世傑遂傳檄諸路，陳瓚起家丁、民義五百人應世傑，世傑遣將復邵武軍。（治邵武縣，即今福建邵武縣。）

綱　八月，元李恒襲文天祥于興國縣。（即今江西興國縣。）天祥兵潰，走循州，諸將鞏信、趙時賞等皆死之。

天祥兵潰

目　李恒遣兵援贛，而自將攻天祥于興國。天祥不意恒猝至，遣兵戰鍾步，不利。時鄒㵸聚兵數萬於永豐，㵸音馮。（永豐縣，即今江西永豐縣。）天祥引兵就之，會㵸兵先潰，恒追天祥至方石嶺，及之。鞏信以短兵接戰，恆駭其以寡敵衆，疑有伏，斂兵不進。信坐巨石，餘卒侍左右，箭雨集，屹不動，恆從閒道就視之，創被體而死不仆。創，傷也。天祥至空阬，兵盡潰。時趙時賞坐肩輿後，元軍問爲誰，時賞曰：「我姓文。」衆以爲天祥，擒之。恆遍求俘虜人識認，俘因孚。軍所虜囚曰俘。有曰：「此趙督參時賞也。」天祥由是得與杜滸、鄒渢乘騎逸去，至循州，（治歸善縣，在今廣東惠陽縣東北。）散兵頗集。天祥妻子及幕僚、客將皆被執。時賞至隆興，（卽洪州，治南昌縣，卽今江西南昌市。）奮罵不屈。有繫累至者，輒麾去，云：「小小僉廳官耳，執之何爲！」得脫者甚衆。臨刑，劉洙頗自辨，時賞叱曰：「死耳，何必然！」於是被執者皆死。恆送天祥妻子、家屬於燕，二子死於道。

綱 九月，帝遷潮州之淺灣。（在今廣東潮州南。）

綱 元將塔出等引兵入大庾嶺。（卽梅嶺，在今江西大庾縣南，廣東南雄縣北。）

目 元主詔塔出與李恆、呂師夔等以步卒入嶺，忙兀台、唆都、蒲壽庚及元帥劉深等以舟師下海，合追二王。

綱 張世傑攻泉州，不克。元復陷邵武軍，遂入福州。

綱 冬十月，以陸秀夫同簽書樞密院事。

目 秀夫之謫，張世傑讓陳宜中曰：讓，責也。「此何如時，動以臺諫論人！」宜中惶恐，亟召秀夫還行朝。時播越海濱，庶事疎略，楊太妃垂簾與羣臣語，猶自稱奴。每時節朝會，

陸秀夫儼然正笏
陳瓚死興化軍
血流有聲
陳宜中逃占城

獨秀夫儼然正笏，立如治朝，或時在行中淒然泣下，以朝衣收淚，衣盡浥，左右無不悲慟者。

綱　元唆都破興化軍，屠其民，陳瓚死之。

目　唆都至興化，瓚閉城拒守。唆都臨城諭之，矢石雨下，乃造雲梯、砲石，攻破其城，巷戰終日。獲瓚，車裂之。車裂者，以四體及首繫於五馬，鞭之使走，裂其尸爲五。屠其民，血流有聲。

綱　十一月，元塔出會兵陷廣州。

綱　元將劉深襲淺灣，帝奔井澳。（在今廣東中山縣南海中。）

目　深攻淺灣，張世傑戰不利，奉帝走秀山，（在今廣東東莞縣西南海中。）遂至井澳。

綱　十二月，帝有疾。

目　帝至井澳，颶風壞舟，颶音具。颶風，海中大風。帝溺，幾不救，遂得驚疾。旬餘，諸兵士稍集，死者過半。

綱　元劉深襲井澳，帝奔謝女峽，（在井澳南。）陳宜中逃之占城。（卽林邑，在今越南民主共和國南部。）

目　帝復入海，至七里洋，欲往占城。陳宜中請先往諭意，度事不可爲，遂不返。

綱　戊寅，三年，（一二七八）五月帝昺祥興元年，元至元十五年。春正月，元降封福王與芮爲平原郡公。

元入重慶

帝遷碙洲

陸秀夫日書大學章句勸講

綱 元軍入重慶，（治巴縣，在今四川重慶市境。）張珏死之，西川州縣皆陷。

綱 二月，元唆都陷潮州，屠其民。

綱 三月，文天祥收兵，復出麗江浦。

目 天祥以弟璧及母在惠州，（治博羅縣，在今廣東惠陽縣西。）乃趨之。行收兵，出海豐縣，（即今廣東海豐縣。）遂次於麗江浦。（在今海豐縣西南。）

綱 都統淩震復廣州。

綱 帝遷碙洲。碙音岡。（碙洲，在今廣東吳川縣南海中，今名硇州。）

綱 曾淵子至自雷州，（治海康縣，即今廣東海康縣。）以爲參知政事、廣西宣諭使。

目 淵子起兵據雷州，元軍諭降不聽，進兵攻之。淵子奔碙洲，遂有是命。

綱 夏四月，帝崩，衞王卽位。

目 帝崩，年十一。羣臣多欲散去，陸秀夫曰：「度宗皇帝一子尙在，將焉置之！古人有以一旅一成中興者，今百官有司皆具，士卒數萬，天若未欲絕宋，此豈不可爲國邪！」乃與衆共立衞王，年八歲矣。方登壇，禮畢，御輦所向，有龍挐空而上。挐音茹。旣入宮，雲陰不見，改元祥興。升碙洲爲翔龍縣。上帝廟號曰端宗。太妃仍同聽政。

陳宜中入占城，行都日候其還朝，宜中竟不至。時世傑秉政，而秀夫裨助之，外籌軍旅，內調工役，凡有述作，盡出其手，雖匆遽流離中，猶日書大學章句以勸講。

綱 六月，帝遷新會之厓山。（新會即今廣東新會縣。厓山在新會縣南海中。）

目 時六軍所泊，居雷、化犬牙處，（化州治石龍縣，在今廣東化縣。）而厓山在新會縣南八十里距海中，與奇石山相對立如兩扉，扉音非，戶扇。潮汐之所出入也，汐音席。早曰潮，夕曰汐。故有鎮戍，張世傑以爲天險，可扼以自固，乃奉帝移駐。遣人入山伐木，造行宮及軍屋千餘間。行宮正殿曰慈元，楊太妃居之。升廣州爲祥興府。時官民兵尚二十餘萬，多居於舟，資糧取辦於廣右諸郡、海外四州。復刷人匠造舟楫，（刷，刮也。）製器仗，至十月始罷。

綱 元以張弘範爲都元帥，李恆副之，將兵入閩、廣。

綱 秋八月，有星隕于廣南。

目 有星墮廣州南，初隕色紅，大如箕，中爆烈爲五，既墜地，聲如鳴鼓，一時頃止。

綱 加文天祥少保、信國公，張世傑越國公。

目 天祥聞帝即位，上表自劾兵敗江西之罪，乞入朝；優詔不許，而加官爵。會軍中大疫，士卒多死，天祥母亦病沒，詔起復之。天祥長子復亡，家屬皆盡。

綱 九月，葬端宗皇帝于厓山。陵號永福。

綱 冬十一月，淩震棄廣州遁。

綱 元張弘範襲執文天祥于五坡嶺。（在今廣東海豐縣北。）

目 天祥屯潮陽，（即今廣東潮陽縣。）鄒渢、劉子俊皆集師會之，遂討劇盜陳懿、劉興於潮。

興死；懿遁，以海舟導張弘範兵濟潮陽。天祥帥麾下走海豐，先鋒將張弘正追之。天祥方飯五坡嶺，弘正兵突至，衆不及戰，天祥遂被執，吞腦子不死，腦子，藥名，性極涼，多食能死人。鄒渢自剄。劉子俊自詭爲天祥，冀可免天祥；及天祥至，各爭眞僞，元遂烹子俊。天祥至潮陽，見弘範，左右命之拜，天祥不屈。弘範釋其縛，以客禮之。天祥固請死，弘範不許，處之舟中，求族屬被俘者悉還之。

元楊璉眞加發紹興諸陵

綱　十二月，元西僧楊璉眞加發紹興諸陵。

目　楊璉眞加利宋欑宮金玉，欑宮，所欑梓宮也。發諸陵在紹興者及大臣冢墓，凡一百一所。又欲裒諸陵骨，裒音掊，聚也。雜牛馬枯骼爲鎭南浮屠。禽獸之骨曰骼。浮圖，塔也。會稽人唐珏獨痛憤，（會稽縣，即今浙江紹興市。）乃貨家具行貸，得百金，爲酒食，陰召諸惡少，泣曰：「爾輩皆宋人，吾不忍陵骨之暴露，暴音僕。欲以他骨易之。已造石函六，刻紀年一字爲號，自思陵以下，高宗永思陵。隨號收殯。」衆如珏言，夜往取遺骸，葬蘭亭山後，（蘭亭，在今浙江紹興市西南。）又移宋故宮冬青樹植其上以識，聞者悲之。

帝昺 度宗少子，端宗之弟，陸秀夫立之，遷厓山，在位一年，元張弘範來攻，秀夫負帝赴海死，而宋亡。

張世傑匡山之戰

綱　己卯，帝昺祥興二年，（一二七九）元至元十六年，是歲宋亡。春正月，元張弘範襲厓山，張世傑力戰禦之。

目　弘範由潮陽港乘舟入海，至甲子門，（在今廣東陸豐縣東南石帆港海口。）獲斥候將，知帝所在，乃至厓山。或謂世傑曰：「北兵以舟師塞海口，則我不能進退，盍先據之？幸而勝，國之福也；不勝，猶可西走。」世傑恐久在海中，士卒離心，動則必散，乃曰：「頻年航海，何時已乎，今須與決勝負。」遂焚行朝草芾，芾音拂，以草蔽舍也。結大舶千餘，舶音白，海中大船。作一字陣，碇海中，碇音訂，鎭舟石也。中艫外舳，貫以大索，四周起樓棚如城堞，堞音疊，城上女垣。奉帝居其閒爲死計，人皆危之。厓山北淺，舟膠不可進。弘範由山東轉而南，入大洋，與世傑之師相遇，薄之，薄，逼也。且出騎兵斷官軍汲路。世傑舟堅不能動，弘範乃舟載茅茨，沃以膏脂，乘風縱火焚之。世傑戰艦皆塗泥，戰艦，戰船。縛長木以拒火，舟不爇，弘範無如之何。

文天祥過零丁洋詩

時世傑有甥韓在元軍中，弘範三使韓招世傑，世傑不從，曰：「吾知降生且富貴，但義不可移爾！」因歷數古忠臣以答之。弘範乃命文天祥爲書招世傑，天祥曰：「吾不能扞父母，乃敎人叛父母，可乎？」固命之，天祥遂書所過零丁洋詩與之，其末有云：「人生自古誰無死，留取丹心照汗青。」弘範笑而置之。

弘範復遣人語厓山士民曰：「汝陳丞相已去，陳宜中。文丞相已執，文天祥。汝復欲何爲？」士民亦無叛者。弘範又以舟師據海口，世傑兵士茹乾糧，十餘日，下掬海水飲之，掬音菊。兩手曰掬。水鹹，飲卽嘔泄，泄同瀉。兵士大困。世傑帥蘇劉義、方興等日夕大戰。既而李恒自廣州以師來會，弘範命恒守厓山北。

陸秀夫負帝赴海死

綱　二月，張世傑與元張弘範戰于厓山。世傑兵潰，陸秀夫負帝赴海死之。世傑復收兵，至海陵山，（在今廣東陽江縣西南海中。）舟覆而死。宋亡。

目 都統張達夜襲元軍，敗還。弘範乃四分其軍，自將一軍，相去里許，令諸將曰：「宋舟西艤匡山，艤音以。附船著岸曰艤。潮至必東遁，急攻之。聞吾樂作，乃戰，違令者斬。」時黑氣出山西，李恆乘早潮退，攻其北，世傑以淮兵殊死戰。至午，潮上，元軍樂作，世傑以爲且懈，不設備。弘範以舟攻其南，世傑南北受敵，兵士皆疲，不能復戰，俄有一舟檣旗仆，諸舟之檣旗皆仆，世傑知事去，乃抽精兵入中軍，諸軍大潰，翟國秀、凌震等皆解甲降元。元軍薄中軍，會日暮，風雨昏霧四塞，咫尺不相辨，世傑乃與蘇劉義斷維，維，繫舟索也。以十六舟奪港而去。陸秀夫走帝舟，帝舟大，且諸舟環結，度不得出走，乃先驅其妻子入海，謂帝曰：「國事至此，陛下當爲國死。德祐皇帝辱已甚，德祐，恭帝。陛下不可再辱！」即負帝同溺，後宮諸臣從死者甚衆。餘舟尙八百，盡爲弘範所得。越七日，屍浮海上者十餘萬人。因得帝屍及詔書之寶。

世傑行收兵，遇楊太妃，欲奉以求趙氏後。楊太后始聞帝崩，撫膺大慟曰：「我忍死間關至此者，正爲趙氏一塊肉耳，今無望矣！」遂赴海死，世傑葬之海濱。世傑將趨占城，土豪強之還廣東，乃回舟艤南恩之海陵山，（南恩州，即今廣東陽江縣。）散潰稍集。謀入廣，颶風大作，將士勸世傑登岸，世傑曰：「無以爲也。」登柁樓，柁同舵。露香祝曰：「我爲趙氏，亦已至矣。一君亡，復立一君，今又亡。我未死者，庶幾敵兵退，別立趙氏以存祀耳。今若此，豈

張世傑死

天意邪！」風濤愈甚，世傑墮水溺死。諸將函其骨，葬潮居里。蘇劉義出海洋，爲其下所殺。

元囚文天祥

綱 冬十月，文天祥至燕，不屈，元人囚之。

目 厓山之破，張弘範等置酒大會，謂天祥曰：「國亡，丞相忠孝盡矣。能改心以事宋者事今，將不失爲宰相也。」天祥泫然出涕曰：「國亡不能救，爲人臣者死有餘罪，況敢逃其死而貳其心乎！」弘範義之，遣使護送天祥赴燕。道經吉州，痛恨不食，八日猶生，乃復食。十月，至燕，館人供張甚盛，供，供具。張，陳設也。天祥不寢處，坐達旦；遂移兵馬司，設卒守之。既而丞相博羅等召見於樞密院，欲使拜，天祥長揖不屈。博羅曰：「自古有以宗廟土地與人而復逃者乎？」天祥曰：「奉國與人，是賣國之臣也。賣國者有所利而爲之，必不去，去者必非賣國者也。予前除宰相不拜，奉使軍前，尋被拘執。已而有賊臣獻國，國亡當死，所以不死者，以度宗二子在浙東，老母在廣故耳。」博羅曰：「棄德祐嗣君而立二王，忠乎？」天祥曰：「當此之時，社稷爲重，君爲輕。吾別立君，爲宗廟、社稷計也。從懷、愍而北者非忠，從元帝爲忠；從徽、欽而北者非忠，從高宗爲忠。」博羅語塞，忽曰：「晉元帝、宋高宗，皆有所受命，二王不以正，是篡也。」天祥曰：「景炎乃度宗長子，景炎，端宗。德祐親兄，不可謂不正；登極於德祐去位之後，不可謂篡；陳丞相以太后命奉二王出宮，不可謂無所受命。」博羅等皆無辭，但以「無受命」爲解。天祥曰：「天與之，人歸之，雖無傳受之命，推戴擁立，亦何不可！」博羅怒曰：「爾立二王，竟成何功？」天祥曰：「立君以存宗社，存一日，則盡臣子一日之責，何功之有！」曰：「既知其不可，何必爲？」天祥曰：「父母有疾，雖不可爲，無不下藥之理。盡吾心焉，不可救，則天命也。今日天祥至此，有死而已，何必多言。」博羅欲殺之，而元主及大臣不可。弘範病中亦表奏天祥忠於所事，願釋勿殺，乃囚之。

右南宋九帝，共一百五十三年。合兩宋一十八帝，共三百二十年。

元紀

世祖文武皇帝

名忽必烈，太祖鐵木眞第四子拖雷之第四子，憲宗蒙哥之同母弟也。滅宋襲正統，在位共三十一年，壽八十歲而崩。帝繼宋而主中國，混一寰區，開十傳之統緒，自古以來未之有也。

張弘範卒

綱 庚辰，元世祖文武皇帝至元十七年，（一二八〇）春正月，都元帥張弘範卒。

綱 三月，帝如上都。（即今內蒙古多倫縣。）

窮河源

綱 遣使窮河源。

綱 秋七月，以郝禎、耿仁爲左丞。

目 阿合馬貪橫益肆，援引二人，驟升同列，交爲蒙蔽，掊斂日急，內通貨賄，外示威刑，廷中相視，無敢言者。

綱 八月，集賢大學士兼國子祭酒許衡致仕。

目 衡以疾，乞致仕。皇太子請以其子師可爲懷孟路總管，（懷孟路治懷州，即今河南沁陽縣。）

以便侍養，且遣使諭之曰：「公毋以道不行爲憂也；公安，則道行有時矣。」

綱　翰林學士承旨姚樞卒。謚文獻。

綱　九月，帝還大都。（大都即燕京，在今北京市境內。）

綱　冬十月，以阿剌罕爲右丞相。復大發兵擊日本。

阿剌罕相擊日本

綱　十一月，行授時曆。郭守敬等所造也。

綱　平章政事廉希憲卒。

目　大德閒贈太師、恒陽王，大德，成宗年號。謚文正。伯顏曰：「廉公宰相中眞宰相，男子中眞男子。」世以爲名言。

綱　十二月，昭文館大學士竇默卒。

竇默比汲黯

目　默爲人樂易，平居未嘗出一言方人物。至論國家大計，面折廷諍，人謂可比汲黯。帝嘗曰：「朕求賢三十年，得一竇漢卿及李俊民。」竇默字漢卿。又曰：「如竇漢卿之心，姚公茂之才，姚樞字公茂。合而爲一，可謂全人矣。」累贈太師，封魏國公，謚文正。

綱　辛巳，十八年，（一二八一）春二月，皇后弘吉剌氏崩。

弘吉剌后

目　后性明敏，達於事機，國家初政，左右匡正，與有力焉。宋亡，幼主入朝，幼主，宋恭宗。后不樂。帝曰：「江南平，自此不用兵甲，人皆喜之，爾何獨不樂？」后曰：「自古無千歲之國，毋使吾母子及見此則幸矣。」帝以宋府庫物置殿庭，召后視之，后一視而反。帝問后何

許衡卒

焚毀道書

甕吉剌帶阿合馬相

欲，后曰：「宋人貯蓄以貽子孫，子孫不能守而歸於我，我又何忍取之邪！」宋太后全氏至京，不習風土，后屢奏乞令回江南，帝不允。后退亦厚待之。

綱 三月，許衡卒。

目 衡病革，（革音棘，亟也。）家人祀先，衡曰：「吾一日未死，寧不有事於祖考！」起，奠獻如儀，既撤而卒，年七十二。衡嘗語其子曰：「我平生虛名所累，竟不能辭官，死後愼勿請諡，勿立碑，但書『許某之墓』四字，使子孫識其處足矣。」後贈司徒，封魏國公，諡文正。

綱 帝如上都。

綱 秋七月，阿剌罕卒于軍。八月，諸將棄師於海島而還。

綱 閏月，帝還大都。

綱 冬十月，焚毀道書。

目 帝方信桑門之惑，（桑門即沙門，釋氏也。）詔樞密副使張易參校道書。言：「惟道德經爲老子所著，餘皆後人僞撰。」詔悉焚之。

綱 十二月，以甕吉剌帶爲右丞相，阿合馬爲左丞相。

綱 壬午，十九年，（一二八二）春二月，帝如上都。

綱 三月，益都千戶王著殺阿合馬於闕下。（著因人心憤怨阿合馬，以大銅鎚碎其腦，立斃。著挺身請囚，遂棄市。（益都，即今山東益都縣。）

和禮霍孫相

俱藍國入貢

括雲南金

耶律鑄相

綱 夏四月，甕吉剌帶罷，以和禮霍孫爲右丞相。

綱 詔戮阿合馬屍，遂窮治其黨。

目 阿合馬死，帝猶不深知其姦，及詢樞密副使孛羅，乃盡得其罪惡，始大怒曰：「王著殺之誠是也！」命發冢，剖其棺，戮屍於通玄門外，縱犬食之，四民聚觀稱快，并誅其子忽辛等四人。尋令中書悉罷黜其黨與。又以郝禎、耿仁黨惡尤甚，命剖禎棺，戮其屍，下耿仁於獄，誅之。

綱 以張雄飛爲參知政事。

綱 秋八月，帝還大都。

綱 九月，俱藍國入貢。海外諸蕃惟俱藍尤遠，自泉州至其境約十萬里，招討楊庭璧三往招之，遂遣使貢寶及黑猿一。

綱 遣使括雲南金。定其賦稅，用金爲則。

綱 詔諸路歲舉儒吏各一人。

目 中書省掾史有闕，選樞密院、御史臺、六部令史轉用之，令史則取諸路歲貢之數。仍詔：「諸路歲貢儒、吏，儒必通吏事，吏必知經史者。」

綱 冬十月，復以耶律鑄爲左丞相。

綱 以宋衍聖公孔洙爲國子祭酒，提舉浙東學校。（浙東路治紹興府，見上。）

殺文天祥

文天祥從容就死

忠義之氣一著於詩歌

目 孔子後自宋南渡初，其四十八代孫端友子玠寓衢州。（治西安縣，即今浙江衢縣。）帝既平宋，疑所立，或言孔氏子孫寓衢者乃其宗子。召洙赴闕，洙遜於居曲阜者。（曲阜，在今山東曲阜縣東北。）帝曰：「寧違榮而不違親，眞聖人後也。」遂命爲國子祭酒，兼提舉浙東學校。

綱 十二月，殺宋少保、樞密使、信國公文天祥。

目 時有閩僧言：「土星犯帝座，疑有變。」未幾，中山有狂人，（中山，即今河北定縣。）自稱宋主，有衆千人，欲取丞相。京城亦有匿名書，言某日燒蓑城葦，（蓑，覆也。）率兩翼兵爲亂，丞相可無憂者。朝廷疑之，遂撤蓑城葦，遷瀛國公及宋宗室於上都。（去年廢宋德祐帝爲瀛國公。）疑丞相爲天祥，乃召天祥入，諭之曰：「汝移所以事宋者事我，當以汝爲相矣。」天祥曰：「天祥爲宋宰相，安事二姓！願賜之一死足矣。」帝猶未忍，遽麾之退。左右力贊從其請，遂詔殺之於都城之柴市。（在今北京市城北。）天祥臨刑殊從容，謂吏卒曰：「吾事畢矣。」南向再拜死，年四十七。其衣帶中有贊曰：「孔曰成仁，孟曰取義，惟其義盡，所以仁至。讀聖賢書，所學何事？而今而後，庶幾無愧！」其妻歐陽氏收其屍，面如生。

天祥爲人豐下，兩目炯然。博學善論事，作文未嘗起草。尤長於詩，居獄四年，忠義之氣，一著於詩歌，累數十百篇。至是兵馬司籍所存上之，觀者無不流涕悲慟。有得其一履者，亦寶藏之。尋有義士張毅甫者，負其骨歸葬吉州，適家人自廣東奉其母曾夫人之柩同日至城下，人以爲忠孝所感云。

初，天祥開督府置僚屬，一時知名者四十餘人，而遙請號令，稱幕府文武士者不可悉數。然皆一念向正，至死靡悔。

綱　以孔散爲平章政事。

綱　徵處士劉因爲右贊善大夫，尋辭歸。

目　因，容城人，（容城縣，在今河北徐水縣東北。）天資絕人，日記千百言，過目成誦。初爲經學，究訓詁注釋之說，歎曰：「聖人精義，殆不止此。」及得周、邵、程、朱之書，一見即曰：「我固謂當有是也。」及論其學之所長，曰：「邵，至大也；周，至精也；程，至正也；朱子，極其大，盡其精，而貫之以正也。」愛諸葛孔明「靜以脩身」之語，表所居曰「靜脩」。不忽朮薦之，詔徵之，至，擢右贊善大夫。尋以繼母老辭歸，俸給一無所受。

綱　詔御史臺得自選其屬。

目　初，御史唯用漢人，至是崔彧請參取蒙古人用之。又言：「臺察之選，正由中書，寧無偏黨之弊！今宜令本臺得自選任。」既而江淮省臣有欲專恣而忌臺察之言者，上議欲以行臺隸行省，詔廷臣雜議。兵部尚書董文用曰：「御史臺譬之臥虎，雖未噬人，人猶畏其虎也。今虎名僅存而綱紀猶不振，更加抑之，則風采薾然，薾同靡。無復可望矣。此不可行也。」從之。

綱　始海運。

弘吉剌族

復擊日本

增官吏俸

無赦之國其刑必平

綱 癸未，二十年，（一二八三）春正月，立弘吉剌氏爲皇后。

目 時帝春秋高，后頗預朝政，相臣常不得見帝，輒因后以奏事焉。初，弘吉剌之族，從太祖起兵有功，尋立其女爲后，遂與約曰：「弘吉剌氏生女，世以爲后，生男，世尚公主。」故元世諸后，多其族焉。

綱 詔停燕南河北、山東租賦。（燕南河北道治眞定，即今河北正定縣。山東西道治歷城，即今山東濟南市。山東東道治益都，即今山東益都縣。）

綱 三月，帝如上都。

綱 復命高麗王琫及阿答海發兵擊日本。

綱 夏四月，罷採民閒女子。 從崔彧之請也。

綱 六月，增給官吏俸。

綱 冬十月，帝還大都。

綱 耶律鑄有罪免。

綱 甲申，二十一年，（一二八四）春正月，羣臣上尊號。

目 時議欲肆赦，張雄飛諫曰：「古人言，無赦之國，其刑必平。故赦，不平之政也。聖明之世，豈宜數赦！」上納之，遂止下輕刑之詔。

綱 二月，遷宋宗室及大臣之仕者。 詔遷宋宗室及大臣之仕者於內地，疑其反也。

擊占城

安童相

立規措所

雞吉剌帶復相

綱　三月，帝如上都。

綱　秋七月，詔鎭南王脫歡假道安南擊占城。（安南即今越南。）

綱　八月，帝還大都。

綱　九月，京師地震。

綱　冬十一月，和禮霍孫、張雄飛等罷，復以安童爲右丞相，盧世榮爲右丞，史樞爲左丞，撒的迷失、廉希恕並參知政事。

綱　十二月，宋太皇太后謝氏卒于燕。

綱　乙酉，二十二年，（一二八五）春正月，以阿必失合爲平章政事。

綱　二月，立規措所。規畫措置錢穀也。所司官吏，以善賈爲之，從盧世榮之請也。

綱　帝如上都。

綱　復以雞吉剌帶爲左丞相。

綱　秋八月，帝還大都。

綱　冬十一月，盧世榮伏誅。監察御史陳天祥劾世榮贓罪，帝親鞫之，一一款服，遂命誅之。

綱　十二月，太子眞金卒。

目　太子初從姚樞、竇默學，仁孝恭儉，尤優禮大臣，一時在師友之列者，非朝廷名德，則布衣節行之士。在中書日久，明於聽斷，聞四方科徵、輓漕、造作、和市，有係民之休戚

〔眞金卻獻〕

者，多奏罷之，中外歸心焉。江南行省以歲課羨鈔四十七萬貫來獻，太子怒曰：「朝廷但令汝等安百姓，百姓安，錢糧何患不足！百姓不安，錢糧雖多，能自奉乎！」盡卻之。中庶子伯必以其子阿八赤入見，諭之以「毋讀蒙古書，（蒙古，元本號。）須習漢人文字。」

〔承華事略〕

行臺治書侍御史王惲進承華事略二十篇，太子覽之，至漢成帝不絕馳道，（天子所行道曰馳道。）唐肅宗改服絳紗爲朱明服，（肅宗立爲太子，其服絳紗，太子曰：「此天子禮也。」乃改絳紗衣爲朱明服。）心甚喜，曰：「我若遇是禮，亦當如是。」又至邢峙止齊太子食邪蒿，顧侍臣曰：「一菜之名，遽能邪人邪？」詹事孔九思曰：「正臣防微，理固當然。」太子善其說，令諸子博觀其書。時帝春秋高，南臺御史上書請內禪，太子聞之懼。臺臣寢其章不敢聞，而阿合馬之黨答卽古、阿散等請收百司吏案，鉤考天下錢穀，欲因以發之。都事尙文曰：「是欲上危太子，下陷大臣，其謀姦矣。」遂語御史大夫及丞相先入言之，以奪其謀。帝震怒曰：「汝等無罪邪？」丞相進曰：「臣等無所逃罪，但此輩名載刑書，而爲此舉，實動搖人心耳。」太子益憂懼不自安。尋卒，年四十三。

〔作資戒會〕

綱 集僧四萬，作資戒會。

〔訪求江南人才〕

綱 丙戌，二十三年，（一二八六）春三月，遣侍御史程文海訪求江南人才。

目 先是文海爲集賢直學士，（集賢，院名。）言省院諸司皆用南人，惟御史臺、按察司無之。江南風俗，南人所諳，亦宜參用之。至是，遂詔文海仍集賢直學士，拜侍御史、行御史臺事，往江南博采知名之士。帝素聞趙孟頫、葉李名，密諭文海，必致此二人。文海復薦宋宗室趙孟頫及張伯淳等二十餘人，頫音眺。帝皆擢用之。

綱 帝如上都。

綱 秋七月，免左丞相甕吉剌帶、平章政事阿必失合。惑於總制院使桑哥之誣奏也。

綱 冬十月，帝還大都。

綱 丁亥，二十四年，(一二八七)春二月，以麥朮督丁爲平章政事。

綱 閏月，復置尚書省，以桑哥、鐵木兒並爲平章政事，阿魯渾薩里爲右丞，葉李爲左丞，馬紹參知政事。初置國子監，以耶律有尙爲祭酒。

綱 設江南各路儒學提舉司。

目 時江南諸縣，各置教諭二人，又用廷臣議，諸道各置提舉司，設提舉儒學二人，統諸路、府、州、縣學祭祀、錢糧之事。未幾，復從桑哥等言，鉤考江西學田所入羨餘，貯之集賢院，以給有才藝之士。

綱 帝如上都。

綱 三月，行至元鈔。桑哥以交鈔及中統元寶行之既久，物重鈔輕，遂建議更造至元鈔行之，自一貫至五十文，凡十有一等，每一貫文視中統鈔五貫文。

綱 戊子，二十五年，(一二八八)夏四月，徵宋江西招諭使、知信州謝枋得，(信州治上饒縣，在今江西上饒縣西北。)辭不至。

設儒學提舉司

行至元鈔

謝枋得遺書程文海

謝枋得遺書留夢炎

置徵理司

目 初，枋得遁入建陽。時程文海至江南訪求人才，薦宋遺士三十人，枋得亦在列。枋得方居母喪，遺書文海曰：「某所以不死者，以九十三歲之母在耳。先妣以今年二月考終，某自今無意人閒事矣。『亡國之大夫不可與圖存』，李左車猶能言之，（韓信破趙，生得李左車，師事之。左車謝曰：「亡國之大夫，不可以圖存；敗軍之將，不可以言勇。」）況稍知詩書，頗識義理者乎！某之至愚極闇，決不可以辱召命亦明矣。」既而留夢炎亦力薦之於上，枋得復遺書夢炎，言：「江南無人才，未有如今日之可恥。春秋以下之人物，本不足道，今欲求一人如瑕呂飴甥、程嬰、杵臼、廝養卒，（瑕呂飴甥，姓瑕呂名飴甥，食采於陰，又曰陰飴甥，見左傳僖公十五年。程嬰及公孫杵臼存趙孤，見卷四周定王十年。廝養卒說燕將，見卷八秦二世元年。）亦不可得。」辯論凡數千百言，卒不行。

綱 秋九月，帝還大都。

綱 置徵理司。冬十月，遣使鉤考諸路錢穀。

目 初，桑哥摘委六部鉤考百司倉庫財穀，復以爲不專其任，遂置徵理司以主之。行臺侍御史程文海入朝言：「天子之職，莫大於擇相，宰相之職，莫大於進賢。宰相不以進賢爲急，而惟以貨殖爲心，非爲上爲德，爲下爲民之意。今權姦用事，立尚書省鉤考錢穀，以割剝生民爲務，所委任者率皆貪饕邀利之人，（饕音滔，貪財也。）江南盜賊竊發，良以此也。臣竊以爲：宜清尚書之政，損行省之權，罷言利之官，行恤民之事。」桑哥大怒，留京師不遣，奏請殺之者六，帝皆不允。

宋恭宗學佛吐蕃

謝枋得死

綱　遣瀛國公趙㬎學佛于吐蕃。（吐蕃即今西藏。）

綱　己丑，二十六年，（一二八九）春正月，地震。

綱　三月，帝如上都。

綱　以中書右丞相伯顏知樞密院事，將兵鎮和林。（在今蒙古人民共和國庫倫西南，太祖時都此。）

綱　以伯答兒爲中書平章政事。

綱　夏四月，福建參知政事魏天祐執宋謝枋得至燕，不屈，死之。

目　初，天祐見時方求才，欲薦枋得爲功。遣使誘枋得入城，與之言，坐而不對，或嫚言無禮。天祐不能堪，乃讓曰：「封疆之臣，當死封疆，安仁之敗何不死？」（謝枋得與元戰於安仁，矢盡而敗，在至元十三年。安仁即今江西餘江縣。）枋得曰：「程嬰、公孫杵臼二人皆忠於趙，一存孤，一死節。王莽篡漢，龔勝餓死。（事見卷十九新莽始建國三年。）司馬子長云『死有重於泰山，輕於鴻毛』，（司馬遷字子長。司馬遷報任安書：「人固有一死，死或重於泰山，或輕於鴻毛。」）參政豈足知此！」天祐怒，逼之北行。枋得以死自誓，自離嘉興，（即今浙江嘉興市。）即不食，二十餘日不死，乃復食。既渡采石，（采石磯，在今安徽當塗縣西北。）惟茹少蔬果，（茹音汝，食也。）積數月，困殆。四月朔至燕，問太后欑所及瀛國所在，（欑，欑宮也。）再拜慟哭。疾甚，留夢炎使醫持藥雜米飲進之，枋得怒，擲之於地，不食五日死。子定之護骸骨歸葬信州。枋得天資嚴厲，雅負奇氣，風岸孤峭，不能與世軒輊。（車前頓曰輊，後頓曰軒。後漢書馬援傳：「居前不能令人輊，居後不能令人軒。」言無所輕重也。）

而以天時人事，推宋必亡於二十年後。每論樂毅、申包胥、張良、諸葛亮事，常若有千古之憤者，而以植世教、立民彝爲任，貴富賤貧一不動其中。

初，枋得之北行也，貧苦已甚，衣結履穿，人有嘗德之者，賙以金帛，辭不受。又爲詩別其門人故友，時以爲「讀其辭，見其心，慷慨激烈，眞可以使頑夫廉，懦夫立」云。

綱 五月，以忻都爲尙書左丞，何榮祖參知政事，張天祐爲中書參知政事。

綱 冬閏十月，帝還大都。

綱 十二月，帝幸大聖壽萬安寺。詔天下梵寺所貯藏經集僧誦之，仍給所費，歲爲例。

綱 庚寅，二十七年，（一二九〇）夏四月，帝如上都。

綱 河北十七郡蝗。

綱 秋八月朔，日食。

綱 地大震。九月，赦天下。

綱 帝還大都。

綱 冬十一月，安童罷。

綱 大水。江南民流者四十五萬餘人，凡發粟五十八萬賑之。

綱 辛卯，二十八年，（一二九一）春正月，桑哥及阿魯渾薩里、葉李以罪免。集賢直學士趙孟頫，說奉御徹里劾之也。

罷徵理司

完澤相

劉因不召之臣

罷尙書省

綱 二月，罷徵理司。

綱 以完澤爲尙書右丞相，不忽朮平章政事。

綱 帝如上都。

綱 夏五月，逮西僧楊璉眞加下獄，尋釋之。

目 楊璉眞加發宋諸陵及其大臣塚墓，攘取金寶珠玉無算，私庇平民之不輸賦者二萬三千戶，田土稱是，及受美女寶物之獻，藏匿未露者尤多。至是坐侵盜官物，遣使逮問，追治之，籍其妻孥、田畝。臺省諸臣皆言：「宜誅之以謝天下。」帝不聽，命釋之，給還其所籍。

綱 復徵劉因爲集賢學士，辭不至。

目 因以疾固辭。帝聞之曰：「古有所謂不召之臣，其斯人之徒歟！」遂不强致之。

綱 下桑哥獄，逮其黨要束木誅之。

綱 罷尙書省，命右丞相完澤等並入中書。

綱 秋七月，桑哥伏誅。

綱 九月，以咱喜魯丁爲平章政事。冬十月，以雪雪的斤爲平章政事。

綱 壬辰，二十九年，（一二九二）春正月朔，日食。

綱 二月，以亦黑迷失、史弼、高興並爲福建行省平章政事，（福建行省治福州，即今福建福州市。)將兵擊瓜哇。(即今爪哇,在蘇門答臘之東。)

綱 三月,麥朮督丁罷,以鐵哥、剌眞並爲平章政事。

綱 帝如上都。秋八月,帝還大都。

綱 冬十二月,改封梁王甘麻剌爲晉王,甘麻剌,太子眞金長子。鎭北邊。

綱 癸巳,三十年,(一二九三)春正月,右丞相安童卒。

綱 二月,以楊璉眞加子暗普爲江浙行省左丞。尋以江南民怨楊璉眞加不已,罷之。(江浙行省治杭州路,即今浙江杭州市。)

綱 帝如上都。

綱 夏四月,劉因卒。延祐中謚文靖。

綱 秋七月,以月赤察兒知樞密院事。

綱 九月,帝還大都。

綱 冬十月,彗出紫微垣。

目 帝憂之,夜召不忽朮入禁中,問所以銷天變之道。不忽朮曰:「風雨自天而至,人則棟宇以待之;江河爲地之限,人則舟楫以通之;天地有所不能者,人則爲之,此人所以與天地參也。且父母怒,人子不敢疾怨,起敬起孝,故易曰:『君子以恐懼脩省。』易震卦大象:「洊雷震,君子以恐懼脩省。」詩曰:『敬天之怒。』詩大雅板之篇:「敬天之怒,無敢戲豫。」三代聖王,克謹天戒,鮮有不終。漢文之世，同日山崩者二十有九，日食、地震，頻歲有之。善用此道，天亦悔禍，海内乂安。此前代之龜鑑也，願陛下法之。」因誦文帝日食求言詔，帝悚然曰：「此言深合朕意，可復誦之。」遂論説至四鼓乃罷。

綱 以伯顏爲平章政事。

綱 甲午，三十一年，（一二九四）春正月，帝崩。廟號世祖，國語稱曰薛禪皇帝。

綱 葬起輦谷。谷在漠北，不加築爲陵，諸帝皆從葬於是云。

綱 夏四月，皇孫鐵木耳卽位于上都，大赦。追尊皇考曰裕宗皇帝，尊母弘吉剌氏曰皇太后。

綱 五月，以玉昔帖木耳爲太師，伯顏爲太傅，月赤察兒爲太保。六月，復以帖木兒爲平章政事。

綱 賜宋使臣家鉉翁號處士，遣還鄉。

目 初，世祖欲官鉉翁，不受，遂安置河間，（河間路治河間縣，卽今河北河間縣。）以春秋教授弟子，數爲諸生談及宋興亡之故，輒流涕太息。至是，年逾八十，詔賜號處士，放還鄉里，錫予金幣，皆不受。尋卒。

宋使臣家鉉翁

綱 秋七月，詔中外崇奉孔子。

綱 冬十月，帝至自上都。

目 帝巡狩三不剌之地，（三不剌，亦名賽音布拉克，在今甘肅靖遠縣西北黃河外。）董文用言：「先帝新棄天下，陛下巡遊不以時，無以慰安元元。（元元，謂民也。）且人君猶北辰，居其所而衆星拱之，不在勤遠略也。宜趣還京師。」趣同促。帝悟，遂還。

綱 十一月，以何瑋爲參知政事，伯顏察兒參議省事。

綱 十二月，太傅知樞密院事伯顏卒。

目 伯顏深沉有謀略，善斷，將二十萬衆伐宋，如將一人，諸將仰之若神明。還朝，未嘗言功。卒贈太師，追封淮安王，諡忠武。

綱鑑易知錄卷九一

元紀

成宗皇帝

名鐵木耳，世祖之孫，太子眞金第三子也。在位十三年，壽四十二歲而崩。帝承混一之後，憂國愛民，眞守成令主。末歲寢疾，沉詔諛之詞，牽帷牆之制，赤子阽危，寇氛四起，其不遽亡國者，蓋去世祖未遠，初政猶可觀爾。

綱　乙未，成宗皇帝元貞元年，（一二九五）春二月，帝如上都。（卽今內蒙古多倫縣。）

綱　翰林學士承旨留夢炎致仕。

目　上以其在先朝言無所隱，厚賜遣之。初，世祖嘗問夢炎、葉李優劣於趙孟頫，對曰：「夢炎，臣之父執，父同志之友也。其人重厚篤於自信，好謀能斷，有大臣器。葉李所讀之書，臣皆讀之，所知所能，臣皆知之能之。」世祖曰：「汝以夢炎優於李邪？夢炎爲宋狀元，至宰相，當賈似道誤國，依阿取容；李以布衣，乃伏闕上書，是賢於夢炎也。」

綱　三月，安南入貢。（安南卽今越南。）地震。

綱　夏閏四月，蘭州河清。（蘭州治阿干縣，在今甘肅蘭州市南。黃河在今蘭州市北。）

目　上下三百餘里，凡三日。非瑞也。

李元禮諫太后幸五臺山

綱　六月，陝西旱，饑。（元陝西行省轄奉元、延安、興元三路及鳳翔府，同、華等五州及二十七屬州。）

綱　秋九月，帝還大都。（在今北京市城內。）

綱　冬十二月，立皇后伯岳吾氏。

綱　丙申，二年，（一二九六）春二月，以不忽朮爲昭文館大學士、平章軍國事，段貞爲平章政事。

綱　三月，帝如上都。秋八月，帝還大都。

綱　丁酉，大德元年，（一二九七）春正月，以也先帖木兒爲平章政事。帝如上都。

綱　太后幸五臺山。（在今山西五臺縣東北，繁時縣南。）

目　初爲太后建寺於五臺山，至是成。太后將臨幸之，監察御史李元禮上疏言：「五臺山創建寺宇，工役俱興，供億煩重，民不聊生。伏聞太后臨幸五臺，尤不可者有五：盛夏禾稼方茂，民食所仰，騎從經過，不無蹂躪，（躪音吝，踐踏也。）一也。親勞聖體，經冒風日，往復數千里，山川之險，萬一調養失宜，悔將何及！二也。天子舉動，必書簡册以貽萬世，書而不法，將焉用之？三也。財不天降，皆出於民，今日支持調度，百倍曩時，而又勞民傷財以奉土木，四也。佛以慈悲爲教，雖窮天下珍玩供養不爲喜，雖無一物爲獻亦不怒。今太后欲爲兆民祈福，而先勞聖體，使天子曠定省之禮，五也。伏望回轅中道，端處深宮，上以循先皇后之懿範，次以盡聖天子之孝誠，下以慰元元之望，（元元，謂民也。）如此，則不祈福而福自至矣。」臺臣不敢以聞。其後侍御史萬僧與中丞崔彧有隙，彧音郁。取元禮章封入奏之曰：「崔中丞私比漢人。李御史爲大言謗佛，謂不宜建寺。」帝大怒，敕完澤、不忽朮鞫之。鞫音菊，推窮罪也。完澤曰：「往吾亦嘗以此諫，太后曰：『我非喜建此寺，蓋先帝嘗許爲之，非汝所知也。』」不忽朮曰：「他御史懼不敢言，言者惟一元禮，可賞也。」完澤等入言之，帝沉思良久曰：「御史言是也。」乃罷萬僧，復元禮職。

綱 秋七月，祆星出奎。

綱 九月，帝還大都。

綱 冬十月，以吳元珪爲吏部尚書。

目 時選曹銓注，多有私其鄉人者，元珪曰：「此風不可長。」自視事，請謁悉皆謝絕。

綱 禁諸王駙馬奪民田。仍禁民間以公私土田呈獻及受其獻者。

綱 戊戌，二年，(一二九八)春二月，以張九思、梁德珪並爲平章政事。

目 初，太子眞金卒，朝議欲罷詹事院，九思時爲詹事丞，抗言曰：「皇孫宗社人心所屬，詹事正所以輔成道德者，奈何罷之！」尋進拜中書左丞。德珪一名梁諳都刺，世祖時參知政事，治事有敏才。京師地震，世祖怪州郡報囚之數過多，德珪曰：「當國者急於徵索，蔓延收繫，以致此爾。」帝悟，爲赦中外逋負，尋拜右丞。

綱 帝如上都。

定歲課三十取一

哈剌哈孫相

更定律令

綱 夏五月，以何榮祖爲平章政事。秋九月，帝還大都。

綱 冬十二月，定歲課三十取一。命廉訪司歲舉廉幹者各二人。

綱 彗星見。

目 出子孫星下。

綱 己亥，三年，（一二九九）春正月，遣使問民疾苦。

綱 以哈剌哈孫爲左丞相。

綱 二月，帝如上都。

綱 命何榮祖等更定律令。

目 帝諭榮祖曰：「律令，良法也，宜早定之。」既而書成上之，且言：「臣所擇者三百八十條，一條有該三四事者。」帝曰：「古今異宜，不必相沿。」詔元老大臣聚聽之，未及頒行而榮祖卒。

綱 秋九月，帝還大都。

綱 冬十二月，以阿魯渾薩里爲平章政事。

綱 命兄子海山鎭漠北。

目 海山，帝兄答剌麻八剌之長子。帝以寧遠王闊闊出總兵北邊，怠於備禦，命海山即軍中代之。

禁酒
收富民護持璽書

綱 庚子，四年，（一三〇〇）春二月，皇太后弘吉剌氏崩。

目 后有賢德，事昭睿順聖皇后執婦道甚謹。及尊爲太后，后之弟欲因后求官，后拒之曰：「勿以累我也！」崩，謚徽仁裕聖皇后。

綱 三月，帝如上都。

綱 夏四月，以不蘭奚爲平章政事。

綱 五月，昭文館大學士、平章軍國事不忽朮卒。贈魯國公，謚文貞。

綱 秋閏八月，帝還大都。

綱 辛丑，五年，（一三〇一）秋八月，彗出井，入紫微垣。

綱 九月，禁酒。時以歲凶禁酒，仍弛山澤之禁，聽民漁獵。

綱 壬寅，六年，（一三〇二）春正月，詔收富民護持璽書。

目 帝詔臺臣曰：「聞江南富民侵占民田，致貧者流徙，卿等亦聞之否？」對曰：「富民多乞護持璽書，依倚以欺貧民，官府不能詰治，宜悉追收爲便。」命卽行之，毋越三日。

綱 二月，帝有疾。

綱 夏四月，帝如上都。

綱 五月，太廟寢殿災。

綱 冬十月，帝還大都。

綱　癸卯，七年，（一三〇三）春二月，以阿老瓦丁、木八剌沙並爲平章政事。

綱　汰諸司冗員。冗卽冗字。

目　定中書省自左、右丞相而下，平章政事二員，左、右丞各一員，參知政事二員，定爲八府。

綱　三月，遣使巡行天下。罷贓汚官吏萬八千四百七十三人，審冤獄五千一百七十六事。

綱　復以鐵哥爲平章政事。

綱　帝如上都。

綱　蘭谿處士金履祥卒。（蘭溪，卽今浙江蘭溪縣。）

目　履祥少從學同郡王柏及何基之門，（王柏、何基均婺州金華縣人，宋恭帝詔謚基文定，贈柏承事郎。蘭谿屬婺州，故言同郡。）二人蓋得朱熹之傳者。宋將亡，遂絕意進取，屛居金華山中。（金華山，在今浙江金華市北。）嘗以劉恕外紀，（劉恕，宋神宗時人，著有通鑑外紀。）記司馬氏通鑑以前事不本於經，舛謬不可信，乃斷自尙書，旁采子、史損益之，（子、史，諸子及史書。）作通鑑前編。他如論、孟、大學諸經傳及禮樂書，各有注疏，授其門人許謙以傳。當時以爲基之清介純實似尹和靖，（尹焞，洛陽人，師事程頤，終身不就舉，宋欽宗時賜號和靖處士。）柏之高明剛正似謝上蔡，（謝良佐，上蔡人，程頤弟子。）履祥則親得之二氏，而並充於己者也。居仁山之下，學者因稱仁山先生，至正中賜謚文安。至正，順帝年號。

綱　夏閏五月，右丞相完澤卒。

綱　秋七月，以哈剌哈孫爲右丞相，阿忽台爲左丞相。

綱　八月，地震。

目　平陽、太原尤甚，（平陽路治臨汾縣，即今山西臨汾縣。太原路治陽曲縣，在今山西太原市東北。）村堡移徙，地裂成渠，壞廬舍萬八百區，人民壓死不可勝計。詔問致災之由，齊履謙言：「地爲陰而主靜，妻道、臣道、子道也。三者失其道，則地爲之不寧。弭之之道，弭音米。大臣當反躬責己，去專制之威，以答天變，不可徒爲祈禳也。」時帝寢疾，宰臣及中宮專政，故履謙言及之。而集賢大學士陳天祥亦上書極陳陰陽不和、天地不位，爲時政之弊。言尤切直，執政者惡之，抑不以聞。天祥自被召起，且一歲，每以不得一見帝言，鬱鬱不自釋，尋復謝病歸。

綱　九月，帝還大都。

綱　復以木八剌沙爲平章政事。

綱　十二月，彗出紫微垣。

綱　甲辰，八年，（一三〇四）春正月，地震。

綱　二月，帝如上都。秋九月，帝還大都。

綱　冬十月，立海山爲懷寧王。（懷寧治淸澗縣，在今陝西綏德縣西南。）

哈剌哈孫
阿忽台相

綱 乙巳，九年，（一三〇五）春三月，帝如上都。隕霜殺桑。

綱 夏四月，大同地震。（大同路治大同縣，即今山西大同市。）

目 有聲如雷，壞官民廬舍五千餘閒，壓死二千餘人。

綱 六月，立子德壽爲皇太子。

綱 秋七月，命兄子愛育黎拔力八達居懷州。（治河內縣，即今河南沁陽縣。）

目 答剌麻八剌次子，海山母弟也。

綱 以段貞、八都馬辛並爲平章政事。

綱 八月，給曲阜林廟灑掃戶。（曲阜，孔子廟所在，即今山東曲阜縣東北舊曲阜縣。）

綱 賈胡獻寶珠。賈音古。

目 西域賈人有獻珍寶求售者，議以六十萬錠酬其直。省臣有謂左丞尚文者曰：「此所謂押忽大珠也，六十萬酬之不爲過矣。」文問：「何所用之？」答曰：「含之可不渴，熨面可使目有光。」文曰：「一人含之，千萬人不渴，則誠寶也。若一寶止濟一人，則用已微矣。吾之所謂寶者，米粟是也，有之則百姓安，無則天下亂，以功用較之，豈不愈於彼乎！」

綱 九月，帝還大都。

綱 冬十二月，太子德壽卒。

綱 丙午，十年，（一三〇六）春閏正月，以徹里、阿散並爲平章政事。

哈剌哈孫迎懷寧兄弟

綱　二月，帝如上都。冬十一月，帝還大都。十二月，有疾。

綱　丁未，十一年，（一三〇七）春正月，安西王阿難答及諸王明里帖木兒入朝。（安西路治咸寧縣，在今陝西西安市境。）

綱　帝崩。廟號成宗，國語稱曰完澤篤皇帝。

綱　左丞相阿忽台等謀奉皇后臨朝，以安西王攝政。右丞相哈剌哈孫遣使迎懷寧王海山於漠北，及其弟愛育黎拔力八達於懷州。

目　后以己嘗謀出愛育黎拔力八達及其母居懷州，至是恐其兄懷寧王立，必報前怨，乃命召安西王入京師，欲立之。而左丞相阿忽台、平章賽典赤、八都馬辛、伯顏及諸王明里帖木兒陰左右之，謀斷海山歸路，奉皇后垂簾聽政，立安西王輔之。時右丞相哈剌哈孫收百司符印，封府庫，稱疾，守宿掖門，（宮掖之門。）內旨日數至，皆不聽。衆欲害之，未敢發。懷寧王適遣康里脫脫計事京師，哈剌哈孫令急還報，復遣使南迎愛育黎拔力八達於懷州。

綱　二月，愛育黎拔力八達至自懷州，誅阿忽台等，執阿難答歸於上都。

綱　夏五月，懷寧王海山至上都，廢皇后伯岳吾氏居東安，（在今河北武清縣西永定河北岸。）殺之。誅安西王阿難答及諸王明里帖木兒。遂卽位，大赦。以阿沙不花爲平章政事，遣報兩宮。愛育黎拔力八達卽侍其母弘吉剌妃來會於上都。

綱　追尊考曰順宗皇帝，尊母弘吉剌氏爲皇太后。加哈剌哈孫、朵兒朵海並太傅，阿

塔剌海相

立弟爲皇太子

塔剌海塔思不花相

制加孔子號曰大成

賜諸王孝經

沙不花太尉。以塔剌海爲左丞相，牀兀兒、乞台普濟、明里不花並平章政事。

綱 六月，立弟愛育黎拔力八達爲皇太子。以牀兀兒、不蘭奚並爲平章政事。

綱 秋七月，封禿剌爲越王，以手擒阿忽台功也。（越即宋紹興府，即今浙江紹興市。）左遷右丞相哈剌哈孫爲和林左丞相，以力諫禿剌之封，禿剌譖之也。（和林，元舊都，在今蒙古人民共和國庫倫西南。）以月赤察兒爲和林右丞相，進爵淇陽王。（淇陽，在今河南林縣南。）

綱 以塔剌海爲右丞相，塔思不花爲左丞相，塔失海牙、教化、法忽魯丁別不花並平章政事。

綱 制加孔子號曰大成。

目 制曰：「先孔子而聖者，非孔子無以明；後孔子而聖者，非孔子無以法；所謂祖述堯、舜，憲章文、武，儀範百王，師表萬世者也。可加大成至聖文宣王，遣使闕里，（在今山東曲阜縣東北。）祀以太牢。牛曰太牢。於戲！父子之親，君臣之義，永爲聖教之遵，天地之大，日月之明，奚罄名言之妙，尚資神化，祚我皇元。」

綱 八月，賜諸王孝經。

目 中書右丞孛羅帖木兒以國字譯孝經進，詔曰：「此孔子微言，王公庶民，皆當由是而行。」命刻板摹印，諸王以下咸賜之。

綱 以塔海爲平章政事。

徵處士蕭䡔　阿沙不花相　兩斧伐孤樹

綱 九月，帝至自上都。

綱 冬十二月，徵處士蕭䡔爲太子右諭德。䡔音居。

目 䡔，陝西奉元人，（奉元路即安西，見上。）初出爲府史，語當道不合，即引退。力學三十年，不求進。鄉人有暮行遇盜，詭曰：「我蕭先生也。」盜驚愕釋去。世祖時辟爲陝西儒學提舉，辟音壁，舉也。不赴。後累授集賢直學士、國子司業，改集賢侍讀學士，皆不赴。至是徵拜太子右諭德，徵，召也。扶病至京師，入覲東宮，書酒誥爲獻，酒誥，周書篇名。商受酗酒，天下化之。妹土，商之都邑，其染惡尤甚，武王以其地封康叔，故作書誥敎之。以朝廷時尚酒也。尋以病請解職，或問之，則曰：「禮，東宮東面，師傅西面，此禮今可行乎？」俄擢集賢學士、國子祭酒，依前右諭德。疾作，固辭而歸。卒，謚貞敏。

武宗皇帝 名海山，答剌麻八剌之長子，成宗姪也。初封懷寧王，總兵北邊。成宗崩，諸王立之。在位四年，壽三十歲而崩。帝慨然欲創治改法而有爲，故其封爵太濫，賜賚太泛，至元、大德之政於是稍有變更云。

綱 戊申，武宗皇帝至大元年，（一三〇八）春正月，以阿沙不花爲右丞相，行御史大夫事。

目 初，阿沙不花見帝容色日悴，乘閒進曰：閒音閑。乘閒，乘空閒處。「陛下八珍之味不知御，萬金之身不知愛，而惟麴蘖是耽，麴卽麯字。蘖音孼，牙米也。作酒者麴多則太苦，蘖多則太甘，麴蘖得中，然後成酒。商書：「若作酒醴，爾惟麴蘖。」妃嬪是好，是猶兩斧伐孤樹，未有不顛仆者。陛下縱不自

李邦寧辭平章

答思不花乞台普濟相

愛，獨不思祖宗付託之重，天下仰望之切乎？」帝大悅，曰：「非卿孰爲朕言！」因命進酒。阿沙不花頓首謝曰：「臣方欲陛下節飲，而反勸之，是臣之言不信於陛下也。信同伸。臣不敢奉詔。」左右皆賀帝得直臣，遂授右丞相、行御史大夫事。尋以太子請，復入中書，既又賜爵康國公。

綱 三月，帝如上都。

綱 以脫脫木兒爲平章政事。

綱 夏六月，隴西、雲南地大震。（隴西即鞏昌路，治隴西縣，即今甘肅隴西縣。雲南行省治昆明，即今雲南昆明市。）

綱 加宦者李邦寧大司徒兼左丞相。

目 邦寧在宋，爲小黃門，初從瀛國公入見世祖，瀛國公即宋恭宗。留給事內庭。至是，帝欲以爲浙江平章，辭曰：「臣以閹腐餘命，前朝赦而用之，今陛下復欲置臣宰輔，臣聞宰輔者，佐天子共治天下者也，奈何辱以寺人？閹宦也。陛下縱不臣惜，如天下後世何！誠不敢奉詔。」帝大悅，加大司徒，遂授左丞相，仍領太醫院事。

綱 秋七月，以答思不花爲右丞相，乞台普濟爲左丞相。

綱 八月，諸路水、旱、蝗。

目 江淮民採草根樹皮爲食，而河南、山東有父食其子者。詔凡遣使賑貸之處，差稅

以西僧爲翰林學士

脫脫相

復置尚書省

並蠲除之。既而省臣言：「夏秋之閒，鞏昌地震，（鞏昌府治隴西縣，見上。）歸德暴風，（歸德府治睢陽縣，卽今河南商丘市。）濟寧、泰安、眞定大水，（濟寧路治鉅野縣，卽今山東鉅野縣。泰安州治奉符縣，卽今山東泰安市。眞定路治眞定縣，卽今河北正定縣。）民居蕩析。江浙饑荒之餘，（江浙行省治杭州路，卽今浙江杭州市。）疫癘大作，死者相枕藉。父鬻其子，夫離其妻，哭聲震野，所不忍聞。是皆臣等不才，猥當大任，以致政事乖違，陰陽失序，願退位以避賢路。」帝曰：「災害事有由來，非爾等所致也，但當愼所行爾。」

綱 九月，帝還大都。

綱 冬十月，以西僧敎瓦斑爲翰林學士承旨。

綱 十一月，以乞台普濟爲右丞相，脫脫左丞相。

綱 閏月，太傅哈剌哈孫卒。諡忠獻。

綱 詔有司贖饑民所鬻子女。

綱 以赤因帖木兒爲平章政事。

綱 己酉，二年，（一三〇九）春正月，帝如上都。

綱 秋八月，復置尚書省，以乞台普濟爲右丞相，脫虎脫爲左丞相，三寶奴、樂實爲平章政事，保八爲右丞，忙哥鐵木兒爲左丞，王羆參知政事。

綱 置太子右衞率府。率音帥。右衞率，太子官屬。

阿散相

徵李孟

仁宗舉李孟

目 命右丞相脫虎脫、御史大夫不里牙敦領府事，取河南蒙古軍萬人隸之。王約曰：「左衛率府，舊制有之，今置右府何爲？諸公深思之，不可以累儲宮也。」太子又命取安西兵器給宿衛士。約謂詹事完澤曰：「詹事移文千里取兵器，人必驚疑。主上聞之奈何？」完澤愧曰：「實慮不及此。」家令薛居言陝西分地五事，命往理之，約不爲署行，語之曰：「太子，潛龍也，當勿用之時，爲飛龍之事，可乎？」易乾卦初九：「潛龍勿用。」九五：「飛龍在天。」遂止。太子喜，諭羣下曰：「事未經王彥博議者，王約字彥博。勿啓。」

綱 九月，帝還大都。

綱 冬十一月，以阿散爲尚書左丞相，行中書平章政事。

綱 庚戌，三年，（一三一〇）春正月，徵李孟入見，以爲平章政事、同知樞密院事。李孟，愛育黎拔力八達之傅也。大德十一年二月，愛育黎拔力八達自懷州至大都，誅阿忽台等，執阿難答歸上都，遣使奉璽北迎武宗，遂自監國，俾李孟參知政事。孟曰：「執政大臣，當自天子親用。今鑾輿在道，孟未見顏色，誠不敢冒大任。」固辭，勿許，遂逃去，不知所之。

目 初，孟既逃去，有譖於帝者曰：「內難初定時，孟嘗勸皇太子自取。」帝弗之信。一日，太子侍內宴，忽戚然改容。帝曰：「吾弟何不樂？」太子從容起謝曰：「賴天地、祖宗神靈，神器有歸。（神器謂帝位。）然成今日母子、兄弟之懽者，李道復之功居多。李孟字道復。適思之，不自知其變於色也。」帝卽命搜訪之，得於許昌陘山。（在今河南新鄭縣西南。）召見，謂宰臣

樂實相

鐵木迭兒相

召先朝舊臣

曰:「此皇祖妣命爲朕賓師者,宜速任之。」至是乃授中書平章事、集賢大學士、同知樞密院事。

綱 立皇后弘吉剌氏。

綱 二月,寧王闊闊出謀反,流于高麗。以樂實爲尚書左丞相。

綱 三月,帝如上都。

綱 夏五月,荆、襄大水,(荆州治江陵縣,即今湖北江陵縣。襄州治襄陽縣,即今湖北襄樊市。言長江及漢水大水。)山崩。

綱 秋九月,帝還大都。

綱 辛亥,四年,(一三一一)春正月,帝崩。廟號武宗,國語稱曰曲律皇帝。

綱 皇太子罷尚書省,誅脫虎脫、三寶奴、樂實、保八、王羆,流忙哥鐵木兒于海南。

目 皇太子以脫虎脫等變亂舊章,流毒百姓,凡誤國者,欲悉按誅之。延慶使楊朵兒只諫曰:「爲政而首尚殺,非帝王治也。」太子感其言,特誅其尤者。既而御史言:「脫虎脫等既正典刑,而黨附之徒布在百司,若孛羅鐵木兒、闊里吉思、烏馬兒等姦貪害政;今中書方欲用爲各省平章、參政等官,宜加罷黜。」從之。

綱 以鐵木迭兒爲右丞相,完澤、李孟並平章政事。

綱 召先朝舊臣程鵬飛等十五人。

目 召先朝諳知政務老臣程鵬飛、董士選、李謙、張驢、陳天祥、尙文、劉正、郝天挺、董士珍、蕭斞、劉敏中、王思廉、韓從益、趙君信、程文海十五人詣闕，同議庶政。天祥等五人不至。謙至首陳九事，正陳八事，皆欲朝廷守成憲，開賢路，重名爵，節財用，興學校，定律令，舉切時弊。

綱 二月，罷康里脫脫爲江浙行省左丞相。

綱 三月，皇太子卽位，大赦。

綱 寧夏地裂。（寧夏路治寧夏縣，卽今寧夏銀川市。）

宦者行釋奠禮

綱 遣宦者李邦寧釋奠于孔子。（釋奠，見卷四十二唐高祖武德七年「釋奠于先聖、先師」注。）

目 邦寧旣受命行禮，方就位，忽大風起，殿上及兩廡燭盡滅，燭臺底鐵鐏入地尺許無不拔者。邦寧悚息伏地，諸執事者皆伏，良久風息，乃成禮。邦寧因慚悔累日。

仁宗不罪李邦寧

初，帝在東宮，邦寧知三寶奴等畏帝英明，乘閒言於武宗曰：「陛下富於春秋，皇子漸長，（皇子，和世㻋。）父作子述，古之道也，未聞有子而立弟者。」武宗不悅，曰：「朕志已定，汝自往東宮言之。」邦寧慚懼而退。及帝卽位，左右咸請誅之，帝曰：「帝王曆數，自有天命，其言何足介懷！」加邦寧開府儀同三司，爲集賢院大學士，尋卒。

綱 秋閏七月，賜李孟爵秦國公。

目 孟感帝知遇，頗以國事爲己任。見當時賜予太廣，名爵太濫，風俗太侈，僭擬無章，

陪堂生及伴讀

每勸帝言：「人君之柄在刑與賞，刑不足懲，賞不足勸，何以爲治！」帝在懷州，深見吏弊，既即位，欲痛剗除之。剗音產，削也。孟曰：「吏亦當有賢者，在激厲之而已。」帝曰：「卿儒者，宜與此曹氣類不合，而曲爲保護如此，眞長者之言也。」嘗謂之曰：「朕在位，必卿在中書。」賜爵秦國公，圖其像，命詞臣贊之。每入見，稱曰道復而不名。

綱　增國子生爲三百人。

目　初，帝命李孟領國子學，諭之曰：「國學，人材所自出。卿宜數課諸生，勉其德業。」至是，又諭省臣曰：「昔世祖注意國學，如不忽朮等皆蒙古人，而教以成材。朕今親定國子生爲三百人，仍增陪堂生二十人，通一經者以次補伴讀，著爲式。」既而孟等言：「方今進用儒者，而老成日以凋謝，四方儒士有成材者，請擢任國學、翰林、祕書、太常或儒學提舉等職，俾學者有所激勸。」帝從之，詔：「自今勿限資給，果材而賢，雖白身亦任用之。」

綱　冬十一月，復以阿散爲平章政事。

仁宗皇帝　名愛育黎拔力八達，武宗同母弟也。武宗舍子而立弟爲皇太子，遂嗣位。在位九年，壽三十六歲而崩。帝天性恭儉，通達儒術，不事遊畋，不喜征伐，不崇貨利。事皇太后終身不違顏色，待宗戚勳舊始終以禮。有司奏大辟，每慘惻移時。其孜孜爲治，一遵世祖成憲云。

綱　壬子，仁宗皇帝皇慶元年，(一三一二)春正月，制進翰林、國史院秩。

目　帝諭省臣曰：「翰林、集賢儒臣，須朕自選用，毋輒擬奏。人言御史臺任重，朕謂國

國史萬世公論　阿散相　郝天挺請慎惜名器　復請久任內外官

史院尤重；蓋御史臺是一時公論，國史院是萬世公論。」於是陞翰林、國史院秩從一品，尋敕博選中外才學之士居之。

綱　夏四月，帝如上都。

綱　五月，以阿散爲左丞相，張驢爲平章政事。

綱　六月，敕左右勿僥倖乞加官。

目　時朝廷封拜繁多，羣臣無功而受王公之爵者，前後相繼。於是誡左右勤職業，勿妄僥倖加官。御史中丞郝天挺言：「自先帝卽位之時，大事初定，故於左右三五有功之人，爵之太高，遂使近倖之臣，因而相襲，王公師保，接迹於朝。比者雖令追印裁罷，曾未經歲，又復紛然。春秋云：『服之不衷，身之災也。』語在左傳僖公二十四年。衷，適也。是以朝廷名器重，（名器謂爵位。）則斗升之祿足以鼓舞豪傑；名器濫，則雖日拜卿相，而人不勸矣。」又言：「國初設官，在內須三十月，在外須三周歲，考其殿、最，以爲黜、陟。比者省、院、臺、部之臣，久者一二歲，少者三五月，甚有旬日之閒而屢遷數易者。奔走往來之不暇，何暇宣風布化，參理機務哉！乞自今惟大臣可急闕選授，其餘內外大小官屬，必候任滿，方許超遷，庶免朝除夕改，啓倖長奸之弊。」

綱　秋七月，帝還大都。

綱　冬十二月，李孟罷，以張珪爲平章政事。

禿忽魯相

目　帝欲以伶人曹咬住爲禮部尚書，珪曰：「伶人爲宗伯，何以示後世！」力諫止之。

綱　癸丑，二年，(一三一三)春二月，鐵木迭兒罷，以禿忽魯爲右丞相。立皇后弘吉剌氏。

綱　彗出東井。

目　丞相禿忽魯言：「頻年亢旱，民黎艱食，而又隕霜雨沙，天象示警，皆由臣等燮理不職所致，乞罷黜以答天譴。」帝曰：「事豈關汝，其勿復言。」

綱　夏四月，帝如上都。

綱　五月，以烏伯都剌爲平章政事。

綱　六月，京師地再震。

詔周敦頤等從祀孔子

綱　詔以周敦頤、程顥、程頤、張載、邵雍、司馬光、朱熹、張栻、呂祖謙、許衡並從祀孔子廟庭。

綱　秋八月，帝還大都。

初行科舉

綱　冬十一月，初詔行科舉。

三歲一開科

目　初，世祖時，議定科舉新制，未及行。至是，中書省臣復以爲言，乃命定其條制。詔天下三歲一開科，蒙古、色目人與漢人、南人各命題。蒙古、色目人願試漢人、南人科目，中選者加一等注授。

阿散相

鐵木迭兒相

贓吏黥面

升齋積分法

綱 京師大旱疫。

目 帝問弭災之道，翰林學士程鉅夫舉湯禱桑林事以對，（湯禱桑林事，見卷二商成湯二十四祀。）帝歎曰：「此實朕之責也，赤子何罪！」

綱 甲寅，延祐元年，（一三一四）春正月，詔求遺逸。

綱 二月，禿忽魯罷，以阿散爲右丞相，趙世延參知政事。

綱 三月，帝如上都。

綱 夏六月，敕自今宦者勿得授文階。

綱 秋八月，帝還大都。地震。

綱 九月，復以鐵木迭兒爲右丞相，阿散爲左丞相。

綱 冬，詔吏坐贓罪者黥其面。

綱 十二月，復以李孟爲平章政事。

綱 復以齊履謙爲國子司業。

目 初，履謙與吳澄俱在國學。既罷去，學制稍廢。至是，復以履謙爲司業，乃酌舊制，議立升齋積分之法，每季考其學行，以次第升。既升上齋，踰再歲始與私試。辭理俱優者一分，辭平理優者爲半分，歲終積至八分者爲高等。禮部、集賢歲選六人以貢。帝從其議。

綱乙卯，二年，（一三一五）春正月，遣使巡行天下。分十二道，問民疾苦，黜陟官吏。

綱三月，初賜進士護都沓兒、張起巖等五十六人及第、出身有差。分進士爲兩榜，蒙古、色目人爲右，漢人、南人爲左。第一名從六品，第二名以下及第二甲皆正七品，第三甲正八品，兩榜並同。

綱張驢罷。夏四月，帝如上都。

綱五月，成紀縣山移。（成紀縣，即今甘肅天水市。）

目是夜，疾風雷雹，北山南移至西河川，次日再移；平地突出土阜，高者二三丈，陷沒民居。監察御史馬祖常言：「山不動之物，今而動焉，由在野有當用不用之賢，在官有當言不言之佞，故致然耳。」

綱加宦官續元暉昭文館大學士。

綱秋八月，帝還大都。以趙世延爲御史中丞。冬十月，以郭貫爲參知政事。

綱十一月，彗見紫微垣，赦。

綱立武宗子和世瑓爲周王，瑓音臘。出鎮雲南。

目初，武宗既立帝爲太子，後丞相三寶奴復勸立和世瑓。召康里脫脫言之，脫脫曰：「太弟曩定宗社，居東宮已久，兄弟叔姪，世世相承，孰敢紊其序乎。」三寶奴曰：「今日兄已授弟，異日能保叔授其姪乎？」脫脫曰：「在我不可渝。渝，變也。彼失其信，天實鑒之。」至是議立太子，丞相鐵木迭兒欲徼寵，徼同邀。請立皇子碩德八剌，又與太后幸臣失列門譖王於兩宮，遂封爲周王，遣出鎭雲南。

綱 詔免江浙等三省自實田租二年。

綱 丙辰，三年，（一三一六）春三月，帝如上都。平章政事張珪謝病歸。

綱 太史令郭守敬卒。

目 守敬之學，長於天文、水利。太史令王恂以學自負，每見守敬制度精巧，深歎服之。王禕曰：「自宋以來，學者於天文、水利之故不講久矣，守敬獨能任其絕學，度越往古，以成一代之制。」

郭守敬天文水利

綱 夏五月，以伯鐵木兒、蕭拜住並爲平章政事。

綱 秋八月，帝還大都。

綱 冬十月，以趙孟頫爲翰林學士承旨。

目 帝在東宮，素知其名，及卽位，召除集賢侍講學士。至是，拜翰林學士承旨。有閒之者，言國史不宜令孟頫與。帝曰：「子昂，孟頫字。世祖所簡拔，朕置之館閣，使典述作，傳之後世。此屬吸吸何也？」吸音饒。吸吸，讙也。復厚賜之。

綱 十一月，周王和世㻋逃居漠北。

和世㻋逃漠北

綱 立子碩德八剌爲皇太子。

綱 丁巳，四年，（一三一七）春三月，帝如上都。

綱 夏四月，不雨。

露香禱天

目　帝嘗夜坐，謂侍臣曰：「雨暘不時，奈何？」蕭拜住曰：「宰相之過也。」帝曰：「卿不在中書邪？」拜住惶愧。頃之，帝露香禱於天。既而大雨，左右以雨衣進，帝曰：「朕爲民祈雨，何避焉！」

綱　五月，以赤因鐵木兒、阿卜海牙並爲平章政事。六月，鐵木迭兒罷，以阿散爲右丞相。以烏伯都剌復爲平章政事。秋七月，李孟罷，以王毅爲平章政事。

綱　賜衛士錢帛。

目　帝出見衛士有弊衣者，駐馬問之，對曰：「戍守邊鎮逾十五年，以故貧耳。」帝曰：「此輩久勞於外，留守臣未嘗以聞，非朕親見，何由知之！自今有類此者，必言於朕。」因命賜之錢帛。

綱　八月，帝還大都。

馬祖常諫飲酒及居東宮

目　帝在御已久，猶居東宮，而飲酒無度。監察御史馬祖常上書言：「天子承天繼統，當極保愛。玉食之御，猶審五味之宜；酒醴之供，可不思百拜之義。大内正衙，朝賀之地，雖陛下不忘東宮之舊，竊慮起民閒觀聽之疑。且國家百年，朝儀尙闕，誠使羣臣奏對之際，御史執簡，史官執筆，則雖有懷奸利乞官賞者，不敢出諸其口。乞令中書集議，或三日、二日，常出視朝，則治道昭明，生民之福也。」

伯答沙相

綱　九月，以伯答沙爲右丞相，阿散復爲左丞相。

目　初，阿散奏事畢，帝問曰：「卿等日所行者何事？」對曰：「奉行詔旨而已。」帝曰：「卿等何嘗奉行朕旨！雖祖宗遺訓，朝廷法令，皆不遵守。夫法者，所以辨上下，定民志，自古未有法不立而天下治者。使人君制法，宰相能守法，則民知畏避，免於刑戮；若法弛民慢，怨言並興，求治難矣！」阿散因言：「故事，丞相必用蒙古勳臣；阿散，西域人，不厭人望。」因懇辭。遂以宣徽使伯答沙爲右丞相，阿散仍左丞相。

綱　嶺北地震三日。（嶺北行省治和林，在今蒙古人民共和國庫倫西南。）

寫金字佛經

綱　戊午，五年，（一三一八）春二月，寫金字佛經。

綱　夏四月，以千奴、史弼並爲平章政事。

綱　帝如上都。秋八月，帝還大都。

綱　九月，以亦列赤爲平章政事。

綱　己未，六年，（一三一九）夏四月，帝如上都。

綱　以鐵木迭兒爲太子太師。

趙世延論鐵木迭兒

目　鐵木迭兒家居未逾年，復夤緣起爲太子太師。中外聞之，莫不驚駭。時御史中丞趙世延論其不法數十事，并內外臺劾其不可輔導東宮者又四十餘人，然以太后之故，皆不聽。

綱　揚州火。燬官民廬舍二萬三千三百餘區。

綱　六月，山東、淮南諸路大水。

綱　秋八月，帝還大都。

綱　冬十二月，詔太子參決朝政。

綱　庚申，七年，（一三二〇）春正月朔，日食。帝崩。廟號仁宗，國語稱曰普顏篤皇帝。

綱　伯答沙罷。

綱　太后以鐵木迭兒爲右丞相。

目　帝崩方四日，鐵木迭兒遂以太后命，復入中書。後數日，參議省事乞失監有罪應杖，太后又欲笞之，太子曰：「不可。法者，天下之公，徇私而輕重之，非所以正天下也。」徽政院使失烈門復以太后命，請遷轉朝官。太子曰：「此豈除官時邪？且先帝舊臣，豈宜輕動。俟予卽位之後，議於宗親元老，賢者任之，邪者黜之可也。」

綱　二月，太子以黑驢、趙世榮並爲平章政事。

綱　鐵木迭兒殺前中書平章政事蕭拜住、御史中丞楊朵兒只。以蕭拜住及楊朵兒只攻其奸惡，故報之也。

綱　三月，太子卽位，大赦。尊皇太后爲太皇太后，皇后爲皇太后。加鐵木迭兒太師。

綱　奪李孟封爵，左遷爲集賢侍講學士。

目　鐵木迭兒以孟初不附己，譖構於上，盡奪其前後封拜制命，仆其先墓碑，左遷爲集

拜住相

賢侍讀學士；欲因其不就，中害之。孟拜命欣然。帝謂鐵木迭兒子八爾吉思曰：「爾輩謂孟不肯爲是官，今何如？」由是無敢言者。

綱 以拜住爲平章政事。

綱 夏四月，帝如上都。

綱 近臣獻七寶帶，却之。

目 有獻七寶帶者，因近臣以進，帝曰：「朕登大位，不聞卿等進賢而爲人獻帶，是以帶誘朕也。其還之。」

綱 阿散罷，以拜住爲左丞相；乃剌忽、塔失海牙並平章政事。

綱 平章政事黑驢、御史大夫禿禿哈等謀逆，謀廢立也。伏誅。

綱 以鐵木兒脫爲平章政事。六月，以康里脫脫爲御史大夫。秋七月，乃剌忽罷，以廉恂爲平章政事。

綱 八月，下四川平章政事趙世延獄。

目 初，世延既解中丞，出爲四川平章，鐵木迭兒猶怨之不已；仁宗崩，卽屬其黨誣告之，逮世延置對。既遇赦，猶鍛鍊成獄，請置極典。詔以經赦，置不問。鐵木迭兒更以他事罔上，繫之於獄，逼令自裁，世延終無屈。

綱 冬十月，帝還大都。

綱　十一月，始服衮冕，享太廟。

目　帝將以四時躬享太廟，命禮官與中書翰林集議其禮。制曰：「此追遠報本之道也，毋以朕勞於對越，詩周頌：「對越在天。」越，於也。而有所損焉。」至是，以恭謝太廟，乃備法駕，服衮冕以行禮。至仁宗室，輒歔欷流涕，歔欷，悲泣氣咽而抽息也。左右莫不感慟。自是始以明年正月、四時親享，歲以爲常。禮畢，還宮，鼓吹交作，萬姓聳觀，聳，驚也。百年廢典，一旦復見，至有感泣者。

綱　河南饑。

目　帝問其故，羣臣皆莫對。帝曰：「良由朕治道未洽，卿等又不盡職，致陰陽不和，災害荐至。自今宜各務勤恪以應天心，毋使吾民重困。」

綱　詔上書言事者得專達。

英宗皇帝

名碩德八剌，仁宗嫡子，在位三年，爲御史大夫鐵失所弑，年二十一。帝性至孝，仁宗不豫，焚香告天，泣願身代。及嗣位，事多明斷；然以果於刑戮，奸黨畏誅，遂構大變。

綱　辛酉，英宗皇帝至治元年，（一三二一）春正月，罷元夕張燈于禁中。

目　帝欲以元夕張燈，禁中爲鰲山。鰲同鼇。時張養浩以禮部尚書參議中書省事，遂具疏因拜住以諫曰：「世祖臨御三十餘年，每值元夕，閭閻之間，燈火亦禁；況闕庭宮掖之嚴邃，掖，宮旁舍。邃音歲。尤當戒慎。今燈山之構，所玩者小，所繫者大；所樂者淺，所患者

佞佛殺諫臣

卹孔氏子孫

深。」帝大怒，既而喜曰：「非張希孟不敢言。」養浩字希孟。即罷之，賜養浩尚服、金織帛，以旌其直。

綱 二月，殺監察御史觀音保等。

目 時敕建西山佛寺甚亟，（西山，即今北京市西直門外西山。）御史觀音保、鎖咬兒、哈的迷失、成珪、李謙亨以歲饑，且東作方興，（春月歲功方興，所當作起之事也。虞書：「平秩東作。」）上章極諫。帝怒，殺觀音保、鎖咬兒、哈的迷失，杖珪、謙亨，流奴兒干地。（奴兒干，國名，在今吉林境。）

綱 三月，帝如上都。以鐵失爲御史大夫，領侍衞親軍都指揮使。

綱 夏四月，遷武宗子圖帖睦爾于瓊州。（治瓊山縣，在今廣東瓊山縣南。）

綱 六月，以只兒哈郎爲平章政事。

綱 秋九月，帝還大都。

綱 冬十二月，立皇后亦啓烈氏。

綱 壬戌，二年，（一三二二）春正月，敕有司卹孔氏子孫貧乏者。

綱 二月，以欽察、買閭並爲平章政事。

綱 夏四月，帝如上都。

綱 秋八月，鐵木迭兒卒。

綱 太皇太后弘吉剌氏崩。

綱　九月，京師地震。

拜住獨相

綱　冬十月，以拜住爲右丞相。鐵木迭兒死，進拜住右丞相，遂不置左相，獨任以政。

綱　復以張珪爲平章政事。

拜住尊禮老臣

綱　癸亥，三年，（一三二三）春正月，起王約、吳元珪、韓從益商議中書省事。吳澄爲翰林直學士。

目　時約等以年老致仕。丞相拜住一新政務，尊禮老臣，傳詔復起約等，俾以其祿家居，每日一至中書省議事，至治之政，多所參酌。澄，延祐初詔起爲集賢直學士，延祐，仁宗年號。以疾不果行。至是以拜住薦，起爲翰林直學士。

綱　出趙世延于獄。

寫藏經

綱　二月，敕寫金字藏經。

目　時方書金字藏經，帝在上都，使左丞速速詔學士吳澄爲序，澄曰：「主上寫經，爲民祈福，甚盛舉也。若用以追薦，臣所未諭。蓋福田利益，雖人所樂聞，而輪回之說，不過謂爲善者死，則上通高明，其極品與日月齊光；爲惡者死，則下淪污穢，其極下與沙蟲同類；其徒遂創爲薦拔之論，以惑世人。今列聖之神，上同日月，何庸薦拔？且自國初以來，凡寫經追薦不知其幾，若未效，是無佛法矣；若已效，是誣其祖矣。撰爲文辭，不可以示後世。」

綱　三月，帝如上都。

綱 夏六月，大風拔木。

綱 奉元行宮正殿災。

目 帝語羣臣曰：「世皇建此宮室，至朕而燬，實朕不能圖治之故也。」嘗御大安閣，見太祖、世祖遺衣，皆縑素木綿，縑音兼，并絲絹也。重加補綴，綴音拙。嗟歎良久，謂侍臣曰：「祖宗創業艱難，服用節儉乃如此，朕焉敢頃刻忘之！」

綱 秋八月，癸亥，御史大夫鐵失弒帝于南坡及右丞相拜住。

目 初，鐵木迭兒既奪爵籍産，是年六月，追奪鐵木迭兒官爵，籍沒其家貲。鐵失等以奸黨不安。帝在上都，以夜寐不寧，命作佛事；拜住以國用不足諫止之。既而懼誅者復陰誘羣僧，言國當有厄，非作佛事大赦，無以禳之，拜住叱曰：「爾輩不過圖得金帛而已，又欲庇有罪邪？」奸黨聞之，益懼，乃生異謀。至是，帝自上都南還，駐蹕南坡。（時謂天子所駐曰駐蹕。蹕，警戒行人也。）是夕，鐵失與知樞密院事也先鐵木兒、諸王按梯不花等謀逆，鐵失先與前平章政事赤斤鐵木兒殺右丞相拜住，而鐵失直犯禁幄，手弒帝於臥所。時年二十一。廟號英宗，國語稱曰格堅皇帝。

綱 諸王按梯不花等奉璽綬迎晉王也孫鐵木兒于北邊。也孫鐵木兒，裕宗之孫，晉王甘麻剌長子，襲封晉王，仍鎮北邊。九月，晉王即位于龍居河，（即今黑龍江上源額爾古納河。）赦。

綱 以也先鐵木兒爲右丞相，倒剌沙爲平章政事，鐵失知樞密院事。

也先鐵木兒相

綱　冬十月，鐵失、也先鐵木兒等伏誅。以烏伯都剌爲平章政事。

綱　十一月，帝至大都。

綱　追尊考晉王爲皇帝，母弘吉剌氏爲皇后。廟號顯宗。

泰定皇帝　名也孫鐵木兒，顯宗之長子，裕宗之嫡孫。初嗣晉王，及英宗遇弑，以支庶入繼帝統。在位四年，壽三十六歲而崩。帝在位災異迭見，然守成法以行，天下無事，稱治平焉。

綱　甲子，泰定皇帝泰定元年，（一三二四）春正月，以乃蠻台爲平章政事。召圖帖睦爾于瓊州。

綱　二月，開經筵。

目　江浙行省左丞趙簡請開經筵及擇師傅，令太子及諸王大臣子孫受學。章上，遂命平章政事張珪、翰林學士承旨忽都魯都兒迷失、學士吳澄、集賢直學士鄧文原、王結等以帝範、資治通鑑、大學衍義、貞觀政要等書進講。（唐太宗作帝範十二篇。宋司馬光作通鑑三百五十四卷。宋眞德秀作大學衍義四十四卷。唐吳兢作貞觀政要十卷。）

綱　立皇后八不罕氏。立子阿速吉八爲皇太子。

綱　夏四月，帝如上都。大風地震。

綱　秋八月，帝還大都。封圖帖睦爾爲懷王，徙雲南王王禪爲梁王。

綱　乙丑，二年，（一三二五）春正月，命懷王圖帖睦爾出居建康。（在今江蘇南京市境。）

塔失鐵木兒相

綱 三月，帝如上都。

綱 夏四月，革大臣兼領軍務。

目 參知政事左塔不花言：「大臣兼領軍務，前古所無，鐵失以御史大夫、也先帖木兒以知樞密院事，皆領衞兵，如虎而翼，故成逆謀。乞軍衞之職勿以大臣領之，庶勳舊之家得以保全。」從之，仍賜幣帛以旌其直。

綱 秋九月，帝還大都。冬十二月，以塔失鐵木兒爲右丞相。

綱 丙寅，三年，（一三二六）春二月，以察乃爲平章政事。帝如上都。

綱 秋七月，帝還大都。

綱 丁卯，四年，（一三二七）春正月，帝如上都。

綱 夏四月，旱、蝗。民饑。

綱 秋八月，山崩，地震。

綱 閏九月，帝還大都。

綱 戊辰，致和元年，（一三二八）文宗皇帝圖帖睦爾天曆元年。春二月，帝如上都。命簽樞密院事燕帖木兒等居守。

綱 徙懷王圖帖睦爾于江陵。（江陵府即荆州，見上。）

綱 秋七月，帝崩于上都。文宗不爲立廟謚世，止稱爲泰定帝。

綱　八月，簽樞密院事燕帖木兒謀逆，執中書省御史臺臣烏伯都剌等下之獄，遂遣使迎懷王圖帖睦爾于江陵。

綱　皇太子阿速吉八卽位於上都，遣梁王王禪、右丞相塔失帖木兒將兵分道討燕帖木兒。時年九歲，改元天順。

皇子立於上都

綱　懷王圖帖睦爾入京師。

目　以明里董阿、闊闊台、速速並爲平章政事，曹立爲右丞，伯顏爲御史大夫，趙世延爲御史中丞，高昌王鐵木兒補化知樞密院事。

綱　九月，圖帖睦爾殺平章政事烏伯都剌，流左丞朵朵等于遠州。

綱　圖帖睦爾襲帝位。

圖帖睦爾襲帝位

目　圖帖睦爾既至，燕帖木兒以爲擾攘之際，不正大位不足以係天下之志。圖帖睦爾以其兄周王和世㻋在漠北，欲虛位俟之，燕帖木兒曰：「人心向背之機，閒不容髮，一或失之，噬臍無及。」圖帖睦爾曰：「必不得已，當明吾志，播告中外。」遂卽帝位，改元天曆。詔天下曰：「謹俟大兄之至，以遂固讓之心。」大赦。封燕帖木兒爲太平王、右丞相、知樞密院，加伯顏太尉。

文宗欲虛位俟明宗

綱　冬十月，圖帖睦爾兵陷上都，梁王王禪遁走，遼王脫脫死之。帝不知所終。

綱　十一月，圖帖睦爾遷泰定皇后弘吉剌氏于東安州。遣使迎周王和世㻋于漠北。

明宗皇帝 名和世㻋，武宗長子，在位八月，爲文宗所弑。

綱 己巳，（一三二九）天曆二年。春正月，周王和世㻋稱帝于和寧之北。

綱 二月，圖帖睦爾立其妃弘吉剌氏爲皇后。

綱 追尊周王母亦乞烈氏、母唐兀氏並爲皇后。亦乞烈氏，周王母。唐兀氏，圖帖睦爾母也。

綱 三月，圖帖睦爾遣燕帖木兒奉皇帝寶赴漠北。夏四月，周王以燕帖木兒爲太師。

綱 周王遣使立圖帖睦爾爲太子。以徹里帖木兒爲平章政事。

綱 秋七月，太白經天。

綱 八月丙戌，周王次旺忽察都，地名。圖帖睦爾入見。庚寅，王暴卒。廟號明宗。

綱 圖帖睦爾以伯顏爲左丞相，欽察台、阿兒思蘭海牙、趙世延並爲平章政事。

綱 圖帖睦爾復襲位于上都，大赦。

綱 冬十二月，以西僧輦眞吃剌思爲帝師。

目 帝師至，上命朝臣一品以下咸郊迎。大臣俯伏進觴，帝師不爲動。惟國子祭酒孛朮魯翀舉觴立進曰：翀音沖。「帝師，釋迦之徒，天下僧人師也。予，孔子之徒，天下儒人師也。請各不爲禮。」帝師笑而起，舉觴卒飲，衆爲之栗然。

立弟爲太子

周王暴卒

伯顏相

西僧爲帝師

綱鑑易知錄卷九二

元紀

文宗皇帝

名圖帖睦爾，武宗次子，明宗之弟。初讓位於兄，尋弒之，在位五年，壽二十九歲而崩。

綱 庚午，文宗皇帝至順元年，（一三三〇）春二月，立明宗子懿璘質班爲鄜王。（鄜，鄜州，在今陝西洛川縣西北。）

綱 以阿卜海牙爲平章政事。以伯顔知樞密院事。罷置左丞相。

罷置左丞相

綱 夏五月，帝如上都。

綱 以亦列赤爲平章政事。秋閏七月，趙世延罷。

綱 詔加孔子父母及顔回、曾參、孔伋、孟軻、程顥、程頤封爵。

封孔子父母

目 孔子父叔梁紇爲啓聖王，母顔氏啓聖王夫人，顔子兗國復聖公，曾子郕國宗聖公，子思沂國述聖公，孟子鄒國亞聖公，程顥豫國公，頤洛國公。

綱 八月，帝還大都。

綱 冬十二月，詔以漢董仲舒從祀孔子廟。位列七十二子下。

董仲舒從祀孔子

綱 辛未，二年，（一三三一）春二月，以伯撒里爲平章政事。

吳澄三經纂言

寧宗

綱 夏五月，帝如上都。

綱 六月，翰林學士吳澄卒。

目 澄，泰定閒謝病歸臨川，（即今江西撫州市。）四方從學者，恆數百人。著書至將終不輟，有易、春秋、禮記纂言及校定皇極經世書、大戴禮等書。禮記乃七十子所撰，而漢之二戴刪其重複。大戴德，小戴聖。卒贈臨川郡公，謚文正。

綱 秋八月，帝還大都。

綱 詔皇子古剌答納出居燕帖木兒家。更名燕帖古思。

綱 冬十一月，詔養燕帖木兒之子塔剌海爲子。賜居第、貲產。

綱 壬申，三年，（一三三二）夏五月，帝如上都。

綱 秋八月，京師、隴西地震。

綱 帝崩于上都。廟號文宗，國語稱曰札牙篤皇帝。

綱 冬十月，鄜王懿璘質班卽位。

目 王，明宗第二子，留居京師。帝崩，燕帖木兒請皇后立皇子燕帖古思，后不從，命立王，時年甫七歲。首司庶務，咸啓皇后取進止。

綱 以撒迪爲平章政事。十一月，尊皇后爲皇太后。

綱 鄜王薨。廟號寧宗。

綱　太后遣右丞闊里吉思迎妥懽帖睦爾于靜江。（靜江路治臨桂縣，即今廣西桂林市。）

目　明宗子妥懽帖睦爾居廣西之靜江。鄜王薨，燕帖木兒復請立燕帖古思，皇太后曰：「吾子尚幼，妥懽帖睦爾在廣西，今年十三矣，且明宗長子，於理當立。」乃遣闊里吉思往迎之。

順帝　名妥懽帖睦爾，明宗長子，在位三十五年，爲明太祖所滅，而元亡矣。

綱　癸酉，四年，（一三三三）順帝元統元年。春二月，燕帖木兒死。

綱　夏五月，京師地震。

綱　六月，妥懽帖睦爾卽位于上都。

目　初，妥懽帖睦爾至自靜江，百官具鹵薄迎於良鄉。天子儀衞曰鹵簿。（良鄉，在今北京市周口店區東北。）燕帖木兒既見，並馬徐行，並音傍，依也。具陳迎立之意。妥懽帖睦爾幼，且畏之，一無所答。燕帖木兒疑其意不可測，故至京久不得立。適太史亦言其立則天下亂，用是議未能決，遷延者數月。至是，燕帖木兒死，皇太后乃與大臣定議立之，且約後當傳於燕帖古思，若武宗、仁宗故事。

綱　以伯顏爲太師、右丞相，撒敦爲太傅、左丞相。

伯顏撒敦爲左右相

目　時有阿魯輝帖木兒者，明宗親臣也，言於帝曰：「天下事重，宜委宰相決之，庶可責其成功；若躬自聽斷，必負惡名。」帝然之，由是深居宮中，每事決於宰相而已，無所專焉。

汴梁雨血
天雨毛

綱 秋八月，立皇后伯牙吾氏。后，燕帖木兒之女。
綱 奎章閣侍書學士虞集謝病歸。
綱 冬十月，封撤敦榮王，（榮，榮州，治榮德縣，即今四川榮縣。）唐其勢襲封太平王。唐其勢，撤敦子。（太平路治崇善縣，即今廣西崇左縣。）
綱 十一月，封伯顏爲秦王。（秦，秦州，治成紀縣，即今甘肅天水市。）是日秦州山崩地裂。
綱 甲戌，順帝元統二年，（一三三四）春正月，汴梁雨血。（汴梁路治開封縣，即今河南開封市。）
綱 阿卜海牙罷，以脫別台爲平章政事。
綱 三月，天雨毛。
目 彰德路天雨毛，（彰德路治安陽縣，即今河南安陽市。）如線而綠。民謠云：「天雨線，民起怨，中原地，事必變。」
綱 水、旱、疫、民饑。
綱 夏四月，帝如上都。
綱 秋八月，赦。是日京師地震，雞鳴山崩。（雞鳴山即涿鹿山，在今河北宣化縣東南。）
目 以湖廣、河南自三月不雨至於是月，及諸路旱、蝗、民饑，太白屢晝見經天，大赦天下。是日京師地震，雞鳴山崩，陷爲池，方百里，人死者衆。
綱 帝還大都。

畋柳林不果

綱　乙亥，至元元年，（一三三五）春二月，帝畋柳林，（在今北京市通州區東南。）不果行。

目　帝將畋於柳林，御史臺臣諫曰：「陛下春秋鼎盛，鼎，方也。宜思文皇付託之重，致天下於隆平。今赤縣之民，中國曰赤縣神州。供給繁勞，農務方興，而馳騁冰雪之地，倘有銜橛之變，銜，馬銜也。橛，車鉤心也。銜橛之變，言馬銜或斷，鉤心或出，則致傾敗而傷人。奈宗廟社稷何！」遂止。

綱　夏五月，帝如上都。

唐其勢反

伯顏弑皇后

綱　六月，唐其勢反，伏誅。秋七月，伯顏弑皇后伯牙吾氏。

目　時撒敦已死，伯顏獨秉政，唐其勢忿曰：「天下，本我家天下，伯顏何人而位吾上！」遂與其叔父句容郡王荅鄰荅里潛蓄異心，謀立諸王晃火帖木兒。郯王撤撤禿發其謀。六月晦，唐其勢伏兵東郊，率勇士突入宮；伯顏及完者帖木兒等掩捕，獲唐其勢及其弟塔剌海，誅之。荅里走晃火帖木兒所，阿魯渾察執送上都，戮之；晃火帖木兒自殺。初，唐其勢事敗被擒，攀折殿檻不肯出。塔剌海走匿皇后座下，后蔽之以衣，左右曳出斬之，曳音葉，拖也。血濺后衣。濺音薦，激灑也。伯顏奏幷執后，后呼帝曰：「陛下救我！」帝曰：「汝兄弟爲逆，豈能相救！」乃遷出宮。伯顏尋殺之於開平民舍。（開平府即上都。）

綱　九月，帝還大都。

綱　冬十一月，以阿吉剌爲平章政事。

詔罷科舉

許有壬諫罷科舉

過橋拆橋

綱 詔罷科舉。

目 初，徹里帖木兒為江浙平章，（江浙行省治杭州，即今浙江杭州市。）會科舉，驛請試官，供張甚盛，心頗不平。及復入中書，首議罷科舉，及論學校莊田租可給宿衛士衣糧，動當國者以發其機，又欲損太廟四祭為一。於是御史呂思誠等列其罪狀劾之，不報，皆辭職去，而思誠出為廣西僉事。（廣西路治瀘西縣，即今雲南瀘西縣。）時罷科舉詔已書而未用璽，參政許有壬力爭之，伯顏怒曰：「汝諷臺臣言徹里帖木兒邪？」有壬曰：「太師擢徹里帖木兒在中書，御史三十人不畏太師而聽有壬，豈有壬權重於太師邪？」伯顏意稍解。有壬乃曰：「科舉若罷，天下才人觖望。」觖音厥。觖望，怨望也。伯顏曰：「舉子多以贓敗。」有壬曰：「科舉未行時，臺中贓罰無算，豈盡出於舉子？」伯顏曰：「舉子中可任用者惟參政爾。」有壬曰：「若張夢臣、馬伯庸輩皆可任大事；如歐陽玄之文章，亦豈易及！」伯顏曰：「科舉雖罷，士之欲求美衣食者，自能向學。」有壬曰：「為士者初不事衣食。」伯顏曰：「科舉取人，實妨選法。」有壬曰：「今通事、知印等，天下凡二千三百餘名。今歲自四月至九月，白身補官受宣者亦且七十三人，而科舉一歲僅三十餘人，科舉於選法果相妨乎不也？」伯顏心然其言，而議已定，不可中輟，乃溫言慰解之。翊日，宣詔，特令有壬為班首以折辱之，有壬懼禍不敢辭。治書侍御史溥化誚有壬曰：「參政可謂過橋拆橋者矣！」有壬以為大恥，移疾不出。移文稱疾。

綱 十二月，尊皇太后為太皇太后。

綱 丙子，二年，(一三三六)春二月，追尊生母邁來的爲皇后。

綱 夏四月，以帖木兒不花爲平章政事。帝如上都。秋九月，帝還大都。

綱 丁丑，三年，(一三三七)春三月，立皇后弘吉剌氏。

綱 夏四月，帝如上都。

綱 五月，民訛言采童男、女。民閒訛言朝廷刷取童男女，一時嫁娶殆盡。

綱 彗星見。

目 凡六十有三日，自昴房歷一十五宿而滅。

綱 秋八月，京師地屢震。

綱 冬十月，金華處士許謙卒。(金華，即今浙江金華市。)

目 謙受業金履祥之門。履祥曰：「士之爲學若五味之在和，醯鹽既加，則酸鹹頓變。子來見我三日矣，而猶夫人也，豈吾之學無以感發於子邪？」謙聞之惕然，居數年，盡得其所傳之妙。履祥既沒，謙益肆充闡，多所自得。自謂：「吾非有大過人者，惟爲學之功無閒斷爾。」平生制行甚嚴，而所以應世者，不膠於古，不流於俗，屛跡入華山，(即金華山，在今浙江金華市北。)四方之士不遠百里而來受業。其教人至誠諄悉，內外殫盡，獨不教人以科舉之文，曰：「此義利之所由分也。」不出里閭垂四十年，中外名臣列其行義，章凡數十上，郡以遺逸應詔，有司請主文衡，皆莫能致。世稱爲白雲先生，卒諡文懿。

許謙卒

爲學若五味之在和

不教人以科舉之文

白雲先生

伯顏爲大丞相

伯顏竄死

先是何基、王柏、金履祥歿，其學猶未大顯，至謙而其道益著。同時休寧陳櫟、婺源胡一桂，櫟音歷。（休寧縣，即今安徽休寧縣。婺源縣，即今江西婺源縣。）皆以講明道學見重於時云。

綱 戊寅，四年，（一三三八）夏四月，帝如上都。

目 次八里塘，雨雹，大如拳，其狀有小兒、環玦、獅、豹等物之形。

綱 秋八月，京師地震。帝還大都。

綱 己卯，五年，（一三三九）夏四月，帝如上都。秋八月，帝還大都。

綱 冬十一月，詔以伯顏爲大丞相。

綱 伯顏矯詔殺郯王徹徹篤。

目 伯顏構陷郯王，奏賜死；帝未允，輒傳旨殺之。又奏貶宣讓王帖木兒不花、威順王寬徹普化，不俟命即遣之。帝爲之不平。

綱 庚辰，六年，（一三四〇）春二月，伯顏有罪，黜爲河南行省左丞相，尋竄南恩州，（治恩平縣，即今廣東恩平縣。）道死。

目 伯顏既誅唐其勢，獨秉國鈞，遂專權自恣，漸有異謀，帝患之。伯顏欲以所養弟之子脫脫宿衞，偵帝起居，懼涉物議，乃以知樞密院汪家奴、翰林學士承旨沙剌班同侍禁近，實屬意脫脫。故脫脫政令日脩，衞士拱聽約束。伯顏自領諸衞精兵，以燕者不花爲屏蔽，導從之盛，塡溢街衢，而帝儀衞反落落如晨星，勢焰薰灼，天下之人，知有伯顏而已。

脫脫深憂之，私請於父馬札兒台曰：「伯父驕縱已甚，萬一天子震怒，則吾族赤矣，曷若於未敗圖之！」其父亦以爲然。脫脫復質於師吳直方，直方曰：「傳有之：『大義滅親』。左傳隱公四年：「石碏，純臣也，惡州吁而厚與焉。大義滅親，其是之謂乎。」大夫但知忠於國爾，餘復何顧焉！」一日，見帝，乘閒自陳忘家徇國之意，閒音閑。乘閒，乘空閒處。帝猶未之信。時帝前後左右皆伯顏之黨，獨世傑班、阿魯爲帝腹心，乃遣二人與脫脫遊，日以忠義之言相與往復辨論，益悉其心靡他，遂聞於帝，帝始信之無疑。

及伯顏擅貶宣讓、威順二王，帝不勝其忿，決意逐之。一日泣語脫脫，脫脫亦泣下。遂與世傑班等謀，欲候伯顏入朝擒之，戒衞士，嚴宮門出入，螭坳皆爲置兵。坳音凹，堂上坳深處也。伯顏見之大驚，召脫脫責之，對曰：「天子所居，防禦不得不爾。」然遂疑脫脫，亦增兵自衞。

至是伯顏以所領兵衞請帝出田，脫脫勸帝稱疾不往；伯顏固請，乃命太子燕帖古思出次柳林。脫脫遂與阿魯等合謀，悉拘京城門鑰，命所親信列布城門下。是夜，奉帝居玉德殿，遣怯薛月可察兒率三十騎抵營中，怯薛，宿衞也。取太子入城，又召楊瑀、范匯入，草詔數伯顏罪狀，出爲河南行省左丞相。伯顏奏乞陛辭，不許。既而帝以伯顏罪重罰輕，復降詔安置南恩州陽春縣，（陽春縣，即今廣東陽春縣。）行次江西隆興驛，（隆興路，即今江西南昌市。驛，驛站。）病死。

廢主遷后詔

綱 以馬札兒台爲太師、右丞相，塔失海牙爲太傅、知樞密院事，探馬赤爲太保、御史大夫，汪家奴爲平章政事，脫脫知樞密院。

綱 彗星見。

綱 夏五月，帝如上都。

綱 六月，詔廢文宗廟主，遷太皇太后弘吉剌氏于東安州，尋崩。放燕帖古思于高麗，殺諸途。

目 詔曰：「昔武宗升遐，（升遐猶云遠適，謂死也。）太后惑於憸慝，（憸音纖。慝，姦邪也。）俾皇考出封雲南。英宗遇害，我皇考以武宗之嫡，逃居沙漠，宗王大臣，同心翊戴。於時以地近，先迎文宗暫總機務，繼知天理人倫所在，假讓位之名，以寶璽來上。皇考推誠不疑，即立爲皇太子，而乃當躬迓之際，與其臣月魯不花、也里牙、明里董阿等謀爲不軌，使我皇考飲恨上賓。（謂崩也。）歸而再御宸極，又私圖傳子，嫁禍於八不沙皇后，（至順元年四月，皇后弘吉剌氏殺明宗皇后八不沙。）謂朕非明宗之子，出居遐陬。上天不佑，隨降殞罰。叔嬸不荅失里，怙其勢焰，舍長嫡而立次幼，奄復不年。諸王大臣，以賢以長，扶朕踐祚，賴天之靈，權奸屏黜，永惟鞠育罔極之恩，忍忘不共戴天之義。其命太常撤去圖帖睦爾在廟之主；不荅失里削太皇太后之號，徙東安州安置；（東安州，在今河北武清縣西永定河北岸。）燕帖古思放諸高麗。當時賊臣月魯不花等已死，其以明里董阿明正典刑。」

崔敬諫遷放太后皇弟

時監察御史崔敬言：「文宗既撤廟主，嬸母亦削鴻名。盡孝正名，斯亦足矣。惟念皇弟燕帖古思年幼播遷，天理人情有所不忍。方先皇上賓，皇弟尚在襁褓，未有知識，義當矜閔。伏望陛下迎歸太后母子，以盡骨肉之義。」書奏，不報。未幾，太后崩於東安州，燕帖古思遇害於中道。

脫脫鐵木兒不花相

綱　秋八月，帝還大都。

綱　冬十月，馬札兒台罷，以脫脫爲右丞相，鐵木兒不花爲左丞相。

詔復行科舉

綱　十二月，詔復行科舉。

目　時科舉既輟，翰林學士承旨巙巙從容言曰：巙音撓。「古昔取人材以濟世用，必由科舉，何可廢也？」帝采其論，詔復行之。

綱　辛巳，至正元年，（一三四一）夏四月，帝如上都。

綱　以鐵木兒塔識爲平章政事。

綱　秋八月，帝還大都。

綱　壬午，二年，（一三四二）夏四月，帝如上都。秋九月，帝還大都。

綱　冬十二月，京師地震。

詔脩遼金宋三史

綱　癸未，三年，（一三四三）春三月，詔脩遼、金、宋三史。

目　初，世祖立國史院，首命王鶚脩遼、金二史。宋亡，又命史臣通脩三史。延祐、天

別兒怯不花相

徵杜本

曆之閒，延祐，仁宋年號。天曆，文宗年號。屢詔脩之，以義例未定，竟不能成。至是，命脫脫爲都總裁，鐵木兒塔識、張起巖、歐陽玄、呂思誠、揭奚斯爲總裁官，脩之。或欲如晉書例，以宋爲世紀，而遼、金爲載紀。或又謂遼立國先於宋五十年，宋南渡後嘗稱臣於金，以爲不可。待制王理者，祖脩端之說，著三史正統論，欲以遼、金爲北史，太祖至靖康爲宋史，靖康，欽宗年號。建炎以後爲南宋史。建炎，高宗年號。一時士論，非不知宋爲正統，然終以元承金，金承遼之故疑之，各持論不決。詔遼、金、宋各爲史。凡再閱歲書成，上之，發凡舉例論贊表奏，多玄屬筆焉。

綱 夏四月，帝如上都。秋八月，帝還大都。

綱 冬十月，親祀太廟。

目 帝行禮至寧宗室，問曰：「朕，寧宗兄也，理當拜否？」太常博士劉聞對曰：「寧宗雖弟，其爲帝時陛下爲臣。春秋時魯僖公，閔公兄也，閔公先爲君，宗廟之祭，未聞僖公不拜。陛下當拜。」乃拜之。

綱 十二月，以別兒怯不花爲左丞相，鐵木兒不花罷。

綱 徵清江處士杜本，（清江縣，在今江西清江縣西南。）不至。

目 本在武宗時嘗被召至京師，即歸隱武夷山中。文宗聞其名，徵之，不起。至是脫脫薦之，召爲翰林待制兼國史院編脩官。使者趣至杭州，趣同促。（杭州，即今浙江杭州市。）稱疾固辭。

既又徵處士完者圖、執禮哈郎、董立、李孝光、張樞，樞辭不至。詔以完者圖、執禮哈郎爲翰林待制，立脩撰，孝光著作郎。或疑其太優，右丞相鐵木兒塔識曰：「隱士無求於朝廷，朝廷有求於隱士，區區名爵，何足吝惜！」識者誦之。

【綱】甲申，四年，（一三四四）春正月，以賀惟一爲平章政事。既而以爲御史大夫。故事，臺省正官非國姓不可，惟一固辭，詔賜姓名曰太平。

【綱】三月，以納麟爲平章政事。

【綱】夏四月，帝如上都。

阿魯圖相

【綱】五月，脫脫罷，以阿魯圖爲右丞相。

【綱】秋七月，溫州地震、海溢。（溫州治永嘉縣，即今浙江溫州市。）

【綱】八月，帝還大都。

【綱】乙酉，五年，（一三四五）夏四月，帝如上都。

【綱】五月，翰林學士承旨巙巙卒。

巙巙進比干圖

【目】初，巙巙知經筵，日勸帝就學。帝欲寵以師禮，固辭不可。帝嘗欲觀畫，巙巙取比干圖以進。一日，帝覽宋徽宗畫稱善，巙巙進曰：「徽宗多能，惟一事不能。」帝問一事謂何？對曰：「獨不能爲君爾。身辱國破，皆由不能爲君所致。凡爲人主，貴能爲君，他非所

蘇天爵比包拯

盜竊太廟主

尙也。」其隨事規諫，皆類此。嘗謂人曰：「天下事宰相當言，宰相不得言則臺諫言之，臺諫不敢言則經筵言之。備位經筵，得言人所不敢言於天子之前，志願足矣。」故於時政得失，有當匡救者未嘗緘默。至是卒。

綱 秋七月，以鞏卜班爲平章政事。

綱 八月，帝還大都。

綱 九月，遣使巡行天下。

目 時諸道奉使者皆與臺諫交相揜蔽，惟巡京畿道西臺中丞定定、集賢侍講學士蘇天爵糾舉無所避，凡興革者七百八十三事，糾劾凡百四十三人。都人稱天爵爲「包拯」，（包拯，宋仁宗時爲御史中丞，劾舉無所避。）天爵亦竟以忤時相罷去。

綱 丙戌，六年，（一三四六）夏四月，帝如上都。

綱 五月，盜竊太廟神主。

綱 秋八月，帝還大都。

綱 冬十二月，阿魯圖罷。

綱 丁亥，七年，（一三四七）春正月朔，日食。

目 是日大寒而風，朝官仆者六人。

綱 二月，山東地震。（山東分東西道，東道治益都，即今山東益都縣；西道治歷城，即今山東濟南市。）

朶兒只相

沿江兵起

方國珍兵起

目 壞城郭，有聲如雷。三月，東平又震，（東平路治順城縣，即今山東東平縣。）河水動搖。

綱 夏四月，帝如上都。

綱 六月，復以太平爲平章政事。

綱 秋九月，帝還大都。

綱 鐵木兒塔識卒，以朶兒只爲左丞相。

綱 冬十月，沿江兵起。

綱 十一月，詔選臺閣名臣出爲守令。

綱 戊子，八年，（一三四八）春三月，帝臨國子學。

目 賜衍聖公銀印，陞秩從二品。定弟子員出身，及省親、奔喪等制。

綱 帝如上都。

綱 夏五月，霖雨，山崩，江溢。

綱 秋八月，帝還大都。

綱 奎章閣侍書學士致仕虞集卒。

目 謚文靖。集性孝友，學博洽而究極本源，研精探微，心解神契。其經綸之妙，一寓諸文，頗有宋慶曆、乾、淳風烈。慶曆，宋仁宗年號。乾道、淳熙，南宋孝宗年號。

綱 冬十一月，台州方國珍兵起。（台州治臨海縣，即今浙江臨海縣。）

脫脫復相

詔修河防

綱 以太不花、忽都不花並爲平章政事。

綱 己丑，九年，（一三四九）夏四月，以欽察台爲平章政事。帝如上都。

綱 棗陽童子暴長。（棗陽縣，即今湖北棗陽縣。）

目 棗陽民張氏婦生男，甫及周歲，暴長四尺許，容貌異常，皤腹擁腫，皤音婆。皤腹，大腹也。左傳宣公二年：「皤其腹。」見人嬉笑，如世俗所畫布袋和尙云。

綱 秋七月，朵兒只、太平俱罷，以脫脫爲右丞相。

綱 八月，以伯顏爲平章政事。（此另一伯顏。）

綱 庚寅，十年，（一三五〇）春正月，以搠思監爲平章政事。

綱 夏四月，帝如上都。

綱 六月，有星入于北斗。

目 大如月，震聲如雷。

綱 秋八月，帝還大都。

綱 冬十月，方國珍攻溫州。

綱 辛卯，十一年，（一三五一）天完主徐壽輝治平元年。夏四月，詔脩河防。左遷工部尙書成遵爲河間鹽運使，（河間路治河間縣，即今河北河間縣。）以賈魯爲總治河防使。

目 初黃河決，脫脫集羣臣廷議，言人人殊，惟漕運使賈魯以爲：「必塞北河，疏南河，

掘井測岸

劉福通李二徐壽輝等兵起

使復故道。役不大興，害不能已。」於是遣工部尚書成遵與大司農禿魯行視河，（行視，巡察也。）議其疏塞之方以聞。遵等自濟、濮、汴梁、大名，（濟州治任城縣，即今山東濟寧市。濮州治鄄城縣，即今山東鄄城縣。大名府治大名縣，即今河北大名縣。）行數千里，掘井以量地之高下，測岸以究水之淺深，博采輿論，以謂「河之故道，斷不可復。」且曰：「山東連歉，民不聊生，若聚二十萬衆於此地，恐他日之憂，又有重於河患者。」時脫脫先入魯言，及聞遵等議，怒曰：「汝謂民將反邪？」自辰至酉，論辨終莫能入。明日，執政謂遵曰：「脩河之役，丞相意已定，且有人任其責。公勿多言，幸爲兩河之議。」（兩河謂北河、南河）遵曰：「腕可斷，議不可易！」遂出遵河閒鹽運使。詔開黄河故道，命魯以工部尚書充河防使，發河南、北兵民十七萬，自黄陵岡南達白茅，（黄陵岡，在今山東曹縣西南，接河南蘭考縣界，黄河經其下。）放於黄岡、哈只等口，又自黄陵西至陽青村，凡二百八十里有奇。興工凡五閱月，諸埽隄成，（隄岸曰埽。）河復故道。超授魯集賢大學士，賜脫脫世襲「荅剌罕」之號，其餘遷賚有差。

先是河南、北童謠云：「石人一隻眼，挑動黄河天下反。」及魯治河果於黄陵岡得石人，一眼，而汝、潁之兵起。（汝州治梁縣，即今河南臨汝縣，潁州治汝陰縣，即今安徽阜陽縣。）

綱　帝如上都。

綱　五月，潁州劉福通、蕭縣李二、羅田徐壽輝等兵起。（蕭縣，在今安徽蕭縣西北。羅田縣，即今湖北羅田縣。）

目　先是四方盜賊蜂起，有司不能制，及發丁夫開河，民心益愁怨思亂。有韓山童者，欒城人，（欒城縣，在今河北藁城縣西南。）自其祖父以白蓮會燒香惑衆，謫徙永平。（永平路治盧龍縣，在今河北昌黎縣西北。）至是山童倡言天下大亂，彌勒佛下生，河南及江、淮愚民翕然信之。潁州劉福通與杜遵道、羅文素、盛文郁、王顯忠、韓咬兒復詭言「山童實宋徽宗八世孫，當爲中國主。」遂同起兵，以紅巾爲號。縣官捕之急，山童就擒，其妻楊氏及其子韓林兒逃之武安。（在今江西武寧縣東南。）惟福通黨盛不可制，朝廷乃命同知樞密院禿赤以兵擊之。

福通既破潁州，遂據朱皐，（在今河南溫縣東。）攻羅山、上蔡、眞陽、確山諸縣，（羅山，即今河南羅山縣，上蔡，即今河南上蔡縣。眞陽，即今河南正陽縣。確山，即今河南確山縣。）尋犯舞陽、葉縣，（舞陽，即今河南舞陽縣，葉縣，即今河南葉縣。）陷汝寧府及光、息二州，（光州治定城縣，即今河南潢川縣。息州治新息縣，即今河南息縣。）衆至十萬。

蕭縣李二，號「芝麻李」，亦以燒香聚衆，與其黨趙均用、彭早住攻陷徐州，據之。羅田徐壽輝與倪文俊、鄒普勝等聚衆擧兵，亦以紅巾爲號。攻陷蘄水縣及黃州路。（蘄水縣，即今湖北浠水縣。黃州路治黃岡縣，即今湖北黃岡縣。）

綱　秋八月，帝還大都。

綱　冬十月，饒、信等雨黍。（饒州治鄱陽縣，即今江西鄱陽縣。信州治上饒縣，在今江西上饒縣西北。）

目　信州及邵武雨黍，饒州、建寧雨黑子，（建寧路治建安縣，即今福建建甌縣。）大如黍菽，豆也。

衢州雨黍，（衢州治西安縣，即今浙江衢縣。）民多取而食之。

徐壽輝稱帝

綱　徐壽輝稱帝于蘄水。據蘄水爲都，國號天完，自稱皇帝，改元治平。

綱　十一月，有星孛于西方。

綱　壬辰，十二年，（一三五二）春正月，徐壽輝兵破漢陽諸郡，（漢陽府治漢陽縣，即今湖北武漢市舊漢陽縣。）威順王寬徹普化等棄城走。二月，破江州，（治九江縣，即今江西九江市。）總管李黼死之。

綱　以月魯不花爲平章政事。

郭子興兵起破濠州

綱　定遠郭子興等兵起，（定遠縣，即今安徽定遠縣。）破濠州。（治鍾離縣，即今安徽鳳陽縣。）

目　子興見汝、潁兵起，列郡騷動，遂與其黨孫德崖等舉兵，自稱元帥，攻拔濠州據之。徹里不花率兵欲復濠城，憚不敢進，惟日掠良民爲盜以徼賞。徼同邀。由是民益恟恟不安，其豪傑咸投入城以自保。

綱　三月，徐壽輝破袁、瑞、饒、信、徽等州。（袁州治宜春縣，即今江西宜春縣，瑞州路治高安縣，即今江西高安縣。徽州治歙縣，即今安徽歙縣。）

省臺官兼用南人

綱　詔省臺官兼用南人。

目　自世祖以後，臺省之職，南人斥不用。至是始復舊制，詔：「南人有才學者，並許用之。」

綱 台州路達魯花赤泰不華，（達魯花赤卽掌印官。）與方國珍戰于澄江，（卽江陰，在今江蘇江陰縣南。）死之。

目 先是國珍入海燒掠沿海州郡，朝廷遣大司農達識帖木邇招降之。至是，朝廷方征徐州，（治彭城縣，卽今江蘇徐州市。）命江浙募舟師北守大江。國珍懷疑，復劫其黨入海，泰不華遣義士王大用往諭，國珍拘留不遣。其戚黨陳仲達往來議降，泰不華具舟，張受降旗，乘潮下澄江，觸沙不行。垂與國珍遇，呼仲達申前議，仲達目動氣索，泰不華覺其心異，手斬之，卽前薄賊船，（薄，逼也。）奮擊之；賊羣至，欲抱持入其船，泰不華瞋目叱之，（瞋，怒而張目也。）奪刀殺賊，賊攢槊刺之，中頸死，猶植立不仆，投其屍海中。事聞，追贈江浙平章，封魏國公，謚忠介。

綱 隴西地震。（隴西，卽今甘肅隴西縣。）

目 凡百餘日，城郭頹圮，（圮音痞，毀也。）陵谷變遷，定西、會州尤甚，（定西州治安西縣，卽今甘肅定西縣。會州治寧縣，在今甘肅靖遠縣西北。）會州公宇牆崩，獲弩五百餘，長者丈餘，短者九尺，人莫能挽。因改定西爲安定州，會州爲會寧州。

綱 夏四月，帝如上都。

綱 五月，徙瀛國公子趙完普等于沙州。（治敦煌縣，卽今甘肅敦煌縣。）

目 御史徹徹帖木兒等言：「諸處羣盜，輒引亡宋故號以爲口實。宜徙和尚完普及親屬於沙州安置，禁人交通。」從之。

綱 秋七月，徐壽輝兵襲杭州，江浙參知政事樊執敬戰死，董摶霄率兵復之，遂復徽州。

綱 八月，方國珍攻台州，浙東元帥也忒迷失擊走之。

綱 右丞相脫脫將諸軍擊李二於徐州，大破之，屠其城。芝麻李遁去，趙均用、彭早住走濠州。

綱 帝還大都。

綱 冬十月，霍山崩。（霍山卽南嶽衡山，在今湖南衡山縣西北。）

目 前三日山如雷鳴，禽獸驚散，殞石數里。

綱 十一月，江西行省平章政事星吉擊趙普勝，（江西行省治南昌，卽今江西南昌市。）戰于湖口，（卽今江西湖口縣，鄱陽湖之口。）兵敗，死之。

綱 趙均用入濠州，據之。彭早住、趙均用奔濠州，遂據濠城稱王。初，二人本以窮蹙來奔，郭子興與孫德崖反屈己下之，事皆稟命，遂爲所制。既而早住死，均用益自專。

綱 癸巳，十三年，（一三五三）春正月，以哈麻爲右丞。

綱 夏四月，帝如上都。

張士誠起兵高郵

綱 五月，泰州張士誠兵起于高郵，（泰州治海陵縣，卽今江蘇泰州縣。高郵，卽今江蘇高郵縣。）自稱誠王，知府李齊死之。

哈麻進西番僧

目 士誠，白駒場亭民，及其弟士德、士信舉兵陷泰州，遂據高郵，稱誠王，國號大周，建元天祐。已而有詔赦之，使至，不得入，賊紿言：紿，誑也。「請李知府來乃受命。」淮南行省強齊往，（淮南行省治揚州，即今江蘇揚州市。）至則下齊於獄。齊雖辯說百端，而士誠本無降意。士誠呼齊使跪，齊叱曰：「吾膝如鐵，豈爲賊屈。」士誠怒，使曳倒，槌碎其膝而咼之。咼音寡。時論大科三魁，若李黼、泰不華及齊皆不負所學云。

綱 六月，立子愛猷識理達臘爲皇太子，赦。

綱 秋九月，帝還大都。

綱 冬十二月，江浙平章政事卜顏帖木兒等會兵擊徐壽輝于蘄水，破之。

綱 哈麻進西番僧于帝。

目 僧教帝行房中運氣之術，號演揲兒法。揲音疊。又進僧伽璘眞，伽音茄。善祕密法，帝皆習之。詔以西番僧爲司徒，伽璘眞爲大元國師，各取良家女三四人奉之，謂之「供養」。嘗謂帝曰：「陛下尊居萬乘，富有四海，不過保有見世而已。見同現。人生能幾何，當受此祕密大喜樂禪定。」於是帝日從事於其法，廣取女子，惟淫戲是樂。帝諸弟八郎者，與哈麻妹壻禿魯帖木兒及老的沙等十人，號「倚納」，皆有寵，在帝前相與褻狎，甚至男女裸處，號所所處室曰「皆卽兀該」，猶華言事事無礙也。君臣宣淫，而羣僧出入禁中，無所禁止，醜穢外聞。皇太子既長，深疾二僧等所爲，欲去之，未能也。

郭子興稱王滁州

綱　郭子興引兵入滁州。（治清流縣，即今安徽滁縣。）

目　時子興患趙均用之專，乃領所部萬人入據滁州城，稱王。

綱　甲午，十四年，（一三五四）春正月，汴河冰五色。（今河南開封市西汴水。）

目　冰皆成五色花草如繪畫，三日乃解。

綱　夏四月，帝如上都。秋八月，帝還大都。

綱　九月，命右丞相脫脫督諸軍擊張士誠。

定住相

綱　冬十二月，以定住爲左丞相，瑣南班、哈麻並爲平章政事。

削脫脫官爵

綱　詔削脫脫官爵，安置淮安，哈麻銜脫脫，嗾御史劾其出師三月，略無寸功也。（淮安路治山陽縣，即今江蘇淮安縣。）以太不花等代總其軍。

龍舟

綱　帝製龍舟於內苑。

目　帝自製船式，長一百二十尺，廣二十尺，用水手二十四人，皆衣金紫，自後宮至前宮山下海子內，（海子，即今北京市北海。）往來游戲，行時，龍首、眼、口、爪、尾皆動。

宮漏

又自製宮漏，高六七尺，廣半之，造木爲匱，藏壺其中，運水上下。匱上設三聖殿，匱腰立玉女捧時刻籌，時至，輒浮木而上。左右二金甲神，一縣鐘，縣同懸。一縣鉦，鉦音征，鈴也。夜則神人自能按更而擊，無分毫差。鳴鐘、鉦時，獅鳳在側者，皆自翔舞。匱之東西有日月宮，飛仙六人立宮前，遇子午時，自能耦進，度仙橋，達三聖殿，復退立如前。其精巧絕出人

十六天魔

韓林兒稱宋帝

定住哈麻相

朱元璋起兵

意，皆前所未有。

帝既怠於政治，惟事遊宴，以宮女十六人按舞，名十六天魔，又十一人奏龍笛、頭管、小鼓、箏、纂、琵琶、笙、胡琴、響板、拍板，每宮中讚佛，則按舞奏樂。宦官非受祕密戒者不得與。

綱 乙未，十五年，(一三五五)宋主韓林兒龍鳳元年。春二月，劉福通以韓林兒稱宋帝。又號小明王，建都亳州，國號宋，改元龍鳳。

綱 三月，竄脫脫于雲南。臺臣猶論其責輕故也。

綱 薊州雨血。(薊州治薊縣，即今河北薊縣。)

綱 帝如上都。

綱 夏四月，以定住爲右丞相，哈麻爲左丞相，桑哥失里爲平章政事，雪雪爲御史大夫。雪雪，哈麻弟，於是國家大柄盡歸其兄弟矣。

綱 六月，明太祖皇帝起兵，姓朱名元璋，濠州人。自和陽渡江取太平路。(和陽即和州，今安徽和縣。太平路治當塗縣，即今安徽當塗縣。)

目 時四方割據稱雄者衆，戰爭無虛日，兵亂歲饑，民不聊生。壬辰春，明太祖皇帝避兵濠城，有安天下救生民之志。乃收納英賢置之左右，遂起兵攻滁州，下之。明年，又下和陽，恩威日著，豪傑歸心。至是謀渡江取金陵，(即今江蘇南京市，元爲集慶路。)患無舟楫，而巢湖

陶安獻言

哈麻殺脫脫　殺哈麻雪雪

朱元璋克金陵

水寨軍帥俞通海等率衆萬餘、船千艘來降。（巢湖，在今安徽巢縣西。）太祖顧謂諸將曰：「方謀渡江，而巢湖水軍來附，吾事濟矣！」遂率徐達、馮國用、邵榮、湯和、李善長、常遇春、鄧愈、耿君用、毛廣、廖永安引舟東下，首克牛渚磯，（即采石磯，在今安徽當塗縣西北，馬鞍山市西。）遂進攻太平，拔之。耆儒陶安、李習率父老出迎，安因獻言曰：「方今四海鼎沸，豪傑並爭，攻城屠邑，互相長雄，然其志皆在子女玉帛，取快一時，非有撥亂、救民、安天下之心。明公率衆渡江，神武不殺，人心悅服，以此順天應人而行弔伐，天下不足平也。」

綱　冬十一月，荅失八都魯擊宋劉福通軍，破之。十二月，遂圍亳，（即今安徽亳縣。）福通以其主韓林兒走安豐。（安豐路治壽春縣，即今安徽壽縣。）

綱　元哈麻矯詔殺右丞相脫脫。

綱　丙申，十六年，（一三五六）春正月，元哈麻、雪雪有罪，伏誅。

綱　天完主徐壽輝據漢陽。

綱　二月，張士誠入平江，（平江路治吳縣，即今江蘇蘇州市。）據之。遂陷湖州、松江、常州諸路。

綱　三月，明太祖帥師克金陵，改集慶路爲應天府。

目　諸軍水陸並進，至江寧鎮，攻陳兆先營，破之。進圍集慶，南臺御史大夫福壽督兵出戰，力不能支，死於兵。太祖入城，召官吏耆老，諭曰：「吾率衆至此，爲民除亂耳。爾宜各安職業，毋恐。」於是民大悅，更相慶慰。遂改集慶路爲應天府。分遣諸將取鎮江、廣德，

方國珍降元　　撒思監太平相

綱　方國珍降于元。（鎭江路治丹徒縣，即今江蘇鎭江市。廣德路治廣德縣，即今安徽廣德縣。）皆下之。

綱　是月，有兩日相盪。命爲海道漕運萬戶，國璋衢州路總管。

綱　夏六月，彰德李實如黄瓜。

目　先是童謠云：「李生黄瓜，民皆無家。」

綱　秋八月，彗星見。

目　彗出張宿，色青白，指西南，長尺餘，至十二月朔始滅。

綱　冬十月，星隕大名，化爲石。

目　從東南流，芒尾如曳篲，篲音遂，竹掃帚。墮地有聲，火焰蓬勃，久之乃息。化爲石，青黑色，形如狗頭，其斷處若新割者。

綱　丁酉，十七年，（一三五七）春正月朔，日食。

綱　三月，明太祖兵克常州。（治晉陵縣，即今江蘇常州市。）

目　先是徐達攻常州，進薄城下，張士誠遣其弟士德以數萬衆來援，達伏兵擒之，由是士誠氣沮，乃奉書請和，願輸糧犒軍。太祖復書，數其開釁召兵之罪，且許其歸我使臣將校，即當班師。士誠得書，不報，達請益兵圍之，遂下其城。

綱　夏五月，元以搠思監爲右丞相，太平爲左丞相。

張士誠降元

天完將陳友諒

天完將明玉珍

綱　明太祖取寧國等路。（寧國路治宣城縣，即今安徽宣城縣。）

目　徐達、常遇春率兵取寧國，攻之久不下。太祖乃親往督師，既至，守將楊仲英開門請降，百戶張文貴殺其妻妾自刎而死。尋遣諸將取江陰、徽州、池州，（池州治貴池縣，即今安徽貴池縣。）皆下之。

綱　六月，有龍鬬于樂清江。

綱　秋七月，元大都晝霧。自旦至午，昏暝不辨人物，如是者旬有五日。

綱　八月，張士誠降于元，元以爲太尉。明太祖取揚州。

綱　九月，天完將陳友諒襲殺倪文俊。

目　友諒，沔陽漁人子，（沔陽，即今湖北沔陽縣。）嘗爲縣吏，不樂。會壽輝、文俊兵起，慨然往從之，遂爲文俊簿書掾，（掾，官屬。）尋亦領兵爲元帥。及文俊專恣，心不能平。至是，文俊謀殺壽輝，不果，奔黄州，友諒因乘釁襲殺之，遂併其軍，自稱平章。

綱　冬十一月，汾州桃杏有花。（汾州治西河縣，即今山西汾陽縣。）

綱　十二月，天完將明玉珍據成都。（成都路治成都縣，在今四川成都市境。）

目　玉珍，隨州人。（隨州，治隨縣，即今湖北隨縣。）初聞徐壽輝兵起，乃集鄉兵屯於青山，結柵自固，未幾，降於壽輝。及倪文俊陷川蜀，令玉珍守之。至是文俊死，玉珍遂自據成都，蜀中郡縣皆附之。

綱 元翰林學士承旨歐陽玄卒。

綱 戊戌，十八年，（一三五八）春正月，天完將陳友諒破安慶，（即今安徽安慶市，淮南行省治。）元淮南行省左丞余闕死之。

目 先是闕固守安慶，友諒引軍薄城下，闕遣兵扼之。俄而饒寇攻西門，友諒兵乘東門，既登城，闕簡死士奮擊，敗之。至是，池州趙普勝軍東門，友諒軍西門，饒兵軍南門，四面蟻集。闕徒步提戈，爲士卒先；分遣部將督三門之兵，自以孤軍血戰，斬首無算，而闕亦被十餘創。創，傷也。日中，城陷，火起，闕知不可爲，乃引刀自剄，墮清水塘中死。妻蔣氏及妾耶卜耶律氏，子德臣，女安安，甥福童，亦皆赴井死。同時死者，守臣韓建一家被害。居民誓不從賊，焚死者以千計。

綱 三月，宋毛貴破濟南路，（治歷城，即今山東濟南市。）元河南行省右丞董搏霄與戰，死之。

目 濟南城陷，貴入據之。時搏霄方駐於南皮之魏家莊，（南皮縣，在今河北交河縣東南。）詔遣使拜爲河南右丞。甫拜命，値貴兵猝至，而營壘猶未完，諸將曰：「賊至，當如何？」搏霄曰：「當以死報國！」因拔劍督戰，賊突前捽搏霄，刺殺之，無血，惟見白氣沖天。是日其弟昂霄亦死。

綱 大同路夜聞空中有聲。（大同路治大同縣，即今山西大同市。）

目 初，黑氣蔽西方，有聲如雷。頃之，東北方有雲如火，交射中天，遍地俱見火光，空

陳友諒破隆興
劉福通破汴梁
宋將破遼州
紐的該相
朱元璋取婺州
朱元璋開郡學
宋將破上都

中如有兵戈之聲。

綱 夏四月，天完將陳友諒破隆興。（隆興府治南昌，即江西行省治，今江西南昌市。）

綱 五月，宋劉福通破汴梁，奉其主韓林兒居之。

綱 山東地裂。

綱 六月，宋將關先生兵破遼州，（遼州路治遼山縣，在今山西和順縣西南。）遂大掠塞外諸郡。

綱 冬十一月，元左丞相搠思監有罪免，以紐的該爲左丞相。

綱 十二月，明太祖取婺州。（婺州治金華縣，見上。）

目 胡大海兵攻婺州，久不克。太祖乃自將精兵十萬往征，拔之。改婺州路爲寧越府。命知府王宗顯開郡學，延儒士葉儀、宋濂爲五經師，戴良爲學正，吳沉、徐原等爲訓導。時喪亂之餘，學校久廢，至是始聞絃誦之聲，無不忻悅。太祖既撫定寧越，欲遂取浙東未下諸郡。集諸將諭之曰：「克城雖以武，而安民必以仁。吾師比入建康，（即金陵，見上。）秋毫無犯，故一舉而遂定。今新克婺城，民始獲甦，政當撫卹，使民樂於歸附，則彼未下郡縣，亦必聞風而歸。吾每聞諸將下一城，得一郡，不妄殺人，輒喜不自勝。蓋師旅之行，勢如烈火，火烈則人必避之。爲將者能以不殺爲心，非惟國家所利，在己亦蒙其福。爾等從吾言，則事不難就，大功可成矣。」

綱 宋關先生兵破上都，焚宮闕。

方國珍附朱元璋

朱元璋卻質子

卻獻

朱元璋取衢處二州

日令二人進講經史

綱　太白經天。

綱　己亥，十九年，(一三五九)春三月，元方國珍遣使以溫、台、慶元三郡附於明太祖。

目　先是太祖遣使往慶元招諭方國珍，(慶元路治鄞縣，即浙江寧波市。)國珍與其下謀曰：「方今元運將終，豪傑並起，惟江左號令嚴明，所向莫敵。今又東下婺州，恐不能與抗。況與我爲敵者，西有張士誠，南有陳友定，莫若姑示順從，藉爲聲援，以觀其變。」遂遣使奉書幣，以溫、台、慶元三郡來獻，且以次子關爲質。太祖曰：「古者慮人不從，則爲盟誓，盟誓變而爲交質，皆由未能相信故也。今既誠信來歸，便當推誠相與，如青天白日，何自懷疑而以質子爲哉？」乃厚賜關而遣之。國珍既又以金玉飾馬鞍轡來獻，太祖曰：「吾方有事四方，所需者文、武材能，所用者穀粟布帛，其他寶玩非所好也。」悉卻之。

綱　夏四月，趙均用殺宋毛貴，其黨續繼祖執均用殺之。

綱　六月，天完將陳友諒攻信州，元江東廉訪使伯顏不花的斤往救，死之。

綱　秋八月，元察罕帖木兒克汴梁，宋劉福通以其主韓林兒復走安豐。

綱　九月，明太祖兵取衢、處州。(處州治麗水縣，即今浙江麗水縣。)

目　初，太祖克婺州，置分中書省，召儒士許元、葉瓚玉、胡翰、汪仲山、李公常、金信、徐孳、童冀、吳履、張啓敬、孫履皆會食省中，日令二人進講經史，敷陳治道。至是克處州，又有薦青田劉基、龍泉章溢、麗水葉琛及宋濂者，(青田，即今浙江青田縣。龍泉，即今浙江龍泉縣。)卽遣使以書幣徵之，至建康。比入見，甚喜，賜坐，從容與論經史，及咨以時事，深見尊寵。既而命有司卽所居之西，創禮賢館處之。時朱文忠守金華，復薦王禕、王天錫至，皆用之。

朱元璋置禮賢館

綱　冬十二月，天完將陳友諒徙其主徐壽輝都江州，自稱漢王。

綱　庚子，二十年，（一三六〇）漢主陳友諒大義元年。是歲天完亡，凡二國。春三月，彗見東方。

綱　夏五月，漢主陳友諒弑其主徐壽輝，遂自稱帝。國號漢，改元大義。

陳友諒稱帝

綱　辛丑，二十一年，（一三六一）秋八月，明太祖帥師伐漢，（漢，陳友諒。）拔江州，漢主友諒走武昌。（卽今湖北武漢市武昌城。）

朱元璋伐陳友諒

目　先是友諒引兵犯金陵，敗潰，奔還。尋遣其將張定邊陷安慶府，太祖乃下令諸將曰：「陳友諒賊殺其主，僭稱大號，侵我太平，犯我建康，今又以兵陷我安慶。觀其所爲，不滅不已。爾等其厲士卒以從。」徐達進曰：「師直爲壯。今我直而彼曲，焉有不克。」劉基曰：「取威制敵，以成王業，在此時也。」遂督諸帥，率舟師，乘風遡流而上。遡流，逆流也。遂克安慶，長驅向江州，分舟師爲兩翼，夾擊友諒，大破之；友諒挈妻子夜奔武昌。既而友諒僞相胡廷瑞見江州已破，遣使詣軍中請降，太祖遂至隆興。建昌王溥、饒州吳宏、袁州歐普祥各率衆來見，（建昌路治南城縣，卽今江西南城縣。）寧州陳龍及吉安孫本立、曾萬中皆來降，（寧州治分寧縣，在今江西修水縣西。）乃改隆興路爲洪都府。

綱　冬十一月，黃河清。

黃河清

目　自平陸三門磧，（平陸，即今山西平陸縣，臨黃河。三門磧即三門峽，在平陸東南，河南三門峽市東河中。）下至孟津，（即今河南孟津縣。）五百里皆清，凡七日。非瑞也。

綱　大饑。

綱　壬寅，二十二年，（一三六二）春二月，彗星見。

目　未幾，長星復見於虛、危之閒，其形如練，長數十丈。

明玉珍稱王

綱　三月，明玉珍破雲南，夏五月，自稱隴蜀王。

綱　六月，彗出紫微垣。

明玉珍稱帝

綱　癸卯，二十三年，（一三六三）夏王明玉珍天統元，吳王張士誠元年。是歲并宋、漢凡四國。春正月，明玉珍稱帝于成都。建國號曰夏，改元天統。

綱　二月，張士誠將呂珍入安豐，殺宋劉福通等，據其城。明太祖率兵擊走之。

綱　三月，彗見東方。

朱元璋鄱陽湖之捷

綱　秋七月，漢主友諒圍洪都，明太祖帥諸將討之，大戰于鄱陽湖。（在今江西鄱陽縣西。）友諒敗死，子理立。

目　初，友諒忿其疆埸日蹙，乃作大艦，艦，戰船。來攻洪都。自爲必勝之計，載其家屬、百官，空國而來，以兵圍城，其氣甚盛。兵戴竹盾禦矢石攻城，城且壞，守將朱文正、趙德勝、鄧愈督諸將死戰，且戰且築，城壞復完。已而德勝中流矢死，內外阻絕，音問不通，文正乃遣使赴建康告急。太祖親帥諸將，發舟師二十萬，進次湖口。友諒聞援兵至，即解圍，東出，與明師遇鄱陽湖之康郎山。戊子，徐達、常遇春等諸將擊敗其前軍，軍威大振。明日，諸軍接戰，至晡，晡，申時。東北風起，燔其水寨舟數百艘。友諒弟友仁、友貴及其平章陳普略皆焚死。

辛卯，復聯舟大戰，自辰至午，敵兵大敗，友諒奪氣。其將張定邊欲挾之退保鞋山，爲我師所扼，不得出，斂舟自守，不敢戰。是夕，明舟渡淺，泊於左蠡，彭蠡之左。與友諒相持者三日。

陳友諒戰死

八月壬戌，友諒計窮，冒死突出，將奔還武昌；太祖麾諸將邀擊之，友諒中流矢，貫睛及顱而死。顱音盧，頭骨。擒其太子善兒，其平章陳榮以下悉以樓船軍馬來降。定邊乘夜以小舟載其屍及其子理徑趨武昌，復立理爲帝，改元德壽。既而明太祖復進兵圍之。

張士誠稱吳王

綱　張士誠自稱吳王。元遣使徵糧，不與。士誠自立爲吳王，即平江治宮室，立官屬。元遣戶部侍郎博羅帖木兒徵糧於士誠，士誠不與。

綱　冬十月，山東赤氣千里。

朱元璋建國號吳

綱　甲辰，二十四年，（一三六四）漢主陳理德壽元年。是歲漢亡。春正月，明太祖建國號曰吳。二月，自將伐漢，漢主陳理降，湖廣、江西悉平。

目　時李善長、徐達等以太祖功德日隆，屢表勸進，勸勉進上帝號也。不允。乃於是月朔卽吳王位，建百司官屬，以李善長爲右相國，徐達爲左相國，常遇春、俞通海爲平章政事，汪廣洋爲右司郎中，張昶爲左司都事。昶音唱。諭達等曰：「卿等爲生民計，推戴予。然建國之初，當先正紀綱。元氏昏亂，紀綱不立，主荒臣專，威福下移，由是法度不行，人心渙散，遂致天下騷亂。今將相大臣，當鑒其失，宜協心爲治，以成功業，毋苟且因循，取充位而已。」

朱元璋伐漢　陳理降吳

二月，以武昌圍久不下，乃親往視師，督諸將擊之，擒其元帥張必先。既而遣其降將羅復仁入城，諭陳理使降，理遂率其太尉張定邊等，詣軍門請降。凡府庫儲蓄，悉令理自取。城中民多飢困，命給粟賑之。於是湖廣、江西諸郡縣相繼皆降。

陳友諒鏤金牀

江西行省以陳友諒鏤金牀進，太祖觀之，謂侍臣曰：「此與孟昶七寶溺器何異！以一牀工巧若此，其餘可知。陳氏父子窮奢極靡，焉得不亡！」侍臣曰：「未富而驕，未貴而侈，此所以取敗。」太祖曰：「旣富，豈可驕；旣貴，豈可侈；有驕侈之心，雖富貴，豈能保乎！」卽命毀之。

定官制

綱　三月，明太祖定官制。

綱　乙巳，二十五年，（一三六五）春二月，日旁有一月一星。

綱　夏五月，大都雨氂。氂音離，毛之強曲者。

目　長尺許，或曰龍鬚也。命拾而祀之。

綱 秋七月，元皇后弘吉剌氏崩。

綱 九月，元以方國珍爲淮南左丞相。分省慶元。

綱 冬十二月，元立奇氏爲皇后。改奇氏爲肅良哈氏。

綱 丙午，二十六年，（一三六六）是歲宋亡。春三月，夏主明玉珍卒，子昇立。昇嗣始十歲，改元開熙，母彭氏同聽政。

夏明昇立

綱 夏四月，明太祖兵取淮安諸路。

綱 五月，明太祖求遺書。

朱元璋求遺書

目 太祖嘗命有司訪求古今書籍，藏之祕府，以資覽閱，因謂侍臣詹同等曰：「三皇、五帝之書，不盡傳於世，故後世鮮知其行事。漢武帝購求遺書，而六經始出，唐、虞三代之治，始可得而見。武帝雄才大略，後世罕及，至表章六經，開闡聖賢之學，又有功於後世。吾每於宮中無事，輒取孔子之言觀之，如『節用而愛人，使民以時』，（論語學而篇文。）眞治國之良規，孔子之言，誠萬世之師也。」

綱 秋八月，元以陳有定爲福建行省平章政事。

綱 九月，元以方國珍爲江浙行省左丞相。其弟國瑛、國珉、姪明善並爲平章政事。

綱 明太祖取湖州諸路。（湖州路治烏程縣，即今浙江湖州市。）

綱 冬十二月，明太祖立宗廟、社稷。

朱元璋立宗廟社稷

節儉是寶

書此愈於丹青

明太祖定文武科取士之法

目 時羣臣皆言，新城既建，宮闕制度，亦宜早定。太祖以國之所重，莫先宗廟、社稷，遂定議以明年爲吳元年，命有司立廟社，建宮室。典營繕者，以宮室圖進。見其有雕琢奇麗者，即去之。謂中書省臣曰：「昔堯之時，茅茨土階，茨音慈。以茅蓋屋曰茨。采椽不斲，取木爲椽，不斲削也。可謂極陋，然千古之上，稱盛德者，必以堯爲首。後世競爲奢侈，極宮室苑囿之娛，窮輿馬珠玉之玩，欲心一縱，亂由是起。吾常謂珠玉非寶，節儉是寶。宮室但取完固而已，何必極雕巧以殫天下之力也。」既而新殿成，制皆朴素，命博士熊鼎編類古人行事可爲鑒戒者，書於殿壁。又命侍臣書大學衍義於兩廡壁間，曰：「前代宮室，多施繪畫。予書此，以備朝夕觀覽，豈不愈於丹青乎？」尋命協律郎冷謙考正宗廟雅樂音律及鐘磬等器。既又定樂舞之制，文武生各六十四人。

綱 丁未，二十七年，（一三六七）夏主明昇開熙元年。是歲吳張士誠亡。春正月，絳州夜聞天鼓鳴，（絳州治正平縣，在今山西侯馬市西。）將旦，復鳴，其聲如空中戰鬬者。

綱 三月，明太祖定文武科取士之法。

目 先是，令有司每歲舉賢才及武勇謀略通曉天文之士，其有兼通書律廉吏，亦得薦舉，得賢者賞，濫舉及蔽賢者罰。至是，復下令曰：「上世帝王，創業之際，用武以安天下；守成之時，講武以威天下。至於經綸撫治，則在文臣，二者不可偏用也。古者，人生八歲，學禮、射、御、書、數之文；十五，學脩身、齊家、治國、平天下之道；是以周官選舉之制，曰六德、六行、六藝，（六德，知、仁、聖、義、忠、和。六行，孝、友、睦、姻、任、恤。六藝，禮、樂、射、御、書、數。）文武兼用，賢能並舉，此三代治化所以盛隆也。茲欲上稽古制，設文武二科，以廣求天下之賢。其應文舉者，察之言行以觀其德，考之經術以觀其業，試之書算以觀其能，策之經史、時務以觀其政事。應武舉者，先之以謀略，次之以武藝，俱求實效，不尚虛文。然此二者，必三年有成。有司預爲勸諭民閒秀士及智勇之人，以時勉學，俟開舉之歲，充貢京師，其科目等第，各出身有差。」

朱元璋執張士誠

【綱】秋九月，明太祖兵克平江，執吳王張士誠以歸。（徐達、常遇春執士誠送建康，士誠自縊死。）

朱元璋北定中原

【綱】冬十月，明太祖命大將軍徐達等帥師北定中原。

【目】太祖既掃除羣雄，撫有江南，乃遣大將軍徐達、副將軍常遇春，率甲士二十五萬，北伐以定中原，馳檄諭齊、魯、河、洛、燕、薊、秦、晉之人。

【綱】明太祖定律令。十一月，頒戊申曆。

方國珍降吳

【綱】明太祖兵討方國珍，降之。

【綱】明太祖兵徇山東郡縣，（行定曰徇。）皆下之。

【目】時徐達、常遇春引兵由淮入河，鼓行而東，首克沂州，（治臨沂縣，即今山東臨沂縣。）進取嶧州及益都，（嶧州治蘭陵縣，即今山東嶧縣。益都路見上。）於是萊州（治掖縣，即今山東掖縣。）諸郡悉奉圖籍來降。

元順帝北奔

山東既定，明年，達與遇春會諸將於臨淸，（即今山東臨淸市。）率馬步舟師進克元都。元主集三宮后妃、皇太子同議避兵北行，詔淮王帖木兒不花監國，慶童爲左丞相，同守京城。夜半，開建德門北奔。遇春等追至北河，（即永定河，在今北京市蘆溝橋。）擒皇孫買的里八剌而還，元亡。

元主駐應昌，（在今內蒙古什克騰旗西。）二年殂，壽五十一，在位三十六年。太尉完者等奉梓宮北葬，謚曰惠宗。太祖以帝知順天命，退避而去，特加號曰順帝，而封其孫買的里八剌爲崇禮侯。

右元十帝共八十九年。